U0593177

国家出版基金项目
NATIONAL PUBLICATION FOUNDATION

欧亚历史文化文库

总策划 张余胜

兰州大学出版社

骊靬梦断

——古罗马军团东归伪史辨识

丛书主编 余太山

汪受宽 著

图书在版编目（CIP）数据

骊靬梦断：古罗马军团东归伪史辨识/汪受宽著．—兰
州：兰州大学出版社，2012.10
（欧亚历史文化文库/余太山主编）
ISBN 978-7-311-03978-3

Ⅰ.①骊… Ⅱ.①汪… Ⅲ.①古罗马—历史—研究
Ⅳ.①K126

中国版本图书馆 CIP 数据核字（2012）第 242869 号

总 策 划　张余胜

书　　名　**骊靬梦断**
　　　　　　——古罗马军团东归伪史辨识
丛书主编　余太山
作　　者　汪受宽　著
出版发行　兰州大学出版社　（地址：兰州市天水南路 222 号　730000）
电　　话　0931-8912613（总编办公室）　　0931-8617156（营销中心）
　　　　　　0931-8914298（读者服务部）
网　　址　http://www.onbook.com.cn
电子信箱　press@lzu.edu.cn
印　　刷　天水新华印刷厂
开　　本　700 mm×1000 mm　1/16
印　　张　29.25（插页6）
字　　数　405 千
版　　次　2012 年 10 月第 1 版
印　　次　2012 年 10 月第 1 次印刷
书　　号　ISBN 978-7-311-03978-3
定　　价　96.00 元

（图书若有破损、缺页、掉页可随时与本社联系）

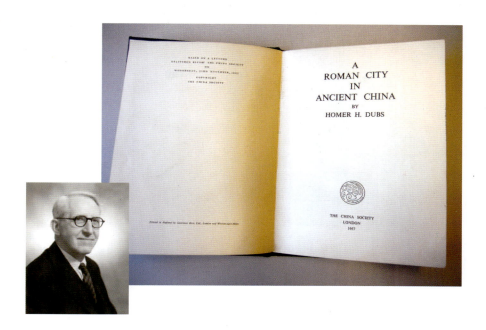

图1　美国学者德效骞及其著作《古代中国一座罗马人城市》书影

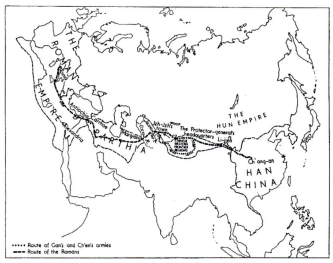

The Roman and Chinese empires with Parthia in the first century B.C.

图2　德效骞书中所附古罗马军人东归骊靬路线图

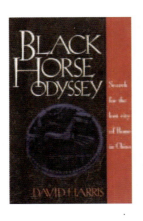

图3　澳大利亚教师戴维·哈里斯著作的书影

图4　余英时1967年出版的《汉代中外经济交通》（英文版）书影

图5　相隔万里的中国和意大利

图6　古罗马斗兽场遗迹

图7　古罗马市场和维斯塔神庙遗址

图8　Google卫星地图中的永昌县

图9　Google卫星地图中的永昌县者来寨

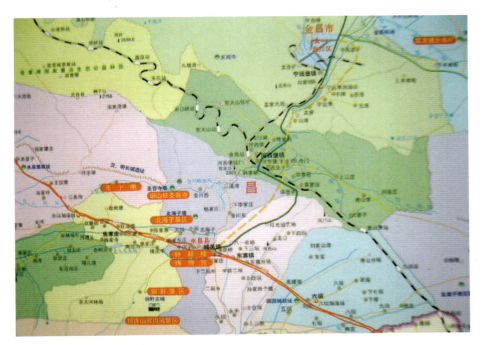

图10 者来寨（骊靬村）在永昌县的位置

图11 永昌县者来寨残存的古城墙

图12　当地时间2010年4月18日，意大利罗马，人们打扮成古罗马士兵的样子，庆祝罗马建城2763周年。请注意，其中的意大利人都是黑头发，深色眼珠。

图13　古罗马执政官克拉苏的雕像

图14 肩水金关发现的4枚与骊靬县有关的简牍

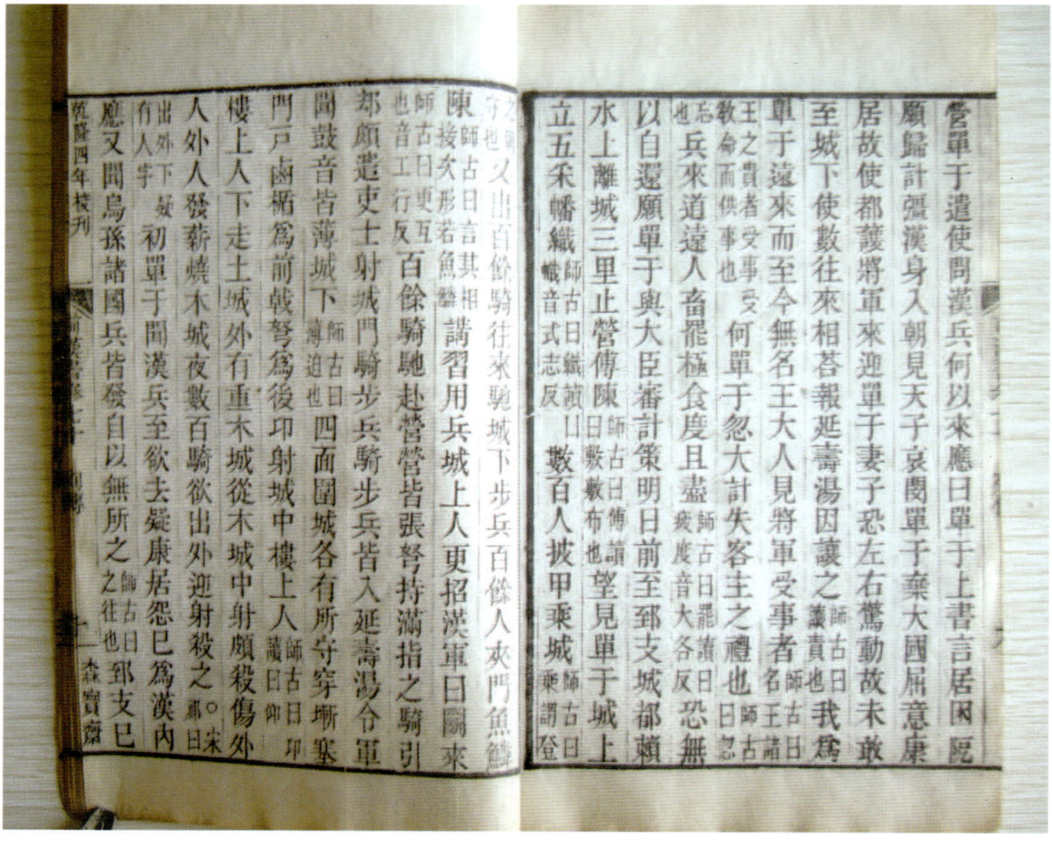

營單于遣使問漢兵何以來應曰單于上書言居困阸
願歸計彊漢身入朝見天子哀閔單于棄大國屈意康
居故使都護將軍來迎單于妻子恐左右驚動故未敢
至城下使數往來相荅報延壽湯因讓之師古曰讓責也我爲
單于遠來而至今無名王大人見將軍受事者師古曰名王謂
王之貴者受事受教命而供事也何單于忽大計失客主之禮也師古曰忽
忘也兵來道遠人畜罷極食度且盡師古曰罷讀曰疲度音大各反恐無
以自還願單于與大臣審計策明日前至郅支城都賴
水上離城三里止營傅陳師古曰傅讀曰敷敷布也望見單于城上
立五采幡織師古曰織讀曰幟音式志反數百人披甲乘城師古曰乘謂登

之而守也又出百餘騎往來馳城下步兵百餘人夾門魚鱗
陳師古曰言其相接次形若魚鱗講習用兵城上人更招漢軍曰鬬來
師古曰更互也音工行反百餘騎馳赴營營皆張弩持滿指之騎引
卻頗遣吏士射城門騎步兵騎步兵皆入延壽湯令軍
聞鼓音皆薄城下師古曰薄迫也四面圍城各有所守穿塹塞
門戶鹵楯爲前戟弩爲後卬射城中樓上人師古曰卬讀曰仰
樓上人下走土城外有重木城從木城中射頗殺傷外
人外人發薪燒木城夜數百騎欲出外迎射殺之○宋祁曰
出外下疑有人字初單于聞漢兵至欲去疑康居怨已爲漢內
應又聞烏孫諸國兵皆發自以無所之師古曰之往也郅支已

乾隆四年校刊　森寶齋

图15　《汉书·甘延寿陈汤传》有关郅支战役的描述

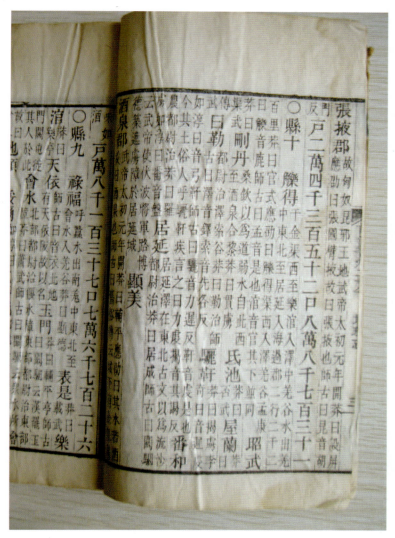

图16　《汉书·地理志》有关骊靬县的记载

图17 者来寨展出的「骊靬比萨饼」

图18 意大利比萨饼

图19 者来寨用于祭祀的牛鼻子馍馍

出版说明

　　随着20世纪以来联系地、整体地看待世界和事物的系统科学理念的深入人心，人文社会学科也出现了整合的趋势，熔东北亚、北亚、中亚和中、东欧历史文化研究于一炉的内陆欧亚学于是应运而生。时至今日，内陆欧亚学研究取得的成果已成为人类不可多得的宝贵财富。

　　当下，日益高涨的全球化和区域化呼声，既要求世界范围内的广泛合作，也强调区域内的协调发展。我国作为内陆欧亚的大国之一，加之20世纪末欧亚大陆桥再度开通，深入开展内陆欧亚历史文化的研究已是责无旁贷；而为改革开放的深入和中国特色社会主义建设创造有利周边环境的需要，亦使得内陆欧亚历史文化研究的现实意义更为突出和迫切。因此，将针对古代活动于内陆欧亚这一广泛区域的诸民族的历史文化研究成果呈现给广大的读者，不仅是实现当今该地区各国共赢的历史基础，也是这一地区各族人民共同进步与发展的需求。

　　甘肃作为古代西北丝绸之路的必经之地与重要组

成部分,历史上曾经是草原文明与农耕文明交汇的锋面,是多民族历史文化交融的历史舞台,世界几大文明(希腊—罗马文明、阿拉伯—波斯文明、印度文明和中华文明)在此交汇、碰撞,域内多民族文化在此融合。同时,甘肃也是现代欧亚大陆桥的必经之地与重要组成部分,是现代内陆欧亚商贸流通、文化交流的主要通道。

基于上述考虑,甘肃省新闻出版局将这套《欧亚历史文化文库》确定为2009—2012年重点出版项目,依此展开甘版图书的品牌建设,确实是既有眼光,亦有气魄的。

丛书主编余太山先生出于对自己耕耘了大半辈子的学科的热爱与执著,联络、组织这个领域国内外的知名专家和学者,把他们的研究成果呈现给了各位读者,其兢兢业业、如临如履的工作态度,令人感动。谨在此表示我们的谢意。

出版《欧亚历史文化文库》这样一套书,对于我们这样一个立足学术与教育出版的出版社来说,既是机遇,也是挑战。我们本着重点图书重点做的原则,严格于每一个环节和过程,力争不负作者、对得起读者。

我们更希望通过这套丛书的出版,使我们的学术出版在这个领域里与学界的发展相偕相伴,这是我们的理想,是我们的不懈追求。当然,我们最根本的目的,是向读者提交一份出色的答卷。

我们期待着读者的回声。

总 序

　　本文库所称"欧亚"(Eurasia)是指内陆欧亚,这是一个地理概念。其范围大致东起黑龙江、松花江流域,西抵多瑙河、伏尔加河流域,具体而言除中欧和东欧外,主要包括我国东三省、内蒙古自治区、新疆维吾尔自治区,以及蒙古高原、西伯利亚、哈萨克斯坦、乌兹别克斯坦、吉尔吉斯斯坦、土库曼斯坦、塔吉克斯坦、阿富汗斯坦、巴基斯坦和西北印度。其核心地带即所谓欧亚草原(Eurasian Steppes)。

　　内陆欧亚历史文化研究的对象主要是历史上活动于欧亚草原及其周邻地区(我国甘肃、宁夏、青海、西藏,以及小亚、伊朗、阿拉伯、印度、日本、朝鲜乃至西欧、北非等地)的诸民族本身,及其与世界其他地区在经济、政治、文化各方面的交流和交涉。由于内陆欧亚自然地理环境的特殊性,其历史文化呈现出鲜明的特色。

　　内陆欧亚历史文化研究是世界历史文化研究中不可或缺的组成部分,东亚、西亚、南亚以及欧洲、美洲历史文化上的许多疑难问题,都必须通过加强内陆欧亚历史文化的研究,特别是将内陆欧亚历史文化视做一个整体加以研究,才能获得确解。

中国作为内陆欧亚的大国,其历史进程从一开始就和内陆欧亚有千丝万缕的联系。我们只要注意到历代王朝的创建者中有一半以上有内陆欧亚渊源就不难理解这一点了。可以说,今后中国史研究要有大的突破,在很大程度上有待于内陆欧亚史研究的进展。

古代内陆欧亚对于古代中外关系史的发展具有不同寻常的意义。古代中国与位于它东北、西北和北方,乃至西北次大陆的国家和地区的关系,无疑是古代中外关系史最主要的篇章,而只有通过研究内陆欧亚史,才能真正把握之。

内陆欧亚历史文化研究既饶有学术趣味,也是加深睦邻关系,为改革开放和建设有中国特色的社会主义创造有利周边环境的需要,因而亦具有重要的现实政治意义。由此可见,我国深入开展内陆欧亚历史文化的研究责无旁贷。

为了联合全国内陆欧亚学的研究力量,更好地建设和发展内陆欧亚学这一新学科,繁荣社会主义文化,适应打造学术精品的战略要求,在深思熟虑和广泛征求意见后,我们决定编辑出版这套《欧亚历史文化文库》。

本文库所收大别为三类:一,研究专著;二,译著;三,知识性丛书。其中,研究专著旨在收辑有关诸课题的各种研究成果;译著旨在介绍国外学术界高质量的研究专著;知识性丛书收辑有关的通俗读物。不言而喻,这三类著作对于一个学科的发展都是不可或缺的。

构建和发展中国的内陆欧亚学,任重道远。衷心希望全国各族学者共同努力,一起推进内陆欧亚研究的发展。愿本文库有蓬勃的生命力,拥有越来越多的作者和读者。

最后,甘肃省新闻出版局支持这一文库编辑出版,确实需要眼光和魄力,特此致敬、致谢。

余太山

2010 年 6 月 30 日

目 录

前　言

　　自1989年以来,在甘肃永昌县有一个2000年前安置古罗马军团人员城市的消息,由于多方面的宣传介入,早已为人们所熟知。然而,历史上真有其事吗? 它的来龙去脉究竟如何? 就是本书要弄清楚的问题。

　　这不仅仅是一本普及性读物,而是一部严肃的历史研究著述。50多年前西方汉学家的一个学术假说,被地方当做真历史来宣传、来造势,立碑、圈残垣加以保护,耗费巨资建设古罗马旅游城、拍摄电影和电视剧,每年有许多人被吸引来旅游参观。历史的真伪,是严肃的学术问题,对学术问题学者只能用学术研究的方法去对待、去解决。作为学术著述,本书通过对古今中外历史资料的梳理,参照古今学者对相关问题的研究成果,进行细致的历史考证,探寻历史的真谛,弄清古罗马军团人员及骊靬县问题的曲曲折折,辨析真真假假的各种说法,做出符合科学要求的研究结论,揭示了历史的真相。

　　遵循学术规范的要求,书中首先原原本本地介绍了正反两方面半个多世纪以来对古罗马军团东归说的学术争论的情况,目的是使读者不被一面之词迷惑,知道既有将骊靬问题的假说固化和强化的一面,也有中外历史学家不断质疑和批评的一面。

　　书中立专章简略介绍公元前1世纪前后古罗马和中国的历史,以使一般读者明了相关的历史背景。

　　然后,以古罗马和汉朝的历史源文献为根据,对公元前1世纪中后期中亚地区两次战役的历史过程进行了详尽的叙述。以确凿史料和精细考证证明,在公元前53年罗马和安息的卡尔莱战役中,罗马统帅克拉苏及其小儿子战败后被杀和自杀,克拉苏的大儿子此时正在遥远的高卢跟着凯撒作战。从战场逃回的两批人下落清楚,财务官卡西乌斯

·欧·亚·历·史·文·化·文·库·

后来成为共和派首领刺杀了凯撒。而被安息俘虏的罗马军人,在奥古斯都时归还了罗马,不存在他们逃往郅支单于城的可能。公元前36年汉朝与匈奴郅支城战役中的诸多事项,都不必也没有罗马军人参与。郅支战役的俘虏全都交给参与作战的西域诸国,没有带回关内,汉朝不必在河西建县安置子虚乌有的古罗马降人。

　　骊轩县于西汉建立,直至隋朝初期被撤并。书中依据所有能找到的古代史料,对骊轩的建置沿革第一次进行了认真的考订。查考了与骊轩相似的几个地名,发现《史记》所述的"黎轩"和《汉书》中的"犛轩"或在安息西,或在安息北,都与班超试图交通的大秦(即罗马)没有关系,也与骊轩县名没有关系。《后汉书》中"大秦国一号犁轩"的说法,来自于曹魏鱼豢《魏略》,东汉时没有此说法。书中考察了各种骊轩设县时间、原因和县名来历的说法,提出,公元前78年张掖属国义渠骑士射杀匈奴犁汗王后被封为犁汗王,汉朝因而设音同字异的骊轩县令其居住。骊轩地名系匈奴语"髓"的音译,为土川肥美之义。人们都以永昌县南者来寨为西汉骊轩县故址,书中提出者来寨系明代祁连山北沿线的许多堡寨之一,真正的西汉骊轩县遗址可能是六坝乡回归城。

　　永昌县地处古丝绸之路东线要冲之地,公元前121年汉占有河西走廊之前,当地生活着以欧洲种人为主体的几个族的居民,以后当地虽然以汉族为主体,但居民和过客的人种状况十分复杂。永昌县有一些西方人长相的居民毫不奇怪。兰州大学遗传研究所DNA测定结果证明,在87个"骊轩人"个体的血样中,只有3个个体的线粒体单倍群属于西亚类型欧洲人,他们肯定不是什么古罗马军团的后裔。书中对清末以前的几千年间,永昌一带欧洲人种居民的历史资料分时代进行了钩稽考察,希望为永昌"骊轩人"来源的进一步探讨提供历史依据。

　　永昌县的许多习俗被赋予古罗马遗留的色彩。书中一一进行了考证。指出:永昌县的斗牛,是中国南北各地古来就有的风俗,古罗马只有斗兽和人斗人,西班牙中世纪形成的斗牛活动也与此无关。做牛头馍馍进行牛祭、以牛头祭祀牛王以及立春中打春(牛)的活动,中国自古就有,也与罗马人无涉。永昌民间的葱油饼从原料、制法和外形上都与意大利的比萨饼迥异。永昌的婚俗和妇女地位与古罗马差距极大。永昌的土葬习俗与古罗马人当时的火葬习俗毫无共同之处。在中国古文献中,从来没有墓穴和尸体头向的规定。检索各种考古报告中死人头向的资料,也是东西南北都有。永昌即使存在头向西的尸式,也不能证明这是古罗马人的遗俗。永昌传统的节庆多来自于历史故事,古罗马的节庆多为娱神,二者没有共同之处。将各地都有的节子舞(霸王鞭、打莲香)说成是古罗马军的鱼鳞阵,更是对传统文化的阉割。

最后一章,回顾了本书作者参与古罗马军团东归伪史批评的历程,介绍了本课题的选题原因、研究方法,阐述了书中的一系列看法和主要观点。希望能为这一学术案例的讨源,为中外文系史和永昌地方史研究的求真,贡献一己之力。其是非功过,请读者评判,并留待历史检验。

骊轩梦,该醒了!

1 从德效骞假说到永昌县的
骊靬文化热

由兰州市出发,驾车沿着 312 国道西行约 4 小时(339 公里),就可以看到在一座县城南头的国道旁,高高地伫立着一座花岗岩雕塑,基座上耸立着三尊高大健壮的古代人物全身雕像。中间站立的长者身着汉代中原服饰,据说是汉朝官员形象;两侧男女身材高大、眼窝深凹、头发卷曲,着古罗马服饰,他们的目光深情地眺望着远方,据称是东归永昌的古罗马军人及其家属的形象。这座雕塑,是当地政府特制的纪念性景点"骊靬怀古"。由此我们进入了近 20 多年因其古代的骊靬地名与古罗马克拉苏军团的"关系"而名声大振的甘肃省永昌县。

1.1　永昌县与古罗马军团东归说的鹊起

永昌县地处河西走廊东部、祁连山北麓、阿拉善台地南缘,东邻武威、北接金川、西迎山丹、南与肃南接壤。总面积 7439.27 平方公里,常住人口 23.5 万人,[1] 有汉、回、藏、蒙等 15 个民族,隶属于中国镍都——甘肃省金昌市。永昌县下辖 6 镇 4 乡,111 个行政村,917 个村民小组,10 个社区。境内地势以山地、平原为主,与戈壁沙漠东西展开,南北山岭夹峙,相间排列,山地平川交错,绿洲荒漠绵延。最低海拔1452 米,最高海拔 4442 米,平均海拔 2000 米。气候属温带大陆性气候,冬无严寒,夏无酷暑,年平均气温 4.8℃,平均降水量 185.1 毫米。[2]

永昌县城南头 312 国道旁"骊靬怀古"雕像背后的台基上立有一

---

〔1〕2010 年 11 月人口普查数据。
〔2〕据甘肃省永昌县人民政府网站。

块黑色花岗石碑,碑文称:

> 公元前53年,罗马帝国执政官克拉苏集七个军团之兵力入侵安息(今伊朗一带),在卡尔莱遭围歼。克拉苏长子普布利乌斯率第一军团突围,越安息东界,流徙西域,经多年辗转,于公元前36年前后,相继从大月氏郅支匈奴归降西汉王朝,被安置于今永昌者来寨。汉称罗马为骊轩,故设骊轩县,赐罗马降人耕牧为生,化干戈为玉帛。骊轩人英勇善战,东晋时曾战败前凉大将和昊,威震陇右。后渐与汉及其他民族融合,为华夏民族团结、社会进步和经济繁荣作出了贡献。

乘车由永昌县城向西南10公里,是属于焦家庄乡的者来寨村,现已改名骊轩村。在清代省县地方志里,这里被认定为汉代骊轩县城故地。村子里有一段近10米长、1米多高的呈S形的厚土墙,据称是古城墙的残留。其实在甘肃,古代的城墙比比皆有,但多数都在最近几十年中被陆续取土垫圈肥地,或因建设被推为平地。而这段残存的城墙,因为上述古罗马军团的历史故事而受到青睐,被地方政府认定为汉代古罗马军团落脚的骊轩古城的城墙遗迹,于1994年被用铁链围了起来,前边立了石碑,镌刻"骊轩遗址"4个大字。在该段城墙西面的一个高土台上,地方政府还按照罗马的建筑风格建设了一座由四根罗马柱支起的方形亭子,命名"骊轩亭"。亭内立了一块石碑,正面左侧书"罗马东征军归宿碑记"[1]9字碑名,碑文如下:

> 此处为骊轩古城遗址,最早为匈奴折兰王府,后称者来寨。此北20里处为西汉初所置番禾县。西汉河西农都尉设在番禾县城南。流亡的罗马帝国远征军从西域归降汉王朝后,汉王朝置罗马降人于农都尉之南者来寨,立县骊轩。《后汉书》载:"汉初设骊轩县,取国名为县。"《后汉书补注》说:"为骊轩降人而置。"《晋书》载,凉王张祚遣将和昊伐骊轩戎于南山(照面山),大败而还。《隋

---

〔1〕此碑照片见甘肃省人民政府新闻办公室编,陈正义撰文《消失的罗马军团:千年的历史回响》,五洲传播出版社,2007年,第110页。以下文字系笔者据当时得到的碑铭照片录入。

书》载,开皇十一年,骊靬并入番禾县。《大清一统志》载,骊靬废县在永昌县南。《五凉志》载,骊靬者来寨是其遗址。遗址土夯层厚16~17公分,宽3.8米,结构与番禾城墙一致。

永昌县人民政府
1994 年 4 月

2005 年上述碑文被磨灭,正面改书"古罗马兵归顺中国碑记/永昌县人民政府立/公元一九九四年五月刻/公元二○○五年五月重刻"4 行字,碑阴改刻以下文字:

汉骊靬县,唐训诂学家颜师古考定:取国名为县,居民自呼曰力羯。西汉称古罗马为骊靬。清代皇家权威著作方舆纪要及大清一统志确证:县为骊靬降人置,遗址在永昌县者来寨。居延汉简载:属国卢水秦胡。晋书云:东晋永和十年,凉王张祚遣将和昊伐骊靬戎于南山大败而还。20 世纪末,中外学者集前贤成果据最新史料得出结论:骊靬降人,中国史书另称谓秦胡、羯人、卢水胡、骊靬戎等,他们来自古罗马帝国。公元前53 年,西汉甘露元年,罗马执政官克拉苏率五万大军东征安息(伊朗一带)遭围歼,六千人突围而流徙西域,一万被俘者送安息东界服苦役不堪凌辱而大批逃遁。中国西大门翘首可望。约数年后,我西域都护在于阗骊归城接纳数千异邦人(该城由此得名),史称义从胡。由张掖太守辛庆忌安置者来寨,建骊靬县。另有数百名罗马士兵参与了公元前36 年郅支匈奴对汉军的作战,由陈汤俘获后分赋予城郭十五国。隋开皇中,骊靬并入番和。

在中国西北地区甘肃省永昌县,为什么会出现这些与古罗马军团有关系的景点和"遗址"呢?在中国历史上是否真有这样一群罗马人迁居甘肃呢?这要从"古罗马军团东归骊靬"的假说谈起。

1989 年 9 月 28 日,法新社发表一则关于澳大利亚教师戴维·哈里斯在甘肃发现古罗马军团流落地的电讯。中国新华通讯社主办的《参考消息》1989 年 9 月 30 日第 3 版,转载了法新社的这一电讯,全文如下:

一澳大利亚教师认定中国西部有古罗马城市

（法新社悉尼 9 月 28 日电） 一位澳大利亚人认为，他已发现很久以前消失了的"罗马帝国"城市现存于中国戈壁滩的边缘。

澳大利亚阿德莱德的教师戴维·哈里斯说，他在一些古老的中国地图上找到了中文名称为"利坚"的一座城市，在这个地方存在着一个定居点的废墟。他对法新社记者说，需要进行考古挖掘来确定这个地方是否是古代罗马帝国的定居点，如果实际情况如此，那么东西方关系的历史将需要重写。

哈里斯先生今年早些时候在中国进行了一次考察旅行。他说，历史学家老早就对一支古罗马帝国军队东征溃败后的命运如何持怀疑态度。这次东征比马可·波罗的中国之行早大约 1300 年左右。

47 岁的哈里斯说，1981 年他参加过一次关于古罗马诗人贺瑞斯的报告会时听到有关这支军队的命运时就萌发了兴趣。18 个月前，他放弃了教书工作，集中精力进行研究，到今年 3 月份万事齐备，他便开始了第二次中国之行。

哈里斯说，中国学者知道一座被称为"利坚"的城市曾经存在过，但不知道这座城市的确切地点。在一张公元前 9 世纪绘制的地图的帮助下，哈里斯认为这座城市很可能在中国西部甘肃省的永昌地区。在甘肃省省会兰州市的学者和政府官员的陪同下，哈里斯利用这张古老的地图确定了"利坚"城的废墟所在地。

哈里斯说，"我认为，这是我所找的那个地点。我们搜集了一些汉墓出土的陶器碎片，但只有进行挖掘才能确定罗马人实际上是否在这里居住过。"

哈里斯说他与中国当局讨论了是否建立一个国际机构对这个地点进行考古研究的问题，"中国人对此很起劲。"

哈里斯说，"有大量证据表明，罗马帝国的军人是在中国消失的。罗马历史学家蒲林尼和希腊传记作家普鲁塔克都在罗马第一次三执政之一的克拉苏传记中提到这支军队。这支军队是由现在叙利亚北部的一些犯人在公元前53年组成的。一些古典著作说，这支雇佣军向东行进。在此17年之后，这支军队在中国。中国的古典著作说，在公元前36年，在中国帝国边陲俘获了一支非常奇怪的军队。据说，这支军队把盾牌连成不寻常的龟形进行自卫。"

哈里斯说，对这支军队被俘的城市的叙述还描绘了罗马图案。从一名中国将军所画的得胜图中可看出这一点。

哈里斯说，若对永昌地区的人民验血可能提供与罗马人有直接联系的遗传学方面的证据。

哈里斯说，他打算明年组织一支远征队，沿着可能是这支军队从罗马到利坚的路重新走一趟。

此事在我国造成轰动。1989年12月15日《人民日报》在第3版显著位置以《永昌有座西汉安置罗马战俘城》为题，报道了中国、澳大利亚和前苏联三国四位学者联合研究发现，西汉元帝时代设置的骊靬县是用作安置古罗马战俘的，这座城市的遗址就在今甘肃省永昌县境内。

1993年7月12日的《新华每日电讯》，又报道了《甘肃发现"罗马古城"痕迹，两千年前罗马军队消失之谜又有新解》的消息。全文如下：

（新华社兰州7月11日电）（记者王振山）两千多年前一支古罗马军队在中国西部甘肃永昌县境内消失之谜，最近又有新发现：在中外学者认定的古罗马军队残部居住的骊靬古城和古城所在地焦家庄乡的一些村落，相继发现了部分珍贵文物和数十名世代在此地居住而又具有"外国人"特征的居民。有关专家认为，这些居民可能是古罗马人与当地民族通婚遗传的后裔。

1989年，中国、澳大利亚和原苏联的一些史学家参考一张公元前9年绘制的地图，找到了公元前36年西汉政府安置罗马军队残部设置的骊靬古城。这座古城位于甘肃永昌县西南约10公里的者寨子。者寨子地处祁连山脉沟口，地形开阔，宜耕宜牧，至今仍有数处古城堡遗址。但在此之前未见文物发现。

·欧·亚·历·史·文·化·文·库·

在永昌县文化馆,记者目睹最近首次在骊轩古城地表出土的瓷水壶、铁锅、铁鼎等。据当地文物部门介绍,这些文物均出自元代。专家们据此推断认为,经过几百年的岁月,古罗马人与当地民族通婚融合,骊轩城废弃以后,历代又在此废墟上重建城池,因此骊轩古城有可能深藏地下,成为城下之城。

据县文化馆馆长介绍,前不久当地一位农民在开沟挖渠时曾发现一根长约丈余的粗大圆木,四周嵌有长约尺余的木杆,时代不详。据史料记载,古罗马军队善"夹门鱼鳞阵,讲习用兵","土城外重修木城"(按:当做"土城外有重木城")。这根奇特的木制品有可能提供有关罗马人"重修木城"的证据。

在与骊轩古城相距几公里的杏树庄和河滩村,记者走访了几位具有外国人特征的居民,他们中有老人,也有中青年和儿童。这些人普遍具有高鼻梁、深眼窝,头发自然卷曲,身材魁梧,胡须、汗毛、头发为金黄色等外貌特征,与当地土著居民有明显差异。

这些新发现对进一步揭开罗马古城千古之谜提供了新的线索。有关部门已准备进行考古发掘和遗传学方面的研究。

1989 年以后,关于失踪的古罗马军团在甘肃永昌建立了骊轩城的宣传报道沸沸扬扬,一再掀起新波,不仅诱发地方人士的争相呼应,而且引起海内外学界的广泛关注。永昌县也以此为题材大兴土木,先后兴建了一批以"骊轩"、"罗马"命名的宾馆、饭店、市场、雕塑等,在"骊轩故址"者来村竖起了《骊轩遗址》和《罗马东征军归宿记》两通碑文供人凭吊。

古罗马军团东归骊轩(今甘肃永昌)说,自 1989 年以来,被媒体反复炒作,在普通读者心目中几乎已成定论。本书试图通过对大量中外历史事实、民俗、考古资料的钩稽和考证,驳斥古罗马军团东归说的诸多"理由",揭露所谓三国学者古罗马军团东归说的伪造和欺骗,恢复历史的真实,维护学术的尊严,为 20 世纪最后一桩影响甚大的学术公案做历史的总结。

1.2 德效骞及其关于古罗马军团落脚甘肃永昌的假说

所谓古罗马军团东归骊靬说,是哈里斯掇拾美国学者德效骞的历史假说,冒充自己的发现向中国宣传,进而为地方政府接受,媒体反复炒作的一个伪历史。

1957 年,美国汉学家德效骞教授,在他撰写的《古代中国一座罗马人的城市》[1]中,便把古罗马远征军与汉甘延寿和陈汤郅支城击匈奴一役中出现的"罗马人"联系在一起了。

德效骞(Homer Hasenpflug Dubs,1892—1969)出生于美国伊利诺斯州的迪尔菲尔德,1900 年随做传教士的父母生活在中国湖南省。德效骞于 1902 年回到美国,后来就读于欧柏林学院,1914 年毕业于耶鲁大学哲学专业。1916 年,他获得哥伦比亚大学的哲学硕士学位,1917年获得美国纽约的联合神学院神学士学位。接下来的几年中,他以遵道会传教士的身份生活在中国,开始在南京的语言学校学习汉语,后来到湖南与父亲一起传教。在南京,他遇到在金陵神学院任教的司徒雷登(John Leighton Stuart,1876—1962),并在他的激励下从事荀子的研究,这对于他此后致力于研究中国文化起了重要作用。1924 年,德效骞从上海返回美国,到芝加哥大学进行研究,并且在 1925 年获得哲学博士学位,他提交的博士论文是关于他最为喜爱的中国古代思想家的,后来以两卷本的形式出版——《荀子:古代儒学的塑造者》,并由司徒雷登作序。[2] 该书被陈启云先生评为 "20 世纪上半叶西方汉学对中

---

〔1〕〔美〕德效骞著,屈直敏译《古代中国一座罗马人的城市》,载《敦煌学辑刊》,2001 年第 2 期。英文原文有 57 个注,总字数约 12000 字,因篇幅关系,发表时删削。据德氏称,该文部分内容发表于《通报》卷 36,livr. 1(1940),pp. 64 – 80;《美国语言学杂志》(the American Journal of Philology)卷 62,No. 3(1941),pp. 322 – 330;和《古典语言学杂志》(Classical Philology)卷 38,No. 1(1943),pp. 13 – 19。该文原稿于 1955 年 11 月 23 日(星期三)在伦敦汉学会上发表。1957 年由伦敦汉学会出版单行本。屈直敏译文即据伦敦汉学会单行本译出。

〔2〕Homer H. Dubs, Hsüntze:The Moulder of Ancient Confucianism,London:Arthur Probsthain,1927. reprint by Cheng – wen Publishing Co. ,Tai pei,1966.

·欧·亚·历·史·文·化·文·库·

国思想文化研著的佳作"。[1] 德氏同时还翻译出版《荀子的著作》（*The Works of Hsüntze*）。

接下来的几年中，德效骞在明尼苏达大学（1925—1927 年）和马歇尔学院（1927—1934 年）教授哲学。随后，他被美国中国学的一个重要学术组织机构——美国学术团体理事会聘去翻译中国王朝的历史书，在 1934 至 1937 年期间，在任泰、崔先生、潘乐知等 3 名中国人的帮助下，全身心地翻译和注释班固的《汉书》。最终他的成果《汉书译注》以 3 卷本的形式，在美国学术团体协会的赞助下出版（巴尔迪摩，1938、1944、1955 年）。第一、二卷还获得了 1947 年的斯塔尼斯拉斯朱利安奖（儒莲汉学奖）。但其译文语气极为生硬、晦涩，美国汉学家、翻译家华兹生（Burton Watson）批评他冒犯班固作品原有的高贵气质。[2]

以后，德效骞先后在杜克大学及其神学院（1937—1943 年）、哥伦比亚大学（兼职，1944—1945 年）、哈特福德神学院（1945—1947 年）任教，1943 到 1944 年间，他任职于太平洋国际学会的中国史部门，并且后来在哥伦比亚大学也建立了该部门。1947 年，在莱顿大学的戴文达教授的建议下，牛津大学邀请他作中国史的首席教授，这一职位曾因为理雅各及其接任者的努力而声名显赫。出任牛津大学汉学教授者都是具有世界影响的汉学权威，他能够受聘此职，说明在国际汉学界已经占据重要地位。1959 年，德效骞退休。其后的 1962—1963 年间曾作为夏威夷大学的客座教授，并且在回家途中到澳大利亚开设讲座。此后他一直住在牛津，于 1969 年 8 月 16 日去世，享年 77 岁。

德效骞由于拥有古典的、专业的和神学的训练经历，出色地解决了在中国史研究中碰到的诸多问题。而他在描写天文和神迹方面的能力更是让人感到惊讶。他进一步发展了奥博而泽的《日月食典》中的知识，并且根据金泽尔和挪克伯德研究对其予以改善。除了这些，他的工作涉及诸多领域，如中国古代的炼金术、弓弩、汉代博山炉、王莽时代的

---

[1]陈启云《汉儒与王莽：评述西方汉学界的几项研究》，载《史学集刊》，2007 年 1 期，第 60 页。

[2]李秀英《华兹生的汉学研究与译介》，载《国外社会科学》，2008 年第 4 期，第 68 页。

经济改革以及罗马和长安之间可能存在的军事冲突,他丰富的想象力带他超越了大多数学习中国语言的学生理想的境界。作为对他卓越贡献的褒奖,他用来翻译《汉书》的索引、标准和其他材料都将被整理出版。这项工作将由他在牛津的接班人,后来去了美国的霍克斯教授完成。[1]

关于中国与罗马关系史的研究,从1940—1957年德效骞撰写并发表了《公元前36年中国与罗马间的一次军事接触》、[2]《早期罗马与中国间的一次军事接触》、[3]《罗马人对中国油画的影响》、[4]《古代中国一座罗马人的城市》[5]等4篇论文及1部著作《古代中国一座罗马人的城市》。其间观点曾有所改变[6]。在《古代中国一座罗马人的城市》一文中,德效骞教授认为,在公元前54年发生的古罗马与帕提亚(中国古代典籍中称为"安息")之间的卡尔莱战役中,约有1万名罗马士兵被俘虏,后来被遣送至马吉安那(Magiana)守卫帕提亚王国的东疆。这些罗马士兵都是坚忍不拔之士,吃了不少苦头,他们与蛮族妇女结合,在帕提亚军中服役。而帕提亚边界乌浒河的马吉安那距离塔拉斯河畔的郅支城约四五百里。罗马士兵流落异邦,远离故土,返家无望,自然会千方百计逃离可憎的帕提亚去他处当雇佣兵。"郅支(单于)的名声使得大宛等诸部都向他进贡方物,因此他有足够的财源来支付雇佣军的费用。而跟随郅支的匈奴人并不多,因为他的部众除

〔1〕以上关于德效骞生平的文字,主要参考了 L. Carrington Goodrich 写的 Homer H. Dubs, 1892—1969,该文发表在亚洲研究协会编的《亚洲研究》,第29卷第4期,1970年4月(*The Journal of Asian Studies*, Vol. 29, No. 4[Aug. ,1970], pp. 889 – 891, Published by: Association for Asian Studies)。

〔2〕Homer H. Dubs, "A Military Contact between Chinese and Romans in 36 B. C. ", *T'oung Pao*, Second Series, Vol. 36, Livr. 1(1940), pp. 64 – 80.

〔3〕Homer H. Dubs, "An Ancient Military Contact between Romans And Chinese", *The American Journal of Philology*, Vol. 62, No. 3(1941), pp. 322 – 330.

〔4〕Homer H. Dubs, "A Roman Influence upon Chinese Painting", *Classical Philology*, Vol. 38, No. 1(Jan. ,1943), pp. 13 – 19.

〔5〕Homer H. Dubs, "A Roman City in Ancient China", *Greece and Rome*, Vol. 4, No. 2(1957), pp. 139 – 148.

〔6〕详见刘继华《汉学家德效骞与早期中罗关系研究》一文,载《丝绸之路骊轩文化国际旅游研讨会论文集》,中国金昌,2011年。谨对刘继华博士致以谢意。

3000人外,其余的都在到康居的路上被冻死了。当他与康居交恶后,当然不会再信任康居国的人,因而极其需要寻求援助。此外,对罗马人来说,他们自然为郅支的威名所悦服,加上郅支还答应与他们所仇恨的安息为敌,他们自然愿意与其联合。这样双方为各自的利益而互相利用,最终实现了联合。"[1]

德效骞教授之所以有这样的认识,是源于《汉书·陈汤传》中攻取郅支城的一段记载。在他的文章中,将《汉书·陈汤传》中甘延寿、陈汤攻取郅支城的叙述划分为 8 个独立场景,并判断这 8 个场景显然是根据描绘这次战役的画卷写成,这种以当时场景绘成画卷的情况,在汉代是前所未有的。通过对这 8 个场景片段的分析,作者认为古罗马人作为郅支单于的军队参加了这次战役。现将德效骞的文章中有关文字引录如下:

场一:明日,[汉军]前至郅支城都赖水上,离城 3 里,止营傅阵。望见单于城上立五彩幡织,数百人披甲乘城;又出百余骑往来驰城下,步兵百余人夹门鱼鳞阵,讲习用兵。城上人更招汉军曰:斗来!

场二:百余骑驰赴营,营皆张弩持满指之,骑引却。颇遣吏士射城门骑步兵,骑步兵皆入。

场三:甘延寿、陈汤令军闻鼓音皆薄城下,四面围城,各有所守,穿堑,塞门户,卤楯为前,戟弩为后,仰射城中楼上人,楼上人下走。土城外有重木城,从木城中射,颇杀伤人。外人发薪烧木城。

场四:夜,数百骑欲出外,迎射杀之。

[插叙]初,单于闻汉兵至,欲去,疑康居怨己,为汉内应,又闻乌孙诸国兵皆发,自以无所之。郅支已出,复还,曰:"不如坚守。汉兵远来,不能久攻。"

[续场四]单于乃被甲在楼上,诸阏氏夫人数十皆以弓射外

---

〔1〕〔美〕德效骞著,屈直敏译《古代中国一座罗马人的城市》,载《敦煌学辑刊》,2001 年第 2 期。

人。外人射中单于鼻,诸夫人颇死。单于下骑,传战大内。

场五:夜过半,木城穿,中人却入土城,乘城呼。时康居兵万余骑分为十余处,四面环城,亦与相应和。夜,数奔营,不利,辄却。

场六:平明,四面火起,吏士喜,大呼乘之,钲鼓声动地。康居兵引却。

场七:汉兵四面推卤楯,并入土城中。单于男女百余人走入大内。

场八:汉兵纵火,吏士争入,单于被创死。军候假丞杜勋斩单于首,得汉使节二及谷吉等所赍帛书。

随后,作者对上述史料中的一些细节进行一番考证。

首先,场一中写到"步兵百余人夹门鱼鳞阵"。这里"鱼鳞阵"一词在汉文文献中是绝无仅有的。这就让我们对这些能排成如此复杂战阵的军队的国家和族别产生疑问。要将军队列成鱼鳞阵是需要经过精良的训练和高度严密的组织纪律,这不是任何游牧部落如匈奴所能做到的。像高卢(Gauls)这样的游牧民族和蛮夷之邦,打起仗来都是一拥而上进行混战,毫无章法可言,只有经过长期训练的职业军人在战争中才能排列成如此周密的战阵。

······

在克拉苏失败18年之后,中国人在郅支单于城看到了典型的罗马战阵——龟甲阵(testudo),这正是罗马军团所用的战阵。罗马军团所用长方形盾牌,其正面呈圆弧形,当手执盾牌的士兵并肩站在一起时,其盾牌的上端若在一个从未见过该战阵的中国画师看来,实际极像鱼鳞形。

······

这种战阵只要一个士兵离队就会土崩瓦解,所以这就要求具有高度纪律性和良好训练的士兵坚定地站在军队的前面,并习惯于用身体进行灵活的运动。因此除了罗马的鱼板盾和龟甲阵外没有任何武器和战阵能解释中国人所描述的"鱼鳞阵。"

郅支单于城确有罗马人,还可以从中国军队在城外所见的重

11

木城得到证实……匈奴人是一个游牧民族,除了入降汉人为之修筑为数不多的城郭以外,在蒙古高原上也初无城郭的建筑。在康居,郅支自然寻找最好的军队作为帮手,而罗马军团在城防建筑方面能提供无人能比的援助。中国军队在康居所见的重木城恰好体现了罗马城防的文化特征,如此看来,郅支在修筑城防时毫无疑问得到了罗马人的技术援助。

罗马人东来的另一证据,可见于就这次征讨事宜上奏给朝廷的图书。据班固的《汉书》记载,这些有关的图书毫无疑问确实存在……在史书有关的编年记事中,我们可以进一步见到与这次战役有关的记载:"四年春正月(公元前35年二月),以诛郅支单于告祠郊庙,赦天下。群臣上寿置酒,以其图书示后官贵人。"……上述送给后官贵人传看的"图书",不仅是前所未有的,亦是非同寻常的。这些是什么样的图书能令后官贵人们如此感兴趣呢?……这些图书极可能就是汉军这次大捷的图画,而班固关于这次战役的描述,可能就是据此为蓝本而撰成的。

众所周知,罗马凯旋式也常用图画来反映……在从康居返回中国的漫长旅途之间或在此之前,陈汤肯定与罗马军队首领进行交谈过,并询问他们国家的情况。罗马军队从前的辉煌表明,他们的将领必定是一个非常机智的人,既然他是与一个获胜的将领凯旋回国,他肯定会告诉他关于罗马凯旋式的盛况……像陈汤这样极具丰富想象力的人,在听到罗马凯旋式用富有代表性的图画来描绘成功的战役之后,必定会利用这一特征向朝廷和天子汇报其赫赫战功。

综上所述可知,公元前36年,甘延寿和陈汤在中亚与克拉苏罗马军团的残余相遇,并将他们带回了中国。描绘那次出征中所见军事战阵的词语不见于其他任何汉文文献,这种战阵与罗马军队独有的龟甲阵极为相似。同时,汉军围攻匈奴时在城外见到的重木城,也不见于中国和希腊,但却常为罗马所用。用图画来记载、描绘军事征伐的习俗,常见于罗马的凯旋式而中国却从未有此习俗,此次却构成了西汉军队征讨匈奴奏章的部分内容。这就更有力地证明了在公元前79年至公元5年之间,在中国建立了一座用中国对罗马的称呼来命名的县城——骊靬,这表明居住该城的民众是来自罗马帝国的移民。

以上便是美国学者德效骞论文《古代中国一座罗马人的城市》的主要观点。从前文提到的《参考消息》及《人民日报》等媒体的报道看,中、澳、苏三国学者联合研究得出的永昌境内骊靬城是为安置古罗马降人而设的观点,与德效骞文章中的观点基本一致。德效骞论文的中文摘译最早发表于1988年6月出版的《中外关系史译丛》第4辑,比中、澳、苏三国学者的发现至少要早一年多。另外,三国学者们所持匈奴军队中有罗马士兵的几条理由,即"奇特的军队"、"步兵百余人,夹门鱼鳞阵,讲习用兵"的军队、"土城外有重木城"和描述军阵的图画,以及对于这些罗马士兵进入中国境内途径的描述等,与德效骞的论述完全相同。事实上,哈里斯等3国学者所持见解的发明权应属于德效骞。其主要观点,基本都是对德效骞文章观点的重复或演绎,没有什么新意。

1.3 西方和中国学者对德效骞假设的接受和引用

作为西方著名汉学家,德效骞的观点在国际学术界影响颇大。英国著名中国科技史专家李约瑟在他的《中国科学技术史》中赞同德效骞的观点,法国著名汉学家安田朴在他的《中国文化西传欧洲史》中也倾向于接受,我国学者也引用过他的结论。将德效骞的观点介绍给中国学术界的,除了李约瑟的《中国科学技术史》外,法国学者布尔努瓦所著《丝绸之路》也征引了德效骞的观点。

布尔努瓦所著《丝绸之路》一书,在其第五章《商队之道——从石堡到玉门》中提到:

公元初年,在中国的西北地区,即甘肃和蒲昌海(罗布泊)之间,今永昌县以南有一座小城名叫犁靬。我们知道,"犁靬"是汉人对罗马帝国最古老的称呼。《汉书》还记载,在公元前36年时,汉将甘延寿和陈汤胜利地包围了一座由匈奴人所占据的西域城市,共俘虏了150名外国雇佣军。H. H. 德效骞教授是这一历史"怪现象"的发现者,他说这些雇佣军可能是卡尔莱战役之后幸存下来的罗马军团士兵。在卡尔莱战役被俘的1万多名罗马军团士兵中,有一些被安息人流放到了帝国的东部边缘地区,这些人后来或者是越狱逃走,或者是被其主子转卖掉了,后来又在距他们失败地区6000多公里的地方,替匈奴人守护一座城池,以防御汉人。这些一生在戎马中度过的罗马人的命运遭遇是非常离奇的,他们是在地中海沿岸呱呱降生的婴儿,也可能是高卢人的子孙(大家知道,克拉苏的儿子曾在卡尔莱与高卢军队交战)。如果中国汉代的史料确实无误的话,那么这些人就是再次被俘,而且是被汉人所俘。最后在中国边塞地区建立了一小城池(即一座军营)来安置他们。史书中还流传说,由于他们精通两种完全属于罗马人的军事艺术,从而使他们的新主子目瞪口呆。这两种军事艺术就是修建坚强的城垣堡垒和摆龟甲形阵列。汉人称后者为鱼鳞形的阵列。犁靬这一边陲城市离汉朝京师和中国传统文明的中心路途遥远,在中国统计的名册中,一直到5世纪还以其外国名字相称,叫犁靬。这些罗马军团的士兵似乎是同本地汉族姑娘或与匈奴、吐蕃和粟特的土著姑娘结了婚,成家立业地生活起来了。人们可能会认为,这样规模的一种异族聚落在汉朝边界地区建立后,肯定会带来除了城垣工事和龟甲形阵列之外的其他西方文明,但事实似乎绝非如此。对于汉人来说,这只不过是安置外国雇佣军的遥远据点之一。这些罗马人在那里安分守己,不敢轻举妄动,也不与其他西方人保持任何接触。[1]

在布尔努瓦的书中,基本采用了德效骞的假说,并且在他看来,

---

〔1〕〔法〕布尔努瓦著,耿昇译《丝绸之路》,山东画报出版社,2001年。

"德效骞教授对这一问题的阐述本身就是一篇动人的史话,初看起来,这是一部有关一桩令人吃惊的偶然事件的历史,但实际上则是他长期耐心工作的硕果。"

　　事实上,早在德效骞论证此事之前,就已经有中外学者做过类似的讨论。1938年,荷兰著名汉学家戴文达在欧洲汉学杂志《通报》第34卷,发表题名《西汉史上的一件战役图》的论文。这篇论文认为,山东孝堂山石祠西壁的胡汉交战图,应是渊源于描述陈汤诛郅支单于的"战役图"。他的根据是《汉书·元帝纪》,《元帝纪》谓建昭"四年(前35年)春正月,以诛郅支单于告祠郊庙,赦天下。群臣上寿置酒,以其图书示后宫贵人"。他认为这里所说的"图书"中的"图",应该是孝堂山石祠中所见那样的胡汉交战图。这种形式的交战画像不见于中国本身绘画传统,应非中国的艺匠所作,而可能源自中亚的康居或粟特,出于从那里俘虏而来的艺匠之手。戴文达甚至认为《汉书·陈汤传》对陈汤诛郅支战役一幕幕生动的记述,就是依据后宫贵人所见的那幅战役图。[1] 但戴文达文完全没有提到罗马军团,也没有说卡尔莱战役罗马俘虏和陈汤诛郅支单于,或罗马俘虏和骊靬城的关系。

　　此外,在中国国内,近代学者向达在1930年出版的《中外交通小史》中也说:"《汉书·地理志》,张掖郡有骊靬县……都是为处置归义降胡而设。"冯承钧在1944年出版的《西力东渐记》中,已经将中国的骊靬县跟古罗马东征军联系起来,他写道:"公元前36年,汉西域副校尉陈汤,发西域诸国兵四万余人攻康居,擒杀郅支单于。罗马士兵参加了此次战役,支持郅支单于,这是罗马人首次和汉兵发生接触。"从目前的研究文章看,冯承钧是最早提出罗马士兵参加了郅支城战役的中国学者,他的观点在国内也产生了一些影响,例如后来齐思和在《匈奴西迁及其在欧洲的活动》一文中便完全采用了他的观点,该文写道:"公元前36年,汉西域副都护陈汤,发西域诸国兵四万余人攻康居,擒

〔1〕该段转引自邢义田《从金关、悬泉置汉简和罗马史料再探所谓罗马人建骊靬城的问题》,载《长沙三国吴简暨百年来简帛发现与研究国际学术研讨会论文集》,中华书局,2005年。

杀郅支单于。据现代学者考证,罗马士兵参加了此次战役,支持郅支单于,首次和汉兵发生接触。北匈奴郅支单于既死,臣服于汉的呼韩邪单于遂统一匈奴。"[1]

1.4 哈里斯对德效骞假说的抄袭和求证

以上这些文章,包括德效骞的《古代中国一座罗马人的城市》,都没有在中国国内产生多大的影响,没有引起多少学者关注。使这个问题为大众注目的,还是本文开篇中所提到的澳大利亚教师戴维·哈里斯的"发现"。

据戴维·哈里斯说,1981年,他在参加一次关于古罗马诗人贺瑞斯的报告会时,听到了有关古罗马帝国克拉苏的军队东征溃败后的命运问题,并对此产生了浓厚的兴趣。他认为,在卡尔莱战役中消失的罗马帝国军队有可能流落到了中国西部地区,并在中国西汉政府支持下,建立了一座叫做"利坚"的城市。为了弄清楚这个问题,他放弃了在澳大利亚教书的工作,于1988年来到了中国。他最先走访了北京等地,寻找合作者,但没有结果。后来又辗转来到了位于西北地区的兰州大学,但由于语言障碍、时间仓促等多种原因,最后无果而终返回了澳大利亚。1989年3月份,在做了精心准备之后,他开始了第二次中国之行。这次,他在兰州大学谋得了一份教授英语课的工作,试图与中国本土学者一起,来破解这个千古之谜。在兰大期间,他先后认识了在校工作的苏联加里宁格勒大学学者费·维·瓦谢尼金,兰州大学历史系教师陈正义,并在陈正义的介绍下,认识了西北民族学院的关意权教授。之后,4人便在"骊轩"问题上开展了系列合作。1989年6月,通过对古籍史料的解读和实地考察,4人达成了两点共识:(1)甘肃永昌县境内的骊轩古城的设置和罗马军团俘虏有关。(2)上述观点还须考古发掘的证实。

---

[1]齐思和《匈奴西迁及其在欧洲的活动》,载《历史研究》,1977年第3期。

虽然尚没有足够的证据,但他们仍然坚信罗马城的存在。他们认为,卡尔莱战役中战败的部分罗马军团,流亡到了西域康居国(今哈萨克斯坦境内),为在此称雄的北匈奴郅支单于所收容。公元前36年,汉西域都护甘延寿、副校尉陈汤,率4万将士西征匈奴郅支单于盘踞的郅支城,并"生虏百四十五,降虏千余人"。陈汤在战争中发现一支奇特的军队,以步兵百余人组成夹门鱼鳞阵、盾牌方阵,土城外设有重木城。戴维·哈里斯等人判定,这一战法只有罗马军队采用,这支军队当属卡尔莱战役中溃退并失踪17年的罗马残军无疑。陈汤将其俘获,并带至甘肃永昌县境内,汉政府在祁连山麓始置"骊靬"以安置战俘。他们所提出的证据可以概括为4个方面:

第一,美国汉学家德效骞1947年撰写的《古代中国一座罗马人的城市》一文中提出:中国古代称罗马帝国为"骊靬",后又改称"大秦",《后汉书·大秦》即以"大秦国一名犁鞬"起首。当罗马帝国在公元前20年寻找其失踪的军团时,这一军团已在9年前鬼使神差地落户在祁连山下,这比马可·波罗的中国之行要早1300年。

第二,根据《汉书·陈汤传》载,公元前33年,陈汤收降骊靬人并带回中国,汉元帝下诏"初设骊靬县,取国名为县",安置在番和县南(今永昌县)的照面山下。4年后,骊靬城堡出现在西汉版图上。三国历史专家在一幅公元前9年绘制的布帛地图上,发现有清晰可辨的"骊靬"标注。《晋书·张祚传》记述了"前凉张祚遣将伐骊靬戎于南山(即照面山),大败而返"[1]的史实。《隋书》改"骊靬"为"力乾","开皇中,并力乾入番和(县)"。清代惠栋的《后汉书补注》称,"骊靬县,本以骊靬降人置"。

第三,当地部分人群有欧洲人特征。在骊靬城周围的者来寨、杏花村、河滩村、焦家庄等几个村落,至今还有一二十户人具有典型的地中海人的外貌特征:高鼻梁、深眼窝,蓝眼珠,头发自然卷曲,胡须、头发、

---

〔1〕《晋书》卷86《张轨列传附张祚传》(中华书局,1974年,第2247页)原文为:[永和十年](公元354年)"遣其将和昊率众伐骊靬戎于南山,大败而还。"

·欧·亚·历·史·文·化·文·库·

汗毛均呈金黄色,身材魁伟粗壮,皮肤白皙。

第四,永昌骊轩人仍保持着与众不同的习俗,如安葬死者时,不论地形如何,一律头朝西方。对牛十分崇尚,且十分喜好斗牛。老住户在春节都爱用发酵的面粉,做成牛头形馍馍,俗称"牛鼻子",以作祭祀之用。习惯在村社和主要路口修牛公庙,以立牛头作为主要特征。每年立春时节,在牛公庙里塑"春牛",立春一到,即将"春牛"抬到庙外打碎,以祈平安吉祥,粮畜丰产。放牧时,极好把公牛赶到一起,想法令其角斗,比如将牛群赶到屠宰过牛的地方,牛群嗅到血腥后发狂突奔吼叫,或拼死抵斗,俗称"疯牛扎杠杠"。他们认为这可能是古罗马人斗牛的遗风。[1]

显然仅凭以上几点,如果没有更多的史料证据以及实物证明,并不能肯定骊轩县就是安置罗马降人的城市。后来,戴维·哈里斯离开了中国,计划沿着克拉苏远征军的路线进行考察,寻找有关资料,而关意权则埋头于中外史料之中,希冀寻找到更多的证据。哈里斯返回澳洲后,又飞往意大利的罗马、叙利亚的大马士革、俄罗斯的莫斯科和乌兹别克的塔锡肯特等地,企图查证文献上所说以及德效骞推测,罗马残部曾经停留的地点和他们曾战斗过的郅支城。他在罗马、大马士革、莫斯科毫无所获。在塔锡肯特,他找到当地考古研究所的所长查米拉·乌兹迈欧娃。她曾在莫耳福从事考古发掘达20余年。以下转录几句哈里斯书中的话:

> 她曾在莫耳福附近沙漠寻找古遗物达20余年。她的老师马森在莫耳福附近带领考古则达40年。安息人所虏的罗马军团就消失在莫耳福之西。如果要说这个世界上还有谁知道这些士兵的下落,这个人必是乌兹迈欧娃博士。……"抱歉,我完全没有你要寻找的罗马人的证据。"她的话使我的心下沉。依照德效骞的理论,有些卡尔莱之役的罗马残部拘禁在莫耳福。其中一些勇敢的

---

〔1〕宋政厚《考古专家揭开尘封2000年迷雾——永昌:驻扎过古罗马军团》,载《兰州晚报》,1998年9月25日。

家伙又从莫耳福逃到匈奴郅支单于的王庭。如果在莫耳福找不到这些罗马人的痕迹,这将是我们证据上的重大缺环。……查米拉眼光中流露着对我们的同情,但她说:"郅支城也没有留下痕迹。"这对我是另一重大打击。[1]

哈里斯不死心,在塔锡肯特,他又去请教卡姆查艺术研究中心历史部门的负责人爱德华·耳维拉兹。又到了可能是郅支城所在附近的阿耳马·阿塔,但都没有太大的收获。哈里斯就这样结束了中亚之旅。据陈正义在《骊靬绝唱》[2]一书的《后记》中说,20世纪90年代戴维·哈里斯又一次来到了中国,来到了骊靬遗址进行考察与研究,并且与陈正义和关意权等学者在有关问题上进行了交流。据该书言,南澳阿德莱德大学也积极着手组织对骊靬故址的考古发掘,他们还聘请了加拿大籍的世界知名考古专家,装备了当时世界上最先进的考古发掘仪器,准备和中方人员进行联合考古发掘。由于该校和我国甘肃省有关部门在个别条款上发生矛盾,未能达成协议,联合考古发掘计划就此落空。哈里斯黯然返回澳大利亚,将追寻的经过写成了书。

1.5　陈正义、贾笑天、王萌鲜、宋国荣
对古罗马军团东归说的创作和推动

虽然哈里斯等人的考古发掘计划没有进展,但"骊靬"研究却在新闻界、学术界乃至甘肃地方政府间产生了持续的影响。1989年12月出版的《甘肃省志》第二卷《大事记》载:"建昭三年(公元前36年),汉以北地郁郅(今甘肃庆阳一带)人甘延寿为西域都护骑都尉。时匈奴郅支单于困辱汉使,并欲降服乌孙、大宛、康居等国。甘延寿与副校尉陈汤以为郅支不灭,终为西域之患,遂矫诏发戊己校尉屯田吏士和西域15国兵合4万余人远击郅支,杀单于及于氏(应为阏氏)、太子、名王以

---

〔1〕该段转引自邢义田《从金关、悬泉置汉简和罗马史料再探所谓罗马人建骊靬城的问题》,载《长沙三国吴简暨百年来简帛发现与研究国际学术研讨会论文集》,中华书局,2005年。

〔2〕陈正义《骊靬绝唱:最后的古罗马人之谜》,江苏古籍出版社,2002年。

下 1518 人,俘获千余人。其中,有部分罗马残军。西汉政府在现永昌境内设置骊轩城,安置了这批罗马战俘。"

而与哈里斯一起研究古罗马军团东归问题的两位中国学者也在撰写专书。最早宣传出来的,是说西北民族学院关意权先生撰写了《骊轩城与骊轩戎》一书。据陈正义《骊轩绝唱·后记》以及 1999 年 6 月 19 日的《兰州晨报》[1]载,自从 1989 年起,关意权便呕心沥血,投身于骊轩文化研究中来,十余年中,他不顾年迈体衰的实际,沿着被收降的"古罗马远征军"走过的线路,上高山、走戈壁、踏沙海,先后行程上万公里,采访了 1600 多人,查阅了大量的历史资料,考证了近百件文物,记录了 60 多万字的研究笔记,对古罗马远征军残部流亡、收编的情况、定居的地点、驻扎"骊轩"的任务及生活等都进行了深入的研究,取得了可靠翔实的第一手资料,完成了 40 多万字的作品《骊轩城与骊轩戎》。但该书刚刚脱稿,关先生便溘然长逝。其子关亨子继父学,将关先生的手稿整理、誊清,多方奔走争取将作品早日出版,但时至今日,关意权先生的作品因为诸多原因而未能与读者见面。陈正义认为,关意权的《骊轩城与骊轩戎》是一部史学专著,基本包括了有关骊轩的史料。遗憾的是,我们至今尚未能够读到关先生的作品,所以也不能对其作品妄下结论。

兰州大学陈正义的《骊轩绝唱:最后的古罗马人之谜》,于 2002 年 12 月由江苏古籍出版社出版。在《后记》中,作者说,该书试图用通俗的方法说明骊轩人如何来到中国,并在河西走廊定居的历史大背景,以便使读者明了"骊轩之谜"的梗概。该书 17 章,15 万余字,全书以通俗文字形式写成,并不是严格意义上的学术论著。但该书出版之后,在社会上产生了一定的影响。以下是对该书前 7 章内容的概述:

> 公元前 1 世纪前期,古罗马共和国经历了马略和苏拉两巨头相互斗争的时代,马略、苏拉两巨星陨落之后,庞培、凯撒、克拉苏三巨头崛起。公元前 73 年,罗马爆发了斯巴达克斯奴隶大起义。

---

〔1〕《二十年追根溯源,千古悬案真相大白》,载《兰州晨报》,1999 年 6 月 19 日。

在镇压这次起义过程中,苏拉的两位部将克拉苏和庞培一度成了罗马的风云人物,他们因为和元老院的冲突而废除了苏拉留下的制度。公元前60年,克拉苏、庞培与凯撒结成秘密的政治同盟,一起反对元老院,史称"前三头同盟"。凯撒当选为公元前59年的执政官。公元前56年,利用凯撒远征期间休整军队的机会,"三巨头"在卢卡会晤,决定采取更加强硬的手段来控制罗马政局,庞培和克拉苏获得控制行省和军队的实权。三人精诚合作,做出如下决定:确保庞培和克拉苏再次当选为执政官;凯撒的高卢总督任期再延长5年。根据罗马法律通过执政官选举后,庞培和克拉苏皆当选为公元前55年的执政官,在随后召开的公民大会上,通过投票,克拉苏出任叙利亚总督,庞培出任西班牙总督。在三巨头之中,与强硬对手庞培和凯撒相比,克拉苏则政绩平平,尤其是在军事战功上无大建树。庞培曾经在短时期内剿灭了海盗,又获得过米特拉达梯战争的胜利,享有三次凯旋式的荣誉;凯撒才华出众,年轻有为,后来居上,特别是他远征高卢、日耳曼和不列颠,武功盖过了庞培。克拉苏也同其他罗马著名的人物一样,非常渴望建立战功,渴求战利品和凯旋式。他想要能够与前两个人比肩,就要做出比他们更辉煌的战绩,便急不可耐地等待着建立战功的机会。

克拉苏获得叙利亚总督职位后,洋洋得意,他梦寐以求踏着亚历山大大帝的足迹,远征帕提亚(安息)、巴克特里亚(大夏)和索格第安娜(粟特)等地。克拉苏担任执政官不久,就向元老院宣布了自己远征帕提亚的计划,引起了轩然大波,遭到了不少人的反对。但却得到了另外两个巨头凯撒和庞培的强力支持。于是,执政官任期未满,克拉苏就奔赴叙利亚,着手准备出兵帕提亚。帕提亚在汉文典籍中称为安息,是当时世界上的强国之一。安息地处中亚,在黑海东南,相当于今天的伊朗东北部和土库曼斯坦南部一带。它曾是古波斯帝国属地,后又成为亚历山大帝国和波斯帝国的一个省——帕提亚省。安息国家的建立,是帕提亚游牧部落反抗塞琉古统治的结果。

克拉苏深信,在强大的罗马军团面前,任何军队都将不堪一击。征服帕提亚只不过是一个开始,他还要继续向印度进军,完成亚历山大征服世界的遗愿。克拉苏的大军在叙利亚过冬时,罗马共和国盟友,亚美尼亚国王前来拜访。亚美尼亚国王表示愿意提供3万名步兵和1万名重装骑兵协同克拉苏作战,同时建议克拉苏大军取道亚美尼亚,直接进攻安息帝国。这条行军路线所经过的都是山地,可以限制安息骑兵的活动。然而傲慢的克拉苏并没有采纳这个建议。他不愿绕道,执意要横穿美索不达米亚平原,沿着最近的路线长驱直入。这个决定最终使克拉苏身陷绝境,葬送了他的7个罗马军团。公元前53年的一天,当克拉苏的罗马军团行进至卡里城(音译,又写作卡莱或者卡尔莱)附近时,遭到了安息军队的层层包围,罗马士兵久经沙场,训练有素,队形严整,盾牌连着盾牌,立刻摆出了龟甲阵。克拉苏命令轻装步兵冲锋,力图撕开包围圈,但安息人避免与罗马人短兵相接,弓箭齐发,罗马士兵纷纷倒地,慌忙后撤。安息人的箭镞威力越来越大,击碎了罗马人的盔甲,穿透了盾牌,以致罗马重步兵挽盾的手都被钉在了盾牌上,罗马军团陷入了极其被动的局面。

为了挽救危局,克拉苏命令自己的儿子率领骑兵、弓箭手以及步兵大队向敌人发起了冲击,在突围过程之中,小克拉苏也遭到了安息军队的团团包围,身陷绝境,牺牲疆场。克拉苏继续率领部队战斗,强行突围,这次战争最终以缺兵少粮的罗马人失败结束,克拉苏被安息军队擒杀。在卡尔莱战役中,有两万多名罗马士兵被杀,1万多人被俘,逃回叙利亚的有1万多人。战争结束后,安息国决定将所俘获的1万多名罗马俘虏安置在安息国东界进行卫戍,这样做有诸多好处:(1)可节省许多兵力和军费;(2)罗马军团久经征战,可以对付游牧部落的骑兵部队,确保东部边境的安全;(3)将罗马战俘安置在东界,不怕他们逃跑回叙利亚。1万多名罗马战俘被戴上手铐,分批押至安息国东部的中心马尔吉安那的莫夫。后来,罗马战俘混迹于安息人之间,历经千辛万苦,一部分人逃回叙利亚,与亲人团聚;一部分人与当地安息人通婚,生育子女,逐渐融合;更有一部分人不甘心受到安息人的驱使,跟随驻地的游牧部落,进入了位于中国西域地区的康居国界,这样,逐渐在康居的西部边界地区产生了一个由罗马战士为主体的特殊部落。当周边地区的人询问他们是什么人的时候,他们回答说是"骊靬人",然后解释说"骊靬"就是罗马语"军团"的发音。康居王得知在自己的国土上出现了一个由原罗马军团老战士组成的部落,便派官员与骊靬人取得了联系,给他们划定了活动区域。

在接下来的行文中,作者笔锋一转,主要向我们讲述了匈奴郅支单于称雄西域和甘延寿、陈汤消灭郅支单于的历史事件。

从公元前60年开始,匈奴内部因为单于继位问题发生了严重争斗,到公元前57年,出现了"五单于争立"的局面,匈奴陷入了长期内部混战,最后形成了呼韩邪单于与其兄郅支单于争立的局面。公元前54年,呼韩邪单于被其兄郅支单于呼屠吾斯击败,无奈之下于公元前53年遣子入汉,对汉称臣,欲借汉朝之力保全自己的实力和地位。得到西汉政府支持的呼韩邪单于渡过了难关,在漠南站稳了脚跟。郅支单于统治下的匈奴人,见呼韩邪单于在汉政府的帮助下日益发达,便成群结队投奔呼韩邪。郅支单于见众叛亲离,军队日益减少,感觉自己无力继续与呼韩邪单于抗衡,便放弃了单于廷,率众西迁,向中亚方向逃去,以避免汉朝军队的攻击。西域有国康居,又称粟特,位于药杀水(锡尔河)中游一带。康居东临乌孙,西接安息,常遭东邻乌孙的侵扰。自从郅支西迁至今伊犁河流域,并入住昆坚后,常侵扰乌孙、大宛。乌孙被迫集中全国之力,抗击郅支,康居国由此而避免了乌孙的侵扰。康居王将郅支看做自己的救星,派使臣请郅支单于来康居驻牧。流落在西域的郅支单于,受到康居王的邀请,便放弃了昆坚等地,远走康居。郅支单于西迁之际,正值隆冬季节,匈奴人在严寒和风雪中苦苦挣扎,历经数次暴风雪的浩劫,最后有3000人到达了康居。

当郅支单于到达康居后,便听说了有罗马军团的后裔生活在

·欧·亚·历·史·文·化·文·库·

这里。他颇感惊奇,在康居人的陪同下,拜访了罗马军团。匈奴人被罗马人的优雅风度和高度的文化素养折服;罗马人则把匈奴人看做伟大东方文明的代表。此后,匈奴人与罗马人一见如故,常有来往,罗马人通过匈奴人认识了东方,特别是中国文明,并对西汉王朝有了初步的了解,他们向往有生之年能够踏上这一东方神奇大地。匈奴人来到康居后,几次出击数败乌孙,而后又反击康居,多次辱杀康居贵人,不可一世。郅支单于作恶多端,怕康居王报复,便欲在都赖水旁建造坚固的城池,以自保。郅支单于请到了汉朝的工匠和罗马军团的筑城专家,共同设计了新城。历时两年,在都赖水畔建造了一座险要坚固的城池,史称郅支城。郅支城建成后,郅支单于更加有恃无恐,派兵四处烧杀抢掠,欺凌弱小。罗马军团认清了郅支凶残的本质,逐渐与匈奴人疏远。同时,通过与匈奴人共同征战乌孙等国,罗马人弄明白了汉人和匈奴人的区别,汉王朝对罗马人更具有吸引力,中国才是他们真正向往的地方。

鉴于郅支单于在西域的一系列征战活动,严重威胁了西汉西域各属国的安全。公元前36年,汉西域都护甘延寿、陈汤,结集了在西部屯田的汉军官兵和西域诸国兵马,分六路进军,攻打郅支城。其中三路从天山南道越过葱岭,途经大宛,直奔都赖水边的郅支城。甘延寿、陈汤亲率其余三路人马,自温宿国出发,从天山北路入赤谷、过乌孙,进入康居国界,到阗池之西,直捣郅支城。甘延寿、陈汤于沿路捕获了康居副王的亲属及一些贵族高官,他们将郅支单于的情况作了详细介绍。而后,甘、陈大军便直抵郅支城都赖水边,在距城3里远的地方安营布阵。陈汤、甘延寿在康居人的陪同下,近距离观察了城内的防务。陈汤等人看到,郅支城最外面是一道奇特的木墙,第二道也是木墙,木墙之间有天桥相通。第二道木墙后面,留有一条巷道,巷道后面才是宽厚的土城。陈汤不解,因为匈奴人以前从未修筑过此种城池,这种城3道城互为依托,连为一体,用一般方法很难攻破。随行的康居人告诉陈汤,说这种城池是骊轩人帮助郅支修建的。随后,康居贵族又对陈汤说,郅支单于在西域的凶残活动惹怒了骊靬人,最初与郅支合作的骊靬军团已经率部返回了原驻地,目前只有1000多名骊靬人受郅支的雇佣,为他训练军队和修筑城防,如若陈汤攻打郅支城,这些骊靬人是不会为郅支单于卖命的。次日,甘延寿与陈汤到了郅支城下,见从城中跑出数百兵,在城门口两侧摆成"夹门鱼鳞阵"由数名军官指挥,反复演练,这些军官高鼻、深目,胡须红色或黄色,皮肤白皙,身材高大魁梧。匈奴士兵在这几位长相奇特的军官指挥下,手持方形盾牌排列出各种阵势,使甘延寿和陈汤眼花缭乱。甘、陈判断,此"夹门鱼鳞阵"变化莫测,把单个士兵连接成一个防御工事,坚不可摧。康居人对甘、陈说,"夹门鱼鳞阵"是中国人的叫法,罗马人把这种阵法叫做"龟甲阵",由许多士兵持盾组成,形似龟甲而得名。

汉军团团包围了郅支城,向郅支城发起了进攻。经过了两日的激烈战斗,汉军攻下了城池,斩杀了单于。又从单于宫中搜出已故使者谷吉所带的文书信件以及大量的金银财宝。而此时,远道赶来支援郅支单于的罗马军团,得到匈奴人溃败、单于被杀的消息后,便与甘延寿、陈汤的军队达成了和解。罗马人表达了对中国西汉的向往以及想去中国定居的愿望,得到了甘延寿和陈汤的赞同。于是,除了有500多名不愿意去中国的骊靬战士返回康居西部牧地外,总计有4000余名骊靬人随着甘延寿和陈汤的军队来到了中国。骊靬人随中国军队进入河西后,来到了番和县,表达了想在此处定居的想法。陈汤说,他已经有在番和县之南的照面山下、者来河河畔置县的想法,并且将这个新置的县称为骊靬县,供骊靬降人居住。骊靬人对那里的自然环境也十分满意,决定留守在此定居,并为中国守卫河西军事要地。甘延寿、陈汤回到长安后,奏请天子,请求在河西张掖番和县南之照面山下置骊靬县,得到了汉元帝的批准。这样,汉元帝建昭四年(公元前35年)在河西的照面山下,者来河畔,出现了一座为骊靬降人而设的新城——骊靬县。自此,中国出现了一个新的民族"骊靬戎",他们继承了先祖"罗马军

·欧·亚·历·史·文·化·文·库·

团"的光荣传统,能征善战,一直是稳定河西局面的一支中坚力量。

以上便是陈正义《骊轩绝唱:最后的古罗马人之谜》一书的主要故事情节。通过对以上叙事的进一步凝练,我们可以得出该书的主要观点,即:卡尔莱战役中被俘的罗马士兵,被安置在安息东界戍边,其中的一部分人逃到了康居境内,后来投靠了郅支单于,协助郅支单于建立了城池并且帮助匈奴人训练了军队;在西汉政府与匈奴之间发生郅支城战役后,罗马人又投靠了西汉政府,西汉将他们安置在了河西地区,并且专门为他们设置了骊轩县以加强管理。不难看出,陈正义的观点,其来源实际上就是德效骞的假说,两者的思路基本一致,情节大体相同。因为德氏的假说受到学界的批评,于是陈正义在一些地方进行了改造,如德氏本称被派守卫安息东境的罗马军人投奔郅支单于,帮助其筑城,并参与与汉军的战斗而被俘;陈正义则言,罗马军人在战后才来到郅支城,于是随汉军来到中国定居于照面山下,等等。作者在《后记》中自称该书"以可靠的史料写成"。但在行文过程中,一律不引原文,不注出处,因而我们难以知道其所述史事、所论意见究竟是凭哪些史料形成的。

2011 年《中国社会科学报》的记者采访了陈正义,采访的内容刊登于当年的 2 月 17 日《中国社会科学报》(第 164 期)第 7 版。全文如下:

> 兰州大学历史学院陈正义教授多年来一直坚持做骊轩研究,上世纪 80 年代末,他和关意权、大卫·哈里斯等经深入综合研究,提出骊轩是西汉安置罗马战俘的"罗马城",近年来他仍然一直坚持骊轩研究,宣传骊轩文化。

《中国社会科学报》:请问现在骊轩研究进行到什么程度?

陈正义:谈到这个就必须提起我们 2007 年出版的《消失的罗马军团:千年的历史回响》一书,书中集中了多年来骊轩研究的成果,也收录了大量重要的图片和文字资料,翻翻这本书就大致可以了解骊轩文化的情况。书中的文字主要是由我撰写的。有很多人都对骊轩感兴趣,不断有新人加入到骊轩研究的队伍中来。现在甘肃省里和地方都很重视骊靬文化的研究,认识到这是一个有国际影响的学术课题。

《中国社会科学报》: 关意权教授和您一起开辟了骊靬研究这一学术领域?

陈正义: 关老爷子(指关意权教授)是满族人,毕业于金陵大学文学院历史系,抗日战争时期曾经做过美国援华空军"飞虎队"翻译。他长期任教于西北民族学院,也就是现在的西北民族大学。关教授学术功底很扎实,他从 1978—1998 年,用了 20 年时间搜罗中外的相关史料,对骊靬"罗马城"问题进行了深入研究,指出中华民族曾融入了古罗马后裔。关老爷子是我的前辈,我从他身上学到了不少东西。

《中国社会科学报》: 对于骊靬为"罗马城"的观点,有不少学者都提出过批评,有的批评还很尖锐,您怎么看待这些学术批评?

陈正义: 对于不同观点,我们都应该表示欢迎。学术观点没有什么不可以讨论的。应该说,这么多年,学术界提出的反对意见极大地推动了骊靬研究的发展,使得骊靬研究在深度和广度上比过去都有了很大的进步。

我自己的观点也有所发展和修正,但是我的基本观点没有改变。随着多年来各领域研究公布的一些新成果,我认为骊靬人也许不一定就是罗马人的后裔,但是我坚持认为骊靬人与罗马军团有关。当时的罗马军团也有许多雇佣军,不少士兵也直接雇佣自中亚各地,而不一定来自意大利本土。

经过多年的积累,关于骊靬人、骊靬城以及骊靬文化的研究已颇为丰富,甚至可以称为"骊靬学"了。我觉得,现在我们可以这么说,骊靬在中国,"骊靬学"也在中国。

永昌县骊靬文化研究会宋国荣、顾善忠和程硕年主编了《骊靬探丛》一书。该书作为"甘肃特色文化大省建设丛书"之一,由陕西旅游出版社于 2005 年 10 月出版。全书分为"史志记载"、"上下求索"、"破解奇谜"、"走向世界"4 个部分。在第一部分"史志记载"中,按时间先后顺序,收摘了中国古代历史典籍和地方志书中有关西汉设置骊轩县的史料,又摘录了古罗马阿庇安《罗马史》、英国珀西·塞克斯《阿富汗史》、前苏联米·谢·伊凡诺夫《伊朗史纲》中有关卡尔莱战役的内容。作者编写该部分的意图是想要在史料中寻找到西汉骊轩县的设置是为了安置古罗马降人的依据。在第二部分"上下求索"中,收集了古代学者在注解典籍时对骊轩考释的原文,也摘编了前人有关探究骊轩的解释,从东汉时期的应劭、服虔,到唐代的颜师古,清代的惠栋、徐松等。近代以来的学者,收集了向达、冯承钧、齐思和、张维华、孙毓堂等人有关骊轩问题文章的节选。德效骞的《古代中国之骊轩城》以及法国布尔努瓦的《丝绸之路》(节选)也收录于该部分之中。第三部分为"破解奇谜",从1989年引起轰动的《参考消息》转载的法新社《中国西部有古罗马城市》一文开始,一共收录了25篇文章以及新闻报道。虽然各篇文章在具体观点或细节上有一定的差别,但所收录文章的一个共同特点都肯定古罗马军团被安置在骊轩县。第四部分为"走向世界",该部分以媒体的新闻报道和骊轩文化研究会的几篇文章为主体,其目的是为了说明骊轩及罗马降人是历史留给永昌县的一笔丰厚的文化遗产,永昌县将再现罗马风情,大力发展旅游产业,展现永昌骊轩文化的魅力。

《骊轩探丛》,为我们了解骊轩问题的来龙去脉提供了比较翔实的资料。这本书中说,在甘肃永昌县曾生活过数千名古罗马人。这些归降汉朝迁徙到河西张掖郡的罗马人,在西汉时期被称为骊轩人,在东汉被称作秦胡,在三国时期被称作卢水胡,在晋代被称为骊轩戎,在南北朝时期被称作力羯、虔人羌。这些归降中国的古罗马人及其传人长期在骊轩县生活,在河西历史上曾十分活跃,他们的后裔,不乏著名人物。该书中载有王萌鲜《卢水胡就是骊轩人》一文,认为建立北凉的卢水胡人沮渠蒙逊就是骊轩人,北魏时的农民起义领袖盖吴也是骊轩人。又有张德智《张祚兵败骊轩》一文,演绎《晋书》中骊轩人大败凉王张祚军队的故事。骊轩人在历史上曾一度强势,进行过多次战争,随着历史的发展和变迁,他们逐渐被其他民族特别是被汉族同化。该书认为,今天在永昌县许多乡镇的群众中还能见到一些高鼻深目、脸形窄长、毛发褐黄、眼睛灰蓝、体格高大，被当地群众称为"骊靬人"的居民，他们的血缘关系或多或少地反映了古欧罗巴人的基因。

通览全书可以发现，该书所收录的文章，都是试图证明古罗马军团来到了中国并且被安置在骊靬县的。但在学术界以及新闻界，更有许多学者或新闻报道对这种观点持反对态度，该书却一篇文章没有收录。这本书的内容，只是单方观点的集合，并不能够代表目前学术界在骊靬文化研究方面的全貌。这本书的出版，得到了永昌县地方政府的强力支持，这使我们看出，该书不是一本纯粹的学术研究著作，而是以骊靬文化搭台，发展永昌地方旅游、活跃地方经济为目的的宣传资料。诚如在该书的《序》中所说："发展地方经济必须要发挥地方优势，突出地方特色，以形成特色经济；而特色经济，就必须得以特色文化作为辅翼……骊靬文化，以其在中华大地上独一无二的存在，以其大汉人文精神和古罗马人文精神相互交融相互辉映而形成的艺术魅力，以其在历史篇章中半隐半露的面貌展现，以其留给今天扑朔迷离欲言难尽的奥妙神秘，都给我们新时期的永昌文化增添了十分独特的一面，即它的亮丽、它的奇异、它的古奥，从而形成了永昌特色文化，给永昌经济的腾飞插上了有力的翅膀。"在该《序》中，作者又说："几年来，我们克服财力不足的困难，群策群力，把已经起步的永昌骊靬文化之旅不断推向前进，引向深入。我们的宣传文化部门按照县委和政府的部署，辛勤工作，想方设法，努力扩大骊靬的影响面。我们搜集了有关骊靬的古今中外文献史料，编汇成这本《骊靬探丛》出版发行，以飨读者。"通过对《序》的理解，该书出版的主要目的就是为了扩大所谓骊靬文化的影响力，进而达到发展地方经济的目的，因此该书只收录有利于支持古罗马军团到达了河西的文章而没有收录反对的观点。

除了以上两本书外，近年来国内陆续出版发行了王萌鲜的《骊靬书》、贾笑天的《一支古罗马军团在中国》、姜青青的《最后一支罗马军团》、甘肃省政府新闻办编辑的《消失的罗马军团：千年的历史回响》等书籍，更扩大了永昌骊靬文化在海内外的知名度和影响力。

　　贾笑天曾任永昌县委书记,他的《一支古罗马军团在中国》一书,是在他从永昌调任甘肃省经委副主任后,以通俗文学语言写成,全书20多万字,以长篇小说形式,对古罗马人来到中国并被安置在河西骊轩进行了大胆的想象。据报道,该书也曾在《欧洲时报》连载长达1年之久。贾笑天在接受记者采访时曾说,他在永昌县担任县委书记时,曾大力宣扬骊轩文化,并且在1994年举办了"旅游年","当时更多考虑的是发展经济,看到那是一个机会,一个发展旅游经济的机会。"[1]虽然说文学作品并不具备证史的价值,但贾笑天仍坚定地认为,关意权于骊轩的说法是具有说服力的,者来寨的"黄毛部落"就是罗马人后裔。

　　贾笑天于2008年又创作了电视剧本《骊轩古韵》,分10集演绎了古罗马军团东归的故事。剧本言,卡尔莱战役失败后,克拉苏之子普利斯率数千残兵逃入沙漠,后又神奇地流亡到康居国,被康居王收留。后匈奴郅支单于西逃到康居,诱骗普利斯与之结盟,杀害了康居王,引发了汉将陈汤的联合西域36国讨伐匈奴之战。普利斯的余部被收编,并在河西建县"骊轩"。百年后,普氏家族出一奇女阿若,与汉族青年马腾成婚,生子马超。马超善良勇猛,成为骊轩人的骄傲,为保境安民,他发动了羌汉人民大起义,占据西凉,参战中原。从此骊轩人的种子遍撒九州,完全融入中华民族的伟大长河。《骊轩古韵》作为文学作品,完全可以凭作者的想像去编造故事,问题是其中的两位关键人物:普利斯和马腾妻子的事迹都与历史记载大相径庭,倘若剧本拍成影视,对广大观众的误导将是严重的。

　　王萌鲜是一位作家。自1990年代始,他涉足历史,单独署名或与宋国荣合作署名发表了多篇古罗马军团东归骊轩县的研究论文,包括《汉简证明汉代骊轩县为骊轩降人而设》、《关于骊轩的几个问题》、《卢水胡就是骊轩人》、《骊轩千古之谜解》、《古罗马人在中国河西的来龙去脉》、《王萌鲜说骊轩》等。1995年,王萌鲜出版了21万字的"纪实文学"作品《骊轩书:一支古罗马军队在中国的最后下落》。该书以古罗

---

〔1〕《骊轩:中国的"罗马城"》,载《新西部》,2005年第7期。

马远征军流徙到汉朝张掖郡为历史背景而展开。《飞天》1998 年第 6 期发表了许文郁文学评论《深度的魅力》,对王萌鲜的《骊靬书》给与了高度的评价:

　　近年来,许多作家……借历史的起伏演说循环的怪圈,或者将过去的偶然因素无限放大,让历史变为"在某种寓言话语支配下的故事",或者在"戏说"的幌子下去搜罗不同时期的生活碎片,打捞出历史的油花来娱乐当代读者。王萌鲜却有自己独特的视点,他不想靠斑驳的色彩取巧,在他的笔下,往事的奇诡与神秘、尘烟的虚无与荒诞、生命的偶然与必然虽然也不可避免地会从历史中浮现,但这位西部作家孜孜追索的,却是西部历史古老的根脉,是穿越漫长的时间隧道,将历史的岩石一层层剥凿。《骊靬书》最大的特色,便是从文化角度写出了西北民族大融合的过程,写出了西部民族性格生成的历史,在理性的深度中显示魅力。

　　作为一部历史纪实小说,作者怀着对历史的虔诚,翻阅大量史料,真实地描述了当年那支罗马军队东征到溃逃及最后被汉朝收编的具体过程。为了给历史以理性的依据,有些地方甚至不惜枝蔓繁杂,而在具体描摹人物时,作者却没有停留在对生存片段的经验性临摹上,而是把笔触聚焦于人物心灵深处的抗争和对垒,写出作为历史个体的灵与肉,观念与习俗的对峙冲撞。通过文化的差异写出文化的融合,通过片段与偶然揭示出历史的必然。小说不仅以细致的笔墨描写了征战的过程、建置骊靬城的庆贺仪式、祭谷神的盛大场面,还举重若轻,以几个真实可信的细节展示了民族融合、文化渗透的过程。如对安东尼强奸民女事件的发生与处置,梅县令讲学和眩人尤登等的魔术表演等。

　　小说中最富文学价值,也最具特色和人性深度的一笔是对阿达莱的塑造。作为匈奴王郅支单于的女儿,当阿克苏的儿子、罗马军首领李西尼被郅支单于收容后,她被这位异族将领吸引并大胆地表露了爱情,他们幸福地结合了。顺理成章,作者完全可以写他们的恩爱和家庭,写他们那血缘融合的子女,但是王萌鲜却笔锋一转,奇峰突起,写了阿达莱十几年后与一位匈奴将领牛抵利的情感。牛抵利原是郅支单于手下的大将,兵败后随李西尼一起被汉元帝赦免,但一直没有婚娶,不知何时,他心中有了阿达莱,但他又认为这样对不起救命恩人李西尼,于是想到自杀;阿达莱救了牛抵利并与他有一次野合,以致怀孕。以往文学作品中写已婚女子偷情,或是因婚姻不幸另有所爱,或是因荡妇情欲难熬,而这些都不能解释阿达莱的行为。阿达莱与牛抵利的关系,既是同种血缘的亲和力,又有发自女性博大胸怀的同情。它突破了以往文学作品中对这种关系描写的单一道德角度,也不同于今天某些作品中的纯生物角度。这惊人的一笔既有文化的碰撞,又有着母性的圣光,显示出王萌鲜作为一个西部作家从西部文化出发对女性,进而对人性的深度透视。

1995 年,《杭州日报》记者姜青青参加了丝绸之路的考察采访,在一个月的时间里,他与队友从杭州驱车到乌鲁木齐,又从乌鲁木齐驱车直达哈萨克斯坦。随后,他完成了 13 万字的长篇纪实散文《丝绸之路万里行》。同时,他在丝路考察过程中获得了一个更具"分量"的题材,那就是了解到有一支古罗马军团定居西域的历史传闻。他对"骊轩"这一班固《汉书》中记载的河西地名进行了自己的分析,写出并发表了一篇观点新颖的文章《"骊轩"意为"罗马军团"》。[1] 全文如下:

西汉设置骊轩县,班固《汉书》和许慎《说文》是有记载的。自中外不少学者提出骊轩县故址(今甘肃永昌县附近)是一个安置罗马战俘之地的观点后(详见《人民日报》1989 年 12 月 15 日第三版:郗永年、孙雷钧《永昌有座西汉安置罗马战俘城》),有关"骊轩"和罗马城、和罗马军团、和罗马军后裔的报道,不断出现于报端,史学家对此也众说纷纭。而"骊轩"得名之争,也即此地是否与安置罗马战俘有关之争。

早在唐代颜师古注《汉书·地理志》时就说,骊轩县"盖取此

---

〔1〕刊于《丝绸之路》,1998 年第 6 期。

国(指大秦)为名耳"。清代王筠《说文句读》引张穆的话说："骊轩本西域国,汉以其降人置县。"清末王先谦的《汉书补注》也说骊轩"盖以其降人置县"。本世纪初,法国人伯希和称犁靬应是古埃及亚历山大城(Alexandria)的译音,而日本白鸟库吉也持这一观点(见《中国大百科全书·中国历史》)。40年代,英国学者德效骞认为,骊轩县应是安置罗马降人的县城。法国布尔努瓦在其1963年出版的《丝绸之路》一书中也引述并赞同德效骞的观点。

在众多的学者论述中,刘光华的《西汉骊轩县与犁靬国无关》一文(详见《丝绸之路》期刊1994年第三期)比较全面地引述了近一些年的各家之观点,从中我们可以窥见这一话题争论的大概。

刘光华罗列了"骊轩"之所以得名的如下这些观点:(1)华丽之皮说。(2)深黑色之皮说。(3)地理形势说。(4)骊山之异译说。(5)祁连之异译说。(6)向往与犁靬交往说。(7)安置犁靬国人(如随使团及商人来华者、犁靬幻人和罗马降卒等3方面的人)说。

刘光华在论述否定了上述这些观点之后,又提出了匈奴犁汗部之说。这可以说是这一争论的第八种观点了。葛剑雄《天涯何处罗马城》(见《往事和近事》,三联书店1997年版)一文也基本上赞同这一观点。

笔者在考察"骊轩"之得名中却发现,中外学者考证"骊轩"时,都没有将中西方语言正确地结合起来考察,以致发生了许多不确切的猜想和推测,甚至错误。据我的考察,"骊轩"就是"罗马军团"的意思,它是一个带有军事色彩的词语。或者说,中国在西汉时期确确实实与罗马帝国的军团发生了接触,而这支罗马军团最后就在今天河西走廊的永昌县附近居住下来了。这只要对照一下当今世界几大语言中的"古罗马军团"一词的读音,即可一望而知。请看:

(1)汉语:骊轩[音líqián 梨虔]。

(2)意大利语:Legióne。

（3）英语：Legion［liːdʒn］。

（4）法语：Légion。

（5）德语：Legion。

（6）西班牙语：Legión。

上述这六种当今世界主要语言有关"古罗马军团"一词的发音基本相同，由此完全可以断定，"骊轩"即"罗马军团"的意思。

秦汉时期对周边国家和地区的取名方法很多，标准不一。如：安息，即帕提亚帝国，其创建者为 Arsak，汉人遂因其王名称其国为安息。乌弋山离国，前 2 世纪至 1 世纪伊朗高原东部的一个地区或半独立国家，汉语的名称是其首都的音译。楼兰国得名于"牢兰海"（即罗布泊）。高昌，汉时的屯戍重镇，元帝时在其地构筑了军事壁垒，以其"地势高敞，人庶昌盛"而得名。其他还有取酋长名的哀牢，等等。

当西汉之时，罗马是一个军事强权的帝国，几乎全民皆兵，元老院和军事巨头频频发动对外战争，四处攻略，称霸于世。当时罗马给世人的最强烈的印象，应该就是它所发动的战争和它庞大的军团。所以，中国的史籍从西汉司马迁的《史记》开始，就将"罗马军团"作为这个国家的称呼，这是符合当时罗马历史特征和实际情况的。

历史地理学家史念海在其 1991 年 12 月出版的《河山集（五集）·河西与敦煌》中说："骊轩为县名，当是因骊轩降人而设置的。以域外降人设县，亦见于上郡的龟兹县，其县也是因龟兹国的降人而设立的，这在汉时已是通例，无足为奇。"史念海的这一说法应是比较符合历史实际的。

在此基础上，姜青青创作出了电影文学剧本《最后一支罗马军团》。其故事梗概为：汉朝的和平使团在出使匈奴时，遭到了匈奴郅支单于的屠杀，只有副使陈汤一人死里逃生。陈汤在西域假传圣旨，调集 15 个国家的兵马征讨郅支单于。汉军在与匈奴的战争中，突然遭遇一支匈奴的盟军罗马军团，双方展开了激烈的战斗。陈汤为对付主要敌人匈奴,只身闯进罗马军团驻地,将其争取到自己的阵营中。之后,两军联合一起消灭了郅支单于。但由于这场战争系陈汤等人假传圣旨发动的,所以在汉军凯旋时陈汤即遭到逮捕。罗马军团为挽救陈汤的生命,也是为了自己能有一块立足之地,与汉军再次发生激战。双方在河西走廊的祁连山下斗智斗勇,最后,汉军击败了罗马军团。就在罗马军团行将全军覆灭之际,陈汤说服了汉军的统兵大将,双方化干戈为玉帛。罗马人马放南山,最后成为中华大家族的一员。此外,这部剧作还穿插了斯巴达克斯之女为报父仇而对罗马军团的追袭、罗马军团在东归汉朝时遭遇沙暴以及在罗布泊大战楼兰军队、玉门关外罗马军团与成千上万匹恶狼的搏斗及斯巴达克斯之女与陈汤之间难以解开的矛盾和情愫等场景。该剧本在上海《电视·电影·文学》杂志发表后,引起了较大的关注和反响。

2007 年,由甘肃省人民政府新闻办公室编辑、五洲传播出版社出版的《消失的罗马军团:千年的历史回响》画册正式面世。该画册有150 幅照片,文字稿由陈正义撰写。画册由序言,第一章罗马崛起、东征兵败,第二章西汉文明、通联西域,第三章史海钩沉、千年回响,尾声和附录(中外学者研究及媒体报道大事记)六大部分组成。画册序言写道:公元前 53 年,一支东征的罗马军队在卡里战役中几乎全军覆没,6000 名杀出重围的第一军团将士却神秘地消失在亚美尼亚草原,也永远地消失在历史的天空下,再也没有回到罗马……18 年后,在西汉时期的中国版图上,忽然出现了一个奇特的县名——"骊靬"。有专家学者指出,那支神秘消失的罗马军团最终来到了中国,这个叫"骊靬"的小县就是他们最后的归宿……"为了揭开这个千古之谜,中外的专家学者进行了大量艰辛的考古探索、研究论证工作,他们的研究成果和考古发现,提供了一些拨开迷雾的线索。也许,漫漫两千多年间,在那支罗马远征军残部命运的背后,隐藏着更多惊人的秘密!"

同时反映骊靬文化的还有《骊靬》文化专刊等,甘肃省旅游部门开辟有骊靬城的旅游线。1998 年,永昌县成立了骊靬文化研究会,全面展开骊靬文化的考证、发掘、研究工作,全力推进骊靬文化的进一步研究。

1.6 常征对古罗马军团归化中国
始末的构建

《北京社会科学》1992年第1期发表了前北京市社科院副院长常征的论文《中西关系史上失记的一桩大事——数千罗马兵归化中国》，虽然文章并不规范，却是20多年中发表的唯一一篇从正面讨论古罗马军团东归说的史学论文。在论文中，作者批评了古罗马军团被甘延寿、陈汤带回中国安置说，另外构建了一套罗马军团人员东归中国的历史。

1.6.1 中罗初期交往和炼钢术西传

文章称，自周秦以后，中国就通过南亚次大陆与欧洲有间接商业往来。但因为安息的阻隔，两国无法直接交往。张骞出使回国的报告中首次提到"犁轩"，后来安息王以犁轩眩人献于汉，这是最初来到长安的罗马人。太初三年，汉朝发使抵犁轩(靬)。《魏略西戎传》据两汉人纪录叙述罗马帝国制度、疆域、物产、居民生活、社会习俗等等十分可靠。汉武帝开始与罗马、奄蔡、安息的直接交往，对欧洲的影响非常深远。中亚、西亚和欧洲不但得到了中国丝绸和漆器，而且学得了中国的炼钢术。自罗马帝国归来的汉使队伍，带回了该国的物产如夜光璧、琉璃、郁金香、火浣布等等，其魔术也丰富了中国的杂技文化。罗马帝国商人受阻于安息王国，通常取道阿拉伯半岛，陆路经今巴基斯坦、印度、孟加拉进入永昌郡，或海行至孟加拉湾、南海，循伊洛瓦底江、萨尔温江、湄公河抵永昌郡。东汉延熹九年(166年)，罗马皇帝安敦生前所遣使臣，即傍红海经阿拉伯半岛、印度及中南半岛进入中国抵达洛阳的汉廷。

1.6.2 澳大利亚学者哈里斯的发现

作者显然并不知道美国学者德效骞《古代中国一座罗马人的城市》的任何信息，所以仅依据当时的媒体报道，将有关观点都称为是哈里斯及兰州大学、西北民族学院等中外学者的意见。他赞扬，罗马人之以数千的群体归化中国，则始于西汉王朝元成之间，这是近年澳大利亚学者戴维·哈里斯先生的发现。文中说,公元前53年的卡尔莱战役,只有格(克)拉苏长子的第一军团6000余人突围逃脱,未明下落。哈里斯等人推测甘肃省古骊靬县,是罗马军团的流落地。关于郅支战役的分析,诸先生引用的史料主要是《甘延寿陈汤传》,由于比勘不足,结论不免失当。如说,土城之外又编木环为外城,是"罗马特有的军事工程格式"。这并不妥当,因为编木或夯土为城乃中国久有的习惯,外城为郭,内城为城又是中国古代的通制,以之作为判断罗马兵的根据,自属牵强。汉将李陵降匈奴受封"右校王"统领坚昆(吉尔吉斯)部落群,其所携800汉兵皆在坚昆中,郅支单于既从坚昆屯驻的鄂毕河上游西来,随行的便可能有汉之降兵子孙。这筑城的主意,很可能便是降于匈奴的汉兵。还有郅支战役中,夹门鱼鳞阵的百余步兵,诸先生说,"这种用圆形盾牌连成鱼鳞状的阵式,……只有古罗马军队采用",也是为支持自己的结论急不择言,失之于唐突。盾牌是冷兵器时代一切步兵都用的防御兵器,不独罗马。至于鱼鳞阵,更非"罗马军队特有"的作战队形(阵),《左传》鲁桓公五年(前707年)的"鱼丽之阵"就比罗马为早。自然,哈里斯先生等以鱼鳞阵释罗马兵并非没有道理,因为匈奴军无步兵战术,用鱼鳞阵守卫城门的,倘非降于匈奴的汉人,自是借自康居的罗马降兵。郅支之战中被陈汤生俘和收降的不足1200人,即使四分之一是借自康居的罗马兵,也不过300。这些人作为生口皆被"赋予城郭诸国十五王"。其分归于田(寘)国的部分,于田王曾为置"骊归城"和"郅支满城"以居之。前城见载于《后汉书·西域传》,后城载见《新唐书·地理志》。包括罗马人在内的降俘者,既未有一个遣送西域都护府辖区之外,位于西域东界以外1500里的张掖郡骊靬县,怎么可能是安置此役的"罗马战俘城"?故,作者认为,把甘延寿、陈汤灭郅支生获的少量罗马人与汉设骊靬县于河西走廊联系起来,与史实不符。

1.6.3 贵霜王国之兴和罗马人群入甘肃

否定了哈里斯等关于骊靬人源于郅支战役被俘罗马军人的说法后,作者自己建构了一部罗马人东来骊靬的历史。他说,罗马第一军团突围的6000多人,显然是横穿敌国安息东行的,他们中的一部分逃到康居,被康居借给匈奴郅支单于。其余近 6000 的罗马人,皆成了月氏王的属部。《新唐书·地理志》载唐破西突厥后,在于阗以西直至波斯置十六都督府,奇沙都督府辖有"大秦州",显然是罗马(大秦)人曾居其地而遗留后世的地名。另外条支[1]都督府的"犁靬州"和天马都督府的"滥鞬城"也是"犁靬"之音书。晚至初唐还存在的这些与罗马人有关的地名,便是罗马一军团大部逃附月氏王国的确证。至于他们中的大批人何时自此区东走归附汉王朝,并被安置在甘肃永昌县一带,《汉书·西域传》也透露了一点消息,就是:"初,月氏为匈奴所破,遂迁于大夏(巴克特里亚),分其国为休密、双靡、肸顿、贵霜、都密凡五部翕侯。后百余岁,贵霜翕侯丘就欲攻灭四翕侯,自立为王,国号曰贵霜(亦音译作迦腻色迦、卡斯尼、哥疾宁)。侵安息,取高附,又灭濮达、罽宾,悉有共国……诸国称之皆曰'贵霜王',汉本其故号言'大月氏'云。"按大月氏南迁粟特、巴克特里亚之塞人地,自此即以"大夏"之名,成为阿姆河兴都库什山地区的国家,而昭武王作为副王则分王中亚沙漠南部及粟特地区诸沙漠绿洲小邦(故中国史书称此诸小国曰"昭武诸国")。公元前 40 年,五翕侯之一的贵霜兼灭其余四翕侯夺月氏王位,引发月氏王国的大规模内战,归附大夏王国的罗马军是非参加不可的。故月氏人败于贵霜之后,遂率昭武族人及罗马降人各一部,溯阿姆河,越葱岭,傍昆仑山脉北麓入河西,归附汉王朝。《后汉书·西羌传》说:"湟中月氏胡……又数百户在张掖,号曰'义从胡'。"就是自中亚东归的月氏人。与之同来的昭武族人一股和罗马人一股,也分布在祁连山下。罗马人归化者甚多,故汉王朝专设骊轩县来领护之。这才是骊轩县建置的缘由。后来,以罗马人特征活跃于中国历史的,唯有祁连山下数以千万计的罗马人及其后裔;当然他们也因羌化和汉化而与罗马人不尽相同。

1.6.4　河西罗马人始末

　　文章说,渐以羌化和汉化的罗马人,东汉时代分为河西、河东两支。

---

　　[1]西域国名"条支",最早为《汉书》使用,或又写作"条枝",为《史记》最早使用。其他古史,或单用一名,或混用二名。为求一致,本书一律改作"条支",特此说明。

其河西一支,《后汉书·邓训传》所言"湟中秦胡羌兵"是湟中月氏"胡兵、秦胡兵、羌兵"的略语。其中"秦胡兵"就是骊靬县一带的罗马人丁壮,因为东汉习称罗马曰"大秦"。《三国志·苏则传》说的"救武威,降其三种胡",便是庄浪河(黑水、卢水)流域的"卢水胡",祁连山下的"月氏义从胡"和"秦胡"。这说明三国时代罗马人还是骊靬县一带居民。而《晋书·张祚传》说:"永和十年(354年)张祚遣其将和昊伐骊靬戎于南山,大败而还。"所谓"南山",即祁连山。这说明晋代河西罗马(犁靬)人已因人口增殖而扩展居地至祁连山。又《秃发利鹿孤载记》说:"元兴元年(402年),秃发利鹿姑……(攻)显美县,克之,徙骊靬戎二千余户而归。"可见河西罗马人后裔之多,其扩展至张掖南山外,也成了显美县的主要居民。被迁徙的两千多户罗马人后裔被安置在今西宁市附近。414年南凉被灭,迁来的骊靬戎转属西秦。

在骊靬受逐、被迁同时,祁连山下的月氏族和酒泉北山的昭武族也避乱迁居今哈密地区。其地临莫贺延碛,其族即以"沙陀"为号,而昭武族酋长为君,史传所称"处月""朱耶(邪)"皆昭武(涿邪)谐音。该国初附突厥,后归唐。唐徙其民于朱耶氏沙陀国地,置沙陀都督府以领之,即以朱耶拔野为都督。传五氏(世)至朱耶尽忠,地陷于吐蕃,种落7000余帐避归甘州,居牧祁连山的骊靬人为属部,亦被称为沙陀,史传谓之"鹿角(或龙家,即骊靬谐声)山沙陀"。后吐蕃侵河西,朱耶尽忠率众3万东逃银川平原及河套地区,唐廷赐以宗姓,是即《五代史》之李尽忠。其孙即李克用,曾孙即建后唐皇朝的李存勖。

先是,丁令族分支回纥人建于准噶尔盆地之国为黠戛斯(吉尔吉斯、坚昆)所破,部众四散,其分居吐鲁番地区者曰"高昌回纥",或"西州回纥"。而远迁河套地区的部分,西降吐蕃,被置之甘州,即甘州回纥(鹘)。甘州南山的骊靬(鹿角、龙家)人即成属族,故《新五代史四夷附录·于田传》引石晋使臣高居诲的西使行程录说:自凉州(今武威)西行五百里至甘州(今张掖)。甘州、回鹘(纥)牙也,其南山百余里(间)……有别族号鹿角山沙陀,云朱耶氏之遗族也。

祁连山之肃南县的裕固族,其血统、文化既有昭武氏羌族、月氏人

·欧·亚·历·史·文·化·文·库·

氏族、回鹘(回纥)族、吐蕃族、蒙古族、汉族及中国它族的成分,也有欧罗巴种罗马人等成分。至于早已迁徙湟水流域的骊轩人,《宋史·吐蕃传》及《地理志》中"历精"、"林金"、"龙支"诸名,皆为"骊轩"的不同音书,乃由徙此的"骊轩戎"居止而获称。

1.6.5　河西罗马人东迁与"羯胡石勒"

居止河西走廊及湟水流域的"骊轩戎",始终是附属当地他族的地方势力,越黄河东迁的一支则不同。他们曾在陕甘建帝号,其石勒家族且曾以大国之姿活跃在燕山、淮河、黄海、贺兰山间。

东汉永平十六年(73年)窦固北伐匈奴于蒲类海,次年征西域叛国逾天山,从征的除河西羌胡之外,还有湟中月氏、卢水胡和以"秦胡"为名的罗马人。战罢,这批人皆被迁置黄河以东。加上汉武帝以后自河西、阴山北迁来的降人和马援于建武中迁置陇西、天水、扶风诸郡羌胡附户,陕北、陇西、陇东、宁夏、河套及鄂尔多斯高原,几成羌胡与汉族杂居的世界。《晋书·北狄传》说:"北狄以部落为类,其入塞居者……凡十九种。各有部落、不相杂错。屠各最豪贵,故得为单于统领诸部。"其中之屠各即"休屠各",亦即"休屠",《史记》称"繇诸""义渠"。其余十八种,半数不明何来。至于力羯种,便是东迁陕北以骊轩或犁靬、丽轩、力虔、大秦为名的罗马人,力羯也是犁靬音译。凉王张骏"吞噬遗羯",是可见力羯族可省称"羯"胡。"胡"是中原古人对北方异族的通称。古人且分称"深目高鼻多须"具有欧罗巴人种特征的人曰"大胡",归化中国的罗马人来自欧罗巴洲,故也被称作"大胡"种。东汉安帝初,发陕甘宁青的"羌、胡"远征西域,诸族惧远役不归,一时俱反。先零羌酋长颠零、零昌父子,于陕北自称天子,为诸族首。分布上郡以力羯为名的罗马部落共同进止,故《后汉书》称之曰"虔人种羌"或"先零别部"。元初四年(117年)零昌战死,余众便以罗马人为首,致银川平原一战,败降度辽将军邓遵的"虔人种羌"即达1.1万多人。3年之后,余众联合沈氏、羌渠等"上郡胡"再叛,至建光二年(122年)败后,便窜匿山谷间而与羌渠族并合。其余以罗马人为首的陕甘宁散部,后来被汉廷收隶郡县服兵役,《后汉书·段颍传》中的"秦胡步骑",《董卓传》

中的"湟中义从及秦胡兵",其"秦胡"即罗马人。

董卓刺并州以前,匈奴羌渠单于被国人杀,单于太子於夫罗时领右部兵在河北镇压黄巾农民军,闻变行抵河内,值灵帝死,朝廷乱,又"国人不纳",遂北据平阳(今临汾)自称单于。其所领右部兵多羌渠人和羯人(罗马人),他们从此也成了山西居民。建安廿一年(216年)单于呼厨泉被曹操留置邺城,其山西匈奴国亦被分为五部统监于太原的护匈奴中郎将。曹魏嘉平三年(251年)并匈奴五部为左右两部,羌渠、羯人即分编于上党地区。其羯人即石勒(字世龙)、石虎(字季龙)本宗。西晋时,并州刺史司马腾略卖胡人去山东,石勒也在其中。永安元年(304年)八王乱起,故匈奴左部帅刘豹之子刘渊于黎亭起事,后建国曰汉(赵),并迁都洛阳。石勒初聚众起事隶汲桑,后附刘渊。及势力大盛叛刘自立,称帝于襄国(今邢台),建后赵,尽有淮北、川北、燕山——阴山以南地,传23年,至石鉴为部将汉人冉闵所灭。

以下则辨析石勒家族即是归化的罗马人后裔。《魏书》说石勒本宗羯族为"匈奴别部"。《晋书》说羯族石氏为"羌族之胄"乃缘羯人服属匈奴之初曾与羌渠同部而奉羌渠人为君,亦被视为羌渠人故。及迁居山西不久,两族改以羯人为君,即共以羯族名行。石勒父祖之充"部落小帅",所领便有羌渠人。《石季龙载记》中刘曜称之"大胡",可证其为罗马人后裔。石宣"于(石虎)诸子中最胡状"。永和六年(350年)冉闵"躬率赵人诛诸羯胡,无贵贱男女少长皆斩之,死者二十余万……于是高鼻多须至滥死者半"。这深目、高鼻、多须正是欧罗巴人种的基本生理特征,也正是羯人即罗马人的证明。冉闵滥杀羯人后,据守襄国有石祗所部,羯士尚多,襄国邺城以外屯戍的羯人也不少。至于陕甘地区的羯人,《晋书·刘曜载记》言"置左右贤王以下,皆以胡、羯、鲜卑、氐、羌豪杰为之"。《石季龙载记》"咸康三年(337年),安定人侯子光……自称佛太子,从大秦国来,当王小秦国。聚众数千人于杜(县)南山。"除去河西走廊的罗马人后裔之外,所有迁入黄河流域的以"虏人"、"秦胡"、"力羯"、"羯胡"为名的归化罗马人,以及所有进入此地域的他族,都在隋统一后为汉族次第融合而成为汉族人。

·欧·亚·历·史·文·化·文·库·

1.6.6　题外絮语

罗马人数千初经中亚月氏王国进入中国,是归化人的身份。其时间早于中国北匈奴人经中亚进入欧洲。罗马人后裔石勒家族与南匈奴摧毁晋帝国,使之分裂为南北朝,与匈奴王阿提拉家族领率哥特人、日耳曼人摧毁罗马使之分裂,形成东西二国,又极其相似。这不能不说是有趣的历史现象。不同的是,南北朝以后,中国又以汉民族为中心,实现了更大更强盛的隋唐统一,东西罗马则各自趋于衰落。这是因为,中国的主体民族汉族有当时全人类最先进的成熟的封建社会制度,最先进的经济文化,足以凝聚境内和吸引四周诸族,形成"万国衣冠朝帝京"的局面,而罗马则因为长期停留在邦国部落联盟和奴隶制阶段,其建立在军事征服和行政联合基础上的国家极不巩固,境内诸邦族语言不同、文化不同,没有共同的经济生活和共同的心理状态,从而也没有凝聚力,一遭外力打击,便易于分裂、瓦解,而不可能恢复原态。

1.7　中外媒体对永昌古罗马军团问题的报道

从 1998 年至 2000 年,骊轩文化研究会共接待海内外历史学者、专家及新闻媒体记者 200 余人,团体数十个,"骊轩人"成为了媒体记者、游人关注的焦点。

1997 年,上海《文汇报》记者曹家骧,赴永昌进行调查研究,并于 10 月 11—14 日,在香港《文汇报》作了连载报道。近两年,关于这一历史悬案的最新说法,更成为新闻界争相报道的热点。1998 年 11 月 10 日《羊城晚报》报道:今日永昌地区现在仍然居住着保持罗马人体质特征的居民。"他们就住在祁连山北麓一带,语言、生活习惯与当地人无异,长相却很像欧洲人。"据亲临其境采访的记者说,在永昌县焦家庄乡采访过的几位居民,他们的体貌无不具有欧洲人的特征:身材高大,眼珠发蓝,鼻子高直,满头金发;而且如此相貌的居民为数不少,很多村庄都有。北京电视台的新闻节目对此也作过报道。既然有了确凿的新闻证据,那么历史也须重新写过,《瞭望》杂志刊登《古罗马失踪军团来到甘肃的历史已查明》的文章,把这些罗马后人的祖先从以前所说的145人的战俘扩编至6000人,先于克拉苏死去的小克拉苏活过来成了普布利乌斯,最后"克拉苏的长子普布利乌斯率领6000余众拼死突围",后被甘延寿、陈汤收编。之后,相关报道屡见报端。1990年代以来,国内外有关方面对骊靬故县和骊靬降人进行了追踪研究和报道,随之产生和形成了骊靬文化,并引起了海内外新闻媒体和文化界人士的广泛关注,中央电视台、中国香港电视台、浙江电视台、广东电视台、甘肃电视台、四川电视台、上海电视台都来永昌做过专题节目。

1998年4月,正在上海的新华社记者宋政厚一连3日在《文汇报》上看到该报记者采写的关于古罗马军团失踪的连载通讯。新闻同行的报道,使他兴致勃发。回到兰州后,他即同西北民族学院关意权联系。但此时的关意权已经身染沉疴,一年多后,与世长辞。不久后,宋政厚又与关意权的儿子关亨取得了联系。据关亨说,为了继承父亲的事业,他已改行,正在专心致志地整理其父的书稿和研究成果。后来,宋政厚又与兰州大学历史系陈正义取得了联系,进行专访。陈正义对宋的采访非常热情。他们就古罗马军团的失踪、河西走廊骊靬城的出现,以及二者之间历史瓜葛等问题,做了交谈。与此同时,作家王萌鲜应宋的要求,寄来了他的小说《骊靬书》。不久,宋的3位同事走访了永昌县者来寨,给宋政厚带来了丰富的见闻。在得知大量的消息后,宋政厚决意走访永昌。1998年5月下旬,宋政厚来到了永昌县城,住在骊靬宾馆。在经过系列采访后,宋完成了通讯稿,当新华社用英文播发后,《中国日报》和多家海内外报纸刊用。美联社、共同社及日本朝日影视的驻华记者,同样表现出浓厚的兴趣。他们相继通过外交途径,同甘肃外事机构交涉,要求赴永昌实地采访。[1] 宋政厚最有影响力的一篇关于骊靬的新闻稿为《永昌:驻扎过古罗马军团》,刊于1998年9月25日《兰州晚报》。该文节录如下:

---

〔1〕据宋政厚《追寻古罗马残军在华足痕》,载《丝绸之路》,1999年第3期。

永昌:驻扎过古罗马军团

......

戴维·哈里斯为追寻罗马失踪者的踪迹,去过许多国家,也曾来过中国。他这次一到兰州,便与西北民族学院关意权教授,兰州大学历史系陈正义老师,以及在兰州大学任教的前苏联学者费·维·瓦西里金结合,共同开展了对这一旷日持久的课题研究。

他们从浩如烟海的史料中,发现40年代一位名叫德效谦的英国著名汉学家,已对这一课题做过大量工作,并找见了德效谦于1947年撰写的《古代中国之骊轩城》一文。

本文开宗明义:中国古代称罗马帝国为"骊轩",后又改称"大秦",《后汉书·大秦传》就是以"大秦国一名犁鞬"这句话起首的。文章接着指出中国古代以外国国名命名的城,当时只有新疆的库车和温宿,它们都是袭用移民的旧称。"骊轩"城的出现,自然会与有外国侨民相关。作者进而运用史料说明,骊轩城最早在中国西汉版图上出现是公元前20年,那正是罗马帝国向安息要求遣返战俘的时间。这绝非历史的巧合!它说明在卡尔莱战役中突围的罗马远征军,正当其故国寻觅他们的时候,他们却早已鬼使神差地到了中国,并在祁连山下落脚了。他们的"东征"比马可·波罗的中国之行早了1300年左右。

根据此文提供的历史线索,中外学者在甘肃省文化厅文物处等有关部门的配合下,查阅了大量的史书,结合中西史料的对比研究,终从班固所著《汉书·陈汤传》中获得突破,为揭开中国骊轩城的出现和罗马帝国一支溃军失踪之谜,启开了一扇大门。据《陈汤传》记载,公元前36年,西汉西域都护甘延寿和副校尉陈汤,带领4万多名将士讨伐郅支单于,战于郅支城(今哈萨克斯坦江布尔城)时,在这里见到了一支奇特的军队,"土城外有重木城"拱卫,其"步兵百余人,夹门鱼鳞阵,讲习用兵"。而这种构筑"重木城"防御工事,和用圆形盾牌连成鱼鳞形状的防御阵式,只有古罗马军队采用。史学家们据此推理,这支奇特的军队,就是卡尔莱战役中突围失踪 17 年的罗马军队的残部。

　　西汉王朝军队在这次郅支战役中大捷。《汉书》上说,陈汤率领的汉军攻克"重木城",以"生虏百四十五人,降虏千余人"而告胜。学者们根据这一重要史料拨开历史迷雾,理清了那支古罗马军队残部的踪迹。即普布利乌斯率领的逃亡大军,在安息军队围追、封锁而回国无路的情况下,辗转安息高原,伺机东进,于防御松懈的安息东部防线,撕开一道口子,流徙中亚,投奔郅支,后被陈汤收降,带回中国。汉元帝为此下诏将他们安置在番禾县南的照面山下(今永昌县),并置县骊靬。直到公元 592 年,鉴于骊靬人已和汉族人融合,隋文帝下诏将骊靬县并入番禾县。至此,骊靬建县共 612 年。中国的骊靬人就这样在历史的风雨沧桑中悄然消失。

　　史学家们还从许多史书史料中,找到了有关骊靬县存在和变迁的系列佐证。《后汉书》载:"汉初设骊靬县,取国名为县。"《晋书·张祚传》记述了"汉顺帝[1]永和十年,前凉张祚遣将伐骊靬于南山,大败而返"的事。南山即照面山。此事说明骊靬人强悍善战。《隋书》改骊靬为"力乾",说"开皇中,并力乾入番和(县)",唐代以后,骊靬人在河西走廊有过 3 次起义,都见诸史册。清代学者惠栋在《后汉书补注》中称,骊靬县"本以骊靬降人置"。《大清一统志》标明"骊靬废县在今凉州府永昌县南"。左宗棠幕僚陶保廉所著《辛卯侍行记》和张澍撰写的《二酉堂文集》,对骊靬城均有记叙。公元 9 年,尊孔崇儒的王莽篡位后,为给骊靬降人正名,将骊靬县改为"揭虏"县,1979 年美国出版的《世界历史地图集》中,就标有"揭虏"的位置。

　　然而,从考古学的角度说,遗迹、遗物等实物史料,才是阐明古代历史最有说服力的事实。于是,1993 年 5 月,几位文物考古工作者到永昌者来寨进行实地考证和小规模发掘。他们见到被当地人认定的"骊靬遗址",原是一段古老的城墙,存长十几米,高 1～2

---

[1]原文作"汉顺帝",当为"晋穆帝"。

米,最宽处近3米,呈S形,属粘土夯垒,十分坚实。永昌县政府为保护这处历史遗迹,于1994年4月用铁链将其圈围,并立起一块石碑,其上写有"骊轩遗址"4个楷书大字,背面的碑文是:此处为骊轩古城遗址,最早为匈奴折兰王府,后称者来寨。北20里处为西汉初所置番禾县。西汉河西农都尉设在番禾县城南。流亡的罗马帝国远征军从西域归降汉王朝后,汉王朝置罗马降人于农都尉之南者来寨,立县骊轩……

遗址周围全是农舍。当时,33岁的者来寨村长张建兴及其几位同龄人在场回忆,70年代初,城墙还有近百米长,3层楼高,上面很宽,他们小时候常常爬到城墙上面玩。后来由于村民到这里取土,城墙越挖越矮。有一次,几位村民又来取土垫畜圈,可是粘土难铲,怎么也挖不动,有人便弄来炸药,只听"轰"的一声,把城墙炸出个大洞,出人意料地从洞里炸出了好多麻钱(铜钱),足有一小推车。遗憾的是谁也不知道这铜钱有什么用,后来都被孩子们玩丢了。

……

年逾古稀的原甘肃省文化厅文物处处长钟圣祖还了解到,几年前,研究三国史的专家在翻阅资料时,曾发现一张公元前9年绘制在布绢上的地图,它虽已破损,但所标"骊轩"二字,还清晰可辨,它就在今天的永昌县焦家庄乡者来寨村。

历史学家和文物、考古、新闻工作者还多次对者来寨及其周围的村庄进行考察,一些令人产生浓厚兴趣的发现,对探索骊轩城和罗马降人的奥秘不无帮助。村民们告诉他们,祖宗们说过,这里曾经住过黄毛番子……

村民们还介绍了这里的一些独有的民俗,可能是当年的罗马降人代代相传下来的。最突出的是莫过于对牛的崇尚。春节到来,者来寨等村的老住户都爱用发酵的面粉,做成牛头形状的馍馍,俗称"牛鼻子",以作祭祀之用。这一带的村庄,昔日又习惯在村社和主要路口,修建牛头庙,以立牛头作为主要象征。每当立春时节来临之前,村民们便从河里取来泥土,在牛公庙里塑"春牛"。立春一到,即将春牛抬到庙外打碎,以此祈求平安吉祥、粮畜丰收……

历史尘封 2000 年的谜案,被大量的史料、较丰富的文物和骊轩后裔的发现,基本揭开了。然而,西汉王朝为何偏偏选择此地设置骊轩县和安置罗马降人?各路专家通过综合研究,给了合情合理的解答。其一,此地原为匈奴折兰王府。匈奴被赶走后,折兰府是个可供大批人居住的地方。后来的者来寨,乃是折兰府的谐音。其二,西汉所置专管农垦的河西农都尉就设在距此地 20 里的番禾县。而折兰府所在地水源充足,土地肥沃,宜耕宜牧,适合于安置大批罗马降人。其三,这一带地方在匈奴来到之前,曾是月氏人的故地,而骊轩降人中就有月氏人,因此,在此安置,会使骊轩降人有宾至如归之感。其四,番禾是河西走廊的咽喉,军事战略地位十分重要,而古罗马军队训练有素,英勇善战,将其安置在离番禾不远之处,自有屯垦卫戍的重要意义。

1999 年,在永昌县新城子镇赵定庄村发掘出了春节社火中的节子舞,其独特的舞蹈形式为舞者 10～20 人,皆古代武士装扮,手持两截短木棒,合鼓点跃动、击打。动作粗犷,阵形变化快捷,似有古代军士格斗演练遗风。永昌县文化部门便以古罗马军团"鱼鳞阵"为题材,融汇当地生活风情的"节子舞",改编出了大型广场舞蹈《骊轩古韵》。对于此事,当时的新闻媒体也有大量报道宣传。《河西晨报》2000 年 6 月 12日第 1 版刊文"《骊轩古韵》亮相金昌/再现罗马军队勇武精神/展示西部民族豪放性格"称:"上世纪 80 年代以来,国内外掀起骊轩文化热潮,金昌市积极开发骊轩文化旅游资源,编排舞蹈《骊轩古韵》便是为了更好地向更多的人展现历史和骊轩文化,加快骊轩旅游资源的开发。""《骊轩古韵》舞蹈由国家一级编导、甘肃省敦煌艺术院副院长晏建忠先生和省一级编舞安菊花女士编导,舞蹈以古罗马军人在战争中常用的'夹门鱼鳞阵法'为素材,吸收骊轩古文化中的剑舞和节子舞等形式,以雄奇豪放的艺术特色,再现了历史上古罗马人的勇武精神和西部民族粗犷豪放的性格。"《骊轩古韵》代表金昌市、永昌县参加了 2000 年 6 月 16 日在兰州举办的"中国敦煌百年·甘肃黄河风情旅游节"开幕式。据说该节目曾受到中央、省市领导及广大观众的一致好评,并获特别奖。

由于永昌县地方政府发展经济的需要,永昌县以骊轩文化为主题开发精品旅游业,精心打造骊轩文化旅游产品,欲使其成为丝绸之路旅游线上的新亮点。对此永昌县政府制定了一些发展骊轩文化旅游业的措施。具体内容在当时的新闻媒体多有报道,例如 2000 年 7 月 12 日《甘肃日报》第 1 版曾以《永昌开发文化旅游业》为题予以报道,称:"目前,骊轩问题已引起国内外历史学者的关注和争议,期望解开公元前 53 年罗马安息战役中罗马兵突围失踪之谜。但是,从旅游角度出发,开发品味达标、文蕴深邃、民俗新奇、特色鲜明的骊轩文化旅游资源,将会成为丝绸之路旅游线上的新亮点。7 月 3 日,由永昌县政府委托省旅游协会咨询中心编撰制定的《永昌县旅游开发总体规划》,在兰州通过了省上有关专家的评审。根据这一《规划》,将在永昌县构建意境深远的古罗马风情园、北海子公园等骊轩风景名胜区,以及富有民族特色的者来寨骊轩古城遗址等,并以骊轩文化旅游为中心,在周围配以我国著名'镍都'金昌市工业旅游、北部巴丹吉林沙漠魔鬼城猎奇游,南部肃南草原森林生态游及冷龙岭冰川观光探险游等,使永昌成为丝绸之路独具吸引力的旅游胜地。"

又如,2000 年 4 月 5 日《中国旅游报》以《甘肃永昌将重现古罗马风情》为题,对永昌县发展骊轩文化作出了报道,称:"永昌县委、县政府决定在古骊轩城遗址上兴建古罗马旅游城。计划修建的古罗马旅游城包括:恢复半开放型骊轩城池;恢复骊轩县衙;恢复意大利风格村镇建筑;修建古罗马角斗场;修建意大利风格的古建筑一条街(台地园式);修建骊轩文化博物馆等。"

为了恢复骊轩古城的原貌,深入挖掘骊轩文化,金昌市与杭州天目山景区合作,于 2010 年 8 月开始实施骊轩古城开发项目,主要包括古城池、公园建设和民俗村改造等分项工程,概算总投资 4 亿元。到

2011 年 8 月,包括 1200 米城墙、4 座城门及 4 角楼在内的全部城墙工程和两座建筑面积 1400 平方米的两层仿古民居已基本建成;高 36 米、建筑面积 3300 平方米的骊靬文化展示中心完成主体工程;建筑面积 4900 平方米的两座仿古式影视多功能厅建设进展顺利;占地 200 亩的骊靬公园正在进行施工图设计;民俗村改造正在开展宣传动员、规划设计等前期工作,计划对骊靬村现有村民住宅进行整体改造,改善景区环境面貌,大力发展民俗旅游。在努力打造精品景区的同时,采取政府投入和招商引资相结合的办法,计划投资两亿元,组织实施道路、供水、商业街、美食城等建设项目,逐步配套完善食、住、行、游、购、娱等要素,增强服务功能,提升接待能力。骊靬古城开发项目拟于 2013 年底竣工投入使用。

骊靬文化经过一段时间大肆宣扬之后,中央电视台的镜头也多次对准了甘肃"罗马军团"。1999 年、2001 年、2002 年央视多次赴甘肃永昌者来寨关注"骊靬人"。其中 2001 年 7 月中央电视台《东方时空》节目组曾来到永昌,在"骊靬城遗址"现场采播了题为《苍野覆盖下的记忆》的专题片。15 日 8 时,在中央电视台第一套《东方时空》节目中进行了现场直播。虽然央视以采访寻找骊靬人后裔的形式来做这个节目,但主持人并没有完全肯定生活在此的一定是骊靬人的后裔。在采访接近尾声时,主持人说:"尽管大量的新闻媒体都在报道这儿生活着骊靬人的后裔,但是专门的历史学家还是认为,这儿是边域地区,又是自古以来就是商人不断往来的古丝绸之路,中西交通要道,其频繁的交往,一直延续到了明代,因此在河西走廊这一带要找到若干蓝眼睛、高鼻子的人,并非是困难和意外的事情。"

2005 年 12 月,央视 10 套《走近科学》栏目播出专题片《消失的军团》,将镜头再次对准骊靬人。在央视国际网该节目的文字解说部分最后说道:"骊靬古城的发现令专家们兴奋不已,它说明 2000 多年前者来寨确实驻扎过一批古罗马军人,而现在者来寨这些相貌奇特的村民可能就是那些古罗马军人的后裔。时光荏苒,2000 多年就这样随风逝去了。当年,为古罗马人专设的骊靬县如今早已在历史的风云变幻中不复存在,而那些远道而来、客死他乡的骊轩人也同样在灿若星河的中华文明中被渐渐湮没。留下的只有他们的后人,在用祖先基因造就的独特体征向世人讲述着一个历史长河中扑朔迷离的传奇故事。"

2007年3月15日,央视再次派出摄制组赶赴永昌,将镜头对准了长相酷似欧洲人的当地村民和骊轩古城遗址。2007年3月19日的《兰州晨报》对此给与了报道:

> **本报讯(记者武永明 实习生杨晓丽)**继1999年、2001年、2002年多次赴永昌者来寨关注"骊轩人"之后,3月15日,央视再次派出摄制组赶赴永昌,将镜头对准了长相酷似欧洲人的当地村民和骊轩古城遗址。
>
> 据了解,央视新闻中心《新闻周刊》摄制组一行3人15日上午飞抵兰州后,就马不停蹄地联系采访了多年来一直从事骊轩文化研究的兰州大学历史文化学院副教授陈正义。当日下午,承担2006年国家自然科学基金——河西走廊骊轩人群体遗传研究项目的兰州大学生命科学学院副教授谢小冬接受该摄制组采访时表示,截至目前,该项目实验仍未结束,预计2008年才会有最终结论。15日下午4时,摄制组在陈正义和骊轩文化研究会研究员关亨的陪同下赶赴永昌。
>
> 在永昌的短短两天里,在当地有关部门的配合下,摄制组深入焦家庄乡杏树庄村实地采访了15名长相酷似欧洲人的当地村民,并拍摄了位于者来寨村的骊轩古城遗址,关亨还就古城遗址研究接受了摄制组的采访。采访期间,当地6名妇女穿上自己设计制作的罗马军服,给远道而来的客人献上了一段颇具古罗马韵味的骊轩迪斯科。见一村民亲手制作"比萨饼",摄制组饶有兴趣地用镜头记录下这个在当地村民看来是"小菜一碟"的制作过程。随后,摄制组还拍摄了安放在永昌县骊轩文化展览馆的部分文物。

古罗马军团安置骊轩说在媒体的宣传下,已经形成了所谓的"骊轩文化",并且在国际上产生了一定的影响,很多外国人慕名而来。意大利、瑞士、西班牙、美国、加拿大、日本、韩国、新加坡等国的电视台都来永昌做过专题节目。英国《泰晤士报》、美国《洛杉矶时报》、德国《莱比锡人民报》、法国《巴黎竞赛周刊·中国时代》以及中外百余家报刊对永昌骊靬进行了报道。2002 年 8 月 12 日，欧洲华人音乐家联谊会主席姜成涛（中国名）等来到永昌骊靬。他说，永昌的骊靬文化在欧洲知名度很高，尤其是在法国。法国也有专门性研究骊靬的文化学者。他说，通过专访，他回法国后将努力促成更多人来发展和支持骊靬历史文化的研究和开发。据《参考消息》2003 年 4 月 6 日第 8 版载，法国《历史》月刊 3 月号以《发现中国：古罗马人早于马可·波罗?》为题报道了永昌：

以前，这是众所周知的事实：马可·波罗发现了中国。可现在，马可·波罗遇到了竞争对手：一些古罗马军团士兵早于他到达中国。

关于古罗马人最先发现中国的观点流传得越来越广，而支持该观点的论据是距离古罗马 7000 多公里的中国甘肃省永昌县几百名居民的外貌与古罗马人相似。这些居民头发鬈曲，眼睛颜色浅，这些特征与中国人的传统相貌相去甚远，以至于这些几个世纪以来早已汉化的村民要求寻找自己的先祖。此外，一个地名也引起了人们的好奇：骊靬，这个词似乎是从拉丁词"legio"（古罗马军团）演化来的。

最先开始探究这段历史的是美国历史学家霍默·哈森普弗拉格·达布斯，他的依据是普林尼和普卢塔克的著作以及《汉书》。霍默·哈森普弗拉格·达布斯认为，古罗马军团中国之行的起因是公元前 53 年克拉苏（他与凯撒和庞培组成了"前三头同盟"）对安息人发动的一场战争。这场战争最后变成了一场灾难：克拉苏在卡雷（今土耳其境内）被杀，那些幸免于难的士兵被急派到中亚对抗匈奴人的祖先。14 年之后，当中国士兵攻下匈奴的首都（今乌兹别克斯坦的塔什干）时，他们发现了一些典型古罗马式的防御工事。霍默·哈森普弗拉格·达布斯确信，中国士兵的俘虏中有一些原克拉苏军团的战士。

当然,骊轩和永昌离丝绸之路都不远,不排除有种族混杂的现象。但现在有许多相符迹象表明,应当好好研究古罗马人比马可·波罗更早发现中国这个论题。

2003年7月30日至31日,法国《巴黎竞赛周刊·中国时代》主编阿兰·普济专程从法国来到永昌采访骊轩文化,并以骊轩为专题在法国巴黎"中国文化年"上做了文化展示。阿兰·普济认为:"骊轩研究,是中国的一座金矿,中国的研究不应落在国外学者之后,要在政府的支持下有组织地把中外学者的研究结果沟通,以求突破。"[1]

2004年,继《欧洲时报》十分罕见地连载了贾笑天《一支罗马军团在中国》后,美国探索频道(Discovery)、《巴黎周刊》、英国《经济学家报》等国外著名媒体又纷纷报道了中国甘肃永昌曾设骊轩县收留、安置古罗马军团被俘人员的专题新闻,加之澳大利亚学者哈里斯的新著《黑马奥德赛——寻找消失的中国罗马古城》在全世界的广为发行,一股"骊轩"热再度在国际上掀起。

2006年,美国探索频道(Discovery)播出了《罗马古城在中国》。在该片中,其主题线索仍然是依据德效骞的假说,即罗马军团在公元前53年与安息帝国战败后,其中一些被俘虏的罗马军人,几经波折,辗转来到了中国汉王朝的西北方,并卷入了西汉王朝与匈奴郅支单于之间的战役。在那次战役中,匈奴的部队中有一支"夹门鱼鳞阵"的步兵,这就是逃亡的罗马军团。他们后来被陈汤击败并安置在了"骊轩城"。如今这些人已经逐渐汉化,只留下"高鼻深眼黄发"特征的后裔在甘肃永昌。该节目制作十分精致,过程也很有吸引力。不过该节目在最后也不得不承认,由于至今为止尚没有在永昌发现具有决定性的证据,所以,就现有的资讯,顶多只能将"骊轩"定位成含有中国、波斯、匈奴与中亚各族人种交流而成的城市,要与古罗马军团做一连接,似乎无法达到令人信服的程度。

2007年2月14日台湾地区的《中国时报》A13/两岸新闻中发表徐

---

〔1〕见《骊轩在中国,骊轩研究在国外》,载《新西部》,2005年第7期。

尚礼的综合报道《DNA 解密证实甘肃折兰寨居民确为罗马军后裔》,肆意编造基因检测结果,欺骗宝岛同胞。该文称:

根据兰州大学生命遗传科学学院最近完成的中国西北地区少数民族变迁的 DNA 研究,甘肃永昌县折兰寨居民(另称者来村,为古代骊靬村)确实为罗马军团后裔。DNA 检测还发现,中国实际上并不存在纯种的汉族人,甚至连汉族的概念,在 DNA 检测下都已经不复存在。古骊靬村位于戈壁沙漠边缘,距离最近的城市 300 多公里,今天的折兰寨部分村民,外观除有中国人特征外,还带有西方人常见的碧眼、高鼻、金发等特征。长久以来,他们希望 DNA 检验证明自己是古罗马军团的后裔。

目前当地有明显外国人特征的人有六十多人,不明显特征的则有 200 人。专家说,这些特征的出现属于"返祖现象"。2003 年,兰州大学生命遗传科学学院专家采集了当地 91 名村民的血液样本。日前鉴定结果出炉,证明 91 份全血血样,全部带有中亚和西亚血统,也就是今日的阿富汗一带。全部研究结果将于近期正式发表。最早发现当地可能存在罗马军团后裔的是牛津大学中国历史教授霍默.达布斯。他于 50 年代提出有关论点。

1989 年,澳大利亚学者戴维·哈里斯根据《汉书》,在永昌发现当年汉朝安置降俘的地方,陆续揭开两千多年前罗马第一军团消失之谜。

......

今天折兰寨的村口竖立着一个高大的廊柱,希望能吸引游客的注意,永昌县城入口也立起一座罗马军团士兵雕像。当地官民都希望能藉观光增加收入。村民蔡军年(音)说,因为他的红皮肤和绿眼睛,朋友们给他取了个绰号叫[蔡罗马]。

......

2007 年 3 月 2 日,意大利广播电视公司派出摄制组来到永昌,走进茫茫大漠,寻找"古罗马军团"流落者的后裔。2007 年 3 月 5 日的《兰州晨报》报道如下:《意大利媒体来甘踏访"骊靬人"》称:"有关在永昌县者来寨村居住有 2000 年前'罗马军团'后裔的说法是近年国内外史学界争论的一大焦点,但因没有足够的证据,这一历史问题始终是一个不解之谜。3 月 2 日,意大利广播电视公司派出摄制组,沿着骊轩人历史的痕迹走进大漠深处,在茫茫戈壁中寻觅罗马'东征军'流落者后裔的蛛丝马迹。意大利媒体的到来,使沉寂在祁连山下的"白亭"与"骊轩遗址"再次热闹了起来。""胡日查和赵勇是意大利广播电视公司派出的摄制组成员。接受本报记者采访时,胡日查说,他本是内蒙古人,是意大利广播电视公司北京记者处的一名中方制片人,也是意大利广播电视公司的在册正式工作人员,此次亲临永昌是受意大利广播电视公司北京记者处首席记者 Paolo Longo 的委托,与摄像赵勇一起合作完成这次采访任务。胡日查说,早在几年前,意大利广播电视公司就计划来永昌拍摄,但由于时机不成熟,计划多次被搁浅。意大利广播电视公司此次专门派出摄制组亲临永昌实地拍摄、采访,这在意大利广播电视公司来说还是第一次。""除顾明娜外,意大利媒体还找到了多名长相酷似欧洲人的村民拍摄采访,与村民聊着与'骊轩人'有关的话题,镜头时不时移开人群,对准寂静的村民院落、干枯的河道、苍野中孤零零的烽火台……胡日查说:'通过媒体报道得知这个千古之谜即将揭开神秘面纱之际,意大利广播电视公司派出摄制组实地考察历经漫漫风尘留下的历史遗迹。'胡日查表示,此次拍摄的内容将根据意大利国家电视台的日程安排,择时播出。"

在意大利广播电视公司来永昌拍摄后的一个星期,2007 年 3 月 12 日《中国新闻网》又爆出意大利拟与中国合资拍摄名为《古罗马军团中国传奇》的电视剧:

意中拟合拍《古罗马军团中国传奇》选址甘肃永昌

中新社兰州 3 月 12 日电(刘薛梅)记者今日从相关部门获悉,意大利与中国拟合作拍摄《古罗马军团中国传奇》。目前,"罗马影视城"已初步选址在甘肃永昌。

据了解,意大利、中国双向经济贸易工业投资文化交流促进会常务副主席(兼秘书长)、意大利斯迪克萨高科技研究中心远东地区首席代表、意大利富尔仁集团董事局主席兼总裁周跃博士和意大利(中国)产业基地投资财团全权代表、意大利亚必诺影视集团高级法律顾问 Avv. DeRosaAlessandro 等一行日前来甘肃进行了考察。

在考察中，就"罗马影视城"的选址和影视剧拍摄等相关事宜与甘肃有关单位进行了磋商，初步定为意大利方负责拍摄电影，中方负责电视剧的拍摄，片名暂定为《古罗马军团中国传奇》。据悉，意大利代表团将于今年四五月份再赴永昌，最终确定"奇迹之城"项目的实施方案。

另悉，鉴于意中两国之间存在着这一段历史渊源，促进会希望两国科学家进一步加强对这段历史的探讨与研究，初步意见由罗马大学和兰州大学共同合作，在兰州开展该项研究。

2007年5月18日，在深圳举行的第三届文博会上，又传来重磅消息，意大利将在甘肃投资3亿欧元与中方合资拍摄38集电视剧《骊传奇》。2007年5月21日的《甘肃经济日报》对此有长篇报道。

虽然有报纸大肆宣传，但至今为止，似乎尚没有见到由中意双方合资拍摄的有关骊靬的电视剧问世。

在加强对外宣传的同时，某些新闻媒体也对当时国内外"骊靬文化"的研究现状提出了看法。如《新西部》2005年第7期上发表题为《骊靬在中国，骊靬研究在国外》的文章，对国外学者如德效骞、哈里斯等人的论点旧话重说、加以肯定，对国内学者反驳的观点却只字未提。最后，该文的作者还说，在骊靬问题上，"争论中持肯定态度的多为外国人，而持否定观点的则多为中国人"。

今天，者来寨这个只有74户270人的小村庄一下子与古罗马帝国攀上了亲，永昌县也掀起了"罗马热"，"永昌为罗马战俘城"之说已被当地居民以及一些专家学者、新闻媒体视为当然的历史事实。很多普通读者也在媒体反复炒作的"轰炸"下倾向于接受其历史真实性。但这真是一个确凿无疑的历史事实吗？骊靬设县是为安置罗马战俘吗？现在永昌地区具有外国人外貌特征的居民是否真的是这些罗马战俘的后裔？

2　50多年来中外学者对假说的学术批评

古罗马军团东归骊轩（今甘肃永昌）说，自1989年以来，被媒体反复炒作，在普通读者心目中几乎已成定论。其实，这是外国记者掇拾美国学者德效骞的历史假说，冒充自己的发现向中国宣传，进而为地方政府接受，媒体反复炒作的一个伪历史。自德效骞发表自己的观点始，直至今日，一直有许多中外学者以严肃的历史考证研究对该问题持坚决的否定态度。

2.1　1989年以前中外学者对德效骞假说的批评

1957年，德效骞的论文发表后不久，斯齐尼亚克（B. Szcześniak）即发表评论，首先指出德效骞教授将骊轩置县追溯到公元前36年和这个时期的罗马战俘，似乎太过于久远。其次认为德效骞强调"骊轩城的罗马传统一直保存到公元7世纪"一说值得怀疑，因为如果该城没有大量其他罗马军团士兵的补充，其罗马传统不可能存续如此长久。故斯齐尼亚克认为骊轩城的设置应该是公元5年，即奥古斯都（前27—公元14）统治时期（特别是公元前6年至公元16年），因为罗马与安息、王莽新政权与克什米尔的战争都发生在这一时期，故罗马军团战俘从安息进入克什米尔无疑应是在这一时期。[1]

1958年欧文·赖德懋（Owen Lattimore，或译作拉提摩、拉提摩尔）发表评论，指出德效骞教授的研究就像是一部演绎的侦探小说，其核心内容就是一小部分被安置在中国边境的罗马军团，只不过掺入了古典

---

〔1〕《美国东方学会会刊》（*Journal of American Oriental Society*），卷77，No.4（1957），第286-287页。

的和东方的知识为调味而已。并据此对西方学者为研究中国与西方（特别是罗马帝国）之间的关联，醉心于探索繁琐细节而忽略重大事实的研究方式提出了批评。[1]

1958 年萨谬尔·利伯曼（Samuel Lieberman）在评价该书取得的成就之后指出，汉文典籍关于骊轩城居民的来源并无任何记载，德效骞教授在研究中所使用的证据全部为间接证据。此外，众多权威专家对他关于骊轩城源起的证明也多有不同意见。[2]

1962 年斯凯勒·坎曼（Schuyler Cammann）评论指出，德效骞教授该研究的论据主要有两点，其一，骊轩县城是汉朝为罗马人建的，骊轩（或作犁轩）一词是出自希腊文"亚历山大"一词翻译的略称。其二，公元前 36 年，汉朝将领战败郅支单于，并俘虏了一批罗马士兵带回国内，建立骊轩县城以安置这些俘虏。坎曼认为骊轩一词的多种读写方式表明，该名称是一些外国人对其居住地的称呼，而非中国古代对罗马的专称。此外，公元前 36 年郅支城下以罗马战阵布列的士兵也并非克拉苏带领下的罗马军团战败后的幸存者，而有可能是少数罗马军团老兵训练出来的亚洲军队。认为汉朝极不可能为为数不多的老兵建县。显然，德效骞的论证全都出自于假设，不仅论据不充分，而且结论也站不住脚。[3]

中国学者最早对古罗马军团来到中国说提出质疑的是著名学者余英时先生。德效骞认为，郅支城之战中，有 145 个罗马军人被中国的将军陈汤从中亚带回了中国，这些罗马人获准在今甘肃的一个边郡建立一座自己的城市和一个自己的县，并用罗马—亚历山大的中文称谓命名，即张掖郡的骊轩。余英时在其 1967 年由加利福尼亚大学出版社出版的《汉代中外经济交通》中专列一附录，题《评德效骞（H. H. Dubs）

〔1〕《美国语言学杂志》（The American Journal of Philology）卷 79，No. 4（1958），第 447 - 448 页。

〔2〕《古典语言学杂志》（Classical Philology）卷 53，No. 3（1958），第 210 - 211 页。

〔3〕《亚洲研究》（The Journal of Asian Studies）卷 21，No. 3（1962），第 380 - 382 页。

《古代中国的罗马城》》[1]一文,对德效骞的观点做出了回应。余英时认为,德效骞的说法,与西汉政府通常用来处置归降蛮夷人的整套制度方式背道而驰。(1)145名罗马人为数太少而不会被允许建立一座城市和组建一个县。在大多数情况下,只有当他们连同土地一起向中国投降时,蛮夷人才会被纳入中国的郡县行政体制之中。(2)数量较少的归降蛮夷人,尤其如果他们是优秀的战士,通常都会被编入一个特殊的作战单位中,受一名负责边境蛮夷事务的中国官员管辖。(3)如果允许他们按照自己的风俗习惯生活的话,汉朝政府既定的做法是将这些归降的胡人组织成一个"属国"或者一个"部",而转化成正规的郡或县通常需要很长的时间。如果归降胡人的数量很少,可以设立一个小规模的属国来容纳他们。而目前找不到骊轩是由"属国"或"部"转化成县的资料。(4)骊轩究竟是否有过外国移民甚至也是值得怀疑的。在秦汉时期,如果其管辖对象是蛮夷人的话,县的名称总是改为道。如果骊轩是一个外国移民所在的地方,它也应该叫做道而不是县,更不必说它是罗马人建立的了。(5)西汉时期张掖郡10个县所登记的人口总数是24382户,88731口。遗憾的是,我们不知道这些人口在10个县中实际是如何分布的。但假设每个县至少有好几千人绝不是毫无道理的。这必然意味着145名罗马人即使被安置在骊轩,他们也会被完全湮没在数千当地中国人的汪洋大海中。因为即使用最肆意的想象,我们也无法相信仅仅会为了管理一小撮归降的胡人而建立一个独立的县政府,尤其是考虑到在汉朝时期建立和维持一个县所涉及的行政费用相当高昂的情况。最终应该注意到,整个事件似乎是因德效骞教授受王先谦注释的误导而起,而王先谦的注又是采自清代学者吴卓信在其《汉书地理志补注》中所作的注。按照吴氏的注解,汉朝时期骊轩有归降的罗马人,而这可能就是我们所能说出的关于此事的全部内容。如果骊轩真有德效骞教授所说的145人的罗马军团的话,也仍然需要能

---

[1]余英时《汉代中外经济交通》一书以英文写作,邬文玲等译为汉文定名为《汉代贸易与扩张:汉胡经济关系结构研究》,上海古籍出版社2005年出版,附录之文在该书第四章后。

够确认他们就是罗马人的证据。

以上是余英时先生对德效骞提出的 145 个罗马军人被安置在骊靬并设县管理的问题提出的质疑,该文没有对德效骞的文章进行全面分析,只是抓住了其中一个点进行了反驳。但这是中国学者比较早对古罗马军团归化中国问题提出的否定意见。后来,又有许多史学工作者,对该问题进行了更为全面的清理。

1969 年,时任台湾史语所研究员的杨希枚先生发表《评德效骞著〈古中国境内一个罗马人的城市〉——兼论所谓罗马人的几种文化成分》[1]一文,力驳德效骞观点之非,认为其说"几无一是处"。其文共分 6 部分:(1)序言;(2)旧注汉骊靬县盖以西域黎轩降人建置说和德效骞撰著的由来;(3)德氏骊靬县为克拉瑟司的败溃兵团所建的罗马人的城市说;(4)德氏书论证方法和论据的商榷;(5)图书、重木城、鱼鳞阵果为罗马文化成分吗;(6)结论。其结论共 7 条:

(1)德效骞氏所著《古中国境内一个罗马人的城市》一书,除其拟证实的《汉书》旧注骊靬县盖以西域黎轩降人建置的臆说未可厚非而仍需另行考订以外,所谓骊靬县系西元前 55 年克拉瑟司东征安息败溃的罗马兵团建立的罗马人的城市说似难成立,且与德氏所订该县城建置于西元前 79 年迄西元 5 年间的年限显然矛盾不合。

(2)德氏书所称康居匈奴郅支单于步卒布列的鱼鳞阵,其所居城外的重木城以及中国秦汉时代的"图书"都应属罗马文化成分之说尤可商榷。

(3)类乎德氏所称以木柱筑成栅栏式的重木城的建筑至迟普见于汉武之际中国的边郡和内地,应即中国文献上所谓障寨、砦寨、城外围城和互相围建的"三重营垒"一类的原始性防御建筑物。

(4)秦汉之际的"图书",除包括通常人物故事一类的绘画以外,应要属兼载山川地形及地方特殊人物风俗之类的写实性地理图籍,且应

---

〔1〕杨希枚《评德效骞著〈古中国境内一个罗马人的城市〉——兼论所谓罗马人的几种文化成分》,载《书目季刊》,1969 年第 3 卷第 4 期。

为后此纯以几何符号绘制地理图表的嚆矢。此类"图书"的存在至少远在罗马帝国建立前的1世纪。

（5）殷代以来迄于汉世，中国军旅即知使用较大型的橹盾，即长盾，且以坚木条制为框架或栅栏形而外蒙以皮革；与纪元后2世纪罗马王纪念柱所见的鳞板盾（Scutum）几无形制上的差异。

（6）至迟自纪元前8世纪末（周桓王十三年，西元前706年）迄6世（灵景之际，西元前571—544年），中国王朝诸侯的师旅已知布列"鱼丽"、"屏橹"的战阵，也即类似后此数百年罗马兵卒以盾相接次成为一掩蔽矢石而利于冲击的密集战阵，即所谓龟甲阵（testudo）或匈奴的鱼鳞阵。

（7）中国古代文明的起源、演化及其与西方文明的渊源为世界人类史的重要且复杂的一项课题，仍有待人类学家、考古学家、史学家、艺术史家，尤其中国的学者，群策群力的研究，尽量揭露事实，勿急于发为论断。尤需出诸审慎谨严的科学态度，免除宗教家或卫道者的主观神秘心理，庶几可以完成一部完整翔实的东方，甚或世界人类及其文化的演化史。

2.2　1990年代初刘光华、莫任南对古罗马军团东归说的批评

中国大陆史学界对所谓罗马军团东归骊轩说最早进行批评的是兰州大学刘光华教授。1989年9月30日《参考消息》转载了法新社关于澳大利亚教师戴维·哈里斯在甘肃发现古罗马军团流落地的电讯后，刘光华先生就以郗百施的笔名发表《西汉骊轩城与罗马战俘无关》[1]一文，批评此说。刘先生认为，我国史料中确有称大秦一名犁轩的记载，而且大秦就是古代罗马国。但司马迁笔下的"黎轩"，与公元前2世纪末这个时代有关，按我国学者所认为，当时的"黎轩"当是埃及亚

---

〔1〕郗百施《西汉骊轩城与罗马战俘无关》，载《兰州大学学报》（社会科学版），1990年第4期。

历山大城，"黎轩"即 Alexandria 之译音。《史记》中的"黎轩"，绝对不会是罗马国。不仅如此，来源于《史记·大宛列传》和《汉书》中的"犁轩"，也与大秦即罗马无关。《史记》之后记载"黎轩"的史书中，值得注意的是《汉书》和《魏略》。班固的《汉书》，记黎轩为"犁靬"、"犛靬"，但未记大秦国。三国魏人鱼豢《魏略·西戎传》中首次记载了"大秦国，一号犁靬，在安息、条支西大海之西……其国在海西，故俗谓之海西。"首次将犁靬与大秦国挂钩。其后袁宏的《后汉纪》，范晔的《后汉书》，均沿鱼说。行文至此，刘光华先生又援引罗马史证明，自公元前1世纪中期以后，罗马才积极向亚洲及埃及扩张，到公元前30年时，其版图已环绕地中海，并且东与安息为邻。此后，罗马帝国的信息才逐渐传到汉朝。基于以上事实，刘光华先生认为，公元前30年以前的大秦国不能称作犁靬，则公元前53年卡莱战役失败后的罗马残军也不能称作犁靬人，所以今天永昌境内的汉县骊靬，与"大秦国，一号犁靬"的犁靬无关，也不是什么"安置罗马战俘城"。

1999年，刘光华教授又撰成《骊靬是西汉安置罗马战俘城商榷》的长文，与谢玉杰联名发表于《西北第二民族学院学报》（哲社版）1999年第2期，对该问题进行了更为详细的阐述。针对哈里斯等3国学者以及更早的德效骞的观点，刘光华先生提出了以下反对意见：

第一，汉武帝时代的罗马即大秦，根本不能被称作犁靬。通过对史料的分析，西汉武帝时大秦国与犁靬无关，而西汉末、东汉时大秦才能"一号犁靬"。所以，公元前53年卡尔莱战役中失败的罗马残兵，根本不能被称为犁靬人。

第二，西汉时期犁靬的地望在中亚。关于汉武帝时期的犁靬，若仅以埃及亚历山大城释之，则与《史记》、《汉书》所记之方位不合。作者认为以犁靬为亚历山大里亚的对音是正确的，但要说清楚问题，还必须追述马其顿亚历山大大帝的东征。在东征过程中，亚历山大于沿途的重要地点或商旅往来要道交叉处，修筑过许多亚历山大里亚城，它们大都散布在中、西亚地区。司马迁笔下的"黎轩"绝不会是远在北非的埃及亚历山大里亚城。

第三，郅支城之战中有罗马兵参与说不能成立。三国学者和德效骞均认为：郅支城战役中有罗马兵替匈奴郅支单于守城，其证据有二，一为《陈汤传》中"土城外有重木城"之城防工事，一为"夹门鱼鳞阵"之阵法，这是"两种完全属于罗马人的军事艺术"。这两点证据事实上都是不能成立的。"土城外有重木城"这种内外城城防工事，作者举日本学者羽田亨的《西域文化史》和王治来《中亚史纲》证明，这种城防工事并非由罗马传入中亚的，而是中亚地区早就有的。可见内外城之结构并不是"与一般中亚城市不同"，而是中亚城镇的建筑特点和传统，兴起于公元前 4 世纪以前，直到公元 7 世纪还存在。再说"鱼鳞阵"。谈到此问题，刘光华先生又征引我国学者常征的文章说：盾牌是冷兵器时代一切步兵都用的防御武器，不独罗马。只要读一下鸿门宴上的樊哙，便可知中国用盾牌的形制。至于鱼鳞阵，常征先生则举《左传》鲁桓公五年的记载，证明"鱼丽之阵"在中国也古已有之。另外，刘光华先生认为，匈奴部队步兵百余人夹门鱼鳞阵，这完全是一种疑兵之计，是郅支企图延缓汉军的进攻时间，所以百余人在城外"夹门鱼鳞陈"，并非什么实战之阵法，仅仅是百余人的排列队形而已。作为一种阵法，其特点是在实战中队形变化令人莫测，以便克敌制胜。然而当汉军"薄城下"时，这百余人便争先恐后的入城了。

第四，新发现的"部分珍贵文物"什么也无法证明。针对 1993 年 7 月 12 日《新华每日电讯》报道《甘肃发现"罗马古城"痕迹，两千年前罗马军队消失之谜又有新解》一文中说：古罗马军队在中国永昌境内消失之谜又有新发现，在骊轩古城和焦家庄乡的一些村落，"相继发现了部分珍贵文物和数十名世代在此居住而又具有'外国人'特征的居民"，"这些新发现对进一步揭开罗马古城千古之谜提供了新的线索。"对于这"部分珍贵文物"，刘光华先生分别进行了反驳。（1）公元前 9 世纪或公元前 9 年的地图。此图至今未见国内文物部门报道过。其实有无这张地图并不重要，因为骊轩县是否在者来寨证明不了它与罗马人的关系。（2）20 世纪 70 年代骊轩古城墙有近 100 米长，3 层楼高。在城墙内部发现了一堆麻钱（铜钱）。众所周知，从周景王铸钱到清末,民间一直使用麻钱。况且当时发现的麻钱已经被小孩子玩丢,也证明不了骊靬与罗马的关系。哈里斯发现的骊靬古城,据报道甘肃的田野考古专家曾勘察考证认为,该城很小,不可能是汉城,汉城的规模没这么小。从夯土里的包含物明清黑瓷片分析,此城最早不远于明清。(3)1993年在骊靬古城地表出土的"瓷水壶、铁锅、铁鼎等",报道中说这些都是元代遗物,自然和骊靬扯不上关系。(4)在焦家庄乡杏树村,发现了"一根长约丈余的粗大圆木",时代不详,但报道者仍然说"这根奇特的木制品有可能提供有关罗马人'重修木城'的证据"。杏树村距者来寨七八公里,骊靬古城既然深埋地下,何以知其为"重修木城";退一步说,罗马人"重修木城"构件又为什么会在七八公里之外的杏树村被发现!(5)在焦家庄乡河滩村,一农民拾到了"一个椭圆形铜器,上面有招安二字,人们认为它有可能是罗马降人军帽上的顶盖"。河滩村在杏树村北,距者来寨也是七八公里。我们不知罗马军帽的形制,也不知"招安"一词出现于我国哪一个朝代。既然是罗马军帽,何以有"招安"一词于其上,报道者均一笔带过。(6)北古城的汉墓。这是1979年被农民发现的,其中有灰陶、陶灶、陶仓等,后室有一具人骨架,头骨旁边有一撮毛发,是棕红色的。刘光华先生认为,河西汉墓在绿洲上比比皆是,且连片分布,不足为奇。而报道者故意强调一小撮棕红色的毛发,刘先生认为这不排除是有意图的新闻诱导。

第五,河西居民不乏印欧人种。据报道称:"距骊靬古城几公里的一些村落有数十名世代在此居住而又有'外国人'特征的居民,这些人普遍具有高鼻梁、深眼窝、头发自然卷曲,身材魁梧,胡须、毛发为金黄色等外貌特征。"报道者认为他们"可能是古罗马人与当地民族通婚遗传的后裔"。所谓"外国人"、"古罗马人",意谓印欧人种,与我们蒙古人种不同。然而从历史上看,河西地区居民中的印欧人种不可谓少。刘光华先生先后举《史记·大宛列传》、《汉书·西域传》、鱼豢《魏略·西戎传》、《南史》等史籍,又参照了近年来学者的考证文章证明,历史上的大小月氏、羯胡、康居、安息等印欧人种居民,从西汉至南北朝时期,在我国河西地区都长期大量的存在。另外,根据人类学家对天山南北一些墓地所出人头骨的鉴定表明,主要呈西方欧洲人种特征,也有在数量上少得多的蒙古人种支系成分(或者可能是两个大人种的混杂类型)。接着,作者又举大量史料证明新疆维吾尔族的血统在河西地区也有大量残留。这些例证都说明河西地区除基本成分为汉族居民外,古代中亚各族不断经过这里东来西往,甚至不乏分散定居和聚族而居在这里的实例。中亚各族既属印欧人种,河西地区若发现体貌特征为"高鼻梁、深眼窝、头发自然卷曲,身材魁梧、胡须、毛发为金黄色"者当与中亚各族定居河西者之后裔有关系,未必就是什么古罗马人与当地民族通婚遗传的后裔。

在对以上各种观点进行了逐一反驳之后,刘光华先生最后对西汉骊轩县得名问题阐述了自己的看法。通过对《汉书·匈奴传》、《汉书·景武昭宣元成功臣表》以及《汉书·西域传》等史料的研究,刘先生认为,汉昭帝元凤三年(公元前78年)春,汉军击败过匈奴右贤王、右犁汗王的入侵,并俘获右犁汗王部众"数百人"。为安置这"数百"犁汗部众,汉朝遂于张掖郡置骊轩县。何况轩、汗音同,俱读翰,可通用。因之,骊轩的建县年代上限当在元凤三年春或稍迟。关于骊轩建县的下限,作者根据《居延汉简》有关骊轩县的记录证实,在公元前53年以前,这个年代早于郅支城战役的建昭三年,也早于卡尔莱战役的甘露元年。

湖南师范大学莫任南《汉代有罗马人迁来河西吗——骊轩县的起源问题》[1]一文,针对德效骞说骊轩是因为罗马"降人置县"的说法,提出了自己的观点。他认为德效骞的考证,虽然详尽,然多穿凿附会。

德效骞说郅支步兵是罗马人,论据有二:(1)《汉书·陈汤传》有郅支"步兵百余人,夹门鱼鳞阵,讲习用兵"的记载。(2)匈奴人不会筑城,郅支所筑城池,在"土城外有重木城"(《汉书·陈汤传》)。具有典型的罗马城堡特征。匈奴人筑城时必曾得到罗马人在工程技术上的帮助。

---

〔1〕《中外关系史论丛》第3辑,世界知识出版社,1991年。

莫任南认为,这两点均属猜测之词。匈奴在沙漠水草中游牧,其士卒全为骑兵;但也有下马地斗的时候。郅支于都赖水上筑城,汉军来攻,乘城坚守。这时除用"百余骑往来驰城下"外,另选百余人把守城门。这批守卫城门的士兵是无需骑马的。从汉军来看,自然就是步兵了。德效骞说他们讲习的"鱼鳞阵"在中国其他文献中没有说过,因而认定他们不是匈奴人,根据太单薄。又说匈奴为野蛮部落,不会排列像鱼鳞阵那样复杂的战阵。轻视匈奴军事组织技能,并不符合历史实际。匈奴骑兵有组织,有纪律。据《汉书·匈奴传》记载,单于是最高军事首领,其下"置左右贤王,左右谷蠡,左右大将,左右大都尉,左右大当户,左右骨都侯……凡二十四长,立号约万骑……诸二十四长,亦各自置千长、百长、什长、裨小王、相、都尉、当户、且渠之属。"匈奴军队按部落进行编制。由 10 个骑兵组成一个战斗小单位,置什长带领。合 10 个这样小单位,约百人,置百长率领。合百个战斗小单位,约千人,置千长带领。千长之上有王率万骑,称万骑长。他们军纪严格,赏罚分明。冒顿单于用鸣镝指挥战斗,号令部众,"鸣镝所射而不悉射者,斩之"。对勇敢骑士,匈奴规定"斩首虏赐一卮酒,而所得掳获因以予之"。匈奴作战,快速机动。他们"因时而动,乘可而发",对敌进行突然袭击;遇强敌来攻,"善为诱兵以包敌","利则进,不利则退。"匈奴也会摆战阵。汉武帝时,卫青击匈奴,出塞千余里,"见单于兵阵而待"。又冒顿围刘邦于白登时,也是摆开阵势的,"匈奴骑,其西方尽白,东方尽駹,北方尽骊,南方尽骍马。"这样有组织,有纪律,善于出奇计摆阵作战的匈奴,怎么会是一群乌合之众? 又何尝排列不出鱼鳞形那样的战阵?

　　"鱼鳞阵"究竟是怎样个摆法,记载不详,无法确知。从"夹门"二字看,作鱼鳞阵的步兵应是防卫城门的士卒。他们分列城门两旁,每边约 50 多人,依次排列,远远望去,有点像鱼鳞,故颜师古注说"言其相接次,形若鱼鳞"。谓鱼鳞阵即罗马人的龟甲阵(Testudo),纯属牵强附会。罗马军团步兵作战,手持武器和长方形盾牌,遇敌方发射乱箭时即密集在一起,排成方形队伍,高举手中盾牌,以为遮掩,这就是所称的Testudo。罗马步兵起初只注意用盾牌覆盖头部,腿足暴露,常被射倒。

后有所改进,前排士兵双膝屈下,手持长方形盾牌靠地,保护腿足,第二排士兵盾牌举得高一点,约与头部平行,保护胸部和面部;后面其他各排士兵则将盾牌高举,盖覆头部。Testudo 看上去像龟甲,也有点似鱼鳞。郅支城门步兵是否手持盾牌,文献没有提到,不得而知;但从汉军"射城门骑步兵,骑步兵皆入"一句,可以看出,他们的鱼鳞阵不像 Testudo 那样能防乱箭,否则不需要立即退入城中。怎么可以仅以形状有点相似,就认鱼鳞阵为 Testudo 呢?

匈奴游牧民族一般不筑城,但也不是绝对不建城堡。在前苏联乌兰乌德西南有伊沃勒加城镇遗址;在蒙古中央省克鲁伦河右岸有高瓦——道布城镇遗址,在德尔津台地,布尔黑方台地也有城镇遗址。这都是匈奴人所筑的城堡。它们四周有围墙,墙外有壕沟。郅支在都赖水上的城堡,也有土墙和壕沟,甚为相似,只是多一重木城。重木城意为厚重的木城,是在土城外加筑的一道城墙。其结构尽管不太清楚,但同护城河上桥梁两端的木栅军事工程恐非一事。在出产木材的地方,人们是不难想出用木头做材料来建造城墙的。据公元前 5 世纪希罗多德记载,住在伏尔加河流域的布迪诺伊人,即"有一座木造的城市,称为盖洛诺斯。它的城墙每一面是 30 斯塔迪昂长,城墙很高而且完全是木头修造的。"郅支奔康居,"发民作城,日作五百人,两岁乃已。"重木城可能为康居人的创造,也可能受到西方布迪诺依人或罗马人的某些影响。然而肯定它具有"典型的罗马城堡特征","得到罗马人的工程技术上的帮助",则未必定然如此。

德效骞认定由罗马人组成的郅支步兵后为汉军俘去,安置于河西。在这里,德效骞任意曲解了文献记载。据《汉书·陈汤传》,汉攻破郅支城,"凡斩阏氏太子名王以下千五百一十八级,生虏百四十五人,降虏千余人,赋予城郭诸国所发十五王。"郅支奔康居,道上冻死甚众,抵达时,"余财三千人"。在此次战役中,为汉军斩杀、活捉以及投降的匈奴人合共 3000 左右,大概是其全部人马。至于围城时来助郅支的康居兵万余骑,在不利时已经"引郤",不曾被俘。这批生虏、降虏,陈汤如何发落?史书明言"赋予城郭诸国所发十五王"。十五王为哪些,具体不详;但从"汤独矫制发城郭诸国兵"一语,知所发都是西域都护所管辖的今新疆境内的小国。这些赋予城郭诸国的匈奴人以后情况如何,史书不记。从当时盛行奴隶制这种情况看来,"生虏"降为奴隶无疑;"降虏"可能沦为奴隶,也可能被吸收为部众。匈奴侵扰中原,掳掠去的汉人全沦为奴隶,在战场上投降的汉军多吸收为部众,其将领还有委以重任的。如李陵、雁门尉史、赵信等投降后,匈奴都封为"王"。汉对投降的匈奴部落,也不以奴隶对待,常"择肥美之地,量水草以处之",视同平民。德效骞说"那一千余投降的,作为奴隶分给了十五王",而"生虏"的倒没有变为奴隶,也没有分给十五王,这真是不可思议的怪事了。又说生虏145人,即城门百余名罗马步兵。仅以数目约略相当,就作此推断,不是根据不足么?德效骞还推测那批罗马人并"没有投降,只是停止战斗而已"。果如所言,他们算不了降虏,更不能说是生虏!至于说他们自愿随汉军来到河西地区,更明显与记载不符,根本违背事实。如果说德效骞以郅支步兵为罗马士卒的猜测多少还有几分可能性的话,那么,说汉军将俘去的145名罗马人,迁至河西,则是完全不顾史书记载的任意穿凿,毫无价值可言。

骊靬县当王莽时改为"揭虏"。德效骞解释其意为"在捣毁叛乱城市时俘获的匪徒"。这也错了。按,"揭"字没有"俘获"之义,它有标志一义。虏为奴隶。"揭虏"意为有标志可以识别的奴隶。王莽改制,常诬蔑、侮辱少数民族,如"号匈奴曰恭奴",意为恭顺从命的奴隶。又如改番和县为罗虏县,意思是搜罗在一起的奴隶们的居地。他改骊靬县为揭虏县,也是侮辱边远民族,妄自炫耀之意。德效骞用"揭虏"一名来证明罗马人确曾来华定居,这一点也是站不住的。

德效骞还举出陈汤带回的图书,作为罗马士兵来华的佐证。莫任南指出:把示后宫贵人的"图书"看做战争图画,勉强说得过去。服虔注"图书"说:"讨郅支之图书也,或曰单于土地山川之形书也。"在地图上插画战斗场景是可能的。可是这"地图"在哪些方面接受过罗马艺术影响呢?德效骞说,班固描写此次战役异乎寻常的详尽,必曾见到那幅示后宫贵人的图画,按图叙述,然后才有可能。又说中国原没有以战争场景作图的,将攻城夺地的战斗入图是罗马习惯,可见陈汤曾受到罗马的影响。德效骞可谓有着丰富的想象力;但他那缺乏根据的推想,不能证明陈汤的"图书"是在罗马影响下画出来的。

既然德效骞等人的说法不能成立,那么,汉为什么要用骊轩做县名呢?莫任南认为,汉借骊轩为县名,是因犁靬眩人来华献技,取朝廷"德威遍于四海",远夷慕义向化之义。汉闻知犁靬,始于汉武帝时的张骞出使西域。后安息使臣随汉使来长安,"以大鸟卵及犁靬眩人献于汉"。这些来中原的西方杂技家,"能变化吐火,自肢解,易牛马头,又善跳丸,数乃至千。"其精湛的表演艺术给朝廷上下留下极深刻的印象。切望"重九译,致殊俗"的汉廷在歌舞酒宴之余,会觉得于犁靬眩人所经过的河西设置骊轩县,自可矜夸一番。南北朝时,北魏统治者在洛阳曾建四夷馆,凡"东夷来附者处扶桑馆","西夷来附者处崦嵫馆"。扶桑指极东的地方,相沿以为日本的代称;崦嵫传说为极西日落的地方。以扶桑、崦嵫作馆名,并非实有许多自此二地来附的夷人,无非是夸耀"百国千城,莫不欢附……所谓尽天地之区也"。唐越葱岭而西,于阿姆河流域以南的地区设"大汗都护府",下置"奄蔡州";又设"条支都督府",下置"崦嵫州"。奄蔡本汉时游牧国,处里海西北,条支本指汉时两河流域的塞琉古王国,二者都在唐皇朝版图之外。唐以条支为都督府名,以奄蔡、崦嵫为州名,取尽有远夷地域之意,也是自我矜夸。北魏、李唐之所为同刘汉实相类似。中原统治王朝原有此自大传统,不足为异。按张掖置郡在汉武帝元鼎六年,即公元前 111 年。王莽废西汉,建立国号叫新的王氏皇朝,在初始元年即公元 8 年。骊轩县的设置应在公元前 111 年和公元 8 年之间的某一年,具体年代则无法确指。

2.3　葛剑雄、杨共乐等对古罗马军团东归说的批评

复旦大学葛剑雄的《天涯何处罗马城》,[1]写于 1993 年。《汉书·

---

[1]载于《读书》,1994 年第 2 期;又收入葛剑雄著《往事和近事》,三联书店,1996 年。

张骞传》注引东汉人服虔说:"犛轩,张掖县名也。"这表明服虔已经将这个县的名称与《张骞传》中提到的西域的犛轩国联系起来了。到了唐朝颜师古作注时,更明确地提出:"犛轩,大秦国也,张掖骊轩县盖取此国为名耳。"但是为什么张掖郡下要设置一个用大秦国命名的县呢?服虔和颜师古都没有提供任何史实。直到清道光年间,王筠作《说文句读》时,才引石州(张穆)说:"骊轩本西域国,汉以其降人置县。"王先谦在清末编成的《汉书补注》中作了这样的注释:"《说文》作丽靬。《张骞传》作犛轩。《西域传》作黎轩。《匈奴传》作黎汗。音同通用。犛轩即大秦国,盖以其降人置县。"

不管王筠引张穆的推测是否准确,葛剑雄认为,在今甘肃境内有一个以罗马降人设立的县城的说法首先是由中国人提出来的,时间在一百多年前的清道光年间。即使从王先谦算起,《汉书补注》也早在清光绪二十六年(1900 年)就问世了。所以,最早提出罗马降人在甘肃置骊轩县并不是德效骞,更不是所谓的三国学者了。

在该文中,葛剑雄也认同骊轩置县缘于"大秦降人"的观点,但并不认为这与古罗马军团之间有任何关系。葛剑雄引用张维华于 1980 年发表的《汉张掖郡骊轩县得名之由来及犁靬眩人来华之经过》一文,认为这些"大秦降人"应该就是《史记·大宛列传》所载由安息国王献给汉朝的"黎轩善眩人(杂技演员)",时间在汉武帝时。以后可能曾将这些黎轩人安置在该县,因而采用了这一名称。

葛剑雄之所以赞同张维华的如上推测,一是因为西汉时在西北边疆地区确实有不少以异族或异国名称命名的县,显然是与这些民族或国家的移民有关;一是迄今还没有其他更有说服力的解释或更具体的史料。但葛剑雄指出,这并不意味着此县纯粹是由骊轩移民组成,只是此族人较多。因为张掖郡到西汉末年有 88731 人,平均每县 8873 人,[1]骊轩县少说也应有数千人,单是一些来自大秦的杂技演员在百

----

〔1〕平均每县人数,《读书》中作"七千七百七十三",《往事和近事》中订正为"八千八百七十三"。

余年间是绝对不可能繁衍出这么多的后人。实际上,张先生也只是说该县得名的由来,并无该县人口是由这类人构成的意思。

德效骞认为,帮助郅支单于守城的是罗马士兵,而这些罗马士兵的来源,就是当年罗马大将安敦进攻帕提亚(安息)被击败后流落至康居的散兵游勇。这些罗马士兵既帮助匈奴人筑城,又帮助守城,所以才能摆出"鱼鳞阵"。被陈汤俘虏的145人就是这些罗马士兵,被带回安置在骊轩县。

针对德效骞的如上观点,葛剑雄认为,如果仅仅根据《汉书·陈汤传》的文字的话,这些看法完全站不住脚。在《汉书》中,像郅支城战役这样详细地记载一次战事是很少见的。这是因为陈汤灭郅支单于不仅是当时的一件大事,而且由此引起的争议一直持续到西汉末年。开始是争论对陈汤这样擅自发兵却取得大胜利的人该不该封赏,以后又争论对犯了罪的陈汤应如何处置,王莽执政后又重新追封陈汤。所以有关陈汤的资料一定很多,《汉书》的作者班固离陈汤之死不过数十年,应能调查得相当具体。要是真有骊轩的士兵协助单于作战并被俘回汉朝,何至于班固一字未提呢?

从《传》文看,郅支西迁时并无多少兵力,所以到了康居国后,"数借兵击乌孙",守城时的兵力不足千人,连自己的妻妾数十人都出动了,而康居国的万余骑都驻在城外。匈奴虽是游牧民族,但不断吸收汉人和其他民族的人口,早已有了筑城的记录。何况郅支迁至康居已多年,不再游牧,自然就要筑城。在陈汤出兵前,郅支已"发民作城,日作五百人,二岁乃已"。据此则郅支城至迟始筑于公元前38年,即使公元前36年帕提亚之战后有罗马士兵流入康居,也与筑城毫无关系了。既然郅支筑了城,自然会考虑守城的手段,岂能预料到以后会有罗马人来帮忙?至于什么"鱼鳞阵",似乎并不是《传》的原意。"步兵百余人夹门鱼鳞陈",是说有百余名步兵在门两边像鱼鳞般密集排列。葛剑雄认为,古籍中的陈、阵虽往往相通,但这里是动词而不是名词,就不能释为专名。

甘延寿和陈汤见到郅支单于的城防和所谓的"鱼鳞陈",并没有像有些文章中杜撰的那样"惊慌"或感到"意外"。汉军的攻城行动也完全正常，并没有遇到多少麻烦：先张弩击退冲营的骑兵，再遣吏士射城门外的步兵和骑兵，迫使敌军退守城内。围城后，挖壕沟，堵城门，以盾牌掩护，长兵器和弓弩手在后面射杀城楼上的敌军。放火焚烧第一道木城，堵截突围骑兵。突破木城后，以盾牌掩护攻入土城。整个战役历时一昼夜。要是真有罗马士兵协助单于的话，看来也没有起什么作用。

而且全部俘虏都没有带回，《传》文说得一清二楚，"生虏"（活捉）的百四十五人与"降虏"（投降）的千余人都"赋予城郭诸国所发十五王"，也就是说，都分给协助汉军作战的十五个西域国王了。因为汉军数量有限，主要兵力是西域诸国的，被俘的对象又都是匈奴人或康居人，将他们当做战利品分给西域诸国是很自然的。实际上，陈汤在此前的战役中也是这样做的，如康居副王曾经杀掠乌孙大昆弥千余人，陈汤击败副王后，"得其所略民四百七十人，还付大昆弥，其马牛羊以给军食"。汉军从郅支城返回在今新疆轮台以东的驻地路途遥远，行程艰险，自己的粮食供应都十分困难，有什么必要将这些俘虏押回来呢？而且由于陈汤没有将缴获的财物交公，在途中就受到地方官府的调查，陈汤上书皇帝后才停止，所以如果真有外国俘虏带回，是不会不见于记载的。

把100多位战俘称之为"罗马军团"已经有点不伦不类，"罗马城"的说法就更离奇了。退一步说，这145名被俘者是罗马士兵，并且确实被安置到了骊靬，试问，战败被活捉的俘虏、又经过数千里的长途押送，身边还能保留多少罗马物品？即使他们一个不死，在一个县的人口中也是很少一部分，又处于被监护的地位，还会产生多少罗马影响，又如何能形成一个罗马城？何况骊靬是一个县，并非只有一座县城，要是这些人被安置在城外，难道也非得另建一座城吗？再说，即使某一天在一个古城遗址发现了若干罗马文物，也不等于这个古城就成了罗马城。西安就出土过波斯银币，还出土过其他异国文物，但从来没有人认为西安曾经是波斯城或什么其他城。

骊靬县从西汉时设立到北魏时废，至少存在了400多年，见于好几种古籍的记载。如果这真是一个与当时其他县城迥然不同的"罗马城",在如此长的时代中是不会不被人们提到的。但事实上目前所见任何一种古籍在提到骊轩的同时,从未涉及这一点。

总之,根据目前能见到的史料,葛剑雄认为,是得不出陈汤将罗马俘虏带回安置在骊轩县的结论的。

除了上文中根据张维华先生的推测外,葛剑雄也认为,《汉书》卷94《匈奴传》提供了关于骊轩命名的另外一种可能。即骊轩很可能就是因安置匈奴犁汙[1]王降人而设,时间在公元前78年后不久。根据《史记》、《汉书》、《说文》的写法,骊与犁、黎、犂,轩与汙、干、軒,都是据音译,是相通的,犁汙也就是骊轩。这虽然也是推测,但显然比以大秦眩人命名更为合理。

在该文最后,葛剑雄肯定地认为,绝对不可能挖出一个"罗马城"。作为一位学者,只能根据目前已经证实的历史事实来判断是非、预测未来(如果有可能的话)。对骊轩的来历这类历史悬案提出哪怕是最大胆的假设都应该受到鼓励,我们毫无反对的意思。外国学者的研究成果也应该受到重视,即使是中国史的研究,他们也有不少高明的见解,有时比我们这些"身在此山中"的人更识"庐山真面目"。但把未经证实的假设当做事实来宣扬,把洋人对中国史料的误解作为新发现的证据,或者明知不会有什么结果却先骗了读者再说,那就只会丧失自己的学术信誉。

明明是《汉书》中的史料,却要依靠西方学者来"发现";明明是前人早已作过而无法证实的推测,却要吹成什么新观点;针对学术界这种浮躁的现象,葛剑雄认为这只能说是学界的悲哀和耻辱。

北京师范大学历史学院杨共乐教授对这个问题也写有文章,题为《中国境内哪有罗马城——西汉骊轩城与罗马战俘无关》,发表于1999年5月21日《光明日报》上。在该文中,针对德效骞文章的观点,杨共乐提出了4点反驳意见:

---

〔1〕《汉书》中或用"汙",或用"汗",故有此称。

第一,骊轩城建立的具体年代无法确定。按《汉书·地理志》的说法,骊轩为张掖郡辖下的一个县。此县位于今甘肃境内的永昌,具体设置时间不详。若与张掖郡同时设立,则其设置年代应为武帝太初元年,即公元前104年。这比克拉苏军团早50多年,两者之间显然没有关系。如果按德效骞的说法,该县设立于公元5年,那么它的设置也肯定与克拉苏军团无关。因为按照罗马兵制,从军服役的最低年龄为17周岁。公元前54年是17岁的青年,到公元5年就应该是70多岁的老人了。更何况,克拉苏的军队主要来自前任叙利亚总督加比尼乌斯的东方军团和部分参加高卢作战的士兵,所以他们的最低年龄肯定要大于17周岁。用70多岁的老兵来筑城戍边显然是不可能的。

第二,克拉苏残部有明确的下落。现有的史料中,我们能够看到卡雷之战后克拉苏残部的去向。其中一部分由财务官卡西乌斯带回叙利亚,人数大约为500人,均为骑兵。一部分流落在安息境内。罗马史学家弗罗努斯的《罗马史》和凡莱伊乌斯的《罗马史》对此都有过具体的记载。这些人中的个别人后来还为安敦尼当过向导,提供过情报,从而使其避免重蹈克拉苏的覆辙。还有一部分则被安息人俘虏,安息国王将他们安置在安息东部边境的马尔吉安那(Margiana)(普林尼《自然史》)。至于克拉苏之子小克拉苏更是战死沙场,根本不可能率军突围。其实,不光克拉苏残部有明确的下落,就是郅支单于的余众也有具体的归宿。史书明文指出其生俘和降虏皆被“赋予城郭诸国所发十五王”。他们根本没有离开西域都护的管辖范围,汉政府也没有可能为安置这些战俘而专门在张掖郡之下设立一个骊轩城。因此把甘延寿、陈汤灭郅支单于时生获的战俘与罗马克拉苏军团残余相等同,然后又将其与汉置骊轩城联系起来,显然是不可取的。

第三,西汉的黎轩以及骊轩城的设置与罗马没有任何关系。德效骞等把骊轩城当做西汉政府安置罗马战俘的重要证据是中国史书中有“大秦国,一号犁靬”的记载。大秦国即罗马帝国。按照他们的逻辑,既然是“大秦国,一号犁靬”,那么无论是作为国名的黎轩、犁靬,还是作为张掖属下的骊轩,都与大秦有关。遗憾的是这种推理忽略了文献记载的时间性,显然是站不住脚的。根据现有的材料看,黎轩一名最先由张骞传入中原。据《史记·大宛列传》记载:"骞身所至者大宛、大月氏、大夏、康居,而传闻其旁大国五六。"它们分别是乌孙、身毒、安息、条支、奄蔡和黎轩。张骞死后,武帝"置酒泉郡以通西北国。因益发使抵安息、奄蔡、黎轩、条支和身毒国"。据载,"汉使至安息,安息王令将二万骑迎于东界。……汉使还,而后发使随汉使来观汉广大,以大鸟卵及黎轩善幻人献于汉,……天子大悦。"这里的黎轩显然是指地中海东部地区,这些地区大部分由塞琉古和托勒密王国所控制。在当时,罗马的势力虽然也开始触入这一地区,但影响还不大。班固的《汉书》虽然写作时间稍晚,但他有关西域方面的材料主要来自《史记·大宛列传》。在《汉书》中,他记有犁靬、犛靬和骊靬,但根本不知道大秦国。中国人最先知道大秦国(罗马)的是班超。据《后汉书·西域传》记载,"和帝永元九年(97 年),都护班超遣甘英使大秦,抵条支。临大海欲度,而安息西界船人谓英曰:'海水广大,往来者逢善风,三月乃得渡。若遇迟风,亦有二岁者。……海中善使人思土恋慕,数有死亡者。'英闻之乃止。"而最先把大秦国与犁靬联系起来的则是《魏略·西戎传》。在这里魏国人鱼豢这样写道:"大秦国,一号犁靬,在安息、条支西大海之西。……其国在海西,故俗谓之海西。"此后,晋袁宏的《后汉记》,南朝宋范晔的《后汉书》等都有同样的记载。而之所以出现这种变化,是因为罗马在公元前 1 世纪中后期已经征服了塞琉古和托勒密王国,地中海东部地区都落入了罗马人的手中,成了它的行省。大秦和犁靬趋于一致。所以,从时间上说,《史记》、《汉书》上记载的黎轩、犁靬、犛靬是同一回事,而《魏略》、《后汉记》、《后汉书》记载的犁靬是另一回事。虽然地区没变,但它们所属的国家已经发生了变化。这就是说《魏略》、《后汉记》、《后汉书》中记载的犁靬能与罗马挂钩,但《史记》、《汉书》中记载的黎轩、犁靬、犛靬与罗马无关。因此,把《史记》、《汉书》中的黎轩、犁靬、犛靬与罗马联系起来,并以此为据把骊靬县说成是安置罗马战俘的地方显然是错误的。

第四,重木城并非罗马之创造,鱼鳞阵更非罗马的乌龟阵。无论是德效骞,还是哈利斯都将《汉书·陈汤传》中的下面一段话,即"土城外有重木城","步兵百余人,夹门鱼鳞阵,讲习用兵"作为论证有罗马人参加郅支活动的证据。认为修重木城的方法和用圆形盾牌连成鱼鳞形状防御的阵势只有古罗马军队采用。但实际情况并非如此。以重木城为例,用木造城在中亚和印度随处可见。根据希罗多德记载,住在伏尔加流域的布迪诺伊人,即有一座木造的城市,称为盖洛诺斯。它的每一面城墙是 30 斯塔迪昂,城墙很高,而且完全是用木头建造的。而斯特拉波记载的帕利包特拉(即华氏城)更与重木城相近。作者这样写道:"帕利包特拉位于恒河和另一条河(今之宋河)的汇流处。城市长宽度为 15 斯塔迪昂,呈平行四边形,土墙外环绕着木制城墙,墙上凿有箭眼,可以从这里射箭。"实际上,倒是罗马军队并没有修建木城的习惯,所以罗马史书上也没有这方面的记录。关于夹门鱼鳞阵,则更与罗马的乌龟阵不同。罗马的乌龟阵(Testudo)是这样一种阵式,即军队进攻尤其是攻城时,战士并肩前进,将盾牌高举过顶,防御敌方矢石。而陈汤等所见鱼鳞阵则完全是防卫城门的士卒,因其依次排列,远远望去,好像鱼鳞而已。所以唐朝颜师古在其所注用"言其相接次形若鱼鳞"来解释鱼鳞阵。阵内士兵既不攻城,也不与汉军正面交锋,而一等汉军"射城门骑步兵,骑步兵皆入"。所以这种鱼鳞阵与罗马的乌龟阵相差甚远,没有任何关系。

综上所知,把《汉书·地理志》上出现的骊靬城说成是西汉政府安置罗马战俘的城市是没有史料和事实依据的。

2.4　意大利学者对古罗马军团落户永昌的质疑[1]

自美国学者德效骞首次就中国甘肃骊靬人与卡尔莱之战古罗马军团后裔之间的关系提出大胆假设以来,国内外学者遂对此频频投以关

───────────

〔1〕本节文字,完全录自《中国社会科学报》2010 年 11 月 30 日(总第 143 期)所刊中国社会科学院宗教研究所刘国鹏所撰《意大利学者对骊靬人来源的看法》一文。在此谨对刘国鹏先生致以谢意。

注之目光,历时半个多世纪以来,国际、国内学界之兴趣和热情未尝稍歇。但是,目前进入中国学者视野的国际研究成果,除了美国学者德效骞、澳大利亚学者哈里斯之外,其他国家学者的声音似乎鲜少耳闻,尤其是作为古罗马帝国直接继承者的意大利人,其对此领域的研究态度、视野和方法到底如何? 我们似乎一无所知。即便像对古罗马学颇有研究的台湾学者邢义田,其借重的研究资料当中,当代意大利学者的研究成果也几乎没有受到什么关注和引用。因此,为拓宽国内学术界对骊轩人来源研究的视野,笔者特在此引介两篇意大利学者的相关论文,前者为国际知名汉学家白佐良,后者为罗马学和古代历史学专家阿迪诺菲,以期对国内学界提供抛砖引玉之助。

2.4.1 汉学家白佐良

意大利著名汉学家白佐良(Giuliano Bertuccioli)曾在 1999 年第 1 期的《华人世界》(Mondo Cinese)上发表了有关骊轩人来源的看法,该文标题为"捕风捉影:中国惊现克拉苏罗马军团后裔"(Serpenti di Mare:I pronipoti dei legionari di Crasso sitroverebbero in Cina)。

白佐良首先提到了德效骞在西方学术界有关这一问题的首创性,即德效骞根据中国史料记载而发表的一系列有关骊轩人与罗马军团士兵关系的文章,如 1942 年《通报》总第 36 期上发表的《公元前 36 年中国与罗马的军事接触》(Amilitary contact between Chinese and Romans in 36 B.C.)、1941 年《美国哲学期刊》第 42 期上发表的同名文章;1943 年于《古典哲学》第 38 期上发表的《罗马对中国绘画的影响》(A Roman influence on Chinese painting)。但是,与此同时,白佐良还提到了意大利学界一位与德效骞的观点和立场针锋相对的学者达菲纳(P. Daffinà)的文章《郅支单于》(Chi – chih shan – yü),该文 1969 年发表于《东方研究杂志》(Rivista degli Studi Orientali)第 44 期上。

白佐良认为,公元前 53 年的卡尔莱战役和公元前 35 年恒逻斯战役[1]作为历史事实,的确毋庸置疑。但是,值得注意的是,由于两场战役在时间上相差近20年,因此,卡尔莱战役中最年轻的士兵,至怛逻斯战役时应该已近40岁左右,而且,在20余年的流亡生涯中,其身体状况似已不堪担当雇佣兵的体质。

不过,自1980年起,已由多个国家的考古队前往该地进行实地考古发掘,如俄罗斯、澳大利亚、奥地利和中国等,根据这些考古学家的说法,中国人征服郅支匈奴之后,俘获了100多人的罗马军团雇佣兵,并将其安置在今天甘肃境内一座有着上千居民的小城内,该城的名字恰和中国人对罗马帝国在汉代的称呼相似——骊靬。

此外,骊靬城与罗马的传承关系似乎也为考古发现所证实,即该城的建筑格局为直角,这一点与罗马帝国时期的筑城技术极为相似。但是,白佐良对此表示质疑,并认为同时期中国的筑城方式也不乏此例。

到了20世纪90年代,世人对于骊靬人的关注再掀高潮。自1990年的英文版《北京周刊》(Beijing Review)上刊载了一篇名为"中国的首批罗马人"(The First Romans in China)的文章之后,国际媒体的相关报道接连涌现,白佐良在文中列举了俄罗斯、中国、意大利等国的媒体报道如哈里斯(D. Harris)、瓦谢尼金(V. V. Vasenkin)和柯怡萨洛夫(S. A. Koissarov)1990年发表在Obsetvo i gosudarstvo v Kitae杂志上的联合署名文章"Rimliane v Kitae: perspectivy poska";中国人王真(音)于1994年发表于《华商报》上的文章《古罗马军消失于甘肃之谜有新发现》;1989年10月5日刊载在意大利《新闻报》(LaStampa)上的文章《消失于戈壁的罗马军队》;1989年10月21日刊登于《晚邮报》的《在中国沙漠深处探寻罗马人消失的方舟》;1990年5月4日刊登在该报上的《一项考古发现:骊靬与罗马相似之处?》。

不过,对于上述媒体报道和关注,白佐良毫不迟疑地指出,严肃的国际汉学研究杂志并未刊登各路新闻媒体争相抛售的报道,而千篇一

[1]怛逻斯(Talas),水名、城市名,水即都赖水,城即今哈萨克斯坦江布尔城。西汉匈奴郅支单于城即建在此处。此处恒罗斯战役,指本书中一再提及的公元前36年发生的郅支城战役。

77

律的新闻报道也正说明其缺乏足够的科学和文献支持。最大的质疑在于,上述文章的作者以一种假设作为前提,即将郅支城的100多位罗马降卒这样一种想当然的假设作为前提,从而成了一种命题作文式的论证。

此外,两千年前困顿褴褛的100多位罗马降卒,在20年之后,势必年事已长,且与当地多民族妇女通婚,那么逾两千年之后,其后裔之中仍在体貌特征上保留其先辈的遗传特征则势必极其困难。而且,克拉苏时期的罗马军团士兵在当时并非都是金黄头发和蓝眼珠,今天很多媒体的这一削足适履式的举动无疑是相当滑稽的。

最后,白佐良在文中特意附录了由意中协会(Associazione Italia – Cina)组织翻译的文章《甘肃:古罗马军队后裔》(Gansu. I Discendenti dell' Esercito Romano),该文发表于1999年的中国《旅游》杂志。

2.4.2 罗马学专家拉斐尔·阿迪诺菲

意大利学界另一篇值得注意的文章系古代历史学家和罗马学专家拉斐尔·阿迪诺菲(Raffaele Adinolfi)所作《在中国的克拉苏士兵和蒙古、印度与锡兰的坎帕尼亚商人》(Soldati di Crasso in Cina e mercanti campani in Mongolia, India e Ceylon)。

阿迪诺菲教授对中国与罗马帝国关系素有研究。早在1977年,阿迪诺菲就出版了专著《罗马帝国与古代中国关系》(I rapporti tra l'Impero Romano e la Cina antica)。该书不仅在意大利国内受到关注,而且在国际罗马学界也反响不小,比如德国弗赖堡大学教授乌尔里希·芒特(UlrichManthe)就对该书倍加关注,并在德国著名刊物《时针》(Gnomon)上撰文予以特别介绍。1998年11月24日,乌尔里希·芒特更亲自致函阿迪诺菲,探讨美国学者德效骞在骊轩所发现的罗马人后裔的来源问题。而且,芒特就1998年11月23日《北京周刊》上所刊载的有关骊轩的考古发现表现出浓厚的兴趣。据称,此次考古发掘找到了罗马人的相关遗迹。但是,令人遗憾的是,芒特认为,由于该报道来源于大众媒体,因此,其真实性和科学性值得怀疑。

芒特提到的这篇文章,作者为中国人崔扁,虽然该文属于一般性的大众媒体报道,但是,由于其关乎古代罗马和中国的关系研究,阿迪诺菲还是很郑重地将其翻译为意大利文。

阿迪诺菲认为,尽管该文不属于严格的学术论文,且观点和资料来源庞杂,但是,其中还是反映出近年来国际学界对古代中西交通研究方面的进步,并在一定程度上拓宽了罗马帝国在中国、蒙古、印度和锡兰的活动视野。不过,众说纷纭的骊靬罗马后裔问题如果属实的话,当属于中西方交通史上的个案,而其根据和来源只有诉诸中国的古典历史文献。

阿迪诺菲随后叙述了昔日的卡尔莱战役。当时,罗马执政官克拉苏共率领 7 个罗马军团,4000 名骑兵和 4000 名弓箭手和投石兵。然而,卡尔莱一役,克拉苏的军队损失惨重,4 万多名军团士兵,逾半阵亡,约 1 万人被俘。克拉苏的高卢骑兵全军覆没,其中有 500 人被安息骑兵俘获。按照安息帝国的战争习惯,上述俘虏被置于帝国的东部边陲并以奴隶身份从事军事服务。公元前 20 年,罗马帝国与安息缔约息兵,并要求后者交还公元前 53 年卡尔莱战役中的俘虏。但是,昔日幸存的士兵根本无从查找,那么这些俘虏的去向到底如何,则成了时至今日中西交通史上的千古之谜。

阿迪诺菲随后在文中引述了班固《前汉书》中的《陈汤传》,论及今日耳熟能详的陈汤攻打郅支城一役,并提到其中的"重木城"、"鱼鳞阵"和"圆盾"等描述,其来源为 1957 年德效骞于伦敦出版的《古代中国的罗马城池》一书,该书由阿迪诺菲本人和另一位合作者埃斯波西托(R. Esposito)翻译为意大利文,然未获出版。

在《中国的克拉苏士兵和蒙古、印度与锡兰的坎帕尼亚商人》一文中,阿迪诺菲详细叙述了上述发表在德文版《北京周刊》上的署名为崔扁的文章。其围绕的重点为该文所提到的 1993 年 5 月由部分国际考古学家针对甘肃永昌县者来寨的考古发掘报告。其中提到的发掘遗迹和实物主要包括如下 4 点:

其一,"骊靬遗迹"。当地人称之为"骊靬遗迹"的古城墙,该墙长10 米,高 1～2 米,最宽处约 3 米,墙呈 S 形走势。而在 20 世纪 70 年代初,据当地人回忆,该墙尚有 100 米长。

其二,当地村民的外在体貌特征与罗马人有一定的相似之处,如红栗色头发、隆鼻、深目等。

其三,考古学家所发掘的古代骊轩人骨骼颇为高大。

其四,考古学家还发现了一系列古代器物,如铁头盔等。

其五,者来寨村民对牛的特殊崇拜,以及嗜好斗牛活动等,这些均与古罗马人的习俗相近。

但是,对于崔扁一文中所提的种种报道,阿迪诺菲认为,只有当历史学家和考古学家发表正式的相关学术报告和与骊轩有关的科学资料及数据,才能对古代罗马与中国在公元前 1 世纪下半叶的关系勾画出一幅完整而又值得信赖的画面。

2.5　张德芳、邢义田以汉简证明骊轩城始建于卡尔莱战役之前

甘肃省汉简研究所所长张德芳写有《汉简确证:汉代骊轩城与罗马战俘无关》一文,发表于 2000 年 5 月 19 日《光明日报》。[1] 该文最大的贡献是以出土汉简材料证明了骊轩设县时间,既早于公元前 36 年陈汤伐郅支,也早于公元前 53 年的卡尔莱战役。长期以来,骊轩县究竟设于何时这一关键问题因缺乏直接证据,终归难以形成定论。张德芳整理了 20 世纪 70 年代发掘的金关汉简和 90 年代发掘的悬泉汉简,接触到若干关于骊轩的记载,其中有些有明确纪年,这对判定骊轩县的设县时间乃至是否与公元前 53 年卡尔莱战役中的罗马战俘有关具有重大价值,它将使这一争论十数年甚至数十年的历史悬案得以澄清。

骊轩是否真与公元前 53 年的罗马战俘有关,长期纠缠不清的一个问题就是骊轩设县的具体时间定不下来。金关简中与骊轩有关的神爵二年的纪年简以及大致与此同时的其他简文确凿地证明了"骊轩"一

---

〔1〕该文移为郝树声、张德芳著《悬泉汉简研究》第五章第一节,甘肃文化出版社,2009 年,第 177 – 184 页。

名的出现和设县时间。如:简一:"☑和宜便里,年卅三岁,姓吴氏,故骊靬苑斗食啬夫,乃神爵二年三月庚寅,以功次迁为☑"(金关73EJT4:98)。简二:"☑公乘,番和宜便里,年卅三岁,姓吴氏,故骊靬苑斗食啬夫,乃神爵二年三月辛☑"(金关73EJH2:2)。两简不是出自同一探方,但所述内容有联系,可能丢弃前已经散乱。记录一位基层小吏除补到任情况,如同现在的"干部档案",当时名之为吏员补除名籍。说的是一位姓吴的人,年33岁,爵位是公乘,原籍番和宜便里人,原来做过骊靬苑的斗食啬夫,后在神爵二年三月某日以工作成绩和升转次序提拔到了新的岗位上。两简均为松木,上下残,但基本内容是清楚的。

上述两简关于骊靬苑的记载,说明骊靬作为地名早在神爵二年(公元前60年)以前就已出现。而骊靬苑是设在骊靬县境的,同样的情况可以在悬泉汉简中看到敦煌、效谷县的例子。如简三:"出茭五十五石二钧,以食敦煌苑橐他五十☑"(Ⅱ90DXT0216②):145)。简四:"效谷假苑牛十二,其四在遮要置☑"(V92DXT712②:79)。这说明骊靬苑的存在是以骊靬县的设立为前提的。此外,金关汉简中还有大致与此同时的记载,可以得到证实。如简五:"闰月丙申,骊靬长东亡,移书报府所□☑"(金关73EJT1:199)。简六:"骊靬尉史当利里吕延年,年廿四☑"(金关73EJT9:127)。简五为削衣,同探方所出318枚简中纪年简13枚,占4%。其中始元1枚,本始5枚,地节5枚,元康1枚,甘露1枚,最早为始元二年(前85年),最晚为甘露二年(前52年)。因此,该简大致可定为昭宣时期遗物,下限在公元前52年以前。简六同出纪年简25枚,占该探方395简之6%。其中本始1枚,五凤6枚,甘露10枚,初元5枚,河平1枚,元始1枚。宣帝时期居多,共18枚,占25枚纪年简的72%,因此简六为宣帝时遗物的可能性亦较大。《汉书·百官公卿表》:"县令、长,皆秦官,掌治其县。万户以上为令,秩千石至六百石。减万户为长,秩五百石至三百石。"简三"骊靬长",说明当时的骊靬县不足万人。简四"骊靬尉史",当为骊靬县尉的属官。《史记·匈奴列传》:"单于既入汉塞,未至马邑百余里,见畜布野而无人牧者,怪之,乃攻亭。是时,雁门尉史行徼见寇,葆此亭,知汉兵谋。

单于得,欲杀之。尉史乃告单于汉兵所居。"《索引》引如淳曰:"近塞郡皆置尉,百里一人。士史,尉史各二人也。"其实"尉史"一职,未必都在近塞,内地亦置;未必尽为郡尉之属吏,县尉亦有此属吏。

　　除上引材料外,有关骊轩县的简文还有:简七:"☑出钱五十,粟五斗,骊轩。☑出钱五十,粟米五斗,显美"(金关 73EJT37:915)。简八:"鱍得☑☑,骊轩常利里冯奉世☑"(金关 73EJT24:964)。简九:"骊轩万岁里公乘兒仓,年卅,长七尺二寸,黑色,剑一,已入,牛车一两"(《居延汉简甲乙编》334.33)。简十:"出粟二斗四升,以食骊轩佐单门安,将转从者一人,凡二人,人往来四食,食三升"(悬泉 V92DXT1311③:226)。简十一:"骊轩武都里户人,大女高者君,自实占家当乘物。□□,年廿七,□□。次女□□□□□□☑"(悬泉 V92DXT1210:96)。简十二:"☑□□过所遣骊乾尉刘步贤☑"(悬泉 V93DXT1511④:5)。从上述简文中,我们不仅可以看到骊轩设县的时间早在神爵二年(公元前 60 年)以前,而且还可看到骊轩县当时大致的情况。西汉地方为郡、县、乡、里四级建置。当时的骊轩县不到万人,设长而不设令。除"骊轩长"外,还有"骊轩尉"、"骊轩尉史"、"骊轩佐"等吏员。县下辖乡虽不得而知(一般为 2 ~ 3 个),但简文中记载的里有"宜道里"、"当利里"、"常利里"、"万岁里"、"武都里"等。

　　关于骊轩苑的情况,除前述纪年简外,还有简十三:"骊轩苑奴牧番和宜道里□☑"(金关 73EJT23:193)。简十四:"骊駢苑大奴尹福长七尺八寸☑"(金关 73EJC:95)。"骊駢"(音 hàn 或 qián),亦为"骊轩"之同音异写。"大奴",当为 15 岁以上的成年奴隶。汉简中"大奴"、"小奴",实际上同"大男"、"大女"、"使男"、"使女"、"未使男"、"未使女"一样,通为社会上流行和户籍登记中的通用语。1 至 6 岁为小奴,7 至 14 岁为使奴,15 岁以上为大奴。这在汉简"奴婢名籍"中可以得到证实。简十五:"☑所遣骊轩苑监、侍郎古成昌以诏书送驴橐他"(悬泉 IV92DXTO317③:68)。"橐他",文献和汉简中还可写作"橐它"、"橐佗"、"橐驰"、"橐駞"、"橐驼"(音 luòtuó),即骆驼。"古成昌",人名。《汉仪注》:"太仆牧师诸苑三十六所,分布北边、西边,以郎为苑监,官奴婢三万人,养马三十万头。"另,《汉书·食货志》也有"其没入奴婢,分诸苑养狗马禽兽"的记载。汉代设苑养马,始于景帝时期。当时尚不包括河西。但随着武帝时西北边疆的不断开拓,上郡、北地、安定、天水、武都、金城及河西各地均设苑监以牧养马匹。早在汉初,刘邦为"都关中"还是"都雒阳"的问题犹豫不决时,张良曾有一段进谏:"夫关中左肴函,右陇蜀,沃野千里。南有巴蜀之饶,北有胡苑之利,阻三面而守,独以一面东制诸侯。"《索隐》引崔浩云:"苑马牧外接胡地,马生于胡,故云胡苑之利。"《正义》引《博物志》云:"北有胡苑之塞。按:上郡、北地之北与胡接,可以牧养禽兽,又多致胡马,故谓胡苑之利也。"《汉书·地理志》北地郡:灵州有河奇苑、号非苑。归德有堵苑、白马苑。郁郅有牧师菀(苑)官。这是上郡、北地一直有苑马的记载。《汉书·平帝纪》:"〔元始二年〕罢安定呼池苑,以为安民县。"师古注曰:"中山之安定也"。悬泉汉简有:"明昭哀闵百姓被灾害,困乏毋訾,毋以自澹(赡),为择肥壤地,罢安定郡呼池苑,为筑庐舍。"(Ⅱ90DXT0115①:1)可见呼池苑在安定郡,而不在中山,颜师古搞错了。《后汉书·马援传》:"自援祖宾,本客天水,父仲又尝为牧师令。是时援为护苑使者,故人宾客皆依援。"这与天水牧马苑有关。《后汉书·西羌传》载:永宁元年(120年)秋,羌人忍良等"遂相结共胁将诸种步骑三千人寇湟中,攻金城诸县,(马)贤将先零种赴击之,战于牧苑,兵败,死者四百余人"。这是金城有牧马苑的记载。同传:顺帝永建五年(130年),"且冻分遣种人寇武都,烧陇关,掠苑马",这是武都设苑养马的记载。《后汉书·和帝纪》永元五年(93年),"二月戊戌,诏有司省减内外厩及凉州诸苑马。"可见,凉州设苑也是毫无疑问的,"骊靬苑"就是其中一个。汉简材料还告诉我们:骊靬苑由苑监管理,苑监一般由郎官充任,下属还有"斗食啬夫"之类的基层小吏掌管某一方面的具体事务。牧苑不仅养马,还养牛、养驴、养骆驼,牧苑日常劳务由官奴婢承担。

经过上述考证,不难看出,早在神爵二年(前60年)以前,骊靬县就已设立。汉朝早先在西北地区实行的牧苑制度也随之推广到河西乃至骊轩,政治经济已发展到相当规模。它既早于公元前36年陈汤伐郅支,也早于公元前53年的卡尔莱战役。那种认为西汉骊轩的设立与卡尔莱战役中的罗马战俘有关的说法纯属子虚乌有。

台北历史语言研究所邢义田先生《从金关、悬泉置汉简和罗马史料再探所谓罗马人建骊轩城的问题》[1]作于2001年,在该文中,作者从汉简资料和罗马史资料两方面同时论证,否定了德效骞及哈里斯等人的观点。

对于有关骊轩的简牍资料的解读,邢义田认为:(1)单凭汉简中的人名,实难判断他们是汉人或是胡人。(2)从汉简的内容上说,骊轩县的人更可能是标准的编户齐民,而且很可能是汉人,并非胡人或罗马人。(3)根据张德芳等对汉简的研究,已十分有力地证明骊轩早在神爵二年(前60年)以前即已存在。这比所谓公元前53年罗马军团为安息败于卡尔莱,公元前36年陈汤杀郅支单于都要早。

对德效骞引用的罗马史料作检讨,作者认为:(1)德效骞用以说明克拉苏战败一事的罗马文献本身即有模糊不清和歧异之处。罗马战俘中到底有多少是真正的"罗马人"不可知。蒲鲁塔克和比他早的帕特库逯斯对克拉苏残部的动向有不一致的记述,何者正确难以断言。(2)罗马史料完全没有办法证明曾有克拉苏的残部向东到了比马奇阿纳更远的东方,反而有资料证明他们或留在中亚,或撤回罗马行省的范围之内。这是德效骞的假说在证据上最大的缺环。(3)德效骞引用权威学者之说,……不无采信对自己假说较有利说法的嫌疑。

因此,邢义田认为,不论金关和悬泉出土的简牍或罗马考古及文献史料,都不能真正证明罗马士兵曾于公元前1世纪中期来到汉帝国的边境,并在甘肃永昌附近建立了一座名称源于亚历山卓(亚历山大)的骊轩城。骊轩养马苑中的胡奴是罗马军团士兵的可能性也微乎其微。

----

〔1〕载《长沙三国吴简暨百年来简帛发现与研究国际学术研讨会论文集》,中华书局,2005年。

2.6 张绪山、何立波主要以西文资料证明 古罗马军团东归说毫无根据

清华大学历史系张绪山所写的《"中国境内罗马战俘城"问题检评》一文,发表于《中国史研究动态》2002年第3期。在该文中,张绪山认为,依据新发现的汉简记载证明,中国境内的骊靬置县至少可追溯到公元前60年以前,远在公元前53年卡雷战役和公元前36年都赖水战役之前。[1] 骊靬为罗马战俘城之说,可谓与史实不通。《人民日报》的报道称,揭开罗马军队的最终命运问题的谜底,是中、澳、苏史学家"协同攻关,结合中西史料对比研究"而完成的。对此,张绪山在文中指出以下几个事实:

第一,报道说,考证出骊靬城位于甘肃永昌境内是中、澳、苏学者研究的成果(《参考消息》的报道说是哈里斯的结论)。而事实是,早在1957年德效骞就在文章中明确地说:"这个以中国人称罗马帝国的名字命名的城市(骊靬)位于现今永昌南部,永昌位于甘肃省西北的狭长地带。"1982年出版的谭其骧主编的《中国历史地图集》第二册第33－34页"凉州刺史部"更清楚地标明古代骊靬城在今日永昌西南部的位置,但这本《中国历史地图集》早在1974年就已出版使用。

第二,《参考消息》的报道说,澳大利亚的哈里斯是在1981年参加罗马诗人贺瑞斯(公元前85—公元8年)的研讨会时引发探索兴趣的。据说,1989年哈里斯从澳洲来中国甘肃寻找骊靬城,是"受到卅年前英国牛津大学教授德效骞说法的吸引"。如此,则可断言,哈里斯所持见解的发明权应属于德效骞,尽管后者的观点并不正确。

第三,德效骞论文的中文摘译发表于1988年6月出版的《中外关系史译丛》第4辑,[2] 比中、澳、苏史学家的发现至少要早一年多。《中

〔1〕张德芳《汉简确证:汉代骊靬城与罗马战俘无关》,载《光明日报》,2000年5月19日。
〔2〕[美]德效骞著,丘进译《古代中国的一座罗马人城市》,载《中外关系史译丛》第4辑,上海译文出版社,1988年,第364－373页。

外关系史译丛》是一本专业性较强的刊物,中外关系史研究者不会忽略它的存在。耐人寻味的是,中、澳、苏学者们所持匈奴军队中有罗马士兵的三条理由,即"奇怪的军队"——会操练"鱼鳞阵"的军队、城外的"重木城"和描述军阵的图画,以及对于这些罗马士兵进入中国境内的途径,与德效骞完全相同,而其思路、所使用的材料、论据、结论、乃至所使用的语言,竟然与德效骞论文译文全无二致。如此巧合的"研究成果"使人不能不怀疑其性质,是"新发现",还是发现了别人的"新发现"? 这些问题恐怕只能由当事者自己才能回答。

随后,张绪山在该文中又探讨了骊靬置县的原因与永昌地区外国形体特征居民的由来问题。骊靬县作为张掖郡所辖十县之一,最早见于《汉书·地理志》。骊靬,《汉书·张骞传》作犛靬,"服虔曰:犛靬,张掖县名也";颜师古注:"犛靬即大秦也,张掖骊靬盖取此国为名耳。骊犛声相近,靬读与轩同。"显然,骊靬县以犛靬国而得名。那么,历史上的犛靬国又指哪个国家?

最早提到"犛靬"(作"黎轩")一名的人是张骞。公元前 128—前127 年张骞第一次出使大月氏时,获悉西域诸国中有黎轩国。根据《史记·大宛列传》,黎轩国在安息(即波斯安息王朝)之北,具体方位则晦暗不明。不过,公元前 115 年张骞第二次出使西域时,仍将黎轩列入通使范围。张骞代表汉廷派出的使者大概未到达黎轩,但他派往安息的使者却与黎轩人有过直接的交往。《史记·大宛列传》:"初,汉使至安息,安息王令将二万骑迎于东界。……汉使还,而后发使随汉使来观汉广大,以大鸟卵及黎轩善眩人献于汉。"

东汉时,中原皇朝的西域知识已大为增加,《汉书·西域传》除记载更多的国家外,对于《史记·大宛列传》记载的国家也补充了许多新知识,但对黎轩(作犁靬)国却未提供任何新知识,仅仅在对乌弋山离国的叙述中简略地提到它,称:"乌弋山离国,……西与犁靬、条支接。"犁靬,颜师古注:"犁读与骊同,靬音钜连反,又钜言反";黎轩,《史记·正义》注:"上力奚反,下巨言反,又巨连反",则黎轩与犁靬古音读音同,乃一名异译。

比较《史记·大宛列传》和《汉书·西域传》的记载,有两点需加注意:第一,从公元前2世纪末到公元前1世纪末,中国人对黎轩国的认识并没有随时间推移而增加,而是相反。这说明"黎轩"一名所代表的国家正在逐渐隐退到历史舞台的背后。《魏略·西戎传》说:"大秦国一号犁轩,在安息、条支西,大海之西。"《后汉书·西域传》称:"大秦国一号犁鞬,以在海西,亦云海西国。"可知犁轩国已为大秦所取代。大秦即罗马帝国,已属定论。如此,则"犁轩"必为罗马帝国所取代的国家。第二,以《史记》,犁轩与奄蔡位于安息之北;而依《汉书》,则犁轩、条支位于乌弋山离以西。按乌弋山离的地望,虽众说不一,但大致在阿富汗西部地区,似无异议。又《汉书·西域传》称安息国:"东与乌弋山离,西与条支接。"由此推及,犁轩应在西亚。这一点显然与《史记》中关于黎轩位于安息之北的记载不符。

迄今为止,黎轩一名的考证仍为学术界聚讼纷纭的问题;其中最有力者有两说:一种说法认为黎轩一名源自西亚的城市 Rekam(即 Petra),表示叙利亚和罗马帝国的东部。[1] 一种观点主张,黎轩指罗马帝国统治下的埃及的亚历山大里亚城。[2] 但这两种说法都没有解决两汉史籍记载存在的方位上的矛盾;也没有说明这个事实,即:Rekam 和亚历山大里亚两城在罗马帝国建立后都还存在,何以湮没不彰而被代之以大秦;更没有说明中国何以对两城的了解随时间的推移而愈见减少。

张绪山认为,中文记载的黎轩国只有塞琉西亚帝国可以当之。作为公元前4世纪末亚历山大大帝建立的庞大帝国的一部分,分裂后的塞琉西亚帝国的版图包括西亚、伊朗、巴克特里亚——粟特地区直到印

〔1〕F. Hirth, *China and the Roman Orient: Researches into Their Ancient and Medieval Relations as Represented in Old Chinese Records*, Leipsic & Münich, Shanghai-Hongkong, 1885。(夏德著,朱杰勤译《大秦国全录》,商务印书馆,1964 年,第 171 页。)

〔2〕〔法〕伯希和《黎轩为大秦别名考》(P. Pelliot, *Likan, Autre nom de Ta-ts'in*),载《通报》卷16,1915 年,第 690 – 691 页。冯承钧译作《黎轩为埃及亚历山大城说》,载《西域南海史地考证译丛》第 7 编,商务印书馆 1995 年,第 34 – 35 页;白鸟库吉《西域地理》,载《东洋文库》(K. Shiratori, *The Geography of the Western Region, Memoirs of the Research Department of the Toyo Bunko*),东京,1950 年,第 73 – 155 页。

度河以西的广大地区。位于帝国东部边陲的巴克特里亚地区(即中国记载中的大夏)在公元前 3 世纪中叶脱离塞琉西亚帝国独立,但仍是希腊化世界的一部分。张骞西域探险到达大夏时,塞琉西亚帝国尚未被罗马帝国灭亡,张骞在大夏获知"塞琉西亚"一名,是很自然的事。"塞琉西亚",希腊文作Σελεύκεια,读音若"塞犁轩",但以中亚地区的读法,则很有可能与汉文一样读作"黎轩"或"犁轩",希腊词的开头音节在中亚语言中被略读是常有的现象,如 Samarkand(撒马耳罕)读作 Maracanda(马拉坎大);Alexandria(亚历山大里亚)读作 Kandahar(坎大哈);而且,中亚名称在中国文献中被略去开头音也不乏其例,如印度语 agada 作华佗,"阿罗汉"作"罗汉"[1]等等。司马迁《史记·大宛列传》称安息"北有奄蔡、黎轩",可能是因为,张骞最初从大夏人那里听到有关黑海北岸希腊殖民地的情况,当时大夏通过咸海、里海北岸与黑海沿岸地区的希腊殖民地保持着商业往来。由于二者同属一个种族,他将本属于塞琉西亚帝国的"黎轩"一名用到了希腊殖民地上。《汉书·西域传》对黎轩位置作了改正,将它置于乌弋山离之西。《后汉书·西域传》和《魏略·西戎传》成书时,塞琉西亚帝国已为罗马帝国所吞并,所以又有"大秦国,一号犁轩"之说。

据《汉书·武帝纪》,元狩二年(前 121 年)汉武帝令置武威、酒泉两郡,后 10 年即元鼎六年(前 111 年)分武威、酒泉置张掖、敦煌两郡。许慎《说文解字》"轩"下曰:"武威有丽轩县。""丽轩"同"骊轩",如此,则骊轩置县应比新发现的汉简所能证明的年代更早,当在元狩二年(前 121 年)之后的 10 年中。元鼎六年(前 111 年)张掖郡建立时可能只是将原属于武威郡的骊轩县划归于其辖下。此一时期与"骊轩"一名有关的因素有两个:一是张骞通西域带回了有关黎轩(犁轩)国的知识,且黎轩善眩人随安息使者到达了中国,"天子大说,与俱巡猎"(《汉书·张骞传》)。马端临《文献通考》卷 20 载:"前汉武帝遣使至安息。

---

[1] 陈寅恪《三国志曹冲华佗传与佛教故事》,载《清华学报》,1930 年 6 月第 6 卷第 1 期;又见《寒柳堂集》,三联书店,2001 年,第 179 页。

安息献黎轩幻人二,皆蹙眉峭鼻,乱发拳鬓,长四尺五寸。"欧洲人确已到达中国。二是张掖处于河西走廊,扼东西交通之要冲,对外信息交流最为便捷。汉朝廷在张掖郡置骊靬县,很有可能是以此炫耀于来往于商道的西方商人,传达与该国交往的愿望,以促使该国向中国遣使,造成汉廷"威德遍于四海"的印象,取得西域各国"重九译,致殊俗"的效果。清代学者钱坫、徐松《新斠注地理志集释》断称:"骊靬……本以骊靬降人置县",不过玄测而已,不足凭信。

现在永昌地区有的居民形体特征类似欧洲人,并不奇怪。司马迁《史记·大宛列传》记载:"自大宛以西至安息……其人皆深眼,多须髯。"《汉书·西域传》记大宛以西诸国与《史记》同。罗马博物学家普林尼(23—79年)记载,锡兰(今斯里兰卡)派往罗马帝国的使节报告说,葱岭以西的丝绸贩运者(即所谓的"赛里斯人")身材高大,超乎常人,"红头发、蓝眼睛"。[1] 这里的"红头发"可能是金黄头发,其情形如同明、清之际我国东南沿海居民称荷兰人和英国人等欧洲人为"红毛番"。《北史》称高昌(吐鲁番)以西各国,皆深目高鼻,康居国深目高鼻,多须髯。颜师古《汉书注》称乌孙青眼赤须。《北史·恩幸传》:"胡小儿,眼鼻深嶮,一无可用,非理爱好,排突朝贵,尤为人士所疾苦。"《大唐西域记》、《旧唐书·西域传》均称疏勒、护密人碧瞳,与波斯、大秦相同。同书《回鹘传》记黠戛斯:"人皆长大,赤发,皙面绿瞳。"李贺《龙夜吟》:"卷发胡儿眼睛绿,高楼夜静吹横竹。"宋代柳开诗:"鸣鹘直上一千尺,天静无风声更干。碧眼胡儿三百骑,尽提金勒向天看。"可知,西域人中不乏欧罗巴人种。

欧罗巴人种居民何时来永昌地区居住?限于资料,目前还很难做出确切的回答。我们知道,历代中原皇朝都有与西域发展交通的愿望,欢迎西域各类人员如商贾等在此经商或定居,所以永昌地区具有外国容貌的居民不必来源于一次外部移民。《洛阳伽蓝记》记6世纪末洛阳盛况:"自葱岭以西,至于大秦,百国千城,莫不颖附。商胡贩客,日

〔1〕戈岱司著,耿昇译《希腊拉丁作家远东古文献辑录》,中华书局,1987年,第12页。

奔塞下。所谓尽天地之区已,乐中国风土而宅者,不可胜数。"白居易《西凉伎》诗曰:"紫髯深目两胡儿,鼓舞跳梁前致辞。应似凉州未陷日,安西都护进来时! 须臾云得新消息,安西路绝归不得。"这种西域人因故不能西归的情况,在扼守东西交通孔道的永昌地区,自汉、唐以至元、明各代都有可能发生。

如果就相关报道做出判断,永昌地区居民之来源则较为明晰。1993 年 7 月 12 日《人民日报》(海外版)报道,在永昌西南部被认为是骊轩的地方,出土了元代的瓷水壶、铁匜、铁锅和铁鼎。又,1998 年 11 月 10 日的《羊城晚报》报道,骊轩人定居的永昌者来寨不远的一个村落旁有 21 代骊轩故人的数百座坟茔,而距这个村落 30 多里的另一村落旁还有更早的 10 代。以 20 ~ 25 岁为一代,这 31 代人也恰好追溯到 13—14 世纪的元代。

元代蒙古人以疾风暴雨般的武力,将欧亚大陆混为一体,东西交通豁然贯通,欧洲王公贵族、教士东游而留名史书者斑斑可稽,而商贾游客来中国者更是不可胜计。13 世纪前半叶的一位欧洲商人说,从黑海沿岸经中亚大草原到中国的商路畅通无阻,"无论白天或黑夜都十分安全"。[1] 蒙古人在东欧建立的金帐汗国和在西亚建立的伊儿汗国虽在实际上"自帝一方",但在名义上仍是元帝国的"宗藩之国",其商旅、游客至中国者亦必为数众多,与内地人通婚而定居中国者必大有人在。位于东西交通孔道的永昌地区聚集欧罗巴人种的居民,又何足为怪?

北京师范大学历史系何立波博士也写有《中国骊轩古城真与"罗马战俘"有关吗?》一文,刊于 2004 年第 6 期《河北学刊》,对古罗马战俘安置永昌说进行了反驳。何立波认为,无论是西方古典文献还是中国古代史书,都彻底否定了这一说法。何立波从 3 个方面阐述了自己的观点:

(1)西方古典文献中并没有古罗马远征军残部到中国西域的记

---

〔1〕裕尔《东域纪程录丛》(H. Yule, *Cathay and the Way Thither*, London: The Hakluyt Society, 1914),卷 3,第 139 页。

载,相反却证明其已经回到了罗马国内。在西方古典文献中,对于公元前53年这场战斗的过程,克拉苏长子小克拉苏的生死以及罗马远征军残部去向的记载,一直都是很明确的,并无其残部到西域康居一带的记述。

出生于公元前59年的著名罗马历史学家李维,克拉苏东征距其生活年代不过20年左右。李维在其名著《罗马史》中明确指出:"克拉苏以侵略为目的,率军渡过了幼发拉底河,在一次战役中失败了,与其子皆阵亡。"在《罗马史》的另一处,李维还指出:"克拉苏依然顽固地坚持前进,结果与其子皆阵亡。"

公元1世纪初的罗马史家瓦列里乌斯·帕特库鲁斯在《罗马史》中,亦详细地描述了这次远征:"他(克拉苏)越过幼发拉底河,被(帕提亚)国王奥罗德斯所率领的不计其数的骑兵包围,他和他军队的大多数人都阵亡了。克拉苏军团的余部被(财务官)盖约·卡西乌斯挽救——他不仅以他对罗马人民的忠诚保全了叙利亚行省,而且在越过边界返回罗马时成功地击溃了帕提亚人。"

公元2世纪初的罗马史家弗洛鲁斯的《罗马史纲要》也有较为详细的记载:"一到卡雷,帕提亚国王的将军西雷斯和苏雷纳,挥舞他们的军旗。顿时,帕提亚骑兵潮水般地从四面八方涌来,罗马大军惨遭屠戮。在克拉苏的目视中,他的儿子小克拉苏被围,尔后被杀。这支军队的残部分散突围,穿越了叙利亚、亚美尼亚与西里西亚回到罗马,带回这一灾难性的消息。"

公元2世纪末3世纪初的罗马历史学家狄奥·卡西乌斯在其《罗马史》中也有详细的记载:"小克拉苏很轻视帕提亚人,带着骑兵追击溃逃的帕提亚人,被敌人吸引而远离主力,遭敌人伏击并被杀。在黑夜开始突围,一些人死了,其余的人在卡西乌斯·朗吉努斯的带领下撤到了叙利亚。后来,帕提亚人入侵叙利亚,被卡西乌斯击败。"

公元1世纪末2世纪初的希腊籍历史学家普鲁塔克在《名人传》中指出:"小克拉苏声称死亡并不可怕,可怕的是抛弃那些正在为他战死的战士。帕提亚人当即砍下小克拉苏的头","一些(罗马)人主动下

·欧·亚·历·史·文·化·文·库·

山投降,其余的人则在夜里四散奔逃,他们之中逃得活命的人寥寥无几;余下的人被帕提亚人追捕、俘虏、砍成肉泥。在整个战役中据说有两万人被杀死,一万人被俘……"

根据罗马史学家的记载,我们知道:第一,小克拉苏(普布里乌斯)被杀;第二,克拉苏远征军多数阵亡或者被俘,少数在财务官卡西乌斯的带领下先逃到卡雷城,进而通过罗马行省叙利亚(或者先经过亚美尼亚和西里西亚)回到罗马国内,卡西乌斯还在罗马与安息边境击败安息人,后还成为刺杀凯撒的两凶手之一、罗马著名共和派领袖,并未逃逸到西域康居一带;第三,被俘的罗马人被安排在安息国内,成为安息臣民。西方古典史料对古罗马远征军结局的记载,应该说是比较详细了。虽然记载不尽相同,但反映的史实却基本一致。作为罗马"前三头"之一的克拉苏在远征安息的战争中阵亡,7个军团大部被歼被俘,这是罗马军事史上少有的惨败,也是罗马共和国历史上的一件大事,罗马人对此事始终耿耿于怀。曾在公元97年任罗马帝国执政官的著名历史学家塔西佗感慨地说:"东方除了杀死我们的克拉苏以外,他们还有什么可以嘲笑我们的地方呢?"安息人为了与罗马交好,在奥古斯都时自愿归还了在击败克拉苏时缴获的罗马军旗。

至于财务官卡西乌斯带领少数罗马士兵侥幸逃生后,自然会选择通过地形熟悉、作为罗马行省的叙利亚回到祖国,怎么可能会走相反的方向,进入一片陌生、四面皆敌的安息,以及中亚的奄蔡、康居、大月氏,进而到达与罗马毫无关系的西域康居一带呢?从当时罗马东方局势来看,卡西乌斯率突围而出的罗马士兵逃生时所能选择的道路,应该是很清楚的,只能向西,不可能向东。公元前63年,罗马大将庞培征服了小亚细亚,叙利亚、巴勒斯坦等地也成为罗马的新行省——叙利亚行省。整个幼发拉底河以西地区(埃及的托勒密王国直到公元前31年才被罗马吞并),到此时为止,不是罗马的行省,就是罗马的附属国了。而且公元前56年,罗马三巨头凯撒、庞培、克拉苏划分了势力范围,克拉苏分得东方的叙利亚行省,叙利亚行省遂成为克拉苏称雄罗马的根据地。而幼发拉底河以东的另一个大国安息,当时正值其国力强盛时期,是罗马的劲敌,成为罗马东扩道路上的最大障碍。而且,古罗马历史学家狄奥·卡西乌斯《罗马史:奥古斯都统治》一书附录中所提供的罗马东部和西亚地图也清楚地显示,卡雷城位于安息西部边陲,距罗马行省叙利亚很近,而安息的国土东西狭长;如果从卡雷城向东突围,几乎相当于穿越了整个安息国土。安息东面的西域诸国,又与罗马没有任何外交关系,突围后向东逃遁,无疑是自投罗网。侥幸突围的卡西乌斯不会不清楚这一点。通过克拉苏的根据地叙利亚回罗马,是他们唯一的选择。这些人中的个别人,后来还为安东尼东征安息时做过向导,以避免再次发生克拉苏的悲剧。因此,德效骞等人的说法,从西方古典史料及当时罗马东方局势来说,是根本不可能的。

(2)中国史书的记载并未证明陈汤俘获的战俘为罗马人,他们应是匈奴人。从中国现存的史书记载来看,没有证据证明德效骞等人所说的陈汤所俘获的145名战俘系罗马战俘,他们实际上是匈奴人。

陈汤攻破郅支单于驻地郅支城时,"凡斩阏氏、太子、名王以下千五百一十八级,生虏百四十五人,降虏千余人,赋予城郭诸国所发十五王。"攻城过程中,"数百骑欲出外,迎射杀之"(《陈汤传》)。由此可以大致计算出,郅支城的匈奴人在2763人以上。而郅支单于在离汉西迁时,通过合并别的匈奴单于的兵马,部队一度达5万多人,到达乌孙时,"郅支人众中寒道死,余财三千人到康居。"(《匈奴传》)也就是说,在郅支城的匈奴人最多不超过3000人。这也表明,陈汤所斩俘收降的人,实际上就是郅支单于率领的西迁的匈奴人,与什么"罗马战俘"并无关系;而且,"赋予城郭诸国所发十五王"(《陈汤传》),即陈汤已将145名战俘及收降的千余人都分给协助汉军作战的15个西域国王了。陈汤之所以这样做,是因为西汉政府能用于在西域作战的军队数量有限,陈汤用来对付郅支单于的兵力主要是西域诸国提供的。作为答谢,陈汤将这些匈奴战俘作为战利品送给西域诸国国王也是很正常的。在攻打郅支城前,支持郅支单于的康居副王抱阗曾杀死对汉友好的大昆弥千余人,而陈汤在击败康居副王后,"得其所略民四百七十人,还付大昆弥"(《陈汤传》),就已将俘虏赠送给西域亲汉诸国。其实,在陈汤

·欧·亚·历·史·文·化·文·库·

之前,汉军在西域作战时就有了将战俘送给出兵协助汉军作战的西域诸国的传统。例如,《汉书·西域传》记载汉武帝时汉军对车师用兵,危须、尉犁、楼兰等6国发兵数万相助,破城后西汉政府将车师人从其故地迁走,分给出兵的6国。另外,汉军粮食缺乏,自给尚困难;从谭其骧主编的《中国历史地图集》来看,郅支城在当时的西域都护府统治区域外,在今哈萨克斯坦共和国中部,距骊轩非常遥远,陈汤没有必要将他们带回。

(3)"骊轩"一词与罗马并无关系。德效骞等人将《后汉书·西域传》中所说"大秦国,一名犁鞬",把大秦与骊轩联系起来,作为西汉政府将骊轩城作为罗马战俘安置地的重要依据(他们认为大秦就是罗马帝国)。这在史料上是站不住脚的。

"骊轩"一词,在中国史书中首先出现于《汉书·地理志》:"张掖郡,户二万四千三百五十二,口八万八千七百三十一。县十:觻得,昭武,删丹,氏池,屋兰,日勒,骊轩,番禾,居延,显美。"而"黎轩"一词,最早是由张骞传入西汉的。《史记·大宛列传》在叙述安息地理位置时云:"安息在大月氏西可数千里,其西则条支,北有奄蔡、黎轩。"《汉书·张骞传》亦称:"而汉始筑令居以西,初置酒泉郡,以通西北国。因益发使抵安息、奄蔡、犛轩、条支、身毒国。"《汉书·西域传》在叙述西域乌弋山离国地理位置时说:"西与犁轩、条支接。"

安息以北的黎轩,中国古代史家是作为西域古国看待的。《史记·大宛列传》中的"黎轩"和《汉书·张骞传》中的"犛轩"、《汉书·西域传》的"犁轩"实际是一个国家,音同字异而已。这里的"黎轩"指的是何国,学界尚有争议。黎轩在安息以北,在"临大泽(里海)"的奄蔡以西,也在乌弋山离国以西相接壤,肯定不是地中海中部的罗马,从当时西亚中亚诸国分布位置来看,笔者认为它应是亚美尼亚王国。亚美尼亚位于高加索山以南,里海南部和黑海南部之间,两河流域以北,西边与小亚细亚诸国比邻。亚美尼亚是罗马的友邦,其国王阿塔瓦斯曾亲率6000王家骑兵来到克拉苏大军中助战,并劝说克拉苏取道亚美尼亚进攻安息。克拉苏在战败后曾欲逃往亚美尼亚;而罗马远征军余部在卡西乌斯的带领下,则通过亚美尼亚、西里西亚和叙利亚回到罗马。

《史记》、《汉书》中的"黎轩"、"犛靬"、"犁靬"指的是亚美尼亚王国,而不是大秦,它与罗马之间并没有什么直接联系。古汉语中的黎轩、犁靬、犛靬、犁犍,音同或音近而字不同,可以相通。而《汉书·地理志》中有"骊靬",是否与黎轩、犁靬、犛靬、犁犍相同,无法确定;即便取名时源自西域黎轩(犛靬或犁靬)国,也与罗马无关。

2.7　兰州大学基因研究成果证明骊靬人
与古罗马军团无关

近年来,罗马军团后裔为骊靬人这种观点,也引起了科学界的关注。随着科学的发展,对于人类历史的研究也广泛借助于基因科学手段。兰州大学遗传研究所的科研团队,自 1990 年代,就开始做西北地区和青藏高原地区主要民族的群体遗传研究,包括对永昌骊靬人基因的研究。谢小冬教授还承担了 2005 年国家自然科学基金——河西走廊骊靬人群体遗传研究项目。他们采集并保存了 87 份骊靬人男性个体血样本,用基因技术对他们的 Y 染色体非重组区段相关 SNP 和 STR 多态性进行了研究,获得了一批重要的群体遗传结构数据,公布了 3 份研究成果。

第一份是周瑞霞、安黎哲、谢小冬等人署名,发表于《人类遗传学杂志》(*Journal of Human Genetics*)第 52 卷第 7 期(2007 年 2 月)第 584～591 页上的论文:《从 Y 染色体的视角验证中国西北骊靬人是罗马军团后裔的假说》(*Testing the hypothesis of an ancient Roman soldier origin of Liqian people in north west China:A Y-chromosome perspective*)。他们就当地居民进行了血样提取并测得了 Y 染色体单倍型。论文的主要结论是:

　　　　今天大部分甘肃骊靬地区的汉族人,尽管部分人表现出欧洲人的体貌特征,但其 Y 染色体单倍型特征却显示,当地居民的父系远祖为典型汉族人,与华北、东北地区的汉族人在父系上基本没有差异。

具体表现为典型的汉族基因占压倒多数,而典型的汉族基因正是龙山文化遗址古代遗骨 DNA 的 Y 染色体类型。可以说,在父系上,当地居民血统来自 5000 年前龙山文化的古代中原居民(即后来的汉族)。

在与现代外蒙古人群的对比中发现,骊轩汉族与蒙古人完全不同,可以推论出现代甘肃骊轩汉族也不可能是古代匈奴人的后代。

同时也应该注意到,这里主要是从父系遗传特征上分析,不能排除常染色体上具有西部亚欧人成分。从其体貌特征看,很可能在常染色体上具有非东部亚欧成分。

第二份是由安黎哲教授和谢小冬教授指导的生物学专业 2004 级周瑞霞的博士学位论文:《中国甘肃永昌骊轩人的父系遗传多态性研究》(兰州大学,2007),其论文摘要如下:

骊轩人是一群居住在中国,甘肃河西走廊东端永昌县的一些村庄里的特殊群体,其中一些人具有异于中国汉族的典型欧洲人的体质特征。近年来,骊轩人因为有争议的古罗马军团起源的假设而闻名于世。上世纪 50 年代牛津大学的汉学家 Homer Dub 认为,在卡尔莱战役(公元前 53 年)以后,一些罗马士兵被帕提亚王国俘获,在中国定居,而且汉朝允许他们建立罗马风格的城市。几十年过去了,这个假设仍被激烈地争论着。因为缺乏直接的证据,父系遗传贡献就显得尤为重要。为了检验这个假说,本研究使用多聚酶链式反应(PCR),限制性片段长度多态(PCR-RFLP)和变性高压液相色谱(dHPLC)的方法,调查了由 227 个个体组成的 4 个中国西北人群的多于 12 个 Y 染色体单核苷酸多态位点,也同时使用 Powerplex Y 系统分析了这 4 个人群的 12 个 Y-STR 多态位点。与全球范围内发表的各相关人群 Y-DNA 数据比较,得到如下主要研究结果:

（1）在 87 个骊靬男性个体中，共检出 11 个 Y-SNP 单倍群和 75 个 Y-STR 单倍型。在单倍群水平上，因其高频的单一单倍群 O-M122（71.3%）的存在，骊靬人群表现出较低的遗传多样性值（0.47）。使用进化速率较快的 12 个 Y-STR 所得的遗传多样性值高于 0.98。在本研究中，77% 的骊靬 Y 染色体属于东亚特有的单倍群 O-M175，而且单倍群 O-M175 的频率高于大多数中国北方的其他人群。

（2）主成分分析（PC）和多维尺度（MDS）分析表明骊靬人和中国人群有较近的遗传关系，尤其是和汉族的遗传关系最近，而他们与中亚和西欧亚人群表现出较远的遗传关系。基于这两种分析，也可以得到一个结论：与 Y-STR 相比，尽管双等位多态位点有偏见，但是基于 Y-SNPs 的主成分分析和基于 Y-STRs 的多维尺度分析的结果是一致的。系统进化分析进一步肯定了骊靬人和汉族的遗传亲近性。

（3）根据 PC 和 MDS 分析筛选出与骊靬遗传关系最近的古老人群：汉族和蒙古族。这两个人群假定为骊靬人的祖先人群，而骊靬人则被认为是这两个人群的杂合人群而进行混合度的计算，结果表明：汉族对骊靬人的父系遗传贡献高达 70% 之多，蒙古族对骊靬的遗传贡献相对较小。

（4）在 Median-joining network 分析中发现，因曾有人认为有共同的族源而被称为兄弟人群的骊靬和裕固族表现出一定的遗传差异。

（5）骊靬人与临近的人群表现出较近的遗传关系。这一事实在 Mantel test 分析中得到进一步的证实，Mantel 检验表明与骊靬遗传关系较近的人群两两遗传距离和地理距离呈线性相关。

（6）在统计学上，骊靬人和北方汉族之间的遗传差异不显著，和其余欧亚人群均表现出显著的遗传差异。

（7）在与 YHRD 数据库中世界范围的数据比对发现，由 9 个位点组成的大多数骊靬单倍型与东亚和南亚单倍型相匹配，仅有两个单倍型和欧洲单倍型相同,但这两个单倍型属于东亚特异的单倍群 O-M122。这一矛盾的结果可能源于快速进化 Y-STR 的回复突变。

总之,根据骊轩父系遗传变异的研究结果,不支持罗马军团起源说。当前的骊轩人更具一个汉民族亚人群的特征。本论文为骊轩的父系遗传组成提供了证据,也丰富了人类基因数据库。所选取的 12 个 Y-STR 多态位点组成的单倍型具有极高的分辨力,是亲子鉴定和个体识别的有利工具。

第三份是谢小冬教授指导的生物学专业 2006 级马国荣的硕士学位论文:《中国西北骊轩人起源的线粒体遗传多态性研究》(兰州大学,2009),其论文摘引如下:

骊轩人是居住在中国西北部的甘肃省永昌县境内的者来寨、杏树庄、河滩村、焦家庄等村寨的居民。因部分人具有明显的高加索人的体质特征(高鼻梁,深眼眶,鹰钩鼻,白皮肤),而备受学术界的关注。

20 世纪 50 年代牛津大学的汉学家 Homer Dub 认为,在卡尔莱战役(公元前 53 年)以后,一些罗马士兵被帕提亚王国俘获,后受雇于汉朝西部边陲的匈奴人,最终在郅支战役中被汉朝军队俘获,最后在中国定居(Dubs1955;Dubs1957)。

几十年已经过去了,有关骊轩人起源的问题的争论主要是停留在历史学、考古学、语言学、文化、甚至风俗习惯、体质特征等方面的研究。但这些材料或研究的因素,往往容易受到客观条件的限制,难以获得直接证据。而人体中的 DNA 核苷酸序列,具有稳定的世代遗传,随着 DNA 分析技术的发展,特别是线粒体 DNA 的母系遗传特性和 Y 染色体非重组区域所确定的遗传标记,已经成为世界公认的解读人群起源,迁徙,演化的"金钥匙"。因此,从群体遗传学角度,利用 DNA 技术,构建骊轩人的单倍型,成了解开这一谜团的有力的工具。因 Y 染色体非重组区域的研究已经完成(Zhou et al,2007)。因此,通过线粒体母系遗传的角度去探究其种族起源显得尤为重要。

本研究对 87 个骊靬人的线粒体高变区和部分保守区 DNA 序列进行基因扩增、测序、酶切,最后构建了骊靬人的线粒体单倍形图谱。我们得出如下的结论:在被检测的 87 个骊靬人的线粒体单倍群中有 96.6% 的人的线粒体单倍型属于东亚人(该东亚与地理学上的东亚是有区别的,它包括地理学上的东亚、南亚和大洋洲)的单倍型,如单倍型 A、B、D、F、M 和 N。有 3.4% 的骊靬人的单倍型是欧洲人或中亚人的单倍型(单倍型 U、J、H)。在确知了骊靬人的单倍型频率后,我们根据需要又搜集到了中国、欧洲、中亚等的地区的 24 个人种的 mtDNA 单倍型频率,最后对骊靬人和其他 24 个种族的群体进行了主成分分析(PC)。从 PC 图上可以清楚地看到:骊靬人与中国汉族的亲缘关系是最近的,而与欧洲人或者中亚人的亲缘关系较远。这一点从我们构建的骊靬人 mtDNA 单倍型系统进化树上也得到了印证。因此,骊靬人的线粒体多态性的研究结果并不支持骊靬人是古罗马军团的后裔的假说。简言之,骊靬人是中国汉族和中亚人或欧洲人基因交流、融合的一个特殊群体。并且中国汉族人对于整个骊靬人基因库的形成起到了决定性的作用。

在 2011 年 8 月金昌市召开的丝绸之路骊靬文化国际旅游研讨会上,兰州大学遗传研究所谢小冬教授发表了《中国骊靬人的群体遗传学研究》的讲演,详细说明了他们研究的情况、理论依据和研究结论。他们对骊靬人基因研究的结果说明,被检验的 87 个骊靬人个体中,84 个个体的线粒体单倍群属于东亚类型,亦即汉族类型,另有 3 个个体的单倍群分别属于常见于西亚类型欧罗巴人群的 U2e、J1b1 和 HV。他们分析,这 3 个欧洲单倍型的个体的祖先可能是不同时期来自不同的地区的,从而证明即使极个别具有欧洲人遗传因素的骊靬人,也是属于西亚型的欧洲种人,与属于地中海类型的欧洲种人的罗马军团无关。

2.8 葛兆光对古罗马军团东归伪史盛行的学术思考

大量学者的文章足以证明,古罗马安置骊靬说是彻头彻尾的伪历史。但为什么总会有类似古罗马军团这样的"学术成果"出现?

葛兆光在《大胆想像终究还得小心求证——关于文史研究的学术规范》[1]一文中,针对目前国内学术界学术底线缺失,想像和杜撰泛滥的状况,列举了目前学术界大量的匪夷所思、荒诞不经的学术发明。其中也提到了古罗马军团在中国这个故事。作者说:"有人研究说,两千多年以前一支古罗马军团当了俘虏,被安置在骊轩,就是现在永昌这个地方,所以至今永昌这里的人,还是古罗马人的后裔。这本来是英国人德效骞很早的一个说法,可是后来很多中国人也跟着说,甚至连当地政府也跟着来,希望变成一个神奇的故事,变成旅游资源。可是台湾的学者邢义田和北京的学者杨共乐,以及上海的学者葛剑雄等人,都反驳了这种追求轰动效果的故事,因为你没有任何实际的证据,捕风捉影嘛,后来就连原来被当做证人的那个'罗马人'宋国荣,也否认了自己的外来血统。可是,为什么会有一些很有水平的学者,也把这件事说得这么神? 这是值得好好想一想的。"葛兆光指出,这是一种缺少学术规范前提下出现的学术杜撰。他探究此类问题出现的 3 个原因,一是市场的影响。如今一切市场化,那些老老实实、可能也是干巴巴的东西,没有市场效应,可是那些花里胡哨的东西,能够引人瞩目,能卖得出去。本来学术研究是像跳高,只能一公分一公分地长,可是市场导向却逼得你去"揠苗助长"。所以,现在市场就搞得学术界里面常常有这种"不按常理出牌"的现象,在那里制造各种看上去很新鲜,可是只是泡沫的东西,所以有人说是"泡沫学术",这并不奇怪。二是媒体的推波助澜。为什么? 很简单,媒体和市场是一样的,新闻界有句老话说,"狗咬人不是新闻,人咬狗才是新闻",所以它老是要找"人咬狗"的怪事。只有这样,电视、报纸才有人买,有人看。有的记者并不是学术界的内行,可是他们手里的笔却影响很大。应当说,"成也媒体,败也媒体",它要是对学术作严肃的宣传,那是很有用的,我们得借助他们的力量;但是,要是它瞎掺和乱搅和,那就麻烦了。像罗马军团的事情,就是媒体炒大

---

[1]发表于《文汇报》,2003 年 6 月 19 日。

的。特别麻烦的是,现在连批评也媒体化了,本来有学术批评可以监督学术,但是现在的批评自己也要喧哗,所以有的人就在报纸杂志电视网络上面越界乱批,把话说得越出格越有反应,把标准悬得越高就越能表现高超。三是行政官员当学术之政的结果。这是过去"政治挂帅"的转型,因为一些大学的官员,不懂学术,过去是"政治第一",如今则换了个标准,要么以数量来衡量,要么以轰动效应来判断,搞得下面有些人就这样胡说八道,以前讲"楚王好细腰,宫中多饿死"就是这个道理。

2.9 部分新闻媒体对古罗马军团东归说的澄清

在史学界以学术的眼光对古罗马军团安置骊靬问题进行批驳的同时,部分新闻媒体也实事求是地对该事件给与了澄清。

1999 年 8 月 22 日《文摘报》载有《子虚乌有的中国罗马城》一文,称:

"2000 年前,一支失败了的古罗马军团进入中国,随后就神秘地失踪了。他们去了哪儿……"一段时间以来,关于骊靬城和失踪的罗马军队揭秘的报道不断见诸媒体。1999 年 8 月 12 日《文汇报》记者陆伟强在实地进行采访和请教了一些历史学家后,否定了上述说法。

被许多媒体称之为"罗马村"的甘肃永昌县者来寨,现有 74 户人家,不到 300 口人。村里有没有像一些媒体刊登的照片上那样的金发碧眼的学童呢?记者看到,村民无论是大人还是小孩,都没有所谓的欧洲人长相。而且,村里根本没有小学。

如果西汉骊靬城与罗马战俘有关这一结论属实的话,那么东西方关系史确实有重写的必要。但是,把《汉书·地理志》上出现的骊靬城说成是西汉政府安置罗马战俘的城市是没有事实依据的。古罗马史研究专家、北京师范大学历史系教授杨共乐说:"大量的中外史料表明,西汉骊靬城与罗马战俘无关,中国境内哪有罗马城!"

·欧·亚·历·史·文·化·文·库·

　　杨共乐分析说,首先从史料来说,西汉设立骊轩城的具体年代无法确定。如果按现行两种观点,即设置于公元5年和公元前20年前后来推算,骊轩城的设置和罗马战俘是没有关系的。因为,按照罗马兵制,从军服役的最低年龄为17周岁。公元前54年是17周岁的青年,到公元5年就应该是70多岁的老人,公元前20年前后则应该是50岁左右的中年人,当时罗马人平均寿命还不到30岁,因此,即便有所谓的罗马战俘,他们能否活到骊轩城设置时就成了一个问题。其次,克拉苏残部有明确的下落,小克拉苏(克拉苏长子)战死沙场,根本不可能率军突围,这在古罗马史中有明确记载。

　　既然骊轩古城与罗马战俘没有关系,那么如何解释当地一些村民长得像欧洲人呢?杨共乐解释说,永昌县位于举世闻名的古丝绸之路上,各民族之间的关系和人群迁移及混杂的过程相当复杂。在他目前正在进行的"两汉与罗马间的丝路研究"中,已经证明罗马人在两汉时期就已到达过中国洛阳。因此,当地一些村民长得像欧洲人是不足为奇的。事实上,在中国许多地方都有一些长相和欧洲人有些相像的汉族人。

　　复旦大学葛剑雄教授明确表示,"骊轩与罗马战俘说"缺乏史实依据,不足为信!他指出,骊轩县故城在今永昌县境内并非新发现。《汉书·匈奴传》已经为我们提供了骊轩得名非常合理的证据:昭帝元凤三年(公元前78年),匈奴右贤王和犁汙王率4000骑兵入侵日勒、屋兰、番和一带,被张掖太守和属国都尉击败,除数百人逃脱外,其余全部被俘,犁汙王也被义渠王骑士射杀。这位义渠王骑士被封为犁汙王。匈奴入侵的3个县中没有骊轩,而其中的番和县就在今永昌县境内,这说明当时还没设立骊轩县。显然,骊轩是在犁汙王被撤销后设立的。由于骊、犁、犛、黎和轩、汙、轩等字音相近和通用,所以在设县时定名为骊轩,但在具体使用时依然不统一,以致与西方的犛轩混淆。

　　葛剑雄指出,任何科学研究都不妨大胆假设,但要做出结论就得讲科学重证据。将猜测当做事实强行炒作,是有悖学术道德的。

上海自然博物馆人类学部主任徐永庆正在开展一项采用先进的 DNA 技术分析测定丝绸之路出土的"古哈密人"遗骸研究。他说,3000 多年前的"古哈密人"都可以用 DNA 技术在其骨骸中测定出他的"历史渊源",那么,搞清只有 2000 多年的骊靬人行踪是不太困难的。既可以通过对该地区考古发掘出土的 2000 多年来的人骨作 DNA 比较分析,也可以通过对当地居民进行人类学观察和测量,还可以通过对当地居民的血样作 DNA 比较分析。这样,不仅可以测定出他们是不是有欧罗巴人的血缘关系,甚至连是欧罗巴人的哪一支都可以测定出来!

2000 年 9 月 6 日《光明日报》发表了该报资深记者陈宗立的文章《汉简专家研究确认——中国西部罗马城根本不存在》,全文如下:

1989 年 9 月 28 日,法新社发表一则电讯:公元前 53 年,兼任叙利亚总督的罗马执政官克拉苏率军 4 万余人远征安息,结果卡尔莱一战惨败,只有 6000 多人逃出重围,下落不明。澳大利亚教师戴维·哈里斯在中国考察期间发现,中国西部有座名叫"骊靬"的汉代古城,就是当年为安置这批辗转流徙于此的罗马残部而设,在今甘肃永昌县。这批罗马残部突围后,流落于中亚一带,后来成为北匈奴郅支单于的雇佣军。17 年后,即公元前 36 年,汉朝军队远征康居,诛灭郅支,又将这批罗马人俘获,在今河西走廊的永昌置县骊靬,安置了这批罗马降人。报道还称,哈里斯同中国当局讨论了是否建立一个国际机构进行考古发掘,"中国人对此很起劲"。

此报道一出,如同当年斯文·赫定发现楼兰遗址一样,轰动了中国的学术界和新闻界。永昌县也以此为题材大兴土木,先后兴建了一批以"骊靬"、"罗马"命名的宾馆、饭店、市场、雕塑等。并将相传为骊靬故址的焦家庄乡者来寨村附近的故城遗址用水泥桩和铁丝网围起来,按上述说法,镌刻树起了《骊靬遗址碑》和《罗马东征军归宿记》两通碑文供人凭吊。

然而,历史的真相究竟如何?公元前53年卡尔莱战役中的罗马残部究竟流落何处?甘肃永昌境内是否真有一座安置罗马战俘的城?十余年来一直是学术界和新闻界讨论关注的热点。肯定论者和否定论者各执一词,难成定论。人们期待地下发掘和考古资料提供新证据,揭开这一谜底。不久前,甘肃文物考古所汉简研究室副主任、副研究员张德芳在本报发表了《汉代骊轩城与罗马战俘无关》的重要论文(见本报5月19日C4版),以确凿的材料和缜密的考证提出了自己的见解,对廓清这一千古之谜具有重大学术价值。

日前,记者就此问题采访了论文作者张德芳。张德芳告诉记者:70年代,甘肃考古工作者在内蒙古额济纳河流域的居延地区和甘肃金塔县的金关遗址发掘汉简两万余枚,其中破城子和第四燧出土的8000多枚已正式出版。而金关出土的1万多枚由于种种原因,前不久才整理完毕,释文工作才告结束。90年代,又在敦煌悬泉遗址出土汉简两万余枚,释文整理工作亦告结束。这都是甘肃考古继30年代第一批居延汉简发现之后的两次重大发现,不久之后,将交付出版。金关汉简和悬泉简中关于骊轩的记载,是研究骊轩设县于何时以及究竟与罗马战俘是否有关的第一手材料。其中神爵二年的纪年简可谓是回答这一问题的铁证。它确凿地证明,早在神爵二年(公元前60年)以前,骊轩就已存在,它早于公元前53年的卡尔莱战役7年,早于公元前36年汉朝诛灭北匈奴24年,那种认为汉代骊轩因罗马战俘而设的说法纯属无稽之谈。

当然,张德芳还告诉记者,作为学术问题,有不同看法是正常的。通过争论使认识逐步接近事实和真理,本不是件坏事。但问题在于不能用凭空揣测代替艰苦的科学研究,更不能以外国人如何说就身价倍增,一切都要以事实为依据。

采访中,记者还得知,张德芳是永昌人,兰州大学历史系毕业生,多年来一直在甘肃省社科院历史所研究西北地方史。曾参与主持完成了《甘肃省志》第二卷和《甘肃社会科学志》的编纂工作,任过《永昌县志》顾问。1993年调省考古所从事悬泉汉简和金关汉简的整理研究,发表西北史地的论文40余篇。目前,他除继续研究汉简外,正在参加《西北通史》的编写工作。

当再次谈及汉代骊靬是否罗马城的问题时,张德芳深情地告诉记者:"作为故乡,我生于斯长于斯,在家乡度过了童年和青少年时代,虽然现在工作在省城,但仍然深深眷恋着这块土地。从情感上讲,我希望永昌确实有一座古代罗马城,使其一夜间海内外知名,成为中外关系史上的热点。但事实毕竟是事实,历史不能编造,学者的良知让我不能沉默。"

2009年8月26日《北京青年报》刊登《世界知识》杂志主编徐波的《汉与罗马间的四大谜案》一文,在该文主体第二部分,作者也提到了古罗马军团问题。现摘引如下:

汉朝军队与罗马军团打过仗吗?

自上世纪90年代以来,一些媒体和学者共同推动,反复地炒作这样一个所谓历史真相:说是在甘肃永昌境内有一座罗马城,是汉朝军队俘获的罗马战俘在此建立的,现在这个地方还有许多具有古罗马体貌特征的当地居民,就是那些战俘与当地人通婚的后裔。击败过匈奴的大汉雄师,战胜了威名赫赫的罗马军团?这个故事太引人入胜了,引发了一次次炒作,而且调门一次比一次高,最早说是"永昌境内有一座罗马战俘城",后来变成"一支罗马军队在中国境内消失",最后变成"中国境内驻扎过一支罗马军团"。

其实,早在上世纪50年代,是牛津大学历史学家德效骞教授最早提出来永昌境内有罗马城这一命题的。

汉朝确实曾在永昌境内设立过一个古城,叫犁靬(即"黎轩"的异写)城,这早已被中外学者确认。但是,有根据说它是因为汉朝军队跟罗马军队打仗、把战俘安置在这里而建立的吗?

持这种主张的学者,依据的是《汉书》中记载的一个事件。

公元前36年(汉元帝建昭三年),在中亚地区一支匈奴人的首领郅支单于,向汉朝中央政权挑战。汉朝西域都护骑都尉甘延寿和副校尉陈汤,矫诏(假冒汉朝皇帝的命令)与他们在郅支城都赖水(今哈萨克斯坦与吉尔吉斯斯坦交界处)打了一场大仗。汉军在郅支城离城3里处扎营布阵,看到单于城里有这样一支军队:"单于城上立五彩幡帜,数百人披甲乘城,又出百余骑往来驰城下,步兵百余人夹门鱼鳞阵,讲习用兵……土城外有重木城,重木城中射,颇杀伤外人。"

所谓罗马军团的传说就出自这段记载。据称,这种用圆形盾牌连成鱼鳞形状防御的阵式(可能是古罗马军队的龟甲战阵)和修"重木城"的方法,只有古罗马军队采用。因此,他们是一支被匈奴单于雇佣的罗马军队。那么,这支罗马军队来自何处?德效骞教授推测,他们就是在与安息帝国作战中失踪的那支古罗马军队。

公元前53年的卡雷(即卡尔莱——汪注)战役,是西方战争史上最著名的战役之一。古罗马著名历史学家普鲁塔克在其名著《希腊罗马名人传》中生动描写了这场战役。

这年,罗马著名军事领袖克拉苏,带领着几千罗马军团远征由波斯人建立的安息(帕提亚)帝国。他的儿子小克拉苏与他一同出征。战役过程中,小克拉苏率领1800人,想绕到安息军队的后面实行突袭,但中了安息军队的埋伏。小克拉苏见局势无可挽回,让副手把自己杀死,他的士兵多数被杀死,一些人被俘虏。老克拉苏背水一战,最后兵败身死。书中交代有"一万人被生俘"。

德效骞教授就是从研究这"一万人被生俘"的下落着手的。他推论,这些人辗转地来到了中亚,投靠了在当地称雄的匈奴人,做了匈奴人的雇佣兵,17年之后,即公元前36年,在郅支城与汉朝军队打了这场战役。战败之后,这些人被汉朝军队俘虏到中国甘肃境内设立了犁鞬古城安置下来。

这个故事引人入胜,但证据不足。

首先,不管是普鲁塔克的描述,还是其他史料,都没有表明他们到了匈奴处。

其次,《汉书》记载,郅支城战役的结果是阏氏(单于的夫人)、太子、名王以下 1518 人被杀,145 人被生虏,千余人投降。甘延寿和陈汤把这些俘虏"赋予城郭诸国所发十五王",就是送给了跟着汉朝军队作战的 15 个西域国家的国王,没说这些人被带到了甘肃或内地任何地方。

那么,为什么当地确实存在一些具有与欧洲人相似的体貌特征的居民呢?这个问题也很好理解:当地正处在中国内地连接西域的交通要道,有欧洲人到中国来太容易了,未必非得认定他们是罗马军队的后裔!

2.10　第 143 期《中国社会科学报》对骊靬问题的大型系列报道

2010 年 10 月 6 日兰州大学意大利文化研究中心高调揭牌成立,有报道称,研究中心成立后,将立即着手开展两项学术研究课题:其一,早期中国罗马兵团后裔研究,利用兰州在中国西北的战略位置,发掘、记录和整理丝绸之路一带关于中国早期与罗马接触的丰富历史资源,以解开罗马兵团神秘消失之谜。其二,马可·波罗时代的中西文化交流,探寻马可·波罗当年沿着丝绸之路访华的传奇足迹。眼看有关古罗马军团东归的假说被越炒越火,连国家重点大学都成立专门机构要开展对"罗马军团神秘消失"的研究,《中国社会科学报》派出记者组赴甘肃,到永昌和兰州等地进行采访,并在 11 月 30 日出版的第 143 期该报上刊出了系列报道。报纸头版以显著的编排刊登了独家报道《解密骊靬》的系列文章的题目及其要点,再以 2~4 版 3 个整版的篇幅,刊登了记者的采访报道和有关文章。

第二版文题为《揭秘"罗马人"走进骊靬村——"早期中国罗马军团后裔问题"尚未盖棺论定》,记者曾江撰文。其要点为,"根据骊靬父系遗传变异的研究结果,不支持'罗马军团'起源说。当前的骊靬人更具一个汉民族亚人群的特征。"文内小标题:(1)《"罗马军团"尚未盖

·欧·亚·历·史·文·化·文·库·

棺论定》,通过对陈正义、刘光华的采访和兰州大学医学院两篇学位论文的转引,说明古罗马军团后裔说是难以成立的。(2)《走进骊轩村:"有大量欧洲人特征的村民"的说法不准确》,文云:"在骊轩村串门,记者注意到,骊轩村的村民在外貌上与普通汉族人差别并不大,所谓'骊轩村有大量欧洲人特征的村民'的传说纯属子虚乌有。"(3)《杏树庄:偶遇像"罗马人"的"军事部长"》,述说记者在杏树庄、河滩村遇到的吕兴祥等几个有白种人长相的当地人,他们都认为自己是汉族人。(4)《"骊轩文化"开发蓄势待发》,记者在永昌县城走访了县骊轩文化研究会会长宋国荣、作家王萌鲜和县委宣传部副部长梁尚智,王萌鲜强调永昌骊轩村是罗马东征军的最后归宿地。(5)《汉简隋碑记录骊轩始末》,记者参观永昌县博物馆,见到隋骊轩县令成公墓志的复制品,说"这是一通珍贵的石碑,它只是证明隋代曾有骊轩县城——我们尚不知道骊轩县的开始,但是毕竟知道它的结束。"

第三版文题为《为什么骊轩在这里,丝绸之路"大骊轩"文化考察记》,记者曾江撰文。要点称,"永昌钟鼓楼保留有汉、蒙、古代党项等民族的文化特色,反映出永昌自古就是多民族聚居、融合的地方。"为了解开骊轩为什么在这里的疑团,记者从永昌县城出发,西观焉支,南走祁连,东赴武威,北越长城,以骊轩村为中心,对骊轩周边与其有密切关系的文化圈进行了实地考察。骊轩村西边的焉支山是古代的军事咽喉要地。焉支山南、祁连山北自古就是战马牧场。汉塞三燧庇护或监控着骊轩村。永昌自汉代以后一直是兵家必争之地。河西走廊自古是民族熔炉,永昌就是这个熔炉的一个缩影。骊轩人和裕固族人有更为相近的遗传关系。其后又有一篇《最重要的是认同》的短文,记者认为,骊轩人和所谓"罗马军团"之谜,应该在更大的背景下加以考察,需要综合历史学、考古学、民族学、人类学、遗传学等多个学科进行研究。在研究中必须注意摒弃虚浮不实的附会,保证学术研究的科学性。记者从祁连山北麓这一角,充分感受到了中华民族多元一体的特征和格局。民众对民族、国家的认同,是这个民族、这个国家坚定前行的最厚实的基础。

第四版共刊出了 5 篇文章。

第一篇《意大利学者对骊轩人来源的看法》，由中国社会科学院世界宗教研究所刘国鹏撰写。文章主要介绍了两篇意大利学者的相关研究。意大利汉学家白佐良（Giuliano Bertuccioli）发表《捕风捉影：中国惊现克拉苏罗马军团后裔》一文。指出，公元前 53 年的卡尔莱战役和公元前 35 年怛逻斯战役，在时间上相差近 20 年，因此，前一战役中最年轻的士兵，至后一战役时应该已近 40 岁左右，而且，在 20 余年的流亡生涯中，其身体状况似已不堪担当雇佣兵的体质。20 世纪 90 年代，国际媒体对于骊轩人的相关报道接连涌现。白佐良指出，严肃的国际汉学研究杂志并未刊登各路新闻媒体争相抛出的报道，而千篇一律的新闻报道也正说明其缺乏足够的科学和文献支持。文章和报道将郅支城的 100 多位罗马降卒这样一种想当然的假设作为前提，从而成了一种命题作文式的论证。此外，两千年前困顿褴褛的 100 多位罗马降卒，近 20 年之后，势必年事已长，且与当地多民族妇女通婚，那么逾两千年之后，其后裔之中仍在体貌特征上保留其先辈的遗传特征则势必极其困难。而且，克拉苏时期的罗马军团士兵在当时并非都是金黄头发和蓝眼珠，今天很多媒体的这一削足适履式的举动无疑是相当滑稽的。意大利古代历史学家和罗马学专家拉斐尔·阿迪诺菲（Raffaele Adinolfi）所作《在中国的克拉苏士兵和蒙古、印度与锡兰的坎帕尼亚商人》一文中，详细叙述了发表在德文版《北京周刊》上的署名为崔扁的文章，提到部分国际考古学家在甘肃永昌县者来寨的考古发掘的遗迹和实物。阿迪诺菲认为，只有当历史学家和考古学家发表正式的相关学术报告和与骊轩有关的科学资料及数据，才能对古代罗马与中国在公元前 1 世纪下半叶的关系勾画出一幅完整而又值得信赖的画面。

第二篇《骊轩仍然神秘并充满魅力》，刊登了记者曾江对古罗马军团东归说的发挥者哈里斯的采访。哈里斯说："我的骊轩研究的灵感来自于牛津大学教授德效骞提出的假设——骊轩城是汉王朝将西方降人作为雇佣军安置的城市，这些士兵可能是在卡尔莱战役中战败的罗马军团的残余部队，他们流散在中亚一带，汉朝将军陈汤攻下郅支城后,他们成为陈汤的俘虏。根据此后更为深入的综合研究,德效骞的假设是不准确的,因为,骊轩是在陈汤攻打郅支城之前就已经建立了。因此,骊轩'罗马人'可能并不是一个遗失的军团的士兵,而更可能是在许多个世纪中不断移入河西走廊的移民潮中的一支。当然,他们的来源和身份都还没有得到很精确的确认,因此,骊轩仍然是神秘的,并充满了魅力。"

哈里斯建议,永昌县可以用两个方法保护和开发骊轩文化——教育和旅游。继续进行深入的探索研究,在永昌县博物馆积累更多的考古发掘材料。

第三篇《探究骊轩村民身份之谜仍有学术价值——访北京师范大学历史学院院长杨共乐》,记者江欣撰文。杨共乐说:从相关文献分析的角度看,我觉得有关骊轩村居民是罗马军团后裔一说很难成立。对此我依然坚持我个人此前的观点。按《汉书·地理志》的说法,骊轩为张掖郡辖下的一个县。此县若与张掖郡同时设立,则其设置年代应为武帝太初元年,即公元前 104 年。这比克拉苏军团早 50 多年,两者之间显然没有关系。如果按德效骞的说法,该县设立于公元 5 年,那么它的设置也肯定与克拉苏军团无关。因为按照罗马兵制,从军服役的最低年龄为 17 周岁。公元前 54 年是 17 岁的青年,到公元 5 年就应该是 70 多岁的老人了。更何况,克拉苏的军队主要来自前任叙利亚总督加比尼乌斯的东方军团和部分参加高卢作战的士兵,所以他们的最低年龄肯定要大于 17 周岁。用 70 多岁的老兵来筑城戍边显然是不可能的。另外,现有史料中,卡尔莱之战中克拉苏之子小克拉苏战死沙场,根本不可能率军突围。总之,把骊轩说成是西汉政府安置罗马战俘的城市是没有史料和事实依据的。骊轩作为丝绸之路上的一个地点,与欧罗巴人有一些来往和接触也是非常正常的。虽然目前有一些 DNA 研究的成果已经表明,骊轩村的居民没有罗马血统,但是,从学术研究的角度说,不管对骊轩村居民是罗马军团后裔一说持肯定还是否定的观点,在没有定论之前,都应该受到重视与尊重。杨共乐还说,媒体的关注可以更好地推动学术界尽快解开骊轩村居民的身份之谜。因为从学术上说,能够追根溯源,找到骊靬村居民的祖先,这本身就有重要的学术价值。

第四篇《"早期中国罗马军团后裔"不是唯一研究项目——访兰州大学意大利文化研究中心主任袁洪庚》,要点言,"意大利研究中心成立的目的是开展对古罗马以来的意大利文化以及中国——意大利交流史的全面研究。"袁洪庚说:有关媒体提到我在揭牌仪式上表示,意大利研究中心将寻找更多中国早期与罗马帝国联系的证据。但是,我的讲话中并未涉及这一内容,揭牌仪式之前、当天和之后,我都没有见过记者。意大利研究中心成立的目的就是开展对古罗马以来的意大利文化以及中国—意大利交流史的全面研究。目前,意大利研究中心的工作主要从以下3个方面逐步展开。首先是深入开展意大利语教学。其次是充分发挥有关学者专长,继续开展已有一定基础的古罗马历史、意大利历史的研究工作,并逐渐将研究辐射到人文、社会科学的各个领域。未来,我们还要发挥兰州大学理工科优势,开展对现当代意大利在国际上领先的工业设计研究,如航空、汽车、皮革工业等方面的研究。有关"早期中国罗马军团后裔"和"马可·波罗时代的中西文化交流"的研究已经展开。此外,我们还有一些研究项目已列入近几年的学术研究规划,如:Umberto Eco 研究、费德里科·费里尼与意大利新现实主义电影、意大利时装等高档消费品在华走势等。

第五篇是《骊靬"罗马城"作为国际学术争议话题的由来》,由记者曾江撰写。文章简要叙述了卡尔莱战役和郅支战役,德效骞假说的提出,德氏的假说引起余英时、杨希枚的批评。大卫·哈里斯到中国寻找"罗马城",《参考消息》等报道,在海内外引起关注。由此使骊靬"罗马城"问题从学术界进入大众视野。随后,国内外大量大众媒体持续关注报道,至今未息。清华大学张绪山、中国社会科学院施爱东对历年来相关报道进行了梳理,并进行了评述。关于骊靬"罗马城"问题,国内学术界已经展开多次激烈的学术争议。支持派随着研究的进展而调整修正其学术观点,认为骊靬"罗马人"有着更复杂的来源。学术界反驳之声一直没有平息。刘光华、汪受宽、张德芳、葛剑雄、邢义田等对骊靬人为罗马人后裔的说法进行了否定。兰州大学谢小冬等承担"河西走廊骊轩人群体遗传研究",已经取得的阶段性成果,不支持骊轩人为古罗马军团后裔的假说。

《中国社会科学报》是中国社会科学院主办的一份面向全国哲学社会科学界的大型理论、学术报纸。该报关注重大理论和实践问题,瞩目热点、难点、焦点和前沿问题;坚持理论创新,鼓励学者在坚持科学精神和科学原则的前提下,运用新方法,开辟新领域,提出新观点;坚持"百花齐放,百家争鸣",提倡坦诚、平等、说理充分的批评与反批评,支持和扶持学派的形成与发展;注重对国内外社会思潮、学术动态的分析和评介,以我为主,为我所用;坚持弘扬优良的学风和文风,强调实事求是,鼓励严谨治学,提倡深入浅出,注重返博为约。

第143期《中国社会科学报》以3个整版的篇幅,7篇系列文章,全面报道了记者在事前充分学术准备的基础上,到永昌等地采访的所见、所闻、所想,以理性的思考和充分的根据,对永昌骊轩人为古罗马军团后裔的说法进行了辨析,否定多于肯定。特别是转引了意大利学者对该说法的否定及怀疑,公布了哈里斯对德效骞假说的否定,以及兰州大学基因研究的初步结论,使真相得以进一步廓清。记者从祁连山北麓这一角,充分感受到了中华民族多元一体的特征和格局。民众对民族、国家的认同,是这个民族、这个国家坚定前行的最厚实的基础。记者指出,骊轩人和所谓"罗马军团"之谜,应该在更大的背景下加以考察,需要综合历史学、考古学、民族学、人类学、遗传学等多个学科进行研究。在研究中必须注意摒弃虚浮不实的附会,保证学术研究的科学性。为骊轩文化的进一步发展指明了方向。

3 罗马和中国

——公元前1世纪的东西两大国

读完第1、2章,大家就会明白,我们要讨论的问题,涉及公元1世纪中后期分别在欧洲和亚洲最为强盛的两个大国——罗马和中国。在本章,先介绍两国有关历史的轮廓,以供一般读者参考。

3.1 意大利半岛和王政时期的罗马

古罗马帝国发祥于欧洲南部的意大利。意大利共和国国土面积30.13万平方公里,人口5846万。首都罗马,人口约283万,是古罗马帝国的发源地。从8世纪起,成为天主教中心。现在是全国政治、文化和交通的中心。意大利最大的工商业城市是米兰,人口149万。其他著名的城市有威尼斯、佛罗伦萨、那不勒斯、都灵、热那亚、巴勒莫等。意大利国土的大部分在形状狭长北南走向的亚平宁半岛上。半岛伸入地中海,最南端是西西里岛,整个半岛形如一只穿着高跟长筒靴的脚在踢足球。亚平宁山脉贯穿半岛东侧,意大利北部是比较宽广的平原,平原以北高耸的阿尔卑斯山脉将意大利与中欧隔开。意大利境内地形复杂,各地气温相差较大。其北部为温带大陆性气候,南部的半岛和岛屿属亚热带地中海式气候。

在旧石器和新石器时代,意大利就有人类居住。公元前1700年前后的特拉马尔文化遗址的居民,主要从事农业和畜牧业,并且有黑色的陶器和青铜武器、短剑等,表明其已经进入青铜时代。公元前11世纪从小亚细亚越海而来的伊达拉里亚人,逐渐在半岛腹地发展起来。公元前6世纪,伊达拉里亚人的12个城市建立的联盟发展到极盛。其间,地中海不少先进国家向意大利移民。腓尼基移民建立的迦太基势

·欧·亚·历·史·文·化·文·库·

力与希腊移民建立的大希腊城邦长期对峙。罗马在迦太基的支持下吞并了大希腊。

传说罗马城是罗慕洛和勒莫兄弟于公元前 753 年建立的。罗马社会最早实行军事民主制度,人称王政时期。据说,罗马有 300 个氏族,每 10 个部族组成胞族(库里亚),10 个胞族组成部落(特里布斯),总共 3 个部落构成罗马人民整体。由部落内成年男子参加的库里亚大会,通过表决形式,决定宣布战争,对死刑判决的认定,以及选举包括"王"(勒克斯)在内的高级公职人员。王是全国军事、宗教和司法的最高首长,由氏族首长组成的元老院与王一起处理公共事务。后来,罗马社会出现了分化,氏族贵族攫取氏族的土地和财富,权力扩大,一般氏族成员的地位下降,甚至破产。外来和被征服地区的居民成为处于氏族之外的平民。平民人数的增加和经济地位的提高,使平民与贵族的矛盾日益尖锐。第六任罗马王塞尔维乌斯(约前 578—前 534 年)实行改革,把罗马人按财产标准分为 6 个等级,作为征兵和纳税的基础,同时各自享有不等的权利和义务。每个等级建立军事百人团,百人团会议取代了原来库里亚会议的许多权力,其中第一等级的百人团会议在表决中占据了总票数的一半。至此,以地区划分为基础、以财产论等级和权力、由一切有产者参政的国家制度形成。公元前 510 年前后,罗马爆发起义,最终推翻暴君塔克文,废除了王政制度,罗马共和国时代到来。

3.2 共和国时期的罗马

罗马共和国的首脑是两位权力相等的执政官。由氏族长老和退任执政官组成的元老院,决定内外政策和审查批准法案的权力。执政官由百人团会议从贵族中按年选举产生。罗马共和国平民与贵族进行了长达两个多世纪的斗争。公元前 5 世纪,平民会议取得推举保民官权力,并获得了与贵族通婚和当选为军政官的权利。公元前 367 年通过的李锡尼—绥克斯图法案,废除了债务奴役制,使罗马平民不再有沦为债务奴隶的威胁。上层平民与原有的贵族合为新贵,共同把持共和国的权力,平民从法理上取得了完整的公民权。罗马奴隶主通过剥削外族奴隶,社会经济获得发展。罗马全体公民组成的人民会议,表决国家立法、选举保民官、财务官、营造官以及低级官员。元老院实际上是共和国的最高机构,百人团形式上仍然有授予当选高级长官的职权。

公元前4世纪初,罗马人对伊达拉里亚人、高卢人和沃尔斯奇人的斗争已告一段落。罗马贵族依靠自由民组成的军队,不断进行战争,于公元前275年统一了意大利半岛。又依靠新建立的海军,在公元前241年从迦太基人手里夺取了西西里岛。新的商业金融阶层"骑士",力促共和国对外扩张。公元前232年,罗马人占领山南高卢。公元前205年彻底战胜迦太基人,罗马成为西地中海的霸主。公元前148年,罗马将希腊中南部并入其马其顿行省,结束了古希腊城邦分治的局面。罗马在征服地区实行行省制度,到公元2世纪后叶,罗马共有9个行省,其中西部是西西里、撒丁尼亚、科西嘉、山南高卢、西班牙、阿非利加,东部是伊利里亚、马其顿、亚细亚。共和国派遣退职的执政官为行省总督,在一年的任期内,他大权独揽,肆意搜括财富,野蛮掠夺人口为奴隶,疯狂镇压一切反抗。

流入罗马的大量奴隶,主要从事农业生产,也有充当仆役、教师、乐工、医生的。少量的国家奴隶,则充当狱卒、皂隶以及行刑的贱役。奴隶是"会说话的工具",与牲畜一样,都是属于奴隶主的财产。实在忍无可忍的奴隶举行一次又一次的起义,失地农民和城市贫民与上层奴隶主之间的矛盾也不断加深。公元前133年、前123年、前122年,先后担任保民官的提比略·格拉古和他的兄弟盖约提出和推行回收大土地所有者的土地,将其分配给贫穷公民的法案,两人先后被谋杀,改革失败。以元老为首的贵族派和以骑士为主的民主派的斗争日益尖锐。随着扩张战争的进行,源源不断的财富和奴隶流入罗马,为大土地所有制的产生创造了条件。伴随着大土地所有制形成,无数小农破产,小农破产又导致罗马兵源日益枯竭。加之阶级矛盾的激化,奴隶起义不断发生,国家需要一支强有力的军队来镇压,同时频繁的对外战争也需要

·欧·亚·历·史·文·化·文·库·

有强大的武装力量。公元前 107 年,军人出身的马略为执政官,他推行军事改革,把按照财产条件从公民中征兵的旧制改为募兵制,招募的兵员由国家供应薪饷和武器装备,服役 16 年,退役后分给份地;对军团的装备、编制也做了改革。职业化的军队成为军事统帅进行政治斗争的工具,为军事独裁的出现提供了条件。

马略改革后,充当雇佣兵成了意大利人的重要出路,而退役老兵争取份地的斗争也日趋激烈。在罗马,只有享有罗马公民权的人才有权分得份地。意大利人名为同盟者,但他们没有罗马公民权,不但无权分得份地,而且自己的土地也被罗马人侵占。为了得到份地,意大利人要求公民权的愿望日益强烈。在通过合法手段无法满足其诉求的情况下,意大利人于公元前 90 年发动了起义。起义者创建意大利同盟,同盟与罗马的战争,人称同盟战争。为了分化瓦解起义者,罗马执政官尤里乌斯·凯撒施行新法律,凡效忠罗马的意大利人都取得了罗马公民权。次年初,又规定在两个月内向罗马投降的起义者均可得到罗马公民权。同时,加强了对同盟的军事镇压。公元前 88 年,罗马取得同盟战争的胜利。

这时,崛起于小亚细亚北部的本都国王米特里达梯六世发动了反罗马的战争。米特里达梯控制了小亚细亚的大部分地区,然后越过爱琴海,占领了雅典和希腊的其他地区。50 岁的路奇乌斯·科尔奈里乌斯·苏拉受命率兵前往镇压。保民官苏尔皮奇乌斯·卢福斯强迫苏拉将战争指挥权交给马略。苏拉拒绝接受这一改派,反过来率领军队向罗马城发动进攻。占领了罗马的苏拉废除苏尔皮奇乌斯的立法,同时迅速地施行了几项重要的改革,规定元老院为国家的最高权力机关,不经元老院批准,公民会议不得通过任何法案;取消保民官的否决权;增补 300 名苏拉的同党为元老院成员,等等。

公元前 87 年春,苏拉率军赴东方作战。在强大的军事压力下,公元前 85 年 8 月,米特里达梯被迫与苏拉签订和约,交回战争开始以来在小亚细亚所占领的一切地方,并支付战争赔款。

苏拉刚一起程前往东方,马略就从北非的避难地返回意大利,进行政治报复,对罗马进行血腥的内部大屠杀。苏拉被宣布为非法,他的宪法也被取消了。在将近 3 年中间(前 87—前 85 年),马略和继任者秦纳废除了苏拉的措施,恢复了公民在特里布斯内部的不平均分配,宣布取消四分之三债务,实行币制改革,增加粮食配给。秦纳的这些有利于意大利人的措施,在土著的罗马公民中间引起了不满,罗马的舆论倾向于和苏拉妥协。公元前 83 年春天,苏拉率领着满载房获物的 4 万大军在布伦第西乌姆登陆,意大利新的内战开始了。在大军压境的时候,民主派的许多将领倒向苏拉一边,其中包括从非洲率领武装队伍来的李启尼乌斯·克拉苏。年轻的格涅乌斯·庞培征募了一支大军,也成为苏拉的支持者。苏拉取得了战争的胜利,处死了 5000 名政敌。

为了实现重建保守制度的抱负,苏拉宣布自己担任不受任何制约的独裁官职。他规定,取消保民官对刑事案件的否决权,未经元老院的认可,不许保民官改变任何法律。今后,那些担任过保民官的人不得担任国家的任何主要官职。苏拉改组陪审法庭,以加强元老院的权力。并采取措施,将行省总督置于元老院的严密控制之下。担任公元前 80 年的执政官以后,苏拉隐退,一年后去世。

苏拉独裁表明罗马历史已经进入一个新的时代:即随着罗马疆域的扩大,各种社会矛盾更趋尖锐,更趋复杂,斗争也日趋激烈。而这些情况又反过来说明:罗马贵族共和政体,已经不能解决罗马所面临的各种矛盾。罗马社会需要有一种新的力量。这种力量要能够建立行之有效的帝国政治,而且也能迅速地镇压奴隶、贫民和其他各阶层人民的起义,维护整个帝国统治阶级的利益。这种新的力量就是建立在职业军队基础上的军事君主制。苏拉独裁的成功说明,国家政权由拥兵自重的个人来掌握是完全可能的,从而加速了共和国灭亡,为君主制开创了道路。

3.3　斯巴达克斯奴隶起义与共和国的覆亡

苏拉独裁结束后,在罗马内争外患的余波尚未平息之时,意大利又爆发了斯巴达克斯领导的奴隶大起义(前73—前71年)。

斯巴达克斯,是一位出身于游牧氏族血统的色雷斯人。他曾经在军队里当过士兵,后来成为罗马人俘虏,被卖到卡普亚一个角斗士训练学校里为角斗士。角斗士必须在竞技场为公众表演相互格杀,或与猛兽拼斗,生命毫无保障。他们当中有200人正在计划逃走,忽然听到有人告密的风声,于是70人用从厨房里夺得的砍刀和铁叉冲出暗室,成功地逃跑了。他们沿途拦劫了为另一个城市的角斗士运送武器的大车,武装了自己。然后他们占据了维苏威火山,建立了强固的阵地,推出了3名领袖,第一位就是斯巴达克斯。角斗士们击退了从卡普亚赶来镇压的军队,缴获了许多用于实战的武器。行政官克罗狄乌斯率领3000士兵将他们围在山上,角斗士砍下那些可用的枝干,结成一条条结实的软梯,沿着绝壁来到山下的平地,出其不意攻克了罗马士兵的营地。罗马又派出了行政官普布里乌斯·瓦里努斯进行第二次讨伐,在多次战斗中,斯巴达克斯率领起义者打败了敌人,甚至俘获了行政官的坐骑和侍从官。半岛南部的许多城市被起义者占领,获得自由的奴隶们大量地屠杀奴隶主。斯巴达克斯把全部精力用来组织军队并在军队中树立严格的纪律。可是他的部下自以为人数众多而盲目自信,继续在意大利各处骚扰劫掠。

元老院把两个执政官都派到战场上。执政官格利乌斯突然袭击由于骄横狂妄而脱离斯巴达克斯主力的日耳曼人,全歼了他们。执政官伦图卢斯用重兵包围了起义者,但斯巴达克斯却主动冲上前去,打败了伦图卢斯的几员副将,并缴获了他们的辎重。当斯巴达克斯率部杀出重围冲向阿尔卑斯山时,又遇到了山南高卢总督卡西乌斯率领的一万军队的阻击。起义者打败卡西乌斯的军队,斯巴达克斯的兵力据说达到12万人。

此时,大法官克拉苏被派担任讨伐起义者的统帅,许多贵族投靠到他的麾下。克拉苏率领募集的军队,开赴前线。克拉苏的副将率兵攻击起义者,吃了败仗,有的士兵临阵逃脱。克拉苏恢复古老的惩罚逃兵的办法,10人中处死一人,据说有约4000士兵被杀。经过整顿的部队在克拉苏率领下重新进攻起义者。斯巴达克斯避开敌锋,假道卢卡尼亚向海边退去,想利用海岬边上停靠的西利西亚海盗船,前往西西里岛。接受了西西里总督厚礼的那些海盗却欺骗了他,扬帆而去。斯巴达克斯不得不从海边回师,在雷吉昂半岛驻扎下来。克拉苏的士兵们在很短时间内,从东海岸到西海岸,开挖了一条横贯半岛的深沟,还在沟上建筑了一道高墙,以断绝起义奴隶的退路。最初斯巴达克斯对此十分蔑视,可是不久他的粮食消耗殆尽,想要突围冲出半岛时,发现自己已被高墙和沟堑围困住了。公元前72年至前71年冬春之交的一个朔风凛冽、大雪纷飞的夜晚,斯巴达克斯率领部下用泥土和树枝填平了一小段壕沟,有三分之一的人冲出了包围线。

后来,斯巴达克斯手下有许多人和他争吵之后脱离了他,起义者陷入分裂。克拉苏对那些脱离主力的起义军发动进攻,起义者血战到底,12300名起义者捐躯沙场。

斯巴达克斯率领起义军退到阿普利亚,与克拉苏会战,战斗异常激烈。斯巴达克斯冒着飞矢,越过遍地的伤员,直向克拉苏杀去。在敌人的重重包围下,他被砍倒时还抵抗不止。他剩余的军队成群地被屠杀了,起义终于失败。被俘的6000名起义奴隶被钉死在沿着加普亚到罗马大道的十字架上。还有5000人的一支起义队伍冲出重围逃到北方,在那里被庞培歼灭。

从公元前73年秋天算起,震撼意大利18个月的这次起义终于结束了。起义的结果,使意大利失掉了不下10万名奴隶,田地被蹂躏,许多城市受到劫掠。受到惊吓的奴隶主开始避开买来的奴隶而宁肯利用生在家里的奴隶。起义军所到之处捣毁奴隶主庄园,解放奴隶,促使奴隶制剥削关系发生变化,开始出现的授产奴和隶奴制都有利于社会经济的发展。这次起义也沉重打击了罗马奴隶主阶级的统治,加速了共和国的覆亡。

3.4 前三头同盟与凯撒独裁

在镇压斯巴达克斯起义的过程中,庞培从西班牙被召回意大利助战。他按时到达并投入清剿行动。庞培和他的朋友对其战绩的吹嘘，使他在罗马上层声名鹊起。雄心勃勃的克拉苏和庞培联合竞选公元前70年的执政官。在他们拥有的强大军事实力面前，元老院不得不让步，人民大会如期选举庞培和克拉苏为执政官。

在担任执政官之年，庞培和克拉苏——苏拉党的最主要代表者却变成了民主派，他们俩将分歧搁置一边，一心推翻苏拉宪法。这一举动为他们赢得了相当多的拥护者。他俩清洗了直接依附于苏拉的64名元老，并提出将陪审法庭的元老席位减至三分之一。庞培建议的一项法律废除了已故独裁官加给保民官的一切限制。至此，苏拉为传统秩序而战的活动几乎都被否定了，罗马政治完全回到了往日的反复多变和混乱无序的状态。

在接下来的几年里，克拉苏仍喜欢留在国内以增加财力和扩大自己的影响，而庞培则伺机提高自己的军事声望。不久，地中海海盗的猖狂掠夺为他提供了机会。公元前67年的一名保民官越过元老院的首脑，提出了一项法案，将清剿海盗的任务委托给庞培，同时拨给他12万步兵和500艘舰船。庞培以闪电般的作战行动，仅用3个月就把地中海的海盗彻底肃清了。

紧接着，另一名保民官向人民大会提出了一项附加法案，将解决近东事务的全权授予庞培，特别是停止与本都国王米特里达梯六世旷日持久的敌对行动。尽管元老院耿耿于怀，但这个法案还是被通过了。由于米特里达梯六世被其亚美尼亚盟友抛弃，因此庞培一到战场，便取得了辉煌的胜利。看到一切都完了的米特里达梯和自己所有的妻子与女儿一起服毒自杀。

在对陌生的高加索地区进行大力开发之后，庞培开始全面解决西亚的问题，被吞并的本都与比提尼亚合并组成一个行省。他废黜了最后一名塞琉古君主，将整个叙利亚地区组建成一个行省。这样，在亚历山大身后留下的马其顿、塞琉古和埃及三大王国中，只有名字依旧的埃及王国保持形式上的独立，但它在很大程度上已经从属于罗马了。在小小的犹太王国，庞培乘其王室纠纷之机，夺取了古都耶路撒冷，建立了在罗马庇护下的傀儡政权。庞培保留了亚美尼亚王公而没有吞并那个国家,此事成为罗马人与较远的帕提亚和波斯等东方诸国之间未来争端的焦点。

从东方获得的战利品和来自那些君主与诸城的赠礼,使庞培变成了比克拉苏更加富有的人,同时也给他增加了一大批依附者;他在东方的安排还极大地扩充了罗马国库的财源,国家的年收入至少提高了百分之四十。

公元前62年,庞培回国,罗马为他举行了空前盛大的凯旋式。同时,保民官加图和元老院否定了给他的士兵份地以及批准他在东方采取的所有行动的要求。元老院还否定了包税公司承包的亚细亚税收的买价回扣的要求,从而引起了代表骑士利益的克拉苏的强烈不满。公元前60年夏天,凯撒从西班牙回来了。他在行省的辉煌的军事行动使他有一切理由获得凯旋式的接待。从另一方面来说,他又想竞选公元前59年度的执政官。鉴于希望得到凯旋式和竞选执政官的矛盾冲突,凯撒放弃了凯旋式。元老院又提出,要将西班牙行省总督委托于他人,他才能参加执政官的角逐。

被得罪和伤害的庞培(前106—前48年)、克拉苏(前115?—前53年)和凯撒(前100—前44年)尽管其间矛盾重重,却结成反对元老院贵族的同盟,形成所谓的"前三头同盟"。站在凯撒和庞培身后的是民主派,支持克拉苏的则是骑士集团。

公元前59年凯撒出任执政官。他完全无视别人的反对,推行了一系列有利于三头的措施。他颁布了一项满足庞培士兵要求土地的法律,批准了庞培在东方的措施,并将获利丰厚的财政特许权给予克拉苏代表的包税的骑士们。他还规定,从今以后,元老院以及人民大会的议程一律公开,从此,元老院成员反对他的阴谋受到限制。

庞培和克拉苏则在政治生涯上帮助凯撒。任满后的凯撒担任了包括山南高卢(北意大利)和伊利里库姆(Illyricum,达尔马提亚)的行省总督。当凯撒到达高卢时,高卢各部落联盟正进行着争夺统治权的战争。东面的赫尔维特人和日耳曼斯韦布部落乘机向高卢进攻。凯撒击败了赫尔维特人,并把斯韦布人驱逐到莱因河东岸。此后,他继续进攻高卢境内克勒特和日耳曼诸部落,迫使他们投降,高卢全境成为罗马的行省。

在征服高卢的 10 年征战中,凯撒组成了一支强大的属于他个人的军队,掠夺到大量财富,并在罗马公民中获得巨大的威望,这些都为他在罗马实施军事独裁准备了条件。

公元前 56 年,三头在山南高卢的路卡会晤,再次达成协议,他们商定:庞培和克拉苏联手担任前 55 年的执政官,任满后庞培担任西班牙总督,克拉苏为叙利亚总督,凯撒在高卢的独裁则延长 5 年。贪功心切的克拉苏任期未满便赶赴东方,于前 53 年死于侵略安息的战争中。庞培任满后,不愿离开罗马,而以副将代管西班牙的两个行省。前 52 年,民主派领袖克罗狄被贵族杀害,罗马平民因此暴动。被元老院任命为唯一执政官的庞培镇压了暴动,又颁布法律,限定前 49 年凯撒必须交出高卢总督的职位,并将支持凯撒的保民官驱逐。

凯撒宣布与庞培公开决裂,以保卫人民夙有权利的名义,进军意大利。元老院贵族和庞培来不及准备,只得逃往东方。凯撒进军希腊,法塞拉斯一战,彻底打败庞培。庞培逃到埃及,被人杀死。凯撒继续出征,在东方征服了小亚细亚,在西方取得阿非利加和努米底亚,又平定了西班牙庞培两个儿子的反抗,全部罗马属地都掌握到凯撒手中。

凯撒在罗马的军事独裁权力一再延长。到公元前 44 年,他获得无限期的独裁权。他同时拥有监察官和终身保民官的身份,又被加上了"元帅"和"祖国之父"的称号。他建立了由国家征收直接税的制度,只有间接税仍用包税制;他严厉惩处各地总督的贪污舞弊,改善行省的统治;他把元老的名额增加到 900 人,将自己的许多亲信安插到元老院,使元老院变成了他的咨询机关;他将罗马公民权授予行省的上层人士,以得到他们的拥戴。通过这一系列措施,他扩大了罗马奴隶主统治的社会基础,消除罗马和罗马以外地区在公民权和政治制度上的差异,破坏了共和国的城邦制度,从而开始了中央集权的新的统治形式。凯撒是利用平民的支持夺得独裁权力的,一旦他坐稳宝座,就背弃了平民,将获得免费粮的人数减少了一半以上,而免除的债务则只有四分之一。退伍士兵的土地分配也极为缓慢。不满的平民起而暴动,遭到凯撒的残酷镇压。元老贵族和不满税制改革的骑士组成阴谋组织,公元前44年3月15日,凯撒被反对派杀害。

3.5 罗马帝国时代及东西罗马的分裂

贵族们并没有因凯撒的死而掌权。继凯撒而起的是由执政官安东尼、凯撒的甥孙屋大维和骑兵长官阿雷达,他们结成了"后三头"同盟,在罗马实行恐怖统治。经过长期的争夺和战争,公元前30年,屋大维征服埃及,安东尼自杀。前27年1月13日,屋大维假装勉为其难地正式接受元老院和人民给予的绝对权力,自称"第一公民",意为元首,人们将屋大维的独裁统治制度称为"元首制"。屋大维兼有元首、统帅、最高代行执政官、终身执政官、终身保民官、大祭司长、首席元老等头衔,集军事、行政、司法、宗教大权于一身,成为凯撒之后的又一位独裁者。至此,罗马共和国最终倾覆,独裁政体日益巩固,罗马史进入帝国时代。

在罗马帝国400年的风雨历程中,经过了经济繁荣、争权夺利、社会矛盾、政权腐败、改革挽救,直到最终衰败。公元395年,罗马帝国分裂为东、西两个帝国。476年,西罗马帝国灭亡,日耳曼人的公社制度与罗马内部封建因素的萌芽结合起来,逐渐成长为西欧中古时期的封建制度。在君士坦丁堡的东罗马帝国,后来实现封建制,人称"拜占庭帝国",其政权一直维持到1453年。

3.6 中国及其早期文明

中国位于亚洲大陆,东临太平洋,西届帕米尔高原。现代中国的疆土是清代奠定的,国土面积960万平方公里,2011年全国人口为1370536875人。首都北京市。全国地形东低西高,西边的青藏高原被称为世界屋脊,东边有东北、华北、长江中下游三大平原。领土纵跨温、热两个气候带,自然条件复杂,气候呈多样性分布。

中国是世界上人类起源最早的地区之一,元谋猿人是距今 170 万年的人类。在全国各地发现了数以万计的旧石器和新石器文化遗址。

自公元前 3000 年至前 21 世纪,是中国文明初起的时代,有三皇五帝的传说。一般认为三皇是伏羲、女娲、神农。传说,伏羲氏教民结网,从事渔猎畜牧,制嫁娶,以俪皮为礼,画八卦,造书契,以代结绳之政。女娲氏在伏羲以后为天下共主,她作笙簧,炼石补天,聚芦灰以止滔水。传说继为天下共主的神农氏(炎帝)是农耕和医药的发明者,又创造了五弦瑟,开始蜡祭和市易。

五帝指黄帝、颛顼、帝喾、尧和舜。黄帝是公元前 26 世纪中原地区的一位大部落联盟首领,他和他的大臣们发明了历法、舟车、姓氏、蚕丝、冠冕、弓矢,创造出比较复杂的文字,又制服了诸侯,尊为天子,有了雏形的政权组织。颛顼将沟通神人的占卜从民间收归天子,设置了较为完全的政权机构,制定了比较正规的历法。帝喾品德高尚,以仁爱治民,以乐和政,被称为是仁爱之主。帝尧不仅经常征求四岳的意见,而且设谤木,让平民都可以对国事发表看法,设立多级政权组织,要求荐举贤人,加以任用,最后将天子之位禅让给舜,是一个典型的上古民主制君主。帝舜以孝道闻名,他善于识别人才,任用贤人,放逐恶人,布教天下,反映出在他的时代各方面的矛盾斗争已非常激烈。

公元前 21 世纪至前 16 世纪,是夏王朝时期。禹治水成功,被禅位为天子,成为夏王朝的建立者。他规划九州,实行贡纳制度,说明当时已有了明确的行政区域划分。禹死后,他的儿子启破坏禅让的传统,自立为王,从此,王位传子不传贤,实行世袭制度,开始了古人所说的"家天下"。夏朝总共传了 14 代,17 个王。夏启的儿子太康耽于游乐田猎,被有穷氏首领后羿所逐。太康死后,后羿立太康之弟仲康为傀儡。仲康死后,其子相立,寒浞杀后羿,又杀相自立,最后,相子少康立为王,重建夏朝,史称为"少康中兴"。少康之子杼在位时彻底肃清了寒浞的势力,并征伐东夷,使夏王朝发展到鼎盛。其后的 5 代 6 王,社会比较稳定,经济持续发展。夏朝的统治,东至东海,西连西河,北及燕山,南逾江淮。当时已经能冶炼较好的青铜,生产了不少青铜生产工具和生活用具,商品交换也有所发展,有了比较进步的阴阳合历和干支记日的方法。第15代夏王孔甲,好方术鬼神,淫乱,引起诸侯反叛,夏朝逐渐衰败。夏桀是历史上有名的暴君,他不务修德,奢侈无度,杀人无数,四处用兵,劳民伤财,以至民众反抗,诸侯叛离,终于被商汤所灭。

传说商人是帝喾之子契的后裔,契佐助夏禹治水有功,被封于商(今陕西商县)。经过近500年的发展,到成汤时,已经成为以亳(今河南偃师)为都城的强大方国。在伊尹的辅佐下,成汤兴兵伐夏,建立商朝。商朝传17代30王,五六百年。第3代商王太甲不遵循成汤的法度治民,被伊尹放逐。悔过以后,恢复王位,勤俭爱民,诸侯亲附,社会安定,被称为守成之主的太宗。此后,一直到第9位天子太戊,是王朝巩固和发展的时期。在第8代商王雍己时,曾发生过有的诸侯不朝的情况,太戊继位,在伊陟和巫咸的辅佐下,殷道复兴,诸侯归附,太戊被称为中宗。

从第10位天子仲丁开始,商王室出现混乱。其后5代9王,多次发生废除嫡子而另立弟弟或庶子,以及弟弟、儿子争夺王位的权力斗争,并且多次迁都。"九世之乱",造成了严重的社会问题,国力衰败,诸侯不朝,各种矛盾交错,危机四伏。盘庚为了挽救王朝的危机,将都城由邢邑迁至殷,并进行改革,革除奢侈恶习,关心百姓,使局势安定,政治、经济、文化发展。第22代商王武丁自幼在乡间长大,了解民间疾苦和稼穑艰难。他从夯筑奴隶中擢拔傅说为相,任人唯贤,改革政治,使贵族和平民都没有怨言,并多次出兵平定游牧部族的侵扰,对荆楚用兵,商王朝的势力远及四方,发展到鼎盛。

商王朝建立了复杂的政权机构,庞大的军队和比较完备的刑法。有专门的巫职机构和许多巫卜人员,神事笼罩了一切,大小事都要进行占卜,以定其吉凶,人祭人殉相当普遍。商朝以班爵制度规定了贵族的等级,明确了方国有向王朝朝贡、提供力役、随从出征的义务。商王朝时,农业生产已经发展到较高的水平,普遍使用耒耜等农具,实行集体耕作的耦田法,灌溉和排水技术也有了一定的发展。青铜冶炼技术和铸造工艺达到纯熟和美奂的境界。商贸活动规模扩大,货币的使用增多。商代有比较丰富的文献典籍,有达到相当水平的乐器,并开始设置闰月,以调整朔望月和回归年的长度。

　　自 24 代王祖甲以后,社会矛盾加剧,殷王朝逐渐出现衰乱的景象。第 30 代王纣自恃聪明,刚愎自用,文过饰非,淫虐无比,奢侈无度,以酒为池,悬肉为林,醉生梦死。纣王设炮烙之刑,大肆杀戮王公贵族。滥施酷刑,加重聚敛,使得诸侯、贵族和小民都相继反叛。

3.7　西周和春秋的历史

　　西方的周人乘机发展起来,灭了殷商。周人的始祖传说是帝喾次妃姜原的儿子弃。弃在帝舜时担任农师,号称后稷,教民耕稼有功,分封于邰(今陕西武功西南)。商朝初年,公刘率族人迁到豳(今甘肃宁县南)。到古公亶父时,又迁到岐山南边的周原(今陕西岐山县)定居下来,逐渐发展成一个新兴的西部势力,自称为周。古公有 3 个儿子:长子太伯,次子虞仲,幼子季历。太伯和虞仲见父亲对季历之子昌抱有很大期望,就一起躲避到荆蛮之地,而将君位让给季历。季历继位后,发展生产,驱逐夷狄,力量渐强,被商王派人杀死,季历的儿子昌继位。昌号称西伯,仁慈爱民,礼贤下士,天下士人都来投奔。商纣王将昌囚禁于羑里 7 年,周人以珍宝和美女才将昌赎出。在姜尚的辅佐下,昌更为积善修德,和悦百姓,诸侯纷纷前来归附,进而征讨不驯服的诸侯和商的盟国,终于三分天下有其二,而自称王,并将都城迁到丰邑(今陕西沣水西岸)。称王以后 9 年,昌逝世。其子发继位,称武王。他以姜尚为师,周公旦为辅,将都城扩至镐京(今陕西长安县境),继续文王未竟的事业。时机成熟时,武王联合各方国诸侯于公元前 1046 年二月甲子日在牧野打败商朝的军队,杀死殷纣王,建立了周朝。周朝经历了 37 代天子,近 800 年,到公元前 256 年才被秦国灭掉。前 770 年,平王迁都洛邑(今河南洛阳)。丰镐二京在西,洛邑在东,习惯上称前 770 年以前的周朝为西周,以后的为东周。

武王灭商后,大封功臣谋士,如将姜尚封于齐,周公旦封于鲁,召公封于燕,叔鲜封于管,叔度封于蔡。据说,周初总计分封了 71 个诸侯国,其中兄弟之国 15,同姓之国 40。封邦建国的目的,是加强对各地的统治,并作为周王室的屏藩。武王死后,其子诵继位,为成王。成王年少,周公旦以王叔摄政。为了加强对东方的统治,周公奉成王之命负责营建洛邑的工作。洛邑建成后,成王亲自来到洛邑王城,大会天下诸侯和四夷君长。周公还制礼作乐,建立了周朝的各项典章制度,确立了以宗法制度为中心的政治体制。成王曾亲自讨伐东夷,安定东方。成王死后,继位的康王继承先王的事业,勤于政事,平易近民,刑罚几十年不用,社会更加安定。

　　武、成、康三代,政治清明,是周的黄金时代。但到第 4 代天子昭王时,就出现了危机,当时,王道微缺,周昭王贵为天子,南巡汉水时,却被船夫用特制的胶船暗算,葬身于鱼腹之中。周穆王继位后,为了恢复周王朝的威望,新设太仆一职,作为太御众仆之长,以加强王朝的中枢管理。他制定刑律,减轻刑罚,以加强对臣民的控制,施善政于天下。他西征犬戎,南摄夷人,对边远民族的侵扰进行积极的防御,制止了掠夺。特别是他远游万里,与西王母在瑶池会面,在历史上更传为佳话。

　　穆王以后,周朝逐渐衰微,共王、懿王、孝王、夷王 4 代,由于周围戎狄的不断侵扰,王朝陷入长期的战争之中,国力消耗很大,不得不加重对民众的剥削,国内矛盾日益尖锐。有的贵族也开始破产,并表现出对现实的愤懑。

　　长期的矛盾积累,使王朝产生了深刻的危机。继位的周厉王,却任用佞臣,大肆挥霍,连年对外征战,变本加厉地剥夺,垄断山泽之利,引起民众的不满和议论。对此,他派巫师监视,杀死议论的人,使矛盾更为尖锐。3 年以后,愤怒的镐京居民终于发起暴动,将厉王流放到彘,由诸侯周公和召公共同执掌政权,历史上称为周召共和。共和元年即公元前 841 年,中国历史开始有了明确而且连续不断的纪年。周厉王死后,他的儿子宣王整顿朝政,使王朝有所复兴。但到第 12 代天子周幽王时,关中发生地震、山崩和河水枯竭等严重自然灾害,周幽王不仅不抚恤灾民,反而更加奢侈腐化,贪得无厌。为了博得宠妃褒姒一笑,幽王一次又一次地燃起烽火,欺骗诸侯前来勤王,却空跑多趟。幽王还决定废去王后申氏,杀掉太子宜臼,另立褒姒为王后,立褒姒的儿子伯服为太子。申后的父亲申侯于是联合西方部族犬戎,举兵在骊山下杀死幽王,掳走褒姒。幽王的儿子宜臼即位时,关中遭受兵火洗劫,残破不堪,犬戎又不时前来骚扰。周平王宜臼只得将都城迁到洛邑,史称平王东迁,东周开始。

平王东迁以后,一些诸侯国经过长期休养生息发展了起来,而王室的力量却逐步衰微。强大了的诸侯不再对周王室唯命是从,他们有的蚕食周的土地,有的攻伐别的诸侯国,争当霸主。孔子将公元前722年到公元前481年的历史写成了一部史书——《春秋》,后人就把这一段历史称为春秋时期。

春秋时期,见于史书的诸侯国名有128个,其中比较重要的是:位于今山东的齐、鲁,位于今河南的卫、宋、郑、陈、蔡,位于今山西的晋,位于今北京一带的燕,位于今甘肃、陕西的秦,位于今河南、安徽南部和两湖的楚,位于今江苏中南部的吴和位于今浙江一带的越。这些诸侯国凭借实力,用战争来扩充领土,迫使弱小国家听从他的号令,并互相争夺,形成了诸侯争霸的局面。

最早称霸的是齐桓公。齐是太公姜尚的封国,其历代君主致力于整顿政治,发挥滨海鱼盐的优势,提倡家庭纺织业,发展商业和手工业,国力逐渐发展起来。齐桓公(前685—前643年在位)继位后,以管仲为相,整顿国政,废除公田制,按土地的肥瘠确定赋税,设盐、铁官和铸钱,增加财政收入,寓兵于农,将基层行政组织和军事组织合为一体,增加了兵源和作战能力,迅速成为华夏最富强的一个诸侯国。然后就打起了"尊王攘夷"的口号,先后吞并了30多个小国,帮助或干涉其他国家,抗击夷狄的侵扰,终于在公元前679年成为霸主。前656年,齐桓公带领8个诸侯国的联军,召陵(今河南郾城)一战,打败了强盛的楚国,其霸业发展到顶峰。

齐桓公死后,齐国出现争夺君权的内乱。楚国乘机发展势力,先后灭了它北边的几个小国,重新把矛头指向中原。宋襄公(前650—前637在位)以抵制楚人北侵为号召,企图充当中原的霸主。公元前638年,楚宋泓水(今河南柘城西北)之战。宋军大败,宋襄公被射伤,不久死去。

正当楚国称雄中原的时候,西部的晋国发展了起来。晋文公重耳(前636—前628在位)青年时曾在外流亡19年,饱尝艰辛。即君位后,他改革政治,发展经济,整军经武,取信于民,安定王室,友好秦国,在诸侯中威信很高。公元前632年,晋楚城濮(今山东鄄城西南)之战,晋文公大败楚军,成为霸主。

晋文公死时,秦穆公谋求向东方发展,在崤地(今河南三门峡市东)被晋打败,不得不转而向西,吞并了一些戎狄部族,称霸西戎。

楚国在城濮战后,向东发展,灭了50余国,势力南到今云南,北达黄河,经济文化发展。前597年,楚晋泌(今河南武陟东南)之战,楚胜,各小国纷纷归向于楚,楚人遂称霸中原。

连续不断的战争给人民带来巨大的灾难,也引起中小国家的厌倦,加以晋楚两大国势均力敌,谁都无法吃掉对方。于是由宋发起,举行了两次“弭兵”会盟,从此,战争大大减少。

当中原诸侯争霸接近尾声时,地处江浙的吴、越开始发展。公元前506年,吴王阖闾以伍员为大将,攻进楚都郢(今湖北江陵)。前496年,又挥师南进,伐越,在战斗中阖闾因伤逝世。前494年,吴王夫差为父报仇,兴兵败越,越王勾践求和,送给吴王珍宝美女,自己亲自为夫差牵马。吴王乘胜向北进击,大败齐军,成为小霸。越王勾践卧薪尝胆,10年生聚,10年生息,终于在前473年消灭吴国。勾践北上与齐晋会盟,成为最后一个霸主。

据史书记载,春秋242年间,有36名君主被杀,72个诸侯国被灭,有大小战事480多起,诸侯的朝聘和盟会450余次。

3.8 大转型的战国时期

随着生产力的发展,水利的兴修,铁器的使用和牛耕的推广,春秋

129

中后期,各诸侯国的经济得到不同程度的发展,政治形势也产生了相应的变化。最重要的是诸侯国内部卿大夫的势力逐渐发展起来,著名的如鲁国的三桓,齐国的田氏,晋国的六卿。他们利用自己的经济实力,控制和瓜分公室,并互相争斗,以扩充领地。晋国的六卿争斗到最后,剩下韩、魏、赵3家。公元前403年,周王正式承认3家为诸侯。前391年,田氏废除了齐康公姜贷,自立为国君,也得到周王的承认。三晋和田氏的胜利,宣布了强者生存、弱者淘汰的残酷政治法则。于是,以魏国的李悝改革为起点,各国争相进行以富国强兵为目标的变法运动。变法的核心是将劳动者固着到土地上,以增加国家的赋税收入。社会文明程度的加深,使统治者对物质享受的贪欲急骤膨胀。增加剥削量的最直接的办法,是掠夺更多的土地,而掠夺土地的最便捷的途径是战争。所以,这个时期,战争愈来愈多,愈打愈大。据统计,从公元前475年至前221年的255年中,有大小战争230次。战争打起来,双方动辄出动几万至几十万人。西汉末年的刘向,将这段历史的有关各种资料编成《战国策》一书,从此,人们都将这一历史阶段称为战国时期。

战国时期最有实力的是齐、楚、燕、秦、韩、赵、魏,人称"战国七雄"。魏文侯(前445—前396年在位)任用李悝进行改革,尽地力之教,建立武卒,重用吴起、西门豹等人治理地方,发展经济,成为战国初期第一个强国。公元前382年,楚悼王任用吴起进行变法,裁减冗官,废除贵族的世卿世禄,明法审令,禁止私门请托,也日益强盛了起来。但楚国旧势力太强,楚悼王刚死,吴起就被乱箭射死。魏惠王将国都迁至大梁(今河南开封),招徕士人,发展水利,对外用兵,图谋吞并以濮阳为都城的卫国,引起周围国家的不满。这时,齐威王任用邹忌等人进行改革,大力整顿政治,鼓励臣民进谏,制定法律,招抚流亡,经济迅速发展。前353年的桂陵之战和前341年的马陵之战,齐国以田忌为将军,孙膑为军师,用奇计打败了魏军,从此,齐国成为中原最强的国家。为了满足对人才的需求,齐宣王扩建位于齐都临淄的稷下学宫,对学者给予优厚俸禄和舒适的生活待遇,让他们专心学术,培养弟子,促进了学术的进步和繁荣。

公元前 356 年和前 350 年,秦孝公任用商鞅进行变法,鼓励人口增殖,重农抑商,废除世卿世禄制度,奖励军功,编制户口,实行连坐之法,使秦国成为战国中期以后最为强大的国家。齐国和秦国东西对峙,韩、魏、赵、楚、燕等国,则在中间摇摆。张仪和公孙衍分别推行联秦抗齐的连横之策和联齐抗秦的合纵之策,导演了一场生动悲壮的活剧。

公元前 318 年,魏相公孙衍发动魏、楚、燕、赵、韩 5 国合纵攻秦,以楚怀王为纵长,被秦击溃。此后,秦不断进击三晋,又利用巴蜀互攻的机会,出兵占领巴蜀全境,获得了一个富庶的后方基地。齐国与楚结盟,以与秦抗衡。秦相张仪欺骗楚怀王与齐绝交。前 299 年,又将楚怀王骗往秦国,扣留而死。从此,楚国一蹶不振。

公元前 307 年,赵武灵王实行胡服骑射,改传统的甲兵为骑兵、车战为运动战,使赵国的军事实力大为增强,成为秦国向东发展的新障碍。秦昭王约齐闵王同时称帝,联合五国攻赵。游说家苏秦组织齐、燕、韩、魏、赵等五国军队,于前 287 年合纵攻秦,秦被迫割地求和。此后,赵将赵奢、廉颇、赵相蔺相如一再粉碎了秦人的军事进攻和外交重压,保卫了赵的尊严和国土。前 284 年,燕将乐毅率燕、赵、秦、魏、楚五国之兵,联合攻齐,一直攻破齐都临淄(今山东淄博),夺其大部分疆土,虽然后来齐将田单收复了失地,但齐国从此再也没有与秦抗衡的力量。

公元前 278 年,秦将白起攻破楚都郢城(今湖北宜城),揭开了秦国统一战争的序幕。楚国避秦军威势,迁都于陈(今河南淮阳),爱国诗人屈原痛感国家沦亡,投汨罗江自尽。客卿范雎向秦昭王献"远交近攻"之策,秦出兵伐韩。前 260 年,秦将王龁夺取韩国上党,与前来声援的赵将廉颇军在长平(今山西高平北)对峙达 4 月之久。秦用反间计,使赵国以只会纸上谈兵的赵括代替廉颇为长平赵军统帅。秦国也秘密换来大将白起。赵括一到前线就主动出击,白起派兵分割赵军,并将赵括包围起来。被围赵军断粮 46 天,杀人以食,军心大乱。赵括冒险突围,当场丧命,全军大败。白起将 40 万赵军降卒全部活埋。长平之战是战国最后一次大战。至此,东方六国都已不再是秦国的对手。

·欧·亚·历·史·文·化·文·库·

　　长平之战前,东方出现了著名的战国四公子,即齐国孟尝君田文、赵国平原君赵胜、魏国信陵君无忌、楚国春申君黄歇。他们礼贤下士,广招宾客,关心国事,谋取权势,采取各种公开的或秘密的、光明的或卑鄙的手段对付秦国的入侵和挽救本国的灭亡。长平战后,楚春申君、魏信陵君率军与赵内外夹攻,大败包围赵都邯郸的秦军。燕太子丹甚至派遣荆轲去刺杀秦王政,以图摆脱亡国的命运。

　　战国时,周王室仍在洛阳一带勉强维持。公元前256年,秦昭王发兵攻灭在洛邑王城的西周君,同年周赧王死去,作为天子之国的周朝不复存在。

　　公元前247年,13岁的嬴政继位为秦王。摄政的相国吕不韦制定统一谋略,向东攻取疆土,发展生产,繁荣经济。前238年,嬴政平嫪毐之乱,亲自执掌政权,随即出动大军,以摧枯拉朽之势剿灭六国。

　　春秋战国是一个有着灿烂文化的时代。平王东迁以后,随着王室的衰微,过去由王室垄断的学术文化走向民间,各国首先有了自己的史官和编年史,私人治学和向弟子传授学问也开始出现。春秋后期,老子和孔子成为一代学术的代表。老子讲"道"和无为。孔子讲"仁"和"礼"。孔子编定出了《诗经》、《尚书》、《易经》、《礼经》、《春秋》和《乐经》,奠定了儒家文化的基础。战国时代,社会的剧烈变革对学术文化提出了一系列要求,加上士阶层的形成和统治者的提倡,使得许多学派纷纷出现,形成了百家争鸣的局面。当时,最有影响的,是以孟轲、荀卿为代表的儒家,以庄周为代表的道家,以墨翟为代表的墨家,以韩非为代表的法家,以邹衍为代表的阴阳家,以公孙龙子为代表的名家,以孙膑为代表的兵家,以许行为代表的农家,以张仪、公孙衍、苏秦为代表的纵横家,以吕不韦为代表的杂家。各派各家都著书立说,广授弟子,参与政治,互相批判,又互相渗透,学术思想极为繁荣,促进了社会的前进和学术的发展,奠定了中国传统文化的思想基础。

3.9　统一皇朝建立和巩固的秦和西汉时期

　　嬴政于公元前221年建立了中国历史上第一个统一的多民族的专

制主义中央集权的国家——秦皇朝,历史翻开了新的一页。他称专制政权的最高统治者为皇帝,下设三公九卿的中央官制。废除分封制,实行郡县制,郡县长官由皇帝任免,不许世袭。在基层实行乡、里的行政组织和伍什连坐制度,有效地加强了统治,奠定了以后历代皇朝政治制度的基本模式。同时建立了庞大的军队,制定了完整严酷的法律。在全国推行重农抑商政策,确认土地私有,规范文字形体,统一度量衡,统一车轨,统一货币,修筑直道和驰道,收缴民间兵器铸成巨型的帝王编钟宫悬,焚书坑儒实行愚民政策,加强思想统治。为了显扬威德,统一政教习俗,秦始皇5次巡游天下,到处刻石颂德。派兵北击匈奴,南征百越,谪民戍边,修筑长城,促进了各地经济文化的交流,奠定了多民族国家的基础,促进了中华民族共同体的形成和发展。

秦始皇不惜民力、财力,在关中修建了数百宫阙,征发70万刑徒修筑庞大的骊山陵。他实行严刑峻法,有人在陨石上刻了“始皇帝死而地分”几个字,附近的居民就被全部处死。他喜怒无常,随意杀戮,大小官吏为了保官保命而畏惧欺谩。他剥削残酷,使男子力耕不足粮饷,女子纺织不足衣服。他迷信方士,耗费巨资寻求长生不死之药。

公元前210年七月,[1]秦始皇在巡游途中病死,中车府令赵高和丞相李斯发动政变,扶植次子胡亥继位为秦二世。他们变本加厉地推行暴政,以致各种矛盾尖锐到极点。次年九月,在蕲县大泽乡,陈胜、吴广率领征发戍守的九百贫苦农民揭竿为旗,斩木为兵,发动反秦起义,各地纷纷响应。齐人周市、沛人刘邦、吴人项梁项羽各自起兵反秦,农民起义风起云涌。项羽率大军在巨鹿之野与秦军决战,前207年十二月消灭秦军主力,秦将章邯投降。八月,赵高逼秦二世自尽,继立的秦王子婴杀死赵高。前206年十月,刘邦进军霸上,子婴投降,秦朝灭亡。

十二月,项羽率大军入关,杀秦王子婴,焚烧秦宫室,分封各路诸侯将领,封刘邦为汉王,自称西楚霸王,都彭城(今江苏徐州)。前205年

---

〔1〕自公元前221年至前105年,秦、汉皇朝使用颛顼历,每年以十月为第一个月,九月为最末一个月。

三月,刘邦出关,率领诸侯讨伐项羽,楚、汉军队在荥阳一带长期相持,汉军屡败。汉军切断粮道,项羽不得不与刘邦言和,率兵东撤,刘邦率军在后紧追。前202年十二月,项羽退至垓下(今安徽灵璧东南),被韩信击败。项羽撤退至乌江亭自刎而死。二月,刘邦在定陶称帝,后来定都长安,建立汉朝。

西汉皇朝经历了高帝、惠帝、文帝、景帝、武帝、昭帝、宣帝、元帝、成帝、哀帝、平帝、孺子婴共12个皇帝230年的统治。

汉高祖刘邦(前256—前195年),秦泗水郡沛县丰邑中阳里(今江苏丰县)人。他出身于农民家庭,年轻时游手好闲,后成为泗水亭长。由于不满秦的暴政,他放走了负责押送的刑徒,自己也不得不逃亡到家乡附近的大泽之中。汉朝建立后,面对经济凋敝、民不聊生、社会混乱的现实,刘邦决定继承秦的政治制度,实行帝制、三公九卿官制;同时实行郡国并行的地方行政体制,在对子弟功臣分封的同时,推行郡县制,以减少社会震动;又制定皇朝礼制法度,任用贤人,减轻赋税,与民休养生息;并诛杀功臣,削除敌对势力,使社会得到初步稳定。继任的惠帝、吕后、文帝、景帝,实行黄老无为而治、轻徭薄赋、与民休息的政策,经济逐步复苏和发展。

汉武帝刘彻(前156—前87年),汉朝历史上第5位皇帝,也是中国历史上最有作为的皇帝之一。他是汉景帝的第9个儿子,7岁立为太子,16岁继位,在位54年。经过汉初60多年的休养生息,人口增加,天下安定,生产得到很大发展,人民生活有了重大改善,皇朝的经济实力雄厚。同时,几十年无为而治积累下的社会问题也日益突现,升平景象下潜伏着深刻的危机。主要是:(1)诸侯王势力太强,(2)匈奴一再侵扰边界,(3)国家制度疏阔,社会矛盾日益尖锐。历史选定了汉武帝去完成化解危机、继续前进的任务,他个人的雄才大略、长时间的统治和千百名杰出文武大臣的辅佐,使他圆满地完成了这些任务,将皇朝推向了鼎盛。汉武帝在历史上的功绩主要有4个方面:一是接受董仲舒的建议,在思想文化上实行"罢黜百家、独尊儒术"的方略,确定了适应封建政治经济体制需要的意识形态体系,对维护和巩固皇权,对中国古代以儒学为主体的综合文化的发展和不断创新都起到了至关重要的作用,对中华民族性格和传统的形成也有极为重大的影响。这一方略左右了中国封建社会两千年,如果不能说这是万世之功的话,至少也是千年之勋。二是在景帝平定吴楚七国之乱以后,基本化解了诸侯王力量太强的问题。他采纳主父偃的建议,颁布"推恩令",使诸侯王越分越多,诸侯王国越分越小,"众建诸侯而少其力";又借"献黄金酎祭宗庙不如法"的罪名,将106个诸侯予以罢废。从此,诸侯的势力再也不可能构成对皇权的威胁。三是在经济方面进行大刀阔斧的改革。他兴修水利,推广代田法和边塞屯田,发展农业生产,他采纳桑弘羊的建议,实行盐铁专卖,均输平准的政策,由官府经营铸钱、运输和贸易,加强了国家的经济实力。四是大力开发西部地区。他组织和指挥了对匈奴贵族势力大规模的反击战争,将国家的疆域拓展到河西走廊和西域地区,构筑以长城为主干的边境防御体系,开通"丝绸之路",密切了与中亚各国的联系,使皇朝发展至极盛。并积极开发西南地区,平定南越割据政权。在建立一系列历史巨勋的同时,汉武帝迷信鬼神,生活奢侈无度,性格残忍多疑,妄杀大臣、皇子,加之不断用兵和大兴土木,使"海内虚耗",人民负担过重,以致社会矛盾日益加剧。直到晚年,他才终于醒悟,颁发"轮台诏",承认自己的过失,改弦更张,实行富民政策。

继位的汉昭帝、宣帝等,关心民瘼,去弊兴利,使汉朝在衰败以后重又出现了振兴的局面,史称"昭宣中兴"。以后的元、成、哀、平等帝一代不如一代,外戚、宦官轮流专权,统治者日益奢侈,政治日益黑暗,豪强依仗其权势,大肆兼并土地,农民生活无着,流离失所,社会经济逐渐衰败。广大农民忍无可忍,反抗斗争日益高涨。外戚王莽依靠欺骗手段,伪造"天命",篡夺政权,建立新朝。他托古改制,政令多变,横征暴敛,使社会矛盾进一步恶化,终致社会经济彻底崩溃。终于在赤眉、绿林为代表的农民大起义的凯歌声中被分尸而死。

3.10 东汉直至帝制终结

南阳宗族刘秀扫平起义和割据的各支队伍,于公元25年称帝,定都洛阳,史称东汉皇朝。为重振汉室,汉光武帝刘秀实行了全面而行之有效的政治改革,调整了社会关系,强化了皇权。其子明帝时,政治清明、社会安定、经济繁荣。当初,刘秀为了解决开国功臣对皇权的威胁,以封爵和赏地来换取他们交权。这些人父子相传,逐渐发展成地主豪强。他们欺压百姓,巧取豪夺,左右地方,甚至与皇室结亲,干涉皇权。而皇帝为了对抗外戚,不得不依靠宦官。于是从汉和帝以后,外戚、宦官相继专权,使政治日趋黑暗,大量失地农民沦为流民。正直的士人和官僚结党反对宦官的专横,却被镇压。农民不断起义,最后汇成规模很大的黄巾起义。

通过镇压黄巾起义发展起来的大小军阀混战不断。军阀曹操统一北方,其子曹丕于220年逼迫东汉献帝禅位,建立魏朝。接着,刘备、孙权先后称帝,魏、蜀(汉)、吴三国鼎立。

权臣司马炎重施曹氏伎俩,称帝建立晋朝(265—420年)。晋朝维护门阀士族的利益,实行九品中正制度。皇室争权的八王之乱打了16年仗,对社会经济造成极大破坏,少数民族的军事贵族乘机揭竿而起,攻入长安,西晋灭亡。司马氏及士族大量南逃,在建康(今南京)建立偏安皇朝,史称东晋。匈奴、鲜卑、羯、氐、羌、汉等民族在西部和北方先后建立了成汉、前赵、后赵、前秦、后秦、西秦、夏、前凉、后凉、南凉、西凉、北凉、前燕、后燕、西燕、南燕等政权,史称五胡十六国。公元386年到580年,是中国历史上的南北朝时期。在北方,先后建立了主要以少数民族为统治族的北魏、东魏、西魏和北齐、北周政权。在南方,先后建立了宋、齐、梁、陈四朝。

北周权臣杨坚,于581年建立隋朝,589年灭陈,结束了自黄巾起义以来近400年的分裂局面,大江南北重新统一。隋文帝改革官制,轻徭薄赋,实行均田制度,发展生产,社会经济一度繁荣。隋炀帝大兴土木,开挖大运河,筑长城,修建东都洛阳,发动对吐谷浑和高丽的战争,弄得民穷财竭,终于爆发了农民大起义。贵族李渊乘势而起,于618年定都长安,建立唐朝。从唐太宗到唐玄宗的100年间,唐朝经济发展,国力强盛,文化发达,人称盛世。755年的安史之乱,唐朝由盛转衰,接着经历了吐蕃北犯、藩镇割据、朋党倾轧、宦官专权、黄巢造反,唐帝国于907年瓦解。

五代十国宋辽金西夏蒙古时期,是中国历史上又一个南北分裂的时期。

中原的梁、唐、晋、汉、周朝和南北各地的吴、南唐、吴越、楚、闽、南汉、前蜀、后蜀、荆南、北汉诸政权,史称五代十国。

907年耶律阿保机建立契丹国(后改国号辽),1125年被金灭。960年赵匡胤黄桥兵变建立宋朝,都城汴京(今开封),称北宋;1127年,高宗南渡,以临安(今杭州)为都城,称南宋。1279年被元灭。1032年李元昊在兴庆府(今宁夏银川)建立夏朝,1227年被蒙古灭。1115年完颜阿骨打建立金朝,以会宁府(今黑龙江阿城南)为上京,以大兴府(今北京)为中都,1234年被蒙古灭。1206年铁木真称大汗建蒙古国。

1271年忽必烈定国号元,以大兴(今北京)为大都,开平(今内蒙古多伦西北)为上都。1279年元军灭宋,中国历史开始了新的统一时代。朱元璋将残元势力驱至蒙古,1368年在南京建立明朝。明朝延续了近3个世纪,1844年被李自成的农民军推翻。满人入关,建立清皇朝。从1616年太祖努尔哈赤建大金开始,清朝经历12帝296年。1911年辛亥革命推翻了清朝的统治,建立中华民国,长达2100年的封建专制皇朝时代终于结束。

4　卡尔莱战役和郅支城战役的真相

公元前 1 世纪中后期,在西亚和中亚先后发生了两次与罗马或中国有关的战争,这就是公元前 53 年罗马执政官克拉苏所率领的罗马侵略军被安息国歼灭的卡尔莱战役和公元前 36 年汉朝西域都护甘延寿和副都护陈汤全歼宿敌匈奴郅支单于势力的郅支城战役。这两次战争的主角——罗马帝国和西汉皇朝,二者同时存在于欧亚大陆的两端,而且都建立了幅员辽阔的帝国。在边疆拓展中,一个由西往东,一个由东往西。本来两次战争互不相干,两国史书对对方的战争都毫无记载。到 20 世纪 50 年代,美国学者德效骞在《古代中国一座罗马人的城市》一文中,将二者紧密联系到一起,说有一支卡尔莱战役的罗马军团失踪人员参与了郅支一方的作战,败后主动归降汉军,随汉军回到汉朝,被安置于为他们新设立的骊軒县。我们要问,在公元前 1 世纪,罗马人与郅支匈奴有过接触吗?兵败于卡尔莱战役的罗马军人参加了郅支单于一方的作战了吗?汉军的俘虏中真有一支罗马军人被带回中国并被设县安置了吗?大胆想象还需小心求证,让我们以确凿的历史记载来还原历史的真相。

4.1　从贵族到执政官的克拉苏

在德效骞的历史假说中,克拉苏是一位重要人物。是他率领罗马军团侵略安息,并被安息军全歼。我们陈述克拉苏的情况,主要依据古希腊普鲁塔克著《希腊罗马名人传·克拉苏传》,[1]并参考古罗马撒路斯提乌斯《喀提林阴谋》、古罗马苏维托尼乌斯《罗马十二帝王传》等著

---

〔1〕〔古希腊〕普鲁塔克著,陆永庭、吴彭鹏译《希腊罗马名人传·克拉苏传》,商务印书馆,1990 年。

述。

克拉苏(Marcus Licinius Crassus Dives,前115？—前53年),古罗马军事家、政治家。他出生于罗马著名的李奇尼乌斯家族,父亲普布利乌斯·李奇尼乌斯·克拉苏·狄维斯曾任公元前97年的罗马执政官,随后出任西班牙长官,前93年举行过一次凯旋式,前89年任监察官。克拉苏的生年没有明确记载,有前115年、前114年、前112年诸说。克拉苏和他的两个哥哥就是在这样一个贵族家庭里长大的。在一个哥哥去世后,克拉苏将其遗孀纳为妻子,并和她生儿育女。

克拉苏成年后通过奴隶贸易、经营矿产、投机地产买卖,以及非法夺取他人财产等方法成为古罗马最富有的人。他帮助苏拉在内战中夺权并建立了独裁统治。前73年担任罗马大法官,残酷地镇压了斯巴达克斯的奴隶起义。苏拉退隐后,他与庞培、凯撒结成前三头同盟。前70年和前55年克拉苏和庞培两次同时担任罗马执政官,前53年发动对安息的战争,在卡尔莱战役中阵亡。他的历史是伴随着前1世纪前、中期罗马共和国的政治形势发展的。

克拉苏对财富极为贪婪。他的贪婪可以从他攫取财富的方式和他的财产数目上得到证实。据说,最初他所有的财产不超过300塔兰特,[1]在远征安息之前,他给自己的财产开了一个私人清单,发现其总值竟达7100塔兰特之巨。为了用廉价买进贞女莉基尼亚在城郊的一幢舒适宜人的别墅,他向维斯太神庙的贞女莉基尼亚大献殷勤,纠缠不休,而被指控犯有与贞女私通的罪行,并受到起诉。虽然被法官们宣布无罪开释,最终他还是把莉基尼亚的产业弄到手之后方肯罢休。

克拉苏的财富主要来自于火灾和战争的趁火打劫。当苏拉占领罗马并将他所处死的政敌的财产没收拍卖时,克拉苏将其称之为战利品,大肆接受和低价购买。同时,他还注意到由于罗马的房屋鳞次栉比,大而无当,火灾和房屋倒塌这类灾祸经常发生。于是他着手买进那些可

---

〔1〕普鲁塔克开列的是希腊币值:一个塔兰特大约相当于240英镑或1200美元,其购买力大于今天数倍。

以充当建筑师和工匠的奴隶,当其人数超过 500 以后,他就陆续买下那些正在着火的房子及其比邻的房屋,那时房主们出于恐惧和不安,也情愿以微不足道的价钱出让。通过这种手段,罗马的大部分产业都归于他的名下。他经常说热衷于建筑房屋的人无需其他的敌人终将自招毁灭,所以尽管他拥有这么多的工匠,他个人除了一所住宅外,从未给自己建造过别的房舍。虽然他占有无数的银矿,好几处价值高昂的地产,附加在矿上和地里干活的劳工,但这一切和他手下奴隶的价值相比,仍可以说是微乎其微的。他拥有人数众多、异常能干的奴隶,其中有侍读、书记员、银匠、管家和伺候进餐的仆役,他亲自担任他们的教师,教育他们,把他们当做管理家务的活工具来对待和培养。克拉苏认为一个无力用自己的财产维持一支军队的人算不上是一个富人。他是如此想的,也是如此说的。

贪婪的克拉苏却很会做人,随时摆出一副谦恭下士的姿态,对于陌生人也慷慨大方。在执政官任内,他拿出财产的十分之一给赫丘利神献祭,大摆宴席款待宾客,还用私囊赠给每个罗马人足以维持 3 个月生活的资财。他经常借钱给朋友甚至不认识的人而不收利息,但借期刚满,他就毫不留情地要求债务人还债。这样,照顾性的借款竟成了比高利贷更为沉重的负担。他的家对所有的人都敞开大门,从不拒绝任何来访的外人。他款待宾客,邀请的大部分是平民百姓,进餐的礼节简单朴素,干净利落,再加上好酒好菜,反而比豪华的宴会更让人愉快。他对任何人,不论对方地位多么低贱,也都在向他打招呼时还礼并且叫出对方的名字,这使得许多人对他终生感激,从而收买和拉拢了从元老到最底层的许多人。

克拉苏对用途广泛的演讲术下了很大工夫。专心和勤勉使他得以超过那些天赋聪颖的人,成为罗马最有威望的演说家之一。他愿意为任何人尽心辩护,人们说,他所承办的案件,哪怕是不足挂齿的小事,无一不经过周密的准备。每当庞培、凯撒和西塞罗不愿为某事再做申辩时,他就承担起辩护者的全部责任。这样一来,他比庞培等人更深孚众望,被认为是一个细心谨慎、助人为乐的人。他还以和善可亲,毫不矫揉造作的风度和人们握手、打招呼,以取悦于人民。据说他也十分精通历史,同时还有一点哲学家的味道。他倾心于亚里士多德的教诲,在这方面他尊奉一位学者为师。[1] 这位学者是陪伴克拉苏远游国外的唯一密友,每次出行,他将得到一件旅行用的斗篷,但回来后就被收回。

公元前 87 年,马略和秦纳得势掌权,在罗马进行血腥屠杀,要彻底摧毁和消灭贵族,克拉苏的父亲和兄长也被杀害。年轻的克拉苏虽然逃得一死,却发觉四周都是暴君派来追捕他的人。于是他就同 3 个朋友和 10 个奴隶逃到他父亲曾担任行政官的西班牙。但克拉苏发现所有的人都对马略的残忍心怀恐惧。因此,克拉苏不敢在人前露面,于是他来到维比乌斯·帕基亚库斯的海滨领地一个大山洞里藏身。可是他的口粮行将告罄,加上他也想试探一下维比乌斯够不够交情,于是派了一个奴隶前去报信。维比乌斯庆幸克拉苏死里逃生,当了解到他的藏身地点及其随从的人数后,他决定不去看他们,而是把管理那一片地产的管家唤来,命令他每天送去足够多和好的食物,放在靠近峭壁的地方,然后一言不发地走开,不要打探和多嘴。并威胁说,如果多嘴的话,就要把他处死。同时答应他如果忠实地听从吩咐,就赐给他自由。

就这样,克拉苏藏在山洞里,管家日复一日地给他送来食物。管家看不见洞里的那一群人,也不知道他们是谁。但洞里的人却看得见他,他们知道并守候着他每日来临的时刻,期待着他送来的丰裕而且美味的食物。维比乌斯决心在各方面都对克拉苏表示一个朋友的关怀,他甚至想到客人还年轻,应该有一些适合他年龄的享受。于是他带了两个美貌的女奴来到海边,指给她们通向山洞的小路,吩咐她们走进去不用害怕。克拉苏看到她们走进来,担心山洞已被人发现,便盘问她们从哪里来,要干什么? 她们按照吩咐回答是来寻找藏在这里的主人的。克拉苏明白了维比乌斯对他的善意,接受了这两个姑娘。以后她们就和他生活在一起,并给维比乌斯传达必要的消息。斐涅斯特拉[2]说他

---

〔1〕〔古希腊〕普鲁塔克著,陆永庭、吴彭鹏译《希腊罗马名人传》,商务印书馆,1990 年,第580 页注:或许是亚历山大·科涅利乌斯,别名波吕希斯托,意为“博览群史”,与苏拉同一时代。

〔2〕在奥古斯都大帝治下享有盛名的一位罗马历史学家。

曾亲眼见到过其中一个女奴,那时已是一个老妪;他还经常听到她津津有味、不厌其烦地讲述这段插曲。

8个月以后,传来秦纳的死讯。克拉苏立刻公开露面,很快在他的旗帜下就聚集了许多人。他从中选了2500人,经常出没于各个城市之间。之后,他搜集到一些船只,渡海去非洲投奔墨特卢斯·皮乌斯,这位赫赫有名的人物拥有一支庞大军队。但克拉苏在那里逗留的时间不长,在跟墨特卢斯发生龃龉之后,他愤然离去,投靠苏拉。由于克拉苏的父兄都死于马略和秦纳之手,是天然的苏拉派,所以在苏拉那里他得到了特别的尊重。当苏拉率部跨海攻入意大利时,他希望麾下的年轻人都能在战斗中一显身手,所以给不同的人分派了不同的任务。克拉苏被派往马尔西招募一支军队,因为去那里的路要通过敌营,他要求给他拨一支卫队。苏拉声色俱厉地说:"我给你的卫队就是你死去的父亲、兄弟、朋友和亲属;他们曾非法地、不公正地惨遭杀害,此刻我正在追捕那些杀害他们的凶手呢!"受到斥责而激起斗志的克拉苏立即出发,从敌军中奋勇杀出一条路来。随后招募了一支人数众多的军队,在罗马科利努斯门战役中为苏拉决定性的胜利立了大功。这些卓著的战功表明了他是苏拉在争夺权力斗争中一名有力的追随者。

庞培虽然也出身执政官家庭,但他投靠苏拉的时间比克拉苏晚得多。克拉苏镇压了斯巴达克斯奴隶起义,功绩却被庞培窃取。罗马为庞培举行凯旋盛典,他被公民冠以"伟大"这个头衔。苏拉不吝惜把那种连比他年长或与自己地位相当的人都难获得的荣誉,赐予了庞培。在庞培出现时苏拉竟然像对大将军一样,肃然起立,脱帽致敬。这些都使克拉苏恼怒不已,从而激起了他要在名望上与庞培一争高下的野心。克拉苏放弃了在军功上与庞培一争雌雄的企图,专心致志于政治活动。克拉苏平易近人,随时准备帮助他人,这种一视同仁的善行比对手的傲慢举止更能赢得人心。他坚持不懈地积极参与每日每时的公务,凭着他孜孜不倦的努力,凭着作为辩护士和债权人所施的小恩小惠,还凭着他对那些谋求公职的人在必须提出的申请和必须通过的考核中给与合作,他获得的名望和权势同庞培从许多次伟大的远征中所取得的声誉旗鼓相当。普鲁塔克在《凯撒传》中说,凯撒早先在亚细亚被海盗捉住成为阶下囚时,曾经说过:"噢,克拉苏,你听到我被俘的消息时该有多高兴啊。"但以后,他们至少保持着朋友之交,并且在凯撒因负债而经济拮据时克拉苏还帮助过凯撒。为了增加自己从事政治的砝码,克拉苏与当时最有权势的人联姻。他的大儿子马古斯·李钦纽斯娶的是前69年担任执政官的克温图斯·梅特路斯·克列提库斯的女儿梅特拉,他的小儿子普布利乌斯的妻子科尔涅利娅是前93年执政官普布利乌斯·斯奇比奥·纳西卡的孙女。科尔涅利娅后来改嫁庞培。

当时罗马被划分为三大势力范围,分别属于庞培、凯撒和克拉苏;加图的名望大于他本人的势力,人们爱戴他但不肯追随他。凯撒后来竟不惜把自己的女儿嫁给比他自己还大五六岁的庞培,以拉拢后者。在罗马城中,慎重而保守的那部分人追随庞培,激烈而好冲动的人拥护凯撒的宏图大志,克拉苏则采取一种中庸之道,从双方得到好处。他的政见变化无常:经常,在很短的时间内,他对同一个人或同一件事既是支持者又是反对者。他的影响是巨大的,这一影响既来自他赐给别人的恩惠,也来自他在人们心中激起的恐惧,其中恐惧的成分居多。不管怎么说,那位使罗马官员和民众大感头痛的西金尼乌斯,当有人问到他为什么唯独放过克拉苏而不找他的麻烦时,西金尼乌斯回答说克拉苏是那种角上缠着干草的人。当时罗马人习惯于在暴躁抵人的公牛角上缠干草,这样谁遇上了它就可以多加小心了。

在镇压斯巴达克斯起义一事中,庞培在给元老院的信中说:在野战中,确实是克拉苏征服了奴隶们,但最终结束战争的却是他本人。庞培"喧宾夺主"式地褒扬自己遮蔽了克拉苏的光彩。在此之后,庞培立刻被推举为执政官的候选人,而谋求与他同掌政权的克拉苏,竟毫不迟疑地要求庞培给予支持。庞培希望克拉苏在某些方面总欠着他的情,也欣然接受了请求,并热情地推举克拉苏为执政官。前70年就任执政官后,他俩却没有能够保持这种友谊,几乎在每项措施、每件事情上都意见相左,争吵不休。因此在他们的执政官任期内,除了克拉苏举行了一次为赫丘利神的献祭,摆了一百桌酒席,大宴公民,并给予他们3个月的粮食做为补贴之外,政治上毫无建树。在他们的任期终于届满时,他们向公民大会作了讲演,这时有一个叫奥那提乌斯·奥雷略的罗马骑士,走向主席台,对群众讲起梦中的情景,说道:"朱庇特向我显灵,嘱咐我向公众宣布,你们不应容忍你们的执政官在成为朋友握手言欢之前离职而去。"这个人刚一说完,人民就一致敦促和解。只见庞培站在那里岿然不动,克拉苏却采取主动,上前握住庞培的手说道:"公民们,我认为我向庞培表示善意和友谊所采取的第一步行动,是毫不屈辱,也无损身价的。对于他,你们在他还没有长胡子之前就冠以'伟大'这个头衔,而且在他成为元老院议员之前就投票给与了凯旋式的荣誉。"

这就是克拉苏在执政官任期内值得纪念的事情。在他前65年的监察官任期内也是一事无成、庸碌无为。他既没有对元老院的议案提出修正,也没有审阅骑士的名单,也没有进行人口的调查。虽然他有幸与最高贵文雅的罗马人卡图卢斯一度合作,但据说当克拉苏妄图推行使埃及成为罗马的附庸这样危险而暴戾的政策时,卡图卢斯强烈地反对他,由于政见不合,双方都自愿放弃了他们的职务。

在情节十分严重,几乎颠覆罗马共和国的喀提林事件中,克拉苏也蒙受一些嫌疑,有人当众指名道姓说克拉苏也参与了阴谋,但是没有人相信。然而西塞罗在一次讲演中直言不讳地指控克拉苏和凯撒。尽管这篇演说词在两人去世之前一直没有发表,但在西塞罗关于执政官任期的论述中,他提到克拉苏曾在深夜带着一封有关喀提林事件的细节的信到他那儿去,使他感到克拉苏确实了解这个阴谋的真相。克拉苏为了此事一直痛恨西塞罗,只是由于他儿子的缘故,才没有对西塞罗施以公开的伤害。他的小儿子普布利乌斯·克拉苏(Crassus, Publius Licinius 又译为布勒留斯)酷爱文学与艺术,对西塞罗颇为服膺,他甚至在西塞罗受审时穿起丧服,并说服其他的年轻人也同样穿戴。后来,他还说服父亲成了西塞罗的朋友。

当凯撒从其任职的行省回来并谋求出任执政官时,他发现庞培和克拉苏再次发生龃龉。在凯撒不厌其烦的劝导下,三巨头政治形成。凯撒非但没有让他的伙伴因彼此利用而壮大起来,反倒利用他们使自已变成了最伟大的人物。这之后凯撒在高卢行省取得了辉煌的远征业绩，引起了庞培和克拉苏的嫉妒。为了确保三巨头的利益，他们重修旧盟，这就是公元前56年的路卡会晤。庞培和克拉苏将得到其他的行省和军队，而凯撒仍然保留对原来所辖行省的统治权。确保这个目标得以实现的唯一手段就是谋求第二次出任执政官。既然庞培和克拉苏已是候选人，凯撒就应通力合作，一面写信请他的朋友帮忙，一面派遣士兵回家参加选举，支持他们当选。

庞培和克拉苏带着这项谅解回到罗马，当即成了人们怀疑的对象。全城上下流传着一种说法：他们和凯撒的会谈心怀叵测，用意不善。在元老院中，马克利努斯和多弥提乌斯询问庞培，他是否打算成为下一届执政官候选人，庞培答道也许是这样，也许不是。当再一次问到这个问题时，他说他将谋求那些善良公民的选票，而不是那些不良分子的选票。这样的答复被认为是傲慢无礼的，所以克拉苏在回答同样的问题时就谦恭得多。他回答说：如若为了国家的利益，他愿成为一个候选人；否则，他将打消此念。这样一来，许多人都壮起胆子谋求执政官的职位，多弥提乌斯就是其中之一。但在庞培和克拉苏公开宣布他们的候选人身份后，其余的人都大为惊恐，相继退出了竞选。可是加图却给他的至亲好友多弥提乌斯打气，鼓动和敦促他坚持原来的意愿，继续干下去，并使他相信，这样做就是为捍卫公众自由而斗争。加图说克拉苏和庞培梦寐以求的不是执政官的头衔，而是暴君专政，他们所采取的行动也不单纯是四处游说以取得职位，而是想把各个行省和全部兵权抓到手里。加图强迫多弥提乌斯以候选人的身份到公共讲坛去，许多人加入了他们这一派，另外有许多人以各种方式表示不满。庞培和克拉苏的党羽不惜诉诸暴力，当多弥提乌斯及其随从在天未破晓赶到竞选广场时，暴徒杀死了给他拿火把的人，还打伤了包括加图在内的许多人，并把他们禁锢起来。庞培和克拉苏自己宣布为前55年的执政官。在投票分配各行省统辖权的公民大会上，克拉苏等人仍然是用暴力控制投票结果的。他们当场杀死了4个人，还有许多人受伤。当元老院议员卢基乌斯·安那利乌斯讲话表示反对时，克拉苏竟一拳打得他满

·欧·亚·历·史·文·化·文·库·

脸流血,并将他赶下了讲台。投票和抽签的结果当然与他们的要求相同,凯撒在高卢的总督任期又延长了 5 年,卸任后的克拉苏将担任叙利亚总督,庞培提任西班牙总督。

投票抽签后,克拉苏掩盖不住内心的欣喜,他决定,要征服叙利亚东邻的安息,甚至要将帝国势力发展到大夏、印度和外海之滨。

4.2　克拉苏东征安息

在东方的大汉帝国与西方的罗马帝国之间,有一个在《汉书》中称为安息的大国,西方史书称之为帕提亚(Parthia)。该国位于里海东南,东边是巴特克里亚,相当于今伊朗东北部和土库曼斯坦南部一带,曾统辖波斯全部,兼有亚美尼亚、美索不达米亚等地。它本是古波斯帝国属地,亚历山大灭波斯后,成为亚历山大帝国和塞琉古帝国的一个省——帕提亚省。塞琉古的统治中心在叙利亚,对帝国东部的伊朗、中亚各地的统治力不从心。公元前 250 年,帕提亚部落首领阿萨斯反抗塞琉古统治,建立自己的安息国。以后,安息不断向西扩张,占据了两河流域的巴比伦和塞昌西亚等名城,从而与积极东扩的罗马帝国发生碰撞。当时,东方的印度、中国等与欧洲没有直接往来,东西方的贸易,都要经过安息,安息因而从中获得了巨大的利益。罗马要想与东方直接贸易,就必须摧毁安息在其间的阻隔,两国间的经济矛盾十分尖锐,冲突不可避免。前 2 世纪,罗马的势力开始伸入小亚细亚。从前 1 世纪中叶起,安息对罗马东扩的企图予以还击,双方为了争夺亚美尼亚进行了一系列战争。前 64—前 63 年间,罗马灭了塞琉古王国和犹太,建立了叙利亚省和犹太省,罗马的东方行省与安息国直接接壤。罗马人相传安息王富甲天下,宫中藏金不计其数,贪图财富的克拉苏早就对此垂涎欲滴,况且征服安息还可以给他带来超过凯撒的显赫战功和荣耀。当时,罗马元老院拒绝批准对安息开战,许多人对克拉苏要将战争强加在一个于罗马无害、而且有条约关系的人民身上表示不满,他们利用种种手段阻挠克拉苏。但是对这一切克拉苏都不在意,因为在他心目中,安息只不过是又一个即将被征服的蛮族,这场战争几个星期就能结束。他已经在考虑如何安排得胜回朝的庆典活动了。克拉苏坚信在他的 7 个罗马军团面前,安息将是不堪一击的,而征服安息只不过是开始,他还要继续向印度进军,完成亚历山大征服世界的遗愿。

前 54 年,60 多岁的克拉苏不顾一切地率领大军出发了。随同克拉苏出征的财务官(quaestor)是盖约·卡西乌斯·隆吉努斯(简称:卡西乌斯)。财务官是古罗马的一种常设官职,由公民大会选举产生,苏拉时代有 20 名,除留在首都工作的以外,每个行省长官赴任、每个统帅出征,都有一人随行。他们除了处理军队中的一般财务工作外,有时还带一个或几个军团独立作战,有时统帅外出又代理主持整个军务,成为事实上的副帅。

大军来到了东海岸的布隆狄西乌姆。正值严冬的亚得里亚海上风急浪高,克拉苏却不愿等待,下令即刻起航,因此损失了许多船只。他率领剩下的部队,假道加拉提亚从陆上急速向东方进军。他的军队在幼发拉底河上架起便桥,安全通过。在美索不达米亚,他占领了许多自动归顺的城市,但在阿波洛尼乌斯自居僭主的一座名为泽诺多提亚的城下,克拉苏的 100 名士兵被杀死了。[1] 克拉苏率领大军攻占了该城,抢劫了城里的财富,把居民变卖为奴。在那些归顺的城市安置了总数达 7000 步兵和 1000 骑兵的驻军之后,克拉苏就回到叙利亚大本营去过冬了。他在那里等待儿子小克拉苏从凯撒统治下的高卢赶来。由于作战英勇得到勋章的小克拉苏带来了 1000 名精选的骑兵。

前 53 年初,克拉苏刚刚开始从过冬的营地集结他的队伍,安息王许罗德斯(阿萨克斯)的使节就来晋见。使节说,如果军队是由罗马人民派来的,那就意味着是既无休战也无和约的战争;但如果就他们所知,克拉苏所以违背国家的意愿,武装侵犯安息并占领他们的领土仅仅是为了个人利益的话,那么许罗德斯王愿以宽大为怀,怜悯克拉苏的垂暮之年,把那些派去监视他的国土、而实际上却在他本人监管之下的罗

---

〔1〕参照狄奥卡西乌斯《罗马史》第 40 卷,13 节。

马军队交还给罗马人。对此克拉苏狂妄地答道,他将在塞琉西亚给予回答。闻听此言,使节中最年长的瓦吉塞斯不禁仰天大笑,他翻转自己的手掌,指着手心说:"唉,克拉苏,除非这里长出毛来,你是不会看到塞琉西亚的。"

使者们骑马回到安息,向许罗德斯王报告战争在所难免。另外从罗马人驻防的美索不达米亚的城市里,有几个人冒死逃回罗马营地并带来了极其重要的消息,他们在城市受到攻击时,曾亲眼见到了安息人的实力和作战方式。他们夸张地说:"当那些人追击时,没有人能逃脱;当他们奔跑时,谁也抓不住他们。那些奇怪的投掷器就是他们出现的前驱,在你看清是谁发射之前就射穿了所有的障碍。至于他们用来开路的铁甲骑兵,更是横冲直撞所向无敌。"罗马将士们听了,顿时士气锐减。过去他们认为这场战争最困难之处莫过于长途跋涉和追击那些不肯近前交锋的敌人,可是现在,他们却被率领去进行一场可以预料到死伤惨重的恶战。因此,有些军官认为克拉苏应下令停止进军,并重新考虑全盘计划。这些人当中有财务官卡西乌斯,占卜官也悄悄地透露在献祭中得到有关克拉苏的兆头总是不吉的情况。但克拉苏对这些毫不放在心上,除了向前挺进之外任何建议都听不进去。

恰在此时,亚美尼亚王阿塔瓦斯德斯率领 6000 名骑兵来到克拉苏的营地,还应允再提供不需要罗马人担负军费的 1 万名重装骑兵和 3 万名步兵。他试图劝说克拉苏取道亚美尼亚攻入安息,这样罗马军队可以在国王所提供的庞大军队中间安全地前进,并将在群山起伏和连绵不断的丘陵地带迎击安息人视为精华的骑兵,在那种地方骑兵是发挥不了威力的。克拉苏对国王的热诚及其提供的十分可观的增援颇为欣悦,但他说他要经过美索不达米亚进军安息,那里他曾留下许多英勇的罗马士兵。亚美尼亚王听到他的话后便骑马离去了。

当克拉苏率领他的军队在宙格马[1]渡过幼发拉底河时,他们的周围响起阵阵雷声,一道道闪电迎面飞掣,一场夹着大雾的旋风把他们的

―――――――――――――――――――

〔1〕位于幼发拉底河的叙利亚城镇,由于结舟为桥而得名。

木筏吹得四处漂流，甚至打得支离破碎。原来打算宿营的地方也遭到了两起雷击。主帅的一匹坐骑，披着华丽的马衣，在风雷中拖着马夫落进河里，被波浪吞没。据说第一面升起的军旗上的鹰头也径自向后转了过来。[1] 此外还发生了一桩反常的事：在士兵过河后，开始向他们发放每日的给养时，先给的是扁豆和盐，罗马人认为这是丧葬的象征，是献给死者的祭品。更有甚者，当克拉苏对全军大声演说时，他无意说出了一句话，使全军大为惶恐。他说的是他将拆毁过河的桥，这样他们谁也不能回去。最后，当他为全军举行传统的祭献礼时，卜者把祭物的内脏放在他手上，他却失手把它们坠落在地。看到旁观者对所发生的事情有一种不知所措的担忧时，他微笑道："人老了，就是这样；但你们放心，任何武器都不会从这双手上失落的。"

以后他便率领全副武装的 7 个军团，4000 名左右的骑兵和数目差不多的轻装部队，沿着幼发拉底河向前推进。派出的一些侦察兵回来报告说，这个地区人烟稀少，只看见一些马队的痕迹，很明显是安息人在迂回着逃避追击。这样克拉苏更加自信，他的士兵也变得轻敌，完全不把安息人放在眼中，认为敌人不敢趋前交战。尽管如此，财务官卡西乌斯再次向克拉苏进言，劝他首先在一个设防的城市中休整部队，直到获得敌人的确切消息再采取行动。即使退而求其次，也应沿河向塞琉西亚进军。因为通过河道，他们可以把充分的给养源源不断地运到各个行军营地，还可以依托河流的屏障使大军免遭包围；万一和敌人正面交锋，也不会处于腹背受敌的不利地位。

当克拉苏犹豫不决时，来了一位名叫阿里亚姆奈的阿拉伯酋长。一些曾经跟随庞培远征过这一带的士兵认识此人，知道他曾经接受过庞培的恩惠，把他看成是罗马人的朋友。其实现在他是在安息将领的授意下，试图取信于克拉苏，尽可能诱使他远离河流和丘陵，进入广阔的平原地带，以便把他团团围住，因为安息人最忌讳从正面进攻罗马人。这个花言巧语的阿拉伯酋长一见到克拉苏，就称赞庞培是他的恩

---

〔1〕参照狄奥卡西乌斯《罗马史》，第 40 卷，18 节。

人,并极力颂扬克拉苏的军威。然后他假装批评克拉苏迟迟按兵不动,在准备工作上浪费时间,而不是以行动迅速的精兵追击那些早就想卷起最贵重的财产,携带奴隶逃到西徐亚或许尔卡尼亚的敌人。他说:"如果你打算作战,你应该在许罗德斯王集中兵力和重振军心前迅速行动,因为现在苏雷那和西拉克斯已被抛出来承受你的追击,而国王本人却无影无踪了。"

这一切都是骗局。安息王许罗德斯对日益逼近的危险也很畏惧,他不失时机地兵分两路,一路由他自己率领去进攻亚美尼亚,惩罚支持罗马人的阿塔瓦斯德斯;另一路由大将苏雷那率领,在与罗马人的战斗中,试探敌人的虚实并分散其注意力,以便视事态的发展采取进一步措施。苏雷那可不是寻常之辈,他富有家产,出身高贵,足智多谋,论其才干和勇气,都是当时安息人中的佼佼者。此外,在体魄和英俊的容貌方面,也没有人能与之媲美。他常常为私事出巡,随行有 1000 头骆驼组成的辎重队,200 辆运载妻妾的大车,还有 1000 名全副武装的骑兵以及人数更多的轻装骑兵作为护卫,连同骑士、随从和奴隶总共不下 1 万人。另外,他还享有古老的世袭特权,即第一个把王冠戴在安息国王的头上;当这位许罗德斯王被逐出安息时苏雷那恢复了他的王位,并为国王攻占了塞琉西亚这座大城。他身先士卒登上城墙,亲自击溃了守敌。尽管他当时还不到 30 岁,可是他却由于精明审慎而享有最高的威望,地位仅次于国王,也正是凭着智勇双全的素质,后来他使克拉苏大军覆灭。克拉苏一开始由于狂妄和自信,继而由于恐惧和厄运,轻易地成了苏雷那奇谋巧计的牺牲品。

此时克拉苏在那个酋长的劝说下,率部离开了幼发拉底河,由此人带路穿过平原的中部,沿着一条开始还算好走的道路前进。但不久沙漠连绵不断,麻烦就来了:大地上没有树木,没有水,一眼望去无边无际。干渴和艰难的行军使人精疲力竭,而且映入眼帘的波浪起伏的沙丘也使人气馁。这一切本来就足以引起人们怀疑其中必有奸诈,更何况不久阿塔瓦斯德斯派来的使者说:亚美尼亚王正陷入同亲率优势兵力进犯的许罗德斯一场鏖战之中,无法向克拉苏提供援助,反而劝克拉苏先挥师驰援,同亚美尼亚人会合,与许罗德斯决一雌雄。如其不然,也要靠近骑兵无法施展的山地进军和宿营。克拉苏并未书写回信,而是怒气冲冲,一反常态地立即回答说,目前他没有时间浪费在亚美尼亚人身上,可是总有一天,他将前去惩罚阿塔瓦斯德斯的背信弃义行为。

卡西乌斯私下痛斥那个酋长说:"你这个最卑鄙的家伙,什么凶神恶鬼把你带到我们这里来的? 你用什么麻药和魔法迷住了克拉苏,让他把军队带进这个张着地狱般大口、深不可测的沙漠,走上这条更适合于游牧部落的强盗头而不适合于一位罗马大将军的道路?"这个酋长十分精明狡诈,他卑躬屈膝地讨好罗马人,劝他们再忍耐一时片刻,当他骑马沿着队伍走时,开玩笑地嘲弄罗马军人说:"你们以为是在坎帕尼亚行军,一心想着那里的喷泉、溪流、树荫、酒店,还少不了沐浴吗?可别忘记,你们是在穿过亚述和阿拉伯之间的地界呀!"这个狡猾的酋长就像家庭教师那样哄着罗马人,在他的阴谋败露之前骑马逃走了。克拉苏对他的离去并非一无所知,可还是相信他逃走是为了打乱敌人的计划,替罗马人效劳。

4.3 卡尔莱战役罗马军团被歼

据说发生战斗的那天,克拉苏没有像罗马将军的传统那样穿着紫袍出场,而是穿了一件黑色的袍子,当他发现自己的失误之后,马上就换了一件。据说有些掌旗手费了很大力气才拔起军旗,它们好像深深地嵌进土里了。克拉苏对这些都毫不在意,就急急忙忙地下令出发了。他强使步兵跟上骑兵,直到有几个派去侦察的士兵骑马跑回来报告说,其余的伙伴都被敌人杀死了,他们自己也勉强逃脱,敌人正信心十足地以强大的兵力逼近求战。这个消息在全军引起了巨大骚动。克拉苏在震惊之余,急忙收缩兵力,集中人马,摆成一个中空的方阵,每面有 12 个步兵大队,每个步兵大队都配置了一个骑兵队,使战线的每一部分都不缺少骑兵的支援,整个阵势在各个地方都可以同样地防御或转入进攻。他把一翼交给财务官卡西乌斯,一翼交给儿子小克拉苏,自己居中

·欧·亚·历·史·文·化·文·库·

策应。

大军以这种队列前进,来到一个叫巴利苏斯的小溪旁,溪流不大,水量也不算充沛,可是长时间在炎热和干旱中行军而无水可饮的士兵们看到水十分高兴。大多数军官认为他们应该在这里露宿过夜,在尽可能地了解了敌人的兵力和分布情况之后,拂晓时再发动进攻。然而克拉苏被他儿子和手下骑兵的强烈要求搞得头脑发昏,他们敦促他前进并尽快投入战斗。于是,他命令那些饥渴的士兵站在队列中吃饭和饮水,不等他们吃喝完毕就带领他们出发,并且以急行军的速度持续前进,直到他们发现了敌人。

使罗马人惊奇的是安息人看起来人数既不太多,也不是庞然可畏,苏雷那将主力隐蔽在前锋的后面,命令他们用罩袍和皮革遮住盔甲的闪光。当安息军队靠近罗马人,主帅发出信号之后,他们深沉而可怕的怒吼首先充满了整个平原。原来安息人在战斗中不用号角和喇叭来鼓舞士兵,而是用泡涨了的兽皮制成空心的大鼓,上面再安上铜铃。他们同时在四面八方擂起鼓来,发出的低沉声音,像是野兽的怒吼和粗暴刺耳的雷鸣。他们深信,在所有感觉中,听觉最容易使人们烦躁不安,能迅速地刺激人们的情绪,使其丧失判断力。罗马人听到这种喧嚣之声大为震惊,这时,安息人突然脱去伪装,身上的胸甲和头盔闪闪发亮,身下的战马披着的铜和钢的甲衣也闪烁着耀眼的光芒。苏雷那是其中最高大最英俊的人物,他的穿戴更像米底人的式样,涂画着脸,头发分开。其他的安息人则穿着西徐亚人式样的服装,长长的头发在额前束成一簇,这使他们显得阴森可怖。开始,安息人打算用长矛来攻击罗马人,使对方的前列陷入混乱。可是当他们发现罗马人纵深的队形,盾牌连着盾牌,战士们都十分坚定和沉着时,他们就后撤了,一面装出队形混乱疏散开来的态势,一面却在罗马人没有觉察出这种调动之前就把罗马军队中心的方阵包围了。克拉苏命令他的轻装步兵冲锋,可是没走多远就遇到了一阵阵箭雨。轻装步兵只好放弃进攻,逃回到那些重装备步兵中寻找遮蔽,这在后者中间造成了混乱和恐惧。因为他们现在看清了安息箭镞的速度和威力,这种箭矢能击碎盔甲,穿透各种覆盖物,不管是硬的还是软的。

现在安息人拉开距离,站稳脚跟,从四面八方开始射箭。罗马人稠密的队形使每个射手即使不想射中也不可能,安息人只是拉满那种大而弯曲的强弩,使射出的箭更迅速有力。罗马人立刻陷于十分悲惨的处境:如果他们要保持队形,就要被大量杀伤;如果他们企图与敌人近战,那样不但毫无效果,而且要遭受同样重大的伤亡。因为安息人擅长一边躲避一边射箭,这种战术使他们在战斗中既可以有效杀伤敌人,又能迅速地安全撤离,而避免临阵脱逃的恶名。此时此刻,罗马人还抱着希望,只要敌人的箭耗光并退出战斗,或者前来短兵相接,他们就能坚持下去。可是他们发现许多满载着箭镞的骆驼就在附近,最初包围他们的安息人从那里不断得到新的补充。

克拉苏看到这样下去没完没了,开始失去了信心。他派信使到他儿子那里去,命令他在被包围之前强行与敌交战,因为敌人以重兵进攻并用骑兵包围的正是他儿子的那一翼,敌人的意图是希望抄袭他的后路。小克拉苏得令后率领了 1300 名骑兵(其中 1000 名是凯撒旧部),500 名弓箭手,和离他最近的 8 个步兵大队发起了冲锋。而此时,企图包围他的安息人却转了个大弯避开了。据有些人说,这或许是因为他们遇到了沼泽,或许是因为他们采取了运动战,以便在小克拉苏离他父亲尽可能远的地方攻击他。小克拉苏高声喊叫:"安息人守不住了!"并策马紧追。紧紧跟随的是他的两个朋友——肯索里努斯和墨伽巴库斯。后者由于勇武有力而出名,肯索里努斯则有元老院议员的尊号,也是一个有号召力的演说家。骑兵们紧跟小克拉苏,步兵由于受到鼓舞,也十分兴奋地紧跟其后,去追击在他们看来正在溃逃的敌人。他们追击了很长一段距离,才发现中了敌人的奸计。那些看似逃跑的敌人忽然转过身来,另有更多的生力军与他们会合后前来参战。

罗马人这时停下脚步,以为敌人会来短兵相接,因为他们发现敌人兵力毕竟不多。可是安息人却把全副铁甲的骑兵面对罗马人压住阵脚,其余的骑兵则在周围以松散的队形来往驰骋,马蹄踏裂地表,在沙滩上腾起漫天的尘雾,使得罗马人看也看不清楚,说话也听不分明,挤在一个小圈里,被箭射得东倒西歪,互相枕藉。中箭者并不是马上死掉,而是受着疼痛的折磨,痛苦地扭动着身体,以至把箭弄断在伤口里。当他们使劲拔出那带钩的箭头时,箭头带出了血管和肌肉,搞得身上血肉模糊。许多人就这样死去了,剩下的人也丧失了作战能力。当小克拉苏敦促部下向敌方的铁甲骑兵冲锋时,士兵们指给他看,只见他们的手被铆在盾牌上,脚被箭穿透,深深钉在沙里,他们既无法逃跑也无法自卫。小克拉苏只好鼓动他的骑兵猛烈地冲向敌阵,和敌人短兵相接。可是无论从防御还是从进攻来说,他们和对手的搏斗都不是势均力敌的,他们用小而无力的矛对着安息人用生牛皮和钢铁制成的胸甲上刺去,而敌人的长矛却刺在高卢人没有铠甲保护的身体上。原来小克拉苏依靠的主要就是高卢人,他们也确曾为他立过非凡的战功。而此时的他们抓住安息人的长矛,同敌人扭打在一起,把敌人从马上揪了下来。许多高卢人放弃了自己的马匹,爬到敌人的马下,用刀刺穿马的肚子。马疼得直立起来,在倒毙时把马上的安息骑手和马下的罗马士兵践踏一气。

最使高卢人感到苦恼的是炎热和干渴,他们对此很不习惯,他们的大部分马匹死于长矛之下。他们被迫携带着受了重伤的小克拉苏,退到步兵那里去。看到附近有个小沙丘,他们退到沙丘上,把马系在中央,在外围用盾牌连在一起,他们认为这样更易于对抗安息人,保护自己。但情况正好相反,因为在平地上,前队摆开,多少可以使后面的人得到保护;可是在这里,起伏不平的山地使每一个在后面的人都站在更高的地方,暴露得更加明显,结果所有的人都受到箭矢的射击,纷纷无可奈何地死去。拿破仑曾评论道:"安息国人的弓很强劲,它掌握在有经验的和力气大的射手手里,射出的箭就非常强而有力,能够射穿罗马人的盾牌。这就能引起罗马部队队形紊乱,并且成为克拉苏战败的原因之一。"[1]

------

[1]《拿破仑文选》对 1916 年巴黎出版的《军事艺术评论》一书的十七项评论摘要《评论二·论步兵》。

却说小克拉苏身边有两个希腊人,叫做希罗尼摩斯和尼科马科斯,就住在附近名为卡尔莱(Carrhae,又译为卡雷)的地方。他们试图劝说小克拉苏和他们一道溜走,逃到离此不远的一个拥护罗马的伊克奈城去。但小克拉苏声称死亡并不可怕,可怕的是抛弃那些正在为他战死的人们。他命令那两人自己去逃生,说了声"永别了",便把他们打发走了。小克拉苏由于手被射穿而不能动,就转身面对着他的盾牌手,命令那人用剑杀死了自己。肯索里努斯据说也是同样死去的。墨伽尼库斯自刎身亡,其他重要将领也是如此。剩下的人一直战斗到安息人爬上山丘用长矛将他们刺死。据说被生俘的不足500人。安息人砍下小克拉苏的头颅,立刻骑马去进攻克拉苏所率领的罗马军团主力。

克拉苏在命令他儿子去进攻安息人之后不久,接到消息说他们已击退敌人,正隔着一段距离追逐敌军。此时他也注意到自己当面的敌人对他的压力已不那样沉重(因为大部分敌军都涌到小克拉苏那里去了),他又恢复了一些勇气,集中他的军队在斜坡上站住脚以求安全,急切地盼望他儿子在追击后返回来与他会合。当小克拉苏开始陷入危险时,曾派信使到他父亲那里去。第一个信使途中被安息人杀死。后一个信使勉强杀出一条血路来向克拉苏报告:如果得不到他的迅速和大量的增援,小克拉苏就完了。这时,克拉苏完全被复杂的心情所左右,无法对任何事物做出正确的判断。对全军的担忧使他拒绝驰援,对儿子的热爱又使他不得不提供援助;最后,他开始命令他的部队向前移动。

正在此时,敌人又狂呼乱喊着逼近过来,他们的呐喊比以往更使人胆寒,他们的许多面大鼓又对着罗马人隆隆擂起。那个带来小克拉苏首级的敌人将头颅高高悬在矛尖上,骑马来到罗马人的近前,一面展示头颅,一面轻蔑地数说着小克拉苏的父母和家族。他说:"确实,克拉苏,这个最低贱和怯懦的人,可不配做这样一位高贵而英雄无比的儿子的父亲。"这幅景象比其他任何可怕的经历更使罗马人心惊胆战,他们非但不像预料的那样充满复仇的怒火,反而战战兢兢,簌簌发抖。可是据说,克拉苏在这个可怕的时刻却表现出不同寻常的镇定,他在队伍之

155

间来回走着,喊道:"啊,罗马人,这个悲痛是我的,是我个人的。可是,只要你们安然无恙一息尚存,罗马的武运和光荣就有了保障,任何敌人都不能征服我们。如果你们对我失去最高贵的儿子还有一点怜悯之情,就请你们把愤怒对准敌人宣泄吧!不要让他们得意忘形,对他们的残暴施加报复吧!千万不要为所发生的事情意气沮丧。因为那些有志于伟大业绩的人,必须忍受巨大的牺牲。甚至卢库卢斯征服提格拉涅斯人,西庇阿征服安条克人,都不免流血和损失。想想我们的先辈在西西里海上损失了上千只战舰,在意大利损失了众多的大将,种种损失和失败没有一件曾阻止罗马终于战胜那最初取胜的敌手。罗马立国以来达到现在的顶峰不是全凭命运的垂青,而是靠坚忍不拔的勇气,靠临危不惧的精神啊!"虽然他用这样的语言来鼓励士兵,可是他看出没有多少人带着热情听他讲话。当他命令士兵发出战斗的呐喊时,他发现他们的声音是如此的微弱和零乱不齐,此时从敌人那里传来的喊声却是响亮和凶猛的。

安息人开始进攻了。他们的轻装骑兵奔驰在罗马人的侧面,向他们放箭,同时重装骑兵在正面,用长矛把罗马人驱到狭隘的地带。那些不想中箭送命的人,索性大胆冲上去同敌人作殊死战斗。这对敌人没有造成多大损伤,自己反而由于严重致命的创伤而迅速死去,安息人的钢枪长矛沉重地刺痛战马,力量之大足以同时刺穿两个人。战斗一直延续到天黑,安息人退走了,声称给克拉苏一个晚上去哀悼他的儿子,说:"如果他更看重自己的切身利益,他必须同意去阿萨克斯,而不是被带到那里去。"

安息人就在附近露营,情绪高涨,满怀胜利的希望。但对罗马人来说,这却是一个悲惨的夜晚。他们没有掩埋死者,也没有照看那些受伤和垂死的人,每个人都在哀叹自己的命运。逃走看起来是不可能的,伤员使他们感到很为难,带着走肯定会妨碍逃跑,如果留下他们,伤员的呼喊又会把同伴的退却泄露给敌人。克拉苏正独自躺在地上,四周笼罩着黑暗。此时卡西乌斯和他的副将屋大维试图唤醒克拉苏并鼓起他的情绪,但看到他彻底的沮丧不振,他们就召集起百人队长和大小头目们,经过仔细筹划,决定离开现在被困的地点。部队不用号角,在寂静中展开行动。伤病员们察觉到同伴要丢弃他们,于是一场可怕的骚动与混乱伴随着呻吟和呼号充满了整个营地。之后,当他们企图前进时,混乱和恐惧再一次笼罩着他们,因为他们确实觉得敌人正在逼近他们。他们必须时而改变路线,时而准备战斗,一些跟着来的伤员必须带走,其他一些不得不抛下不管,因此大队人马就被耽误了。只有伊格那提乌斯的300名骑兵午夜时分到了卡尔莱。他用罗马话招呼城上的哨兵告诉他们的长官科波尼乌斯,说克拉苏和安息人曾进行了一场鏖战,此外再一言不发,甚至没有说他是谁,就向宙格马飞驰而去。他拯救了自己和他的人马,但落下了一个丢弃主帅不顾的坏名声。无论如何,他给科波尼乌斯传送的消息给克拉苏带来一些好处,因为科波尼乌斯断定送信者带来的急促而简短的音信不会是什么好消息,他命令手下的人立即武装起来,当他得知克拉苏正在前进的消息,马上就去迎接他,解救了他,并把他的军队护送进城。

虽然安息人在夜里就知道罗马人逃走了,他们并没有追击。等到天色破晓,他们立刻进攻,屠杀了留在罗马营地的大约4000名残兵败将。骑兵又四处搜寻,抓住了许多在平原中蹒跚而行的罗马人。罗马将领瓦贡提努斯率领的4个步兵大队,在黑夜里离开了主力,迷了路。被安息人包围在一个小丘上,一直战斗到只剩下了20个人。安息人很赞赏这些企图用短剑杀出重围的人,于是网开一面,让他们通过,向卡尔莱遁去。

这时,苏雷那得到一个报告,说克拉苏和其他高级将领逃走了,那些源源不断逃入卡尔莱的人都是些卑下的、不足以引起重视的乌合之众。苏雷那对此消息将信将疑,他派出一个会讲两种语言的随从到城下去,吩咐他用罗马语呼唤克拉苏本人或是卡西乌斯出来,告诉他们苏雷那想和他们举行会晤。口译者传达了这个信息,有人报告克拉苏,他接受了邀请。片刻之后,从安息人那里来了几个阿拉伯人,他们在战斗前曾在罗马人的帐内呆过,熟悉克拉苏和卡西乌斯的模样。他们看到卡西乌斯站在城上,就对他说苏雷那建议休战,并保证他们安全通过,

·欧·亚·历·史·文·化·文·库·

只要他们愿意做国王的朋友并撤离米索不达米亚,因为苏雷那认为这样做比用武力解决的方法对双方更有利。卡西乌斯接受了建议,要求确定克拉苏和苏雷那举行会谈的时间和地点,那些人也说这是必须做的,然后就骑马离去了。

天一亮,苏雷那就率领安息人到达卡尔莱城外,他们大肆辱骂罗马人,说如果他们想休战的话,就把克拉苏和卡西乌斯带着镣铐交出来。罗马人十分沮丧地发现他们上当了,而卡尔莱城又没有足够的粮草可供久守。于是他们劝告克拉苏放弃从亚美尼亚人那里得到援助的渺茫而空洞的希望,准备逃走。关于这件事卡尔莱城中事先没有一个人知道,但是克拉苏向安德罗马库斯吐露了秘密而且让他充当向导。安德罗马库斯是一个最不讲信义的人,他设法向安息人报告了罗马人要在夜间逃出城的消息。

深夜,克拉苏等人从卡尔莱城出发,安德罗马库斯时而率领这一队,时而率领那一队,算计着怎样不要把安息追兵落得太远。最后他把队伍引入满是沼泽和沟坎的地带,使跟着他的人十分吃力地绕着弯走。有些人猜测到安德罗马库斯这样绕来绕去用意不善,就不再跟着他走了。财务官卡西乌斯折回到卡尔莱,他的阿拉伯向导劝他等到月亮过了天蝎宫,他回答说他怕射手宫更甚于天蝎宫[1],随即带领 500 骑兵向叙利亚驰去。由屋大维率领的 5000 人雇佣了可靠的向导,到达了一个叫西那卡的小山城,在天亮前安全地扎了营。

白昼来临,克拉苏发现自己已成为安德罗马库斯奸计的受害者,陷于沼泽地难以前进,和他一起有 4 个步兵大队,为数不多的骑兵和 5 个掌旗官。他们费了很大力气回到路上,马上就受到了安息人的攻击,因为他离屋大维有 12 斯塔狄昂之遥,他便逃到另一个小山上。这个小山位于西那卡城下,山脊横贯平原中部,和西那卡相通,所以屋大维立刻发现了克拉苏的危险处境,就一马当先地领着几个人从高地冲下来援

---

〔1〕射手宫(Archer)即人马座(Sagittarius),紧接着天蝎宫(Scorpio)的黄道宫。此处系以星座喻战事。

救他。屋大维手下其余人也一边谴责自己的怯懦，一边冲向敌人，把敌人横扫下了山岗。他们把克拉苏围在中央，用盾牌护住他，宣称：直到他们全部为保护他而战死，没有任何安息人的箭可以伤害他们的主帅。

苏雷那这时看到他的安息士兵进攻的势头已经不够猛烈，如果夜幕降临，罗马人就会退到山丘地带，那么就再也无法抓住他们了。于是他心生一计：首先，他释放了一些罗马俘虏，要他们告诉克拉苏，说听到安息人互相传说，国王不希望他和罗马之间的战争进行得这样残酷无情，国王更愿意善意地对待克拉苏以重新赢得友谊。随后安息人停止了战斗，苏雷那和他的主要将领镇静地骑马上山，松开弓弦，伸出右手请克拉苏近前，说道："我违背国王的意愿来考验你的勇气和力量，现在国王出于本意向你表示他的温和和友善的感情，如果你撤走的话，就同你休战并保证你们安全地退走。"

苏雷那说这番话时，其他的罗马人都迫不及待地接受他的建议，并充满了欢乐。然而克拉苏一眼就看出了苏雷那的诡计，他不愿去与其谈判。可是他的士兵连喊带叫地敦促他接受建议，甚至大声叱骂，责难克拉苏自己连那些人不带武器时也不敢去谈判，却驱使士兵上前与之作战。克拉苏竭力想说服他们："从什么时候起，罗马人开始不再相信手中的武器，而去相信敌人的花言巧语了呢？你们怎么会相信当安息人取得了如此大的胜利后还会愿意用谈判解决问题呢？当你们武器在手时，你们是安全的，因为你们可以保护自己，而当你们丢弃武器后，你们的生死存亡，只有全凭敌人的慈悲了。"克拉苏还说："如果他们把白天剩下的时间坚持过去，晚上就可以到达崎岖的山地，那时就安全了。"他还向他们指出了那里的路，勉励他们在安全近在咫尺时不要放弃希望。可是当士兵们向他发怒，并一致击响手中的武器来威胁他时，他被吓住了，开始向苏雷那走去。走了不远，他转身说道："屋大维和佩特罗尼乌斯以及其他的罗马将军都在这里，你们看到了我去是因为我不得不去，你们亲眼看见了我遭受到的可耻的暴力威胁。假如你们平安地回到家乡，请告诉世间的人，克拉苏之死是由于他受到敌人的欺骗，而不是被他的同胞交到敌人的手里。"

屋大维和他周围的人并没有停在原地,而是簇拥着克拉苏一同向山下走去,掌旗官们也跟着他,但被他赶了回去。安息人方面首先来迎接克拉苏的是两个希腊混血儿,他们跳下马向他致敬,然后用希腊话和他交谈,催促他派出一队先行,从而确信苏雷那和他的随行人员没有佩戴武器身着铠甲前来赴会。克拉苏回答说假若他对自己的生命有丝毫顾虑的话,他就不会自动地送到他们手中。但尽管如此,他还是派了罗斯基乌斯兄弟两人去询问对方将以何种方式举行会谈以及有多少人参加。这两个人立刻被苏雷那抓住了。苏雷那正和他的主要将领骑马前来,边走边说:"怎么? 罗马的大将军用脚走路,而我们却骑在马上。"接着他命令给克拉苏牵一匹马来,克拉苏答称双方都不必感到为难,因为各方都要遵循本国在这种会谈中的习惯。苏雷那说,从此时起允许罗德斯王和罗马人之间开始休战和和平,但是必须走到前边幼发拉底河畔,签订书面的和约条款,"因为你们罗马人至少是不太看重口头协议的",他说,同时向克拉苏伸出右手。当克拉苏提出捎信回去叫一匹马来,苏雷那说没有必要,"因为国王送给你这匹马"。说着将一匹带镶金雕鞍的马带到克拉苏面前,马夫扶起克拉苏,帮助他骑上马,然后在他旁边跑着打马,使马加快步伐。屋大维第一个抓住了马笼头,其后是军队里的保民官佩特罗尼乌斯。接着队伍中其他的罗马人围住了马,试图使马停下,并把拥挤在他两旁的人拽开。紧跟着就是一阵扭打、一场骚动和相互厮杀。屋大维拔出剑来杀死了一个安息马夫,但是另外一个从背后把他刺倒,佩特罗尼乌斯没有进攻的武器,他被击中胸甲,从马上摔下来,却没有受伤。克拉苏被一个叫波马克特雷斯的安息人杀死了。

有些人说杀死克拉苏的是另外一个人,波马克特雷斯只是当克拉苏跌倒在地时割下了他的头和右手。这些细节,大抵来自推测而非真实情况,因为当时在场围绕着克拉苏奋战的罗马人,一些被杀死,一些逃回小山上去了。安息人赶到那里宣称,克拉苏已经得到了应有的惩罚,苏雷那命令其他罗马人下山,不必害怕。于是一些人下山投降了,其余的则趁黑夜四散奔逃。他们之中逃走活命的寥寥无几,剩下的被阿拉伯人追捕、俘虏、砑成肉泥。在整个战役中据说有两万人被杀死,1万人被生俘。

据说,安息王得到克拉苏的头颅后,其皇后因为克拉苏的远征是出于对黄金的贪婪,所以命令把熔化了的黄金灌入他的口中,并嘲笑说:"现在,你总算如愿以偿了。"[1]这次战争阻止了罗马向幼发拉底河的扩张,动摇了罗马在小亚细亚、叙利亚、巴勒斯坦的统治地位,从而形成了安息同罗马在西亚的均势。安息大败克拉苏之战,成为军事史上诱敌深入,以退为进,组织反攻,赢得胜利的著名战例。

4.4　汉朝与匈奴的宿怨

匈奴是中国北方一支古老的游牧民族,发祥于今内蒙古河套和大青山地区,"北边塞至辽东,外有阴山,东西千余里,草木茂盛,多禽兽,本冒顿单于依阻其中,治作弓矢,来出为寇,是其苑囿也。"[2]说明匈奴过着逐水草而迁徙的生活。《史记·匈奴列传》说:"匈奴,其先祖夏后氏之苗裔也,曰淳维。唐、虞以上有山戎、猃狁、荤粥,居于北蛮,随畜牧而转移。"[3]王国维认为匈奴就是夏代的荤粥,商代的鬼方、昆夷,西周的猃狁,春秋以后称作戎狄、胡。[4] 现代学者认为,匈奴是众多北方游牧民族经过长期的杂居、征战、融合,经历了从分散到统一的过程,最后才形成的新的民族共同体。

春秋末期匈奴逐渐活跃,战国时期势力强盛起来,并经常侵扰秦、赵、燕北边,三国不得不在各自的北方边境修筑长城予以防范。战国末期的头曼单于统一了漠南诸部落,建立了国家政权。秦皇朝建立后,正在蓬勃兴起的北方游牧民族匈奴的不断入境骚扰给皇朝的安全和百姓生命财产、生活安定造成了极大的威胁。经过充分准备,秦始皇发布出

---

〔1〕〔奥地利〕奥·弗洛伊德《释梦》第7章"梦过程的心理学",商务印书馆,1996年。

〔2〕《汉书》卷94下《匈奴传下》,中华书局,1962年,第3803页。

〔3〕《史记》卷110《匈奴列传》,中华书局,1982年,第2879页。以下凡引本传,不再出注。

〔4〕王国维《鬼方昆夷猃狁考》,《观堂集林》卷13,中华书局,1959年,第583页。

击匈奴的诏令。前215年(秦始皇三十二年),蒙恬等将军率领30万秦军,由北地、上郡出发,将匈奴势力驱逐至南河以北,秦朝占有了河南地这一四通八达的战略要地,成为插入匈奴心脏的一把尖刀。大军稍加休整后,于次年发起了第二次战役。蒙恬率军渡过南河,向北进击,驱逐蜷缩于两河之间的匈奴。秦军首先夺取了高阙,即今内蒙古临河县北的狼山口。接着,又收复了阳山和北假中,直至阴山一带的广大地区。"头曼(单于)不胜秦,北徙"。秦皇朝在西北新控制的空旷地区设置了34个县,实行有效的行政管理,解除了匈奴骑兵对北地、上郡及关中地区的威胁。

秦朝末年,由于受蒙恬军打击而退出河套地区的匈奴政权中发生了子篡父权的政变。头曼单于的长子冒顿用鸣镝之法,致力于培植部下对自己的绝对忠诚,于前209年将父亲头曼射死,同时诛尽了后母阏氏、两个弟弟和对自己有异心的大臣,自立为单于。冒顿着手整顿了匈奴政权组织,使其更为健全。在单于之下,设左右贤王、左右谷蠡、左右大将、左右大都尉、左右大当户、左右骨都侯等大臣。一般都以太子为左贤王,又称左屠耆王。左右骨都侯在单于廷辅政。左右贤王等24长,每人领万骑至数千骑不等,都是世袭的部落首领。匈奴国疆土分为三大块,单于管辖代郡(今河北省蔚县一带)和云中(今内蒙古托克托县)以北蒙古高原的广大地区。24长分居东、西方。左方王将居于东方,直上谷(今河北省怀来县一带)以东,与秽貉、朝鲜相接;右方王将居西方,从上郡(今陕西榆林县一带)往西,与月氏、氐、羌相接。24长之下各自设置千长、百长、什长、裨小将、相封、都尉、当户、且渠等职。匈奴政权制定了许多礼制、法律和规定。奖励战功,规定"其攻战,斩首虏赐一卮酒,而所得卤获因以予之,得人以为奴婢,故其战人人自为趋利"。在作战中抢救战死者,就可以"尽得死者家财"。

冒顿单于站稳脚跟后,首先率兵向东,打败了一再欺凌匈奴的东胡,俘东胡王,将大兴安岭和东蒙古一带并入匈奴版图。不久,又乘胜西进,向宿敌月氏报仇。一举打败了月氏军队,月氏人被迫放弃其辖境北部黄河至阿尔泰山间的地方,把驻牧地南移到河西。

其间,秦始皇死,沙丘政变,蒙恬自杀。不久,周文起义军攻进关中失败,秦朝命令守卫北边的30万大军急速南下,参与镇压农民起义军,"于是匈奴得宽,复稍度河南与中国界于故塞",冒顿占据了河套地区,"与汉关故河南塞,至朝那、肤施"。汉匈边境恢复到战国末年的状况,中原政权的北方边境地区重又面临新的侵扰。

冒顿单于率军继续征战,向北征服了浑窳、屈射、丁零、隔昆、新犁诸部,结束了我国北方游牧部落的分散局面,称雄于大漠南北,"威震百蛮,臣服诸羌",[1]拥有骑兵30余万,建立了强大的匈奴帝国。其疆域东尽辽河,西逾葱岭,南达长城,北抵贝加尔湖一带,控制了中国北部、东北部和西北部广大地区。

匈奴贵族经常率领骑兵南下,掠夺西汉北部边郡的人口、牲畜和财物。前201年(汉高祖六年)九月,冒顿单于对汉朝新徙封于太原郡以守边备胡的韩王信发动攻击,将其包围于马邑城(今山西朔县),韩王信投降,并与匈奴一起进攻太原。次年初,汉高帝刘邦亲率30万大军迎击韩王信及匈奴兵,收复晋阳,听说冒顿单于居代谷(今山西繁峙西北),遂率兵北击,兵锋直达平城(今山西大同东北)。但由于轻敌冒进,刘邦和他的先头部队被冒顿单于围困于平城白登山达7天7夜,完全和主力部队断绝了联系。后来,汉高帝采用陈平的计谋,向冒顿单于的阏氏行贿,才得以脱险。这便是历史上著名的"白登之围"。汉朝大军与匈奴的第一次交锋显示,在军事实力对比上,新建立的汉朝处于劣势。曾出使匈奴,对汉匈形势极为了解的刘敬向汉高帝献和亲之策,说:"天下初定,士卒罢(疲)于兵,未可以武服也。冒顿杀父代立,妻群母,以力为威,未可以仁义说也。……陛下诚能以嫡长公主妻之,厚奉遗之,彼知汉嫡女送厚,蛮夷必慕以为阏氏,生子必为太子,代单于。何者?贪汉重币。陛下以岁时汉所余彼所鲜数问遗,因使辩士风谕以礼节。冒顿在,固为子婿,死,则外孙为单于。岂尝闻外孙敢与大父抗礼

〔1〕《后汉书》卷87《西羌传》,中华书局,1965年,第2876页。

者哉？兵可无战以渐臣也。"[1]由于吕后反对以嫡长公主和亲,汉高帝只好以外庶人家女子名为长公主,嫁给单于为阏氏,双方正式和亲,约为兄弟。和亲条约规定双方以长城为界,"长城以北,引弓之国,受令单于;长城以内,冠带之室,朕亦制之。使万民耕织射猎衣食,父子无离,臣主相安,俱无暴逆。"[2]汉朝还每年以一定数量的絮、缯、酒、食等作为"岁奉"送给匈奴;双方开放"关市",两族人民互通贸易,以此缓和与匈奴的紧张关系,缔结双方友好。

和亲之策,使汉匈边境得到相对安定,在一段时间里,双方再未出现大规模兵戎相见的事,有利于百姓的休养生息和王朝经济的恢复发展。惠帝、吕后、文帝、景帝及汉武帝初年都延续了对匈奴的和亲政策,加强了汉匈的经济文化交流。汉匈和亲,对匈奴社会的安定、经济文化的发展和生活习俗的进步也起到了积极作用。《史记·匈奴列传》载,冒顿单于于文帝四年给汉文帝的信说:"愿寝兵休士卒养马,除前事,复故约,以安边民,以应始古,使少者得成其长,老者安其处,世世平乐。"表明和亲条约的执行使匈奴有了一个安定的邻国关系,使匈奴人民能正常地生活。

汉匈和亲断断续续维持了几十年,"终景帝世,时时小入盗边,无大寇。"匈奴腾出手来,专力向西发展,于前176年赶走月氏,控制了河西走廊以及天山南北26国,强化了与汉交往中的对比优势。汉朝也在休养生息,发展经济,同时积蓄力量,调兵遣将、募民实边、积粟塞下,做最终报复"白登之辱"的准备。

几年以后,汉武帝凭借强盛的国力,一改过去对匈奴的安抚与和亲政策,于前138年派张骞出使西域,以联络大月氏共同打击匈奴。前133年,马邑富豪聂壹诈降匈奴,引诱匈奴军臣单于亲率10万骑兵入武州塞,30万汉军隐藏在马邑谷中,准备伏击匈奴主力。单于行至距马邑百余里时,对周围情况产生了怀疑,随后又从俘虏的雁门尉史口中

---

〔1〕《史记》卷99《刘敬列传》,第2719页。
〔2〕《史记》卷110《匈奴列传》,第2902页。

得到汉军设伏的绝密消息,于是撤兵。"马邑之谋"拉开了汉朝与匈奴对抗的帷幕。

前127年(元朔二年)春,根据中大夫主父偃的建议,汉武帝"令车骑将军(卫)青出云中以西,至高阙。遂略河南地,至于陇西,捕首虏数千,畜数十万,走白羊、楼烦王。遂以河南地为朔方郡。……使(青校尉苏)建筑朔方城。"[1]获得自汉初以来对匈作战的一次大胜利。匈奴不甘心河南之战的失败,先后出动骑兵袭扰代郡、雁门、定襄及河南地,企图夺回河南地。汉军在前124年(元朔五年)春发起了漠南战役,车骑将军卫青率3万骑兵从高阙出发,急行军六七百里,进入漠南,乘夜包围了右贤王的老巢。醉酒的右贤王狼狈北逃。汉军俘虏右贤王部下1.5万余人,裨将10多人,牲畜数十百万,凯旋归师。次年二月和四月,大将军卫青两度率骑兵出定襄(今内蒙古和林格尔西北),前后歼灭匈奴军队1万多人,扩大了对匈奴作战的成果。然而,四月的战役中,右将军卫尉苏建和前将军翕侯赵信率领的3000骑兵,却与单于军遭遇,作战失利,全军几尽,苏建只身逃回,赵信投降匈奴。赵信受到单于信任,被封为自次王,他教单于改变策略,远离汉境,率匈奴主力退到漠北一带,再以小股骑兵骚扰边境地区,引诱汉军长途行军寻找匈奴主力,在汉军疲劳时,再伺机打击。"其后,匈奴比岁入代郡、雁门、定襄、上郡、朔方,所杀略甚众。"

前138年(建元三年),张骞率领100多人的使团第一次出使西域,历时13年,历尽千辛万苦,只剩下他和堂邑父两人于前126年平安回到长安。这次出使,虽未达到与大月氏联合,共同抗击匈奴的目的,但"骞身所至者大宛、大月氏、大夏、康居,而博闻其旁大国五六,具为天子言之",使中原朝野比较清楚地了解到了真实的西域,以及各国的政治、经济、物产、民俗、兵力等情况,这对于西汉认识其外部世界,进一步和西域沟通是十分重要的。汉朝领有河西走廊以后的前119年(元狩四年),张骞率领300人的庞大使团第二次出使西域。在赤谷城(今哈

〔1〕《史记》卷111《卫将军骠骑列传》,第2923页。

萨克斯坦依什提克），张骞向乌孙昆莫传谕了武帝希望其东返河西浑邪王地、汉朝与其和亲的旨意，由于王国内部局势不稳，乌孙昆莫没有答应汉朝的要求，但派遣使者随张骞到长安，后来终于迎娶汉细君公主，成为汉朝在西域最坚定的盟友。在乌孙，张骞按计划向大宛、康居、大月氏、大夏、安息、身毒、于阗等国派遣了副使，与这些国家有了正式使节往来。以后，汉朝加强了对西域的经营，于前60年（神爵二年）设置了西域都护，确立了西汉王朝对西域各地的隶属关系。

真正使汉朝在对匈战争中获得绝对优势的，是汉朝实施的断匈奴右臂战略。位于今甘肃西部的河西走廊，连接内蒙古高原和青藏高原，又是内地通往西域的要道，地理位置十分重要。匈奴控制着河西走廊，南与羌人相接，既能极方便地与羌人联络，使汉朝腹背受敌，又能保证其源源不断地从西域这个物资"府库"中向漠北输送物资。随着汉匈战争形势的发展，对河西走廊的争夺，已成为战争能否深入及其最终成败的关键。

汉武帝终于发动河西战役。前121年（元狩二年）三月，骠骑将军霍去病（前140—前117年）率1万骑兵由陇西郡（治今甘肃临洮）出发，在金城西翻过庄浪河附近的乌鳖山，进入河西走廊。大军继续西行，与匈奴邀濮王作战，又渡过狐奴水（今石羊河），汉军一路势如破竹，6天之中转战匈奴5王国。汉军勇猛向前，凡抗拒者坚决打击，畏葸者弃而不问，更不贪恋敌方物资，单于的儿子都差点儿被汉军捕获。霍去病率军又翻越焉支山，深入匈奴纵深1000余里，与敌劲旅鏖战于皋兰山下，大败之，"捕斩匈奴首虏八千九百六十级"，杀死了折兰王，斩得卢侯王首级，捕获了浑邪王的儿子、相国及都尉，还收缴了休屠王用来祭天的两个金（铜）人，大获全胜。夏天，霍去病又率领铁骑从北地出发，一路向西奔袭。绕过卑移山（今贺兰山），在大漠之中西进，渡过居延泽（今内蒙古阿拉善右旗），沿着弱水（今额济纳河），进入浑邪王驻牧地（今张掖市境），南至南山（祁连山）小月氏地，与匈奴军队展开激战。"首虏三万二百级，获五王，五王母、单于阏氏、王子五十九人，相国、将军、当户、都尉六十三人"，给匈奴右部以毁灭性的打击。

秋天,匈奴单于因河西的浑邪王和休屠王屡遭失败,被"杀虏数万人",欲召廷严惩,浑邪王和休屠王遂商议向汉朝投降,派使者到边境联络。正率众在黄河边筑城的大行令李息接待了浑邪王使者,当即用驰传向长安的天子报告。汉武帝怕浑邪王等人诈降袭边,派霍去病率兵去迎接。汉军渡过黄河,已经能望见浑邪王和休屠王的部众。休屠王突然反悔,想率领部下转身逃走。浑邪王的裨将也有不欲降者。于是浑邪王杀了休屠王,兼并其众;霍去病也当机立断,挥剑驰入对方营帐中,与浑邪王相见,帮助浑邪王,杀了不愿投降的8000余人。浑邪王部下及休屠王的部下共4万余人,号称10万,投降汉朝。从此,"金城、河西并(沿着)南山(今祁连山)至盐泽(今罗布泊),空无匈奴"[1]。为了巩固既有的战争成果,加强防御和进攻匈奴的力量,朝廷在河西设置了酒泉、武威、张掖、敦煌四郡,并修筑了屏蔽河西走廊的长城,以及自敦煌以西至盐泽(罗布泊)的亭燧长城。在加强防卫,用武力打击匈奴有生力量的同时,汉武帝对匈奴采用了劝降的政策。

前119年(元狩四年),卫青、霍去病各率5万骑兵、步兵及转运者数十万人,分别从定襄(今内蒙古和林格尔)、代郡(今河北蔚县)出发,向北穷追匈奴。卫青军与单于军大战漠北,单于脱逃,部下被捕斩者1.8万级,汉军北至寘颜山赵信城(今蒙古国讷拉特山)而还。霍去病军出塞两千里,与匈奴左贤王接战,获首虏7万余级,封于狼居胥山(今蒙古国德尔山),临瀚海(今贝加尔湖)而还。这次作战,消灭了大量匈奴的有生力量,"是后,匈奴远遁,而幕南无王庭。汉度河自朔方以西至令居,往往通渠置田官。吏卒五六万人,稍蚕食,地接匈奴以北。"[2]这次战役以后汉匈重新开始使节往来,进行了十余年的外交战。前103年(太初二年),汉朝派浞野侯赵破奴率两万骑兵出漠北,欲配合匈奴左大都尉谋杀单于以降汉的行动。密谋被单于发觉,诛左大都尉,赵破奴兵败被俘,汉匈之间又起战端。汉军多次与匈奴接战,

〔1〕《汉书》卷61《张骞传》,第2691页。
〔2〕《汉书》卷94《匈奴传》,第3770页。以下本节凡引本传,不再加注。

·欧·亚·历·史·文·化·文·库·

互有胜负。

几十年的汉匈大战，双方都损失巨大，精疲力竭。武帝末年，出现海内虚耗、人口减半的衰弱局面。汉武帝深悔征讨之事，实行了休养生息的政策。汉武帝死后，奉遗诏辅佐幼主（昭帝）的霍光、金日磾、上官桀等人，继续推行武帝末年"思富养民"的政策，不再主动进攻，而是致力于整顿和加强西北及北方沿边防务。由于汉朝"边郡烽火候望精明"，故"匈奴为边寇者少利，希复犯塞。"

匈奴对丧失阴山、河西等地一直耿耿于怀。匈奴人传唱着哀婉的焉支之歌，每当经过阴山时总要痛哭。前80年（昭帝元凤元年），匈奴调发左右部两万骑兵，分为4队，同时入边骚扰。汉兵前往追击，斩首和生俘9000人，并活捉匈奴瓯脱王。壶衍鞮单于率领主力向西北远去，并且派遣骑兵屯守受降城，以防汉军来袭。从此，匈奴将攻击的重点转向汉朝西北边防，尤其是河西走廊。前78年（元凤三年），匈奴右贤王、犁汗王率领4000骑兵，分为3队，进攻张掖郡的日勒、屋兰、番和3县。张掖太守和属国都尉郭忠出兵还击，大破匈奴，活捉数百人，汉属国千长义渠王骑士射杀了犁汗王。

在张掖失利后，匈奴把矛头指向了东边的乌桓。汉朝从匈奴降者口中得到此一信息，便派范明友出兵迎击。匈奴大恐，于是又把矛头指向了汉朝在西域的同盟者——乌孙。

前74年（元平元年），匈奴人以田猎为掩护，联合车师（在今新疆吐鲁番一带）骑兵，向乌孙发动进攻，夺取了乌孙东境的车延、恶师二地，且派使者威胁乌孙交出汉朝公主，强迫乌孙断绝与汉朝的友好关系。乌孙昆弥翁归靡立即组织精兵反击，汉解忧公主也上书昭帝，请求发兵救乌孙。朝廷经过讨论，决定调集兵马，帮助乌孙打击匈奴。正在这时，21岁的昭帝病逝，无嗣，由谁继承皇位的问题突显出来，只得将救乌孙事暂时搁置。大臣们选择在狱中长大的武帝长子戾太子的孙子刘询为帝，是为汉宣帝（前73—前49年在位）。这时又接到昆弥翁归靡送来的告急文书："连为匈奴所侵削，昆弥愿发国半精兵人马五万匹，尽力击匈奴，唯天子出兵，哀救公主！"

前72年(本始二年)秋天,汉朝调集的16万骑兵,由5将军率领,分别由西河、张掖、云中、酒泉、五原5路出塞,校尉常惠持节到乌孙,组织和协调乌孙作战。"匈奴闻汉兵大出,老弱奔走,驱畜产远遁逃,是以五将少所得。"乌孙昆弥率骑兵一直攻到匈奴的右谷蠡王庭,获单于父行及嫂、居次(即公主)、名王、犁汙都尉、千长、将以下3.9万多人,获马牛羊驴骡及骆驼等70余万头。匈奴民众死伤而离去者及畜产长途转移死亡的不可胜数。当年冬天,壶衍鞮单于亲自率领1万多骑兵攻打乌孙,乌孙人拼死坚守,匈奴只掳得乌孙一些老弱人员,就要返回之时又碰上天降大雨雪,"一日深丈余,人民畜产冻死,还者不能什一。"翁归靡乘匈奴虚弱,又联合丁零(今贝加尔湖以南小国)、乌桓(东胡族的一支),由东西北三路同时进攻匈奴,共杀死匈奴人数万,获马数万匹,牛羊更多。加上其时蒙古高原发生饥馑,匈奴"人民死者什三,畜产什五,匈奴大虚弱,诸国羁属者皆瓦解,攻盗不能理"。此后,汉朝还派出3000骑兵,分3路入袭匈奴,虏获了数千人。此后匈奴终不敢扰边,"而边境少事矣",加速了匈奴的分裂、衰败。

4.5　匈奴五单于争立与呼韩邪朝汉

汉匈之间的战争连绵几十年,给双方都带来了严重的后果。就匈奴一方来说:首先是人口和牲畜大量被俘和死亡。其次,匈奴因战败而退出了适宜游牧的地区,游牧区大大缩小,严重地影响了匈奴国的生产力,再加上雨雪天灾,匈奴社会经济趋于瘫痪,部族生存受到了威胁。再次,便是部属的瓦解。冒顿时期凭借强大武力征服的部族,随着匈奴的日益衰落,纷纷起来反抗。汉朝设置西域都护后,匈奴失去了西域这一战略大后方和物资供应地,庞大的匈奴政权,陷入四面楚歌的境地。

匈奴国力大衰,加剧了匈奴上层统治集团争夺最高统治权的斗争。《剑桥中国秦汉史》分析道:[1]

---

〔1〕〔英〕崔瑞德,鲁惟一编《剑桥中国秦汉史》,中国社会科学出版社,1994年,第422－423页。

　　公元前 60 年突然在匈奴人中间爆发的权力之争其根源在于草原联合体的政治结构。早在冒顿时期，匈奴已经发展成一种左右的二元体制。每一部分都有他自己的地区基础，并享有高度的政治自治权。地区首领（王）有权指定下属的官员。这种地方主义导致某些历史学家相信匈奴联合体保持一些"封建主义"因素。在早期，职务既不一定是世袭的，也不是终身制，大部分由皇室成员或其配偶氏族成员所控制。但由于联合体的扩展，更多的地区王国建立起来。它们的王是其既存地位被确认的地区首领。

　　事情很快就变得一清二楚，原来的结构缺乏调节新的政治现实的灵活性，也难以保持有效的团结。在公元前 120 年前后，我们发现，匈奴帝国西部的两个强大的王（浑邪王和休屠王）没有被分配到按二元原则的右翼。二者有他们自己的土地和人民，单于对他们的控制力是微弱的。当前 120 年浑邪王带着他的 4 万人向中国投降时。这一点得到清楚的表现。地方主义的增长在公元前 1 世纪更为明显，出现了地区的王拒绝参加在单于宫廷中举行的年会之争。而且，这一时期几个单于在他们得到统治宝座以前都不得不在原来由他们控制的地区发展权力基础。前 57 年，五位自封的单于争夺宝座，他们都有自己的地区追随者。

　　这次导致匈奴单于最终投降汉朝的最高权力之争，始于前 60 年（神爵二年）虚闾权渠单于的病逝。虚闾权渠单于时，其被黜的颛渠阏氏就与右贤王屠耆堂私通。虚闾权渠单于刚刚病逝，颛渠阏氏就与其弟大且渠决定，立右贤王屠耆堂为握衍朐鞮单于。握衍朐鞮单于上台后，尽杀虚闾权渠单于朝掌权的贵人刑未央等人，而任用颛渠阏氏的弟弟都隆奇掌权，免除所有虚闾权渠子弟近亲的职务，任用自己家族的子弟。平素就与握衍朐鞮单于不和的日逐王，率众归降于汉。汉朝廷封日逐王为归德侯，对其后匈奴来降的均有封赏，并在河西、北地设置了属国，以安置匈奴来降者。握衍朐鞮单于杀死日逐王的两个弟弟。虚闾权渠单于之子稽侯狦因不得继立为单于，而逃到其岳父乌禅幕那里。"时单于已立二岁，暴虐杀伐，国中不附。"前 58 年（神爵四年），乌桓进攻匈奴东边的姑夕王,掠去不少民众,握衍朐鞮单于大怒。姑夕王恐惧,遂与乌禅幕及左地贵族共立稽侯狦为呼韩邪单于。

呼韩邪单于随即聚集四五万骑兵,向西进攻握衍朐鞮单于,进军至姑且水北。失去民心的握衍朐鞮单于派使者向自己的弟弟右贤王请求援助,右贤王回答道:"若不爱人,杀昆弟诸贵人。各自死若处,无来污我。"握衍朐鞮单于孤立无援,在羞愤中自杀,其民众全都归附呼韩邪单于。

呼韩邪单于取胜之后,回归单于廷,为了迅速恢复生产,稳定政权,几个月之后,即行罢兵,命贵族们各归故地。这时逃到右贤王处的都隆奇与右贤王共立握衍朐鞮单于的叔兄日逐王薄胥堂为屠耆单于,发兵东袭呼韩邪单于,呼韩邪措手不及,败走。前57年(五凤元年),屠耆单于杀死无辜的右贤王父子,又杀死唯犁当户,与唯犁当户关系密切的西方呼揭王恐怕祸患及己,于是正式反叛屠耆单于,自立为呼揭单于。从此,匈奴贵族上层争夺权力的斗争白炽化,各处雄杰纷纷自立为单于。右奥鞮王自立为车犁单于,乌藉都尉自立为乌藉单于,连同前头立的屠耆单于、呼韩邪单于和呼揭单于,总共同时有五位单于,匈奴全境出现分裂局面,即历史上所谓的"五单于争立"。

五单于混战,结果或败走,或降汉,或自杀。先是乌藉单于和车犁单于被屠耆单于打败,逃向西北,与呼揭单于合兵4万,乌藉与呼揭皆取消自己的单于名号,共同尊拥车犁单于。屠耆单于亲自率4万骑西击车犁单于,车犁兵败向西北撤退。屠耆单于退向西南,驻闟敦地。前56年(五凤二年),呼韩邪单于与屠耆单于对阵,屠耆单于兵败自杀。屠耆单于大将都隆奇携屠耆小儿子右谷蠡王姑瞀楼头逃归汉朝。车犁单于向东投降呼韩邪单于,呼韩邪单于西向,收复单于廷,以其为都,但他的部属总共只有数万人。不久,屠耆单于的族弟休旬王在匈奴右地自立为闰振单于,呼韩邪的兄长左贤王呼屠吾斯在东边自立为郅支骨都侯单于。又是三个单于并立。

无休止的内战,弄得民不聊生,畜产大量死亡,社会极度混乱。正如汉宣帝在诏书中所说的那样:"[匈奴]诸王并自立,分为五单于,更

·欧·亚·历·史·文·化·文·库·

相攻击,死者以万数,畜产大耗什八九,人民饥饿,相焚烧以求食,因大乖乱。"[1]

前54年(五凤四年),闰振单于率兵从东面进攻郅支单于,被郅支单于所杀,兼并了他的部众。壮大了的郅支单于于次年乘势攻击呼韩邪单于,呼韩邪败走,郅支单于占据了单于廷。处于困境之中的呼韩邪单于,不得不考虑归附汉朝中央政权,依靠其帮助,来保住自己在匈奴的最高统治地位。

匈奴自冒顿单于以来,一直雄居大漠南北,臣服百蛮,武帝时,匈奴虽然经受了军事上的沉重打击,但还控制着西域。当呼韩邪与大臣郑重计议时,多数人认为臣汉有辱先单于,为诸国耻笑。他们说:"匈奴之俗,本上气力而下服役,以马上战斗为国,故有威名于百蛮。战死,壮士所有也。今兄弟争国,不在兄则在弟,虽死犹有威名,子孙常长诸国。汉虽强,犹不能兼并匈奴,奈何乱先古之制,臣事于汉,卑辱先单于,为诸国所笑!虽如是而安,何以复长百蛮!"左伊秩訾王则力主事汉,反驳道:"强弱有时,今汉方盛,乌孙城郭诸国皆为臣妾。自且鞮侯单于以来,匈奴日削,不能取复,虽屈强于此,未尝一日安也。今事汉则安存,不事则危亡,计何以过此!"呼韩邪单于终于率领其部众南迁靠近长城一带,并于前53年(甘露元年)派儿子右贤王铢娄渠堂到长安入侍汉朝皇帝,作为归附的先遣人员和在汉朝的人质。

汉朝经过几十年的对匈战争,已经没有实力再对匈奴进行大规模的战争了,况且汉朝一直都有接纳匈奴降者的传统,接纳呼韩邪单于是汉朝实行对匈奴经济、文化政策渗透的继续和必然,是最终解决匈奴对北方危害的关键一着。另外,接纳呼韩邪单于还可以用他来遏止郅支的侵扰,因此汉朝对于呼韩邪主动前来称臣,自属喜出望外,求之不得。

呼韩邪单于在得到汉朝对他归附表示欢迎的答复后,于前52年(甘露二年)年底率众来到五原(今内蒙古包头西北五原县)塞前,商定于次年正月正式朝觐汉宣帝。次年春正月,在汉车骑都尉韩昌的陪同

---

[1]《汉书》卷8《宣帝纪》,第266页。

下,呼韩邪单于带了本国的珍宝,由五原入塞,到长安朝觐汉朝皇帝。呼韩邪一行一路向南,经过五原郡、朔方郡、西河郡,到上郡(治今陕西榆林南),再向南到北地郡(治今甘肃庆城县西北),沿秦直道往南,经略畔道(治今合水县)、大要县(治今宁县)、泥阳(今宁县东南蒙家村)东,到达左冯翊的云阳(今陕西淳化县北)。沿途经过的 7 郡各以两千骑兵,排列于道路两旁欢迎和护卫。到了甘泉宫,呼韩邪单于在隆重的大典上,和着欢快的乐曲声,朝见汉宣帝,向大汉天子俯首称臣。这次呼韩邪单于朝见汉宣帝,用的是比一般诸侯王都要高的礼节,他不用向皇帝三叩九拜,也不称名,皇帝赐给他无数珍宝、丝缯和钱财,还颁给他黄金质的"匈奴单于玺",表示了汉天子对他统治匈奴全境的认可,确定了汉匈之间的君臣名分。单于十分感动。

在一个月的朝见观光活动结束后,呼韩邪单于主动要求留居于当年徐自为所筑光禄塞(今包头市西南)下,以便在必要时为汉朝保卫受降城(故址在今内蒙古乌拉特中后旗北)。汉朝没有答应他的要求,派遣长乐卫尉高昌侯董忠、车骑都尉韩昌率领 1.6 万骑兵,以及边郡千余士马,送其出朔方郡鸡鹿塞。根据皇帝诏令,董忠等人及其所领兵马,都留在呼韩邪身边,负责保卫其安全,并帮助他诛灭不服从的部族头领。汉朝还先后给呼韩邪送去了 3.4 万斛粮食,以赡给饥饿的匈奴百姓。前 43 年(永光元年),呼韩邪北归单于廷,为了便于约束,汉与匈奴盟约:"自今以来,汉与匈奴合为一家,世世毋得相诈相攻。有窃盗者,相报,行其诛,偿其物;有寇,发兵相助。汉与匈奴敢先背约者,受天不祥。令其世世子孙尽如盟。"呼韩邪单于归单于廷后,"人众稍稍归之,国中遂定",匈奴政权逐渐稳定下来。而此时,与朝廷敌对的还有另外一支匈奴残部,即郅支单于。

4.6 郅支城之战,匈奴问题解决

郅支单于是呼韩邪之兄,名呼屠吾斯(? —前 36 年),原在民间,当呼韩邪单于灭握衍朐鞮单于,归单于廷后,将其从民间找回,立为左谷蠡王。前56年(五凤二年)呼韩邪单于派他西袭屠耆单于屯兵,杀掠其万余人。屠耆单于兵败自杀后,呼韩邪以呼屠吾斯为左贤王。不久,他乘着匈奴贵族上层争夺单于名号时,在其封地自立为郅支单于。前54年(五凤四年),闰振单于率兵进攻郅支单于,兵败自杀。郅支单于兼并了闰振的部众,趁势向自己的弟弟呼韩邪单于发动进攻。呼韩邪单于败走,郅支占据了单于廷。呼韩邪单于想借助汉朝廷的力量来挽救自己在匈奴的政治统治时,郅支单于也在积极争取汉朝的支持。

当呼韩邪单于遣子右贤王入侍汉廷时,郅支单于也派其子右大将驹于利受入汉朝为人质。前52年(甘露二年),呼韩邪单于入汉朝觐见宣帝时,郅支单于也遣使奉献。次年,两单于又都遣使入汉朝贡献。汉朝也礼遇郅支单于,对双方都实行羁縻政策。

郅支单于以为呼韩邪既已降汉,而且兵弱无法返回漠北,就带领部下向西,欲攻定匈奴右地。屠耆单于小弟本来是呼韩邪单于的部下,这时也逃往右地,收其兄余部得数千人,自立为伊利目单于。伊利目路遇郅支单于,双方交战,伊利目被杀。郅支并其兵,其总兵力达5万余人。这时郅支听说汉朝出兵出粮帮助呼韩邪单于,于是就居留在右地,考虑到自己没有能力统一匈奴,就继续向西进发,靠近乌孙,随后与乌孙大战,获胜。又乘机向北击败乌揭(今额尔齐斯河上游,哈萨克斯坦东中部),乌揭投降。又发兵向北打败坚昆(在今鄂毕河、叶尼塞河上游一带,今俄罗斯新西伯利亚一带),向北收降丁零,[1]郅支单于吞并了3国,以坚昆为都城,势力有所壮大。

郅支单于以为他距离汉朝路途遥远,再加上怨恨汉朝帮助呼韩邪,于是于前45年(初元四年)派使臣上书奉献,要求汉朝送回侍子,自己内附朝廷。汉朝研究派卫司马谷吉送其侍子回归,御史大夫贡禹、博士匡衡认为郅支单于不可信任,使者送至边塞就应返回,以免不测。谷吉上书,说:"中国与夷狄有羁縻不绝之义。现在朝廷将其子养育了十

---

〔1〕指西丁零。此时丁零已分为东、西二部:东部丁零仍游牧于今贝加尔湖南;西部丁零则游牧于今额尔齐斯河和巴尔喀什湖之间。

年,德泽甚厚,如果我们不将其护送回国,就表示了大汉朝放弃对其蓄养的真心,使郅支单于产生怨恨。如果郅支怀禽兽之心,加害于臣,其必因此大罪而逃遁到远方,不敢再接近大汉边境。损失一个使者能使百姓得到安定,这是我的心愿。请求允许我送侍子到单于廷。"元帝批准了他的请求。谷吉于前44年将侍子驹于利受送到郅支单于处,竟真的被杀死。郅支自知有愧于汉朝,又听说呼韩邪的势力日益壮大,担心被袭击,欲更远徙。适逢康居王(都城马拉坎达,在今乌兹别克斯坦撒马尔罕)数为乌孙所困,以为匈奴大国,便欲与郅支联合攻取乌孙之地。正处于恐惧、忧虑之中的郅支闻之大喜,于是带兵西向康居。途中遇寒流冻死人众甚多,到达康居时,仅剩下3000人。康居王欲倚重郅支威胁乌孙,就把女儿嫁给了郅支。郅支打败乌孙,乌孙不敢反击,其西边数千里无人驻牧。

郅支单于因军事上的胜利而滋长了骄傲情绪,他杀死了康居王的女儿、贵人以及众多百姓,每日役使500民众为他修筑郅支城(在今哈萨克斯坦江布尔城),两年始毕,还迫使大宛和在康居以西游牧的阖苏每年给其纳贡。汉朝多次派人索要谷吉等人的尸体,郅支不但不给,反而凌辱汉使,嘲讽汉元帝,傲慢不可一世。正是在这样复杂的形势下,甘延寿、陈汤被派遣到西域任职。

甘延寿(?—前26年),字君况,北地郁郅(今甘肃庆城县)人。年轻时,他以纯正的农家子弟身份加之又善于骑射被招为羽林兵,宿卫皇帝常来的建章宫。他有勇力,能徒手将12斤的石子投出200步以外,又曾经跳越羽林亭楼,受到赏识,从而升职郎官。在试任期门弁时,负责迎接外出归来的皇帝,宣帝欣赏他的能力,期间曾派他担任副使送归来的解忧公主侍从冯夫人回乌孙立元贵靡为大昆弥。后来官升辽东太守,又因事被免官。车骑将军许嘉因为他既有勇力,又有丰富的行政经验,还熟悉西域情况,就推荐他为郎中谏大夫,担任西域都护。

担任副校尉的陈汤,字子公,山阳瑕丘(今山东兖州西北)人。他从小爱读书,知识丰富,写得一手漂亮文章。但他家境贫困,常向人借贷不还,被乡邻看不起。他到长安谋求发展,担任太官献食丞。富平侯张勃发现了他的才干,于前47年(初元二年)举荐他为茂才。在等待升迁期间,传来父亲去世的消息,陈汤升官心切,没有回老家去奔丧,被司隶弹劾,下狱。张勃也因为选举不实,被削去二百户食邑,不久张勃去世,竟因此事而被谥为缪侯。出狱后,陈汤又被荐举任郎官,他一再要求出使外国,以立功西域,成就食封。多年以后终于如愿以偿,被任命为西域副校尉。

前36年(建昭三年),甘延寿、陈汤到西域任职。有宏大志向的陈汤,沉着勇敢、多谋善断,很想在西域建立奇勋。了解了西域的政治形势后,甘延寿和陈汤深感郅支不仅为患西域,而且还有吞并、役使整个西域的野心。若任其发展,数年以后,城郭之国都将为其所困。陈汤分析:"郅支虽然剽悍好战、离汉很远,却没有坚固的城垒和精良的武器装备,如若调集屯田吏士以及乌孙等西域国众兵,直逼郅支城下,他要逃跑将无处可去,他要坚守却无可凭借,这是我们建立千古功绩的好机会!"甘延寿赞同陈汤的意见,决定马上上奏朝廷,请求允许他们实施远征郅支的行动。陈汤阻止道:"国家与公卿商议重大决策,如果不是他们能预料到的结果,肯定不会批准。"正在甘延寿犹豫不定而且正生着病的时候,陈汤做主,假借皇帝的名义,征发西域15国兵以及汉朝在车师由戊己校尉率领的屯田吏士总计4万余人。甘延寿闻讯大惊,强忍病痛起身制止,陈汤愤怒地手按佩剑叱责道:"大军已经聚集,你想败坏军队的战斗激情吗!"事已至此,甘延寿只好带病挂起帅印,同时上疏朝廷,自劾矫诏发兵之罪,报告出兵攻灭郅支的战役计划。

甘延寿、陈汤把集结的部队分编为六校(即六个大队),兵分两路进发。三校大军从南道逾葱岭,经过大宛;另外三校由甘延寿统领,自温宿国出发,从北道入赤谷城(今吉尔吉斯斯坦伊什特克城),经过乌孙到达阗池(今伊塞克湖)以西,两路皆至康居边界。这时,康居副王抱阗率领数千骑兵在赤谷城东杀掠乌孙大昆弥千余人,驱走其大量畜产。从后边遇到大军后队,盗去不少辎重。陈汤派遣胡兵还击,杀死其460人,追回被掠的470名乌孙人交还给大昆弥,缴获的马牛羊则补充了大军食物。又捕获抱阗的贵人伊奴毒。大军进入康居国界以后,下令全军不许抢掠。同时密召康居贵人屠墨,向其谕以大汉威信,与他饮酒结盟后遣回。

大军前进至距离郅支城60里处扎营。捕得康居贵人贝色子男开牟为向导,尽知郅支内部实情。第二天,大军前进至距城30里处宿营。郅支单于派来使者询问汉兵为何来此?都护手下人回答道:"单于上书言困难重重,请求亲自朝汉。天子可怜郅支放弃大国的地位,屈居于康居之下,所以派遣都护将军来迎接单于及其家属。因怕惊动单于手下,所以未敢直达城下。"郅支几次派使节前来传话,都护下人责备道:"我等为了单于不远万里前来,至今却不见名王大人管事者来见将军,单于为什么如此不顾大计,失主客之礼?大军前来,道路太远,人畜疲敝,粮食也快吃完了,恐怕我们要返回都很困难。希望单于与大臣商议办法。"向郅支示弱,以麻痹敌人。

次日,大军进抵离郅支城只有3里的都赖水(今卡拉塔尔河)边,止营布阵。汉军远望见郅支城头竖立的五彩幡旗在飘动,有数百名披盔带甲的军人登上城堞。有一百多名骑兵在城下往来驰骋,又有一百多名步兵在城门两边摆开了鱼鳞阵,进行战斗演练。城上的步兵一再大声地向汉军挑战说:"斗来!"那一百多骑兵向汉军营地奔驰而来,营里的军士们拉开强弩指向骑兵,骑兵退却而去。汉军吏士以弩箭射向城外的步兵和骑兵,骑兵和步兵都退回城内。甘延寿、陈汤一声令下,鼓声大作,全军将士一齐迫近敌城,从四面将城团团围住。各队都有具体任务,有的开挖战壕,有的用物品阻塞敌城门户,持大盾牌的士兵作为前队护卫,盾牌队后边是持戟和持弩的队伍。在将领指挥下,汉军的弩箭一齐仰射城里楼上的人,楼上的人急忙奔下楼去。土城之外有重木城,敌军箭弩兵从木城中向外射箭,围城的汉军有不少被杀伤。汉军将薪柴堆在木城边,烧了起来。天黑了,有数百骑想从城中突围,却被迎面来的箭雨射杀了。

本来,郅支单于听到汉军到来的消息,就想逃离。他怀疑康居人怨恨自己,充当汉军内应,又听说乌孙等诸国兵都参加了这次战事,自知已经无处可逃。他本来已经出城,后来又回来了,说:"逃走不如坚守。

汉军从很远处来,不可能坚持长期的进攻。"单于披了盔甲到楼上,他的数十位阏氏夫人都持弓向汉军射箭。汉军一箭射中了单于的鼻子,有不少阏氏被射死。单于下楼,骑上马,且战且行退入内宫坚持战斗。

半夜以后,木城被烧穿,木城中的郅支兵退进土城中,登上城墙呐喊。这时,来支援的 1 万多康居骑兵分成十多处在四面环城而立,听到土城上匈奴兵的呐喊他们也应声嗷嗷呼叫。趁天黑,他们一再奔袭汉营,不利,就后撤。

天亮了,郅支城四面火起,在震天动地的钲鼓声中,汉军将士呐喊着冲锋向前。康居兵见势不妙慌忙撤退。汉军从四面推着大盾牌前进,一齐冲进土城之中。冲进城的汉军一边纵火,一边搜索杀敌。郅支单于被击杀,军候假丞杜勋砍下了郅支的头颅。在郅支宫室内搜寻到两枚汉朝使者所持的旄节,以及谷吉等人携带的帛质国书。

战斗中所有缴获的财物都发给了缴获者。这次战斗,总共斩获了阏氏、太子、名王以下的敌人 1518 级,活捉 145 人,投降者 1000 余人,都分发给了参加战斗的城郭诸国。郅支单于等匈奴头领的首级被传送到京城长安,悬挂于京师蛮夷邸间,"以示万里,明犯强汉者,虽远必诛"。

自握衍朐鞮单于以来匈奴内部 20 多年的战乱局面,在汉朝外交、军事力量的介入和帮助下,遂告结束,匈奴内部最后一支反汉势力被彻底夷灭,匈奴复归统一。前 33 年(竟宁元年),汉嫁宫女王嫱(字昭君)于呼韩邪单于。汉元帝下诏言:"匈奴郅支单于背叛礼义,既伏其辜,呼韩邪单于不忘恩德,乡慕礼义,复修朝贺之礼,愿保塞传之无穷,边陲长无兵革之事。其改元为竟宁,赐单于待诏掖庭王嫱为阏氏。"[1]汉朝与匈奴再次和亲,汉民族与匈奴民族重又开始了数十年友好的蜜月时期。

呼韩邪单于附汉与郅支单于被灭,有着重大的意义。

(1)在民族关系方面,结束了汉匈自冒顿以来 100 多年的时战时

---

[1]《汉书》卷 8《元帝纪》,第 297 页。

和的状态,转入和平友好关系的新阶段,打破了"自三代之盛,胡越不与受正朔"[1]的旧传统,进一步促进了汉与匈奴的汇聚与政治整合,奠定了中华多元一体的政治格局,并为其后南匈奴内迁以及与汉融合奠定了基础。

（2）和亲后,匈奴完全停止了对汉朝的侵扰,汉匈处于和平友好状态,中原人民以及匈奴人民不再受战乱之苦,生活趋于安定。汉朝北部边境出现了"边城晏闭,牛马布野,三世无犬吠之警,黎庶亡干戈之役"的安定景象。《后汉书·南匈奴传》也盛赞:"边人获安,中外为一,生人休息六十余年。"[2]经济方面,关市畅通,令汉族倾慕的匈奴养马术也传入汉朝。两族人民有更多的机会进行贸易及政治文化等方面的交流,加速了匈奴族汉化的过程。这种和平友好关系一直持续到"莽复欺诈单于,和亲遂绝"。[3]

4.7　毫无根据的几种骊靬城罗马人来源说

以上,我们依据《汉书·甘延寿陈汤传》原原本本地叙述了公元前36年冬发生的郅支城之战。

1940年,牛津大学的德效骞在《通报》第36期发表《公元前36年中国人与罗马人的一次军事接触》。随后又加以补充,写成《古代中国境内一座罗马人的城市》,1957年先在伦敦的中国研究会上发表演讲,随后以单行本发表。[4] 在文章中,他提出郅支城有卡尔莱战役失踪的罗马军团的人参与,战后,这些人主动归附汉军,被带回中国安置于河西走廊的骊靬城。德效骞的文章是从《汉书·地理志》中的骊靬县名开始的,他认定这是一个以中国对罗马的称呼命名的城市,从而将其时

---

〔1〕《汉书》卷 64 上《严助传》,第 2777 页。

〔2〕《后汉书》卷 89《南匈奴传列传》,第 2953 页。

〔3〕《汉书》卷 96 下《西域传下》,第 3927 页。

〔4〕H. H. Dubs, "A Military Contact Chinese and Romans in 36 B. C. ", T' oung Pao , Second Series, Vol. 36 , Livr. 1 (1940) , pp. 64 – 81 ; H. H. Dubs, *A Roman City in Ancient China* , London, 1957.

的中国与罗马帝国联系起来。他发现,在公元前54年的卡尔莱战役中,被击败的克拉苏军团有1万人被俘,而这些人后来在安息部队服役,为其戍守东部边境,并与当地妇女通婚。然后,德氏从《汉书·甘延寿陈汤传》中对郅支之战描述的几个场景,判断郅支战役有罗马战俘参加。由之,他猜测,"在(安息东部边境)麻耳伽纳的这批来自克拉苏军团中的罗马战俘,被一个充满敌意的国家(安息)将他们与故土隔开,无法回归故里,因而极为自然的有部分人逃离了他们所痛恨的安息而成为其他统治者的雇佣军。""对罗马人来说,他们自然为郅支的威名所悦服,加上郅支还答应与他们所仇恨的安息为敌,他们自然愿意与其联合。这样由于双方为各自的利益和互相利用,最终实现了联合。"《参考消息》1989年9月30日第3版《一澳大利亚教师认定中国西部有古罗马城市》所报道的戴维·哈里斯在甘肃发现古罗马军团流落地的电讯,将德氏的上述观点说成是自己的发现,并未予以证明。我们不妨将德效骞的说法称之为被俘军人逃奔说。

很快有人发现这样的叙述无法令人信服,于是改变说法。1989年12月15日的《人民日报》刊发新华社电讯《永昌有座西汉安置罗马战俘城》称,公元前53年,罗马首领克拉苏率领4万多军队入侵安息,在卡莱失败,其中克拉苏长子率领的6000余人突围,几经周折,最后逃到郅支单于占领的康居国,成为匈奴附庸。后来,诸文更明确地称突围的克拉苏之长子名为普布利乌斯。这是骊轩城罗马人来源的第二种说法,我们姑且称其为突围说。

1992年第1期《北京社会科学》刊登常征的论文《中西关系史上失记的一桩大事——数千罗马兵归化中国》,认为"甘延寿陈汤灭郅支生获的少量罗马人与汉设骊轩县于河西走廊联系起来,与史实不符",而另行建构了一套罗马人东来骊轩的历史。他说,罗马第一军团突围的6000多人,显然是横穿敌国安息东行的,他们中的一部分逃到康居,被康居借给匈奴郅支单于。其余近6000的罗马人,皆成了月氏王的属部。公元前40年,大夏国五部翕侯之一的贵霜兼灭其余四翕侯夺月氏王位,引发月氏王国的大规模内战,月氏人败于贵霜之后,遂率昭武族人及罗马降人各一部,溯阿姆河,越葱岭,傍昆仑山脉北麓入河西,归附汉王朝,成为张掖"义从胡",罗马人归化者甚多,故汉王朝专设骊靬县来领护之。这是骊靬城罗马人来源的第三种说法,我们可以称其为自大夏归化说。

20年来,各种版本的骊靬城罗马人来源说,主要就是这几种。

其实,普布利乌斯突围说,是德效骞卡尔莱战役战俘逃到郅支城说的一种倒退。因为突围说比德氏说更经不住历史资料的考实。是的,卡尔莱战役中确实有罗马军队从安息人的包围中突围而去,但这位率领部队突围的将领,并不是普布利乌斯,而是财务官卡西乌斯及另一位将领,而且卡西乌斯后来的下落清楚,并曾经在罗马政治中发生过重要作用,根本不存在其东逃郅支城之事。

首先,普布利乌斯并不是克拉苏的长子,而是幼子,人称小克拉苏。与克拉苏同时为执政官的凯撒当时著有《高卢战记》,从书中的陈述可知,克拉苏(Crassus,Marcus Licinius)有两个儿子,长子与其父同名也叫克拉苏·马古斯·李钦纽斯,幼子名克拉苏·普布利乌斯·李钦纽斯(Crassus,Publius Licinius 该书中文译本译为布勃留斯)。公元前58年兄弟二人随凯撒在高卢(今法国、比利时等地)作战,长子为财务官,幼子为副将,两人屡立战功。后来,幼子赴安息随父参与卡尔莱战役,长子仍留高卢在凯撒麾下作战。该书为了方便明确,将克拉苏长子称为马古斯·克拉苏斯,将幼子称为布勃留斯·克拉苏斯或小克拉苏[1]。

全书关于幼子布勃留斯·克拉苏斯的记载有5处。如卷1,52节,前58年记载,在战斗中,看到敌右翼压迫罗马军,统率骑兵的小布勃留斯·克拉苏斯把第三列军队派上来帮助手忙脚乱的罗马军(第42

---

〔1〕〔古罗马〕凯撒著,任炳湘译《高卢战记》,商务印书馆,1979年。译者在该书卷1有两段注释。第20页注:"马古斯·李钦纽斯·克拉苏斯(公元前115—前53年),和凯撒、庞培组成三人同盟的伙伴之一,罗马最富有的奴隶主,此时他的两个儿子均在凯撒军中服役。"第42页注:"小克拉苏斯——指布勃留斯·李钦纽斯·克拉苏斯,即跟凯撒一起结成三人同盟的老克拉苏斯的幼子,这时他跟他的哥哥马古斯·李钦纽斯·克拉苏斯一起在凯撒军中工作,一个担任副将,一个担任财务官,凯撒特在他(指布勃留斯)的名字前加一个小字,作为区别。"克拉苏父子3人的拉丁文名,系据该书第242页《人名索引》抄录。

·欧·亚·历·史·文·化·文·库·

页)。[1] 又如卷2,34节记载,前57年奉凯撒的命令带一个军团去征伐文内几人、文内里人、奥西丝米人、古里阿沙立太人、厄苏维人等沿海各邦的布勃留斯·克拉苏斯报告,所有这些国家都已被收归罗马人民的权力和管辖之下(第61页)。另如卷3,7~11节记载,前56年小布勃留斯·克拉苏斯带领的第七军团,派一些军官到沿海地区的邻近各邦去征收谷物和给养,这些邦的人扣押了来征赋的军官,希望用以换回自己交给克拉苏斯的人质,从而爆发了高卢战争(第66-67页)。另如卷3,20~21节记载,前56年布勃留斯·克拉苏斯在阿奎丹尼打败索儿亚德斯人,又进军获卡德斯人和塔鲁萨得斯人境内,与其作战(第73-77页)。再如卷8,46节记载,凯撒决定到布勃留斯·克拉苏斯征服的阿奎丹尼访问(第232-233页,按此为卷2,34节的补遗)。

从以上记载可以看出,克拉苏的幼子布勃留斯·克拉苏斯在凯撒手下是一位年轻的军团指挥官,在高卢他勇敢果断,打了不少胜仗,颇受凯撒重用。但在《高卢战记》卷4(前55年)后再也没有关于他的任何记载。从《希腊罗马名人传·克拉苏传》我们知道,前54年冬天,克拉苏在叙利亚大本营过冬,同时等待他的儿子小克拉苏率军前来会合。而"小克拉苏正从凯撒统治下的高卢赶来,由于英勇的行为而被授予勋章,他带来了1000名精选的骑兵"。[2] 在卡尔莱战役中,小克拉苏率领了1300名骑兵,500名弓箭手,以及8个步兵大队发起了冲锋。安息人假装撤退,诱使其尽可能远离克拉苏的中军,然后将其包围起来,用箭将罗马人射死或将其手脚钉在盾牌和地面上。双方骑兵交手,安息骑兵在钢制胸甲的保护下,用长矛大量杀伤敌人。从高卢带来的骑兵带着受了重伤的小克拉苏退到一个小山丘上,用盾牌围了起来。但是倾斜的山丘令所有的人都暴露在敌军的面前,乱箭射来,山丘上的罗马人纷纷中箭而死。穷途末路拒绝逃离的小克拉苏,"由于手被射穿而不能动,就把腰对着他的盾牌手,命令那人用剑杀死自己。剩下的

---

〔1〕本节以下凡征引任炳湘译《高卢战记》内容,皆随文括注页数,不再出脚注。
〔2〕〔古希腊〕普鲁塔克著,陆永庭、吴彭鹏译《希腊罗马名人传》,第597页。

人一直奋战到安息人爬上山丘用长矛将他们刺死。据说被生俘的不足百人，安息人当即砍下小克拉苏的头，并立刻骑马去进攻克拉苏。"[1] 这就是小克拉苏（克拉苏·普布利乌斯·李钦纽斯）的下场。

克拉苏及其幼子普布利乌斯皆死于卡尔莱战役，这一点在各种罗马历史的记载中是一致的。古罗马史家阿庇安所著《罗马史》说："他（克拉苏）和他的儿子（小）克拉苏都死于帕提亚（即安息），他的 10 万大军逃到叙利亚的不足 1 万人。"[2] 弗罗努斯、凡莱伊乌斯和科瓦略夫的罗马史著作和威尔·杜兰的《世界文明史之八·凯撒时代》的记载也都如是说。科瓦略夫写道："（公元前）53 年，克拉苏斯深入北部美索布达美亚的无水地带。帕尔提亚的骑兵撤退了，他们把罗马人越来越远地诱入沙漠的深处。在离罗马卫戍部队驻守的卡莱城不远的地方，克拉苏斯遇到了由精良的骑兵组成的帕尔提亚主力。在对重武装的帕尔提亚骑士与用远射弓密集射击罗马人的轻骑兵发生冲突时，罗马步兵的战斗品质是无法发挥的。在克拉苏斯的儿子（指小克拉苏——汪按）统率之下的 6000 名罗马先头部队几乎全军溃灭。年轻的克拉苏斯与统帅部的大部分人由于不愿投降被俘而自杀了。在此之后，帕尔提亚人便进攻克拉苏斯的主力。罗马人受到了巨大损失之后，残余的军队开始向阿尔明尼亚方向撤退。当罗马人被帕尔提亚人赶上时他们几乎已经是没有危险的了。士气沮丧的士兵迫使克拉苏斯进行谈判，而在谈判进行期间他自己和他的参谋部人员都被杀死了。克拉苏斯在出征初期有 4 万多人的军队一部分战死了，一部分被俘了。只有财务官盖乌斯·卡西乌斯·龙吉努斯统率之下的一个骑兵队零零落落地才得以重新渡回幼发拉底河。"[3] 威尔·杜兰的《世界文明史之八·凯撒时代》写道："执政任期结束时，克拉苏征召了一支军队，开往叙利亚。当他渡过幼发拉底河时，与帕提亚人的军队遭遇于 Carrhae。克拉苏被他

---

〔1〕〔古希腊〕普鲁塔克著,陆永庭,吴彭鹏译《希腊罗马名人传》,第 608 页。

〔2〕〔古罗马〕阿庇安著,谢德风译《罗马史》,下卷,第 14 卷Ⅲ18 节,商务印书馆,1976 年,第 117 页。

〔3〕〔俄〕科瓦略夫著,王以铸译《古代罗马史》,商务印书馆,1957 年,第 602 页。

们精良的骑兵打败,他的儿子也不幸战死。于是他很有秩序的撤军,之后帕提亚人的将领邀他谈判。克拉苏不疑有他,前往约谈,被残害杀头,其顿失龙首的军队也厌恶战争,纷纷作鸟兽散了。"[1]

我们仔细检索《希腊罗马名人传·克拉苏传》中关于卡尔莱战役的情况,其中明确叙述了两批逃出的人。第一批是战斗后的第一夜,伊格那提乌斯率领的 300 名骑兵,第二批是第二夜的后半夜从卡尔莱城撤出的财务官卡西乌斯率领的一个骑兵队脱离大队,逃向叙利亚。《克拉苏传》中言:"只有伊格那提乌斯的 300 名骑兵午夜时分到了卡雷。他用罗马话招呼城上的哨兵告诉他们的长官科波尼乌斯,说克拉苏和安息人曾进行了一场鏖战,此外再不发一言,甚至没有说他是谁,就向宙格马飞驰而去。他拯救了自己和他的人马,但落下了一个丢弃主帅不顾的坏名声。"(27 节,611 页)"卡西乌斯就折回到卡雷(即卡尔莱)去了,随即带领 500 骑兵向叙利亚驰去。"(29 节,613 页)如此说来,倘若逃出的两批人最后合为一处,总共也不过 800 人左右。科瓦略夫称,卡西乌斯的"一个骑兵队零零落落地才得以重新渡回幼发拉底河",是一种含糊的说法,根据古罗马兵制,一个骑兵队最多为 900 人。倘若加上伊格那提乌斯的 300 人,那总共应该是 1200 名骑兵。《克拉苏传》中称:克拉苏率领了"7 个军团,4000 名左右的骑兵和数目差不多的轻装部队。"(23 节,604 页)按照克拉苏时代罗马兵制,[2]每个军

---

〔1〕〔美〕威尔·杜兰《世界文明史之八——凯撒时代》,台湾幼狮文化事业公司,1979 年,第 261 页。

〔2〕罗马军事史告诉我们,古罗马军队的基本战斗组织是小队,每个小队由两个百人队组成。百人队原先为 100 人,后来改为 60～80 人。每个成年兵小队只包含一个百人队。鉴于由一名军官(百人队长)来指挥 100 人的队伍常显得力不从心,因此后来减少了人数,但百人队这个名称仍然保留了下来。大队由 450～570 人组成,其中有 120～160 名少年兵,还有相同数量的青年兵和壮年兵,60～80 名成年兵,另加一队 30 人的骑兵。大队里的骑兵很少跟大队一同作战,而是自己合起来组成较大的骑兵队伍。古罗马军团由 10 个大队组成,约 4500～5000 士兵,其中包括 300 名骑兵。每个古罗马军团配有(在古罗马共和国时期)一个联合军团。它们两者的组织体制相同,不过联合军团的骑兵通常有 600 人。古罗马军团和联合军团合起来相当于现代的一个军,约 9000～10000 人,其中约有骑兵 900 人。两个古罗马军团加上两个联合军团组成一个野战军,称为执政官统率的集团军,由两名罗马执政官当中的一名指挥。每个执政官统率的集团军通常有 1.8～2 万人。

团 4500~5000 人,7 个军团总计有 31500~35000 人,加上 4000 名骑兵,4000 名轻装部队,总计为 39500~43000 人,与德效骞所言 42000 人的数字大体相符。《克拉苏传》中总结:"在整个战役中据说有两万人被杀死,1 万人被生俘。"(第 37 节,616 页)由于克拉苏在战役初投入的兵力是 42000 人,因而可以推算出逃出者大体为 12000 人。但这 12000 人并不是普布利乌斯率领的第一军团的 12000 人,而是突围的卡西乌斯、伊格那提乌斯等率领的骑兵以及陆续从战场逃生到叙利亚的其他罗马军人。

我们之所以不厌其烦地引证上述内容,只是为了表明,历来的史书都说克拉苏和他的小儿子(克拉苏·普布利乌斯·李钦纽斯)一起死于卡尔莱战役,并无异说。突围的或者说逃回的是由财务官盖乌斯·卡西乌斯统帅之下的一个骑兵队,以及另外 300 名骑兵和其他从战场上陆续逃到叙利亚的罗马军人。这支突围的骑兵队在历史上并没有失踪,同书记载道,"因克拉苏斯掠夺耶路撒冷的神殿的宝库而感到愤怒的犹太,爆发了起义。帕尔提亚人再度占领了美索不达米亚并于前 51 年渡过了幼发拉底河。但是刚毅的盖乌斯·卡西乌斯镇压了犹太的起义并组织了叙利亚的保卫。帕尔提亚人不能攻占安提奥启亚而在回来的时候被击败了。"[1]前 45 年 3 月,以布鲁图和这个卡西乌斯为首的共和派集团在元老院议事厅刺死了凯撒,结束了凯撒的独裁政治。[2]所以根本不存在自卡尔莱战役突围的罗马军人向东逃到郅支城的事。

当克拉苏及其幼子小克拉苏在东方的卡尔莱与安息人作战时,克拉苏的长子克拉苏·马古斯·李钦纽斯(Crassus, Marcus Licinius),正作为凯撒的财务官随其在西方的高卢作战。在凯撒所著《高卢战记》中,关于克拉苏长子马古斯·克拉苏斯的记载有 3 处。如卷 5 第 24 节记载:前 54 年,凯撒将所辖军团分散到许多邦去,其中有 3 个军团安顿到比尔及人中间,命令财务官马古斯·克拉苏斯和副将卢契乌斯·孟

〔1〕(俄)科瓦略夫《古代罗马史》,第 603 页。
〔2〕〔古罗马〕阿庇安著,谢德风译《罗马史》下册第 14 卷 117 节,商务印书馆,1976 年。

奈苏斯·布朗克斯、该犹斯·德来朋纽斯统率(第 111 页,译者注称:凯撒在高卢时,先后担任过他的财务官的有马古斯·安东尼和马古斯·克拉苏斯)。又如卷 5,46、47 节记载,前 54 年财务官马古斯·克拉苏斯奉凯撒命令迅速启程向凯撒靠拢,带领一个军团留守萨马洛布里瓦城,守护辎重、人质、公文和过冬的粮食(第 123 – 124 页)。再如卷 6,6 节,前 53 年,军队在凯撒、副将该犹斯·费庇乌斯和财务官马古斯·克拉苏斯率领下,分 3 路前进,焚烧门奈比人的房舍、村庄,捕获大量牲畜和人口,迫使门奈比人求和(第 134 页)。我们知道,《高卢战记》每卷写一年的事,其卷 5 所记前 54 年,正是克拉苏率大军向安息进发的时间。而卷 6 所记为前 53 年,其时克拉苏与小克拉苏正在卡尔莱与安息人作战,并被杀或自杀。克拉苏的长子马古斯怎么可能分身有术,再到千万里之外的安息作战并率部突围呢?

现在我们回过头来讨论所谓骊轩城罗马军人来源的第一种说法,即被俘军人逃奔说。德效骞在《古代中国一座罗马人的城市》中言:"安息军在自己毫无损失的情况下击溃了罗马军团。及至夜晚,与克拉苏一道出发的 42000 人,已经有 20000 人被杀,10000 人被俘,仅有 1/4 的人乘夜幕逃回了叙利亚。有关这些俘虏的情况,我们所知无几。据普林尼(Pliny)的记载,他们被送到麻耳伽纳(Margiana,又译马其亚纳)为安息戍守东部边境,这一带即是包括今莫夫(又译作谋夫)在内的中亚地区。这 1 万名战俘究竟有多少人到达了此地却不得而知,但是从卡尔莱到麻耳伽纳的安提阿(Antioch,又译作安提俄克)有 1500 英里之遥,在这长途跋涉中,俘虏不可能受到优待,然而他们都是强壮的军人,所以能够忍受种种苦难。我们所有的资料仅此而已。据霍拉斯(Horace)猜测,这些人可能与当地的妇女通婚,并在安息军队中服役。"于是德效骞就大胆想像,称从郅支战役中的"一些间接材料,证明了部分罗马军团的人确实最终到了中国"。[1]

---

〔1〕以下所引德效骞观点,皆见屈直敏译《古代中国一座罗马人的城市》,载《敦煌学辑刊》,2001 年第 2 期。

德效骞关于卡尔莱战役被俘罗马军人从安息东界逃亡而投奔郅支单于为雇佣军的说法,纯属猜测,并没有任何史料根据。我们查阅有关罗马史的著述,对在卡尔莱战役被安息人俘虏的罗马军人的下落有所交待。如古罗马史家苏维托尼乌斯所撰《罗马十二帝王传》第二章《神圣的奥古斯都传》称:"若无正当或合适的理由,他决不对任何民族发动战争,也决不想花出任何代价去扩大疆域和自己的军事荣耀。……他以威力和宽厚所赢得的声誉,使得像印度人和斯基泰人这些对我们来说只是传闻中的民族,也都自愿派使者来求取他本人和罗马人民的友谊。帕提亚人也在他要求亚美尼亚人归顺时自愿投降他(前20年),并且应他的要求送还了他们在打败马尔库斯·克拉苏和马尔库斯·安东尼时夺得的军旗,此外他们还交出了人质。"英国爱德华·吉本在《罗马帝国衰亡史》第一章《罗马帝国的疆域和概况》中称,"奥古斯都的天性和实际处境使他倾向和平,他也便很容易发现,罗马以其目前所处优越的地位,实在已无所需求于战争,而倒应唯恐轻开战端;他更看到,在边远地区进行战争已日益艰难,胜败更为难卜,土地的占领更难以稳定,而且也已更无实利可图。此外,他自己的经历也更进一步坚定了他的这些明智的想法,最后终于使他相信,依靠他的顾问们的谨慎的努力,他们可能不难从那些最为凶恶的野蛮人手中,取得为罗马人的安全和威严所必需的一切必要的让步。最后,完全躲开使自己和他的军团暴露于帕提亚人箭雨之下的危险,通过一次体面的协议,他终于收回了在克拉苏的一次败仗中被夺去的旗帜和被抓去的俘虏。"杨共乐《罗马史纲要》下篇第九章第二节《奥古斯都的统治政策》四《边疆政策2.小亚和幼发拉底区》中记载:"这一地区的形势比较复杂,帕提亚人曾在卡雷击败过克拉苏;安敦尼虽然于公元前34年占领了亚美尼亚,但不久又被亚美尼亚人夺回,本来奥古斯都在亚克兴之后,有机会对亚美尼亚进行报复,并乘帕提亚内乱之机进攻帕提亚,但他并没有这样做。他认为:战争既不能解决争端,也不能给罗马带来任何好处,于是便改用外交手段。前23年派阿格里巴,前22年奥古斯都本人,前20年又派提比略分别访问东方,既有意显示一下罗马的威力,又表示和平友好的姿态。这一政策果然奏效。帕提亚不久便交还给了罗马战俘，并愿意与罗马和解。所以罗马在叙利亚省边界虽然安排了重兵，但在奥古斯都时代并没有什么大的军事活动。"[1]显然，公元前 20 年，经过谈判，安息人将卡尔莱战役的俘虏交还给了罗马人。当然也有的史书中对那些卡尔莱战役俘虏的结果没有交代，如珀西·塞克斯在《阿富汗史》一书中的第一卷上册第八章中说："在这次灾难中，军队死了一半，但有一万名俘虏却定居在马尔吉安那（即今谋尔夫），[2]并与当地妇女结了婚。"致力于古代中国与希腊罗马关系史研究的学者张绪山在《"中国境内罗马战俘城"问题检评》一文中，对罗马战俘所持的说法是，这些罗马战俘被送往安息东界木鹿城为安息人戍边，不知所终。[3]各种史书对卡尔莱战役俘虏的结局的说法如此互相矛盾，由于资料欠缺，我们无法对其是非进行考定，故而暂且按照德效骞等人的说法往下进行讨论。

由陈正义撰写的《骊轩绝唱：最后的古罗马人之谜》中在《苏列纳施计克拉苏殒命卡里》一节中根据《希腊罗马名人传》正确地转述了小克拉苏在战斗至绝境时自杀的情况。大概他自己知道，这样说，其后的所谓罗马战俘参与郅支战役的事无法自圆其说，于是在《罗马战俘投奔康居，郅支单于肆虐西域》一节中猜想道：

> 卡尔莱战役结束后，安息王召开御前会议，商讨怎样处置 1 万多名罗马俘虏问题。最后苏雷那主张将罗马战俘发配安息东界，让他们卫戍边界。后来，一些罗马战俘混迹于安息人之间，历经千辛万苦，逃回叙利亚，与亲人团聚；一些罗马战俘和当地安息人通婚，生育子女，逐渐与他们融合；还有一些罗马战俘，不甘心受安息人驱使，跟随驻地的游牧部落，进入康居国界。其他罗马战俘得知此消息后，陆续从安息东界赶到康居和自己的老战友会合。这样，逐渐在康居的西部边界产生了一个由原罗马军团战士为主体的特

---

〔1〕杨共乐《罗马史纲要》，东方出版社，1994 年，第 197 页。

〔2〕即中国史书中的木鹿城。

〔3〕张绪山《"中国境内罗马战俘城"问题检评》，载《中国史研究动态》，2002 年第 3 期。

殊部落。随着时间的推移和年龄的增长,罗马军团的战俘们越来越怀念自己的司令官克拉苏,也怀念克拉苏那位年轻而英勇的儿子普布里乌斯。为了迎合东方人的习俗,为了纪念自己的司令官,他们推举了一位长得像普布里乌斯而又众望所归的年轻军官作为自己的首领,并称其为"罗马王子",并将克拉苏儿子名字的简称"普布尼"来作为"罗马王子"的名字。再后来,郅支单于还在康居王的陪同下拜访了"罗马王子",并按照当时游牧民族的习俗,郅支单于将自己的女儿嫁给了"罗马王子"普利尼。"罗马王子"将自己部落最漂亮的一位姑娘嫁给了单于。由于郅支的骄横,"罗马王子部落"认清了郅支凶残的本质,逐渐与他疏远。并萌发了对汉王朝的向往。在郅支之战中,普利尼率领着 2000 名骑兵,表面上是为了援救郅支,实际上是为了和汉军取得联系。[1]

作者宣称该书是以可靠的史料、用通俗的方法所著,但有关上述内容不知史料又从何而来?把罗马降人的出路写的这么多元化、转了那么一大圈,无非就是为了把罗马降人和郅支拉到一起,最终说明郅支之战时匈奴一方有罗马人参战,不管罗马降人表面上还是事实上支持郅支。在王治来著的《中亚史纲》中,曾谈到"据说参战的罗马军团是由中亚的一个王子统帅的"。《中亚史纲》在 1986 年就出版了,莫非陈正义先生是受此启发对王子的故事作了进一步的阐释?问题是,到了陈正义自称是"集中了多年来研究的成果"[2]的《消失的罗马军团:千年的历史回响》一书之《克拉苏远征帕提亚》一节中,他却改写成"克拉苏被俘并被处死。克拉苏长子普布利乌斯率第一军团残部 6000 余人突围。"[3]这就有违历史事实了,而且还错将克拉苏幼子普布利乌斯的名字改裁到克拉苏长子马古斯的身上。

常征先生提出的罗马军人自大夏归化河西说,以及后来陈正义在

〔1〕陈正义《骊靬绝唱:最后的古罗马人之谜》,江苏古籍出版社,2002 年,第 80、117、118、120、122、137、148 页。

〔2〕曾江《骊靬:西汉安置罗马战俘的"罗马城"》,载《中国社会科学报》,2011 年 2 月 17 日。

〔3〕甘肃省人民政府新闻办公室编,陈正义撰文《消失的罗马军团:千年的历史回响》,五洲传播出版社,2007 年,第 18 页。

《骊軒绝唱:最后的古罗马人之谜》中猜想的"罗马王子"故事,颇为地方学人所赞服,成为他们理顺相关环节的根据。常征在《中西关系史上失记的一桩大事——数千罗马兵归化中国》的文章中说,罗马第一军团突围的 6000 多人,横穿敌国安息东行,一部分逃到康居,被康居借给匈奴郅支单于。其余近 6000 的罗马人,皆成了月氏王的属部。公元前 40 年,大夏国五部翖侯争夺月氏王位,月氏人败于贵霜之后,率昭武族人及罗马降人各一部,溯阿姆河,越葱岭,傍昆仑山脉北麓入河西,归附汉王朝,成为张掖"义从胡"。

常征先生提出的两个 6000 人,两条归化路线,问题实在太大。

首先,我们在前文已经根据史料查考了卡尔莱战役逃出的罗马军人只有《希腊罗马名人传》所提供的两个数据,一个是伊格那提乌斯率领的 300 名骑兵,以及卡西乌斯率领的一个骑兵队,大约 900 或 1000人;另一个是该传最后总结罗马人在战争中损失的逃出者约 12000 人。而所谓 6000 余人突围,不过是德效骞的说法而已,并无史实根据。而常征先生所说的成了月氏王属下的另外 6000 人,不知从何而来?难道是从《克拉苏传》中总结战争结果时罗马人逃出的 1 万余人中将"突围"的 6000 人减去以后得出的数字?但是,阿庇安所著《罗马史》说:"他(克拉苏)和他的儿子(小)克拉苏都死于帕提亚(即安息),他的 10万大军逃到叙利亚的不足 1 万人。"[1]若以不足 1 万的数字减去 6000人,剩下的不足 4000 人又怎么说?

再说其两条归化路线的问题。第一条归化路线,即突围的 6000 人横穿敌国安息逃到康居之说,明显与事实不符,因为所有的罗马史书中都记载了突围者向西逃到罗马共和国的行省叙利亚了,根本没有史书中说他们会向自己完全不了解的东方逃去。常征先生甚至说,这些逃到康居的罗马军人被康居借给郅支单于了,那更是凭想象编造出来的假历史,没有任何史料根据。另一条路线是 6000 罗马军人逃到了大月

---

〔1〕〔古罗马〕阿庇安著,谢德风译《罗马史》下册,第 14 卷Ⅲ18 节,商务印书馆,1976 年,第117 页。

氏，成了月氏王的属部，到前40年五翎侯争夺月氏王位，失败的月氏人携归附的罗马降人东到河西，一起归附汉皇朝，成为张掖"义从胡"。其根据是《新唐书·地理志》中，"唐破西突厥，黑海以东南包括今伊朗、巴基斯坦之间诸地皆入版图，唐高宗龙朔元年派王明远为'吐火罗道置州县使，自于田以西至波斯凡十六国，以其王都为都督府，以其属部为州县'。凡置十六都督府、八十八州、百一十县。在故大月氏境内的府、州中有：月氏都督府，辖有妫水州，治羯城；大汗都督府，辖有犁州；条支都督府，辖有犁蕲州；天马都督府，辖有罗罗州，州治滥鞬城；奇沙都督府，辖有大秦州。上述'大秦州'显然是罗马（大秦）人曾居其地而遗留后世的地名，'犁蕲州'和'滥鞬城'也是'犁靬'之音书。犁靬音译，可作'力羯'，就是犁州之'犁'，羯城之'羯'，也当是犁靬或力羯的略称。晚至初唐还存在的这些地名，皆在今阿富汗国西北部，这便是罗马一军团大部逃附阿富汗的确证。"[1]

我们查《新唐书·地理志下》，发现常征先生的征引有3处笔误：一是"王明远"应为"王名远"；二是"于田"应为"于阗"；三是"天马都督府，辖有罗罗州，州治滥鞬城"，实际是脩鲜都督府下有罗罗州和滥鞬城，天马都督府为误书。

从前53年的卡尔莱战役，到唐高宗龙朔元年（661年）派使者前往西域置吐火罗诸府州，相距700余年。其间，欧洲与中国与西亚中亚之间的关系错综复杂，各处的地名也屡有更动，王名远只是依当地地名的汉译音给新置府州命名，很难说每个地名都是他查阅中外史书后再予以确定的。即使其中某些地名确实与罗马人有关，我们也无法肯定一定是与卡尔莱战役的战俘或逃跑者有关，说不定是以后数十年或数百年才因某人某事形成的。而"力"、"犁"诸字，学者早已指出系亚历山大之"历"的对音，古代在西亚中亚北非以亚历山大命名的城市颇多，都可能与亚历山大大帝有关，但不一定就是罗马人居住过的地方，更不

---

〔1〕常征《中西关系史上失记的一桩大事——数千罗马兵归化中国》，载《北京社会科学》，1992年第1期。

能据之判定是卡尔莱战役后罗马逃脱的军人居住过的地方。我们知道,亚历山大大帝(前356—前323年)系著名的马其顿国王。他20岁继承王位,雄才伟略,英勇善战,领兵驰骋欧亚非大陆,使得古希腊文明广泛传播,是世界古代史上最著名的军事家和政治家。他对欧亚非大陆的占领,与后来的罗马共和国毫无关系,因而以其名字建立的诸亚历山大城也与罗马人没有关系。

必须指出,在没有其他证据的情况下,单纯依对音来证地名的方法是非常不可靠的。我们从《汉书·地理志》中查出秦汉时期与"骊"音近的汉朝的县国名有29个,如东郡黎县,莽曰黎治;九江郡历阳县;魏郡黎阳县,莽曰黎蒸;巨鹿郡历乡国,莽曰历聚;济南郡历城县;齐郡利县,莽曰利治;东莱郡育犁县、当利县;琅琊郡丽国;豫章郡历陵县;汉中郡长利县;张掖郡骊靬县,莽曰揭虏;上郡高奴县,莽曰利平;西河郡方利县,莽曰广德;右北平郡骊成县,莽曰揭石;辽西郡交黎县,莽曰禽虏;玄菟郡高句骊县;乐浪郡列口县、吞列县、华丽县;苍梧郡荔浦县,有荔平关;广平国平利县;信都国历县,莽曰历宁。[1] 这些地名中,除张掖郡骊靬县我们将在下文讨论之外,其他的地名肯定都与罗马(骊靬)无关。我们绝不可能因县国名有与"骊"音同音近的字,就武断地称黎治县名取自骊靬人得到治理的意思,称利平县、吞列县、荔平关是平定消灭罗马人的意思,称历宁县是骊靬人安居乐业的意思,称历聚国、黎县、历县是骊靬人居住于此的意思。为什么中亚西亚的地名凡有"骊"音者就一定与罗马战俘有关呢?在《汉书·地理志上》北海郡安丘县,王莽改县名为"诛郅",我们能望文生义,称汉军在此地诛杀了郅支单于吗?

至于所说大月氏内乱后,失败的月氏人携投靠的罗马军人归附汉朝的理由,常征先生主要依据《汉书·西域传》对月氏国的描述和《后汉书·西羌传》之"分布湟中和令居(因号湟中月氏)。又数百户在张

---

[1]《汉书》卷28《地理志》,中华书局,1962年,第1557、1569、1573、1575、1581、1583、1585、1586、1593、1596、1613、1617、1618、1624、1625、1626、1627、1629、1631、1633页。

掖,号曰'义从胡'"的文字,就说:"这数百户月氏人所以被汉廷称曰'义从',就是自中亚东归的月氏人。与之同来的昭武族人一股和罗马人一股,也分布在祁连山下。罗马人归者甚多,故汉王朝专设骊靬县以领护之。"[1]

常征先生的判断太唐突了。我们通过电子文献检索,在《史记》、《汉书》中都没有"义从"一词,该词是自《后汉书》才出现的。《后汉书》中提到"义从"的文字一共有 17 处。

称"湟中义从胡"的,有卷 8《灵帝纪》、卷 51《庞参列传》、卷 72《董卓列传》。

称"湟中义从及秦胡兵"的,有卷 72《董卓列传》。

称"湟中义从兵及羌胡"的,有卷 87《后汉书·西羌传》。

称"义从羌胡"的,有卷 16《邓训列传》。

称"湟中羌、义从胡"的,有卷 87《后汉书·西羌传》。

称"湟中义从羌"的,有卷 65《段颎列传》两处。

称"湟中义从"的,有卷 65《段颎列传》、卷 70《郑太列传》。

径称"义从"(指"湟中义从"、或徐幹所率去西域支援班超的勇敢士)的,有卷 16《邓训列传》、卷 47《班超列传》、卷 65《段颎列传》。

称"又数百户在张掖,号曰义从胡"的,有卷 87《后汉书·西羌传》。

称"白马义从"的,有卷 73《公孙瓒列传》。

称"缘边义从羌胡"的,有卷 23《窦融列传附窦宪传》。

由以上引证可见,称为"义从"的,不仅有张掖"义从胡",还有"湟中义从胡",还有"湟中义从羌胡",还有"湟中义从羌",还有"湟中义从及秦胡"、还有勇赴西域的"义从",还有随窦宪到匈奴境内去打仗的"缘边义从羌胡",还有以所骑之马的颜色而自名的"白马义从"。从种族属性看,他们有月氏人,有羌人,有乌桓人,还有汉族(其时尚无"汉

---

〔1〕常征《中西关系史上失记的一桩大事——数千罗马兵归化中国》,载《北京社会科学》,1992 年第 1 期。

族"一词,权且借用以指当时非少数民族的汉朝居民)。故而,"义从"就是因大义而跟从的意思。后来演变为对湟中部分非汉族部群的称呼,如东汉末率众反抗汉朝的北宫伯玉系"湟中义从胡",从汉朝统治者的角度,他们绝对是不义的,却仍沿袭了"义从"一名。既然所谓"义从",是以大义而跟从将领或官员去从事战斗或某种危险事业的意思,就不能定义"义从"是专指"自中亚东归(张掖)的月氏人"。由此,所谓张掖义从胡是指东归河西的月氏国胡人的说法就无法站住脚了。

其实,从史书的仔细阅读可以知道,汉代张掖的月氏人,并非如常征先生所说是自中亚东归的,而是秦汉之际被匈奴人打败西迁的月氏人中留居河西走廊的小月氏人。月氏是中国古代北方有悠久历史的民族,《穆天子传》、《逸周书·王会解》、《山海经》、《管子》等先秦古籍中所称的"禺氏"、"禺知",即是秦汉典籍之中的月氏。春秋时,秦穆公降服西戎八国,其中居住于今甘肃宁县一带的胊衍之戎,就是月氏。因秦人的侵逼,月氏人西迁至敦煌、祁连间。《史记·大宛列传》言:"大月氏在大宛西可二三千里,居妫水北。其南则大夏,西则安息,北则康居。行国也,随畜移徙,与匈奴同俗。控弦者可一二十万。故时强,轻匈奴,及冒顿立,攻破月氏,至匈奴老上单于,杀月氏王,以其头为饮器。始月氏居敦煌、祁连间,及为匈奴所败,乃远去,过宛,西击大夏而臣之,遂都妫水北,为王庭。其余小众不能去者,保南山羌,号小月氏。"[1]揭示出月氏人居住于河西走廊及其西迁的历史。西迁的月氏人在伊犁河流域的塞族故地建国,称大月氏。而留下来的月氏人,保南山羌,号称小月氏。南山就是河西走廊南侧的祁连山。这一小部分月氏人南迁祁连山区,依附于当地原有羌人部落"南山羌",定居下来,繁衍生息,人称"小月氏"。这一部分小月氏人在霍去病远袭河西走廊的匈奴时又出现了。汉武帝下诏表彰霍去病于公元前 121 年夏自居延奔袭河西的功绩时言:"骠骑将军逾居延,遂过小月氏,攻祁连山,得酋涂王,以众降者二千五百人,斩首虏三万二百级,获五王,五王母,单于阏氏、王子五十

---

〔1〕《史记》卷 123《大宛列传》,中华书局,1982 年,第 3162 页。

九人,相国、将军、当户、都尉六十三人,师大率减什三,益封去病五千户。赐校尉从至小月氏爵左庶长。"[1] 文中所言"过小月氏,攻祁连山",就得经过小月氏部族的居住地,到祁连山去作战。霍去病是由北路经居延向西进击河西走廊的,小月氏人居住于河西走廊南侧、祁连山北侧,所以霍去病大军要进攻盘踞于祁连山的匈奴人,就得经过小月氏人的居住地。可见,从大约公元前176年本族大部分人西迁后留在祁连山一带的小月氏人,60年后仍然在此地居住,而且自成一族。《史记·大宛列传》"小月氏"条下张守节《正义》言:"初,月氏居敦煌以东,祁连山以西,敦煌郡今沙州,祁连山在甘州西南。"[2] 甘州,今为甘肃张掖市甘州区,则张掖以南为汉代小月氏人的聚居地。《后汉书》所言张掖义从胡,就是这一部分小月氏人,该族在历史上传承有序,在张掖南山已经居住了数代,其主体绝不是公元前36年郅支之战后从中亚陆续迁移来的大月氏人。

王萌鲜、宋国荣在叙述罗马军人到河西的路径时,说:"那些在战场上逃逸的罗马士兵,以及在安息东疆已沦为奴隶不堪忍受安息人欺辱的罗马俘虏,便成批逃到大月氏、大夏,开始了与西汉的接触,并从商道大批内迁。西汉在张掖郡设骊靬县以安置。"[3] 从历史研究的学术要求来说,任何一个观点,或者引证前人之说,或者自己进行论证,而不能仅仅用叙述文就可以视为真历史。王、宋二位对他们极为自信的说法也应该予以论证,方能使其观点成立。我们想知道的是,从战场上逃跑的罗马士兵与在安息被奴役的战俘是零星还是集中到一起来的? 如果是零星来的,又是如何不约而同地都跑到河西走廊的中端今永昌县境的? 如果是集中一次来的,他们又是在哪里汇合的、由谁组织或领导东来的? 他们是以什么理由进入汉朝边关的? 说实在的,德效骞假设骊靬的罗马人是郅支战役的降人,至少比二位的说法漏洞要少些。

---

〔1〕《史记》卷111《卫将军骠骑列传》,第2931页。

〔2〕《史记》卷123《大宛列传》,第3162页注。

〔3〕王萌鲜,宋国荣《古罗马人在中国河西的来龙去脉》,载《丝绸之路骊靬文化国际旅游研讨会论文集》,中国金昌,2011年8月,第268页。

4.8　郅支城的建筑及郅支战役均不必罗马人参与

德效骞的文章称,从《汉书·甘延寿陈汤传》中对郅支之战描述的几个场景,判断郅支战役有罗马战俘参加。

《汉书·甘延寿陈汤传》记载,公元前36年甘延寿与陈汤发兵围攻郅支城时,汉军"望见单于城上立五彩幡织,数百人披甲乘城,又出百余骑往来驰城下,步兵百余人夹门鱼鳞阵,讲习用兵。""土城外有重木城,从木城中射,颇杀伤外人。"德氏说,"除了罗马的鱼板盾和龟甲阵外没有任何武器和战阵能解释中国人所描述的'鱼鳞阵'。""中国人在郅支单于城看到了典型的罗马战阵——龟甲阵(testudo),这正是罗马军团所用的战阵。"其二是郅支城的建筑形式重木城,"郅支单于城确有罗马人,还可以从中国军队在城外所见的重木城得到证实。""中国军队在康居所见的重木城恰好体现了罗马城防的文化特征,如此看来,郅支在修筑城防时毫无疑问得到了罗马人的技术援助。"由之,他猜测,"在(安息东部边境)麻耳伽纳的这批来自克拉苏军团中的罗马战俘,被一个充满敌意的国家(安息)将他们与故土隔开,无法回归故里,因而极为自然的有部分人逃离了他们所痛恨的安息而成为其他统治者的雇佣军。""对罗马人来说,他们自然为郅支的威名所悦服,加上郅支还答应与他们所仇恨的安息为敌,他们自然愿意与其联合。这样由于双方为各自的利益和互相利用,最终实现了联合。"德效骞又说,甘延寿和陈汤在给皇帝的上疏中提到他们"生房145人",以其"与在郅支单于城外夹门鱼鳞阵的'百余人'相比,我们可以肯定这是同一支军队"。"这145个罗马士兵,因为当他们见雇主郅支被杀后,只停止了战斗而没有投降。这些罗马人可能是自愿选择了跟随甘、陈到中国。到达汉朝的罗马人被安置在一个专门为他们在边境建立的城镇,该城即被冠以罗马之名——骊轩。仅从这一名称就足以说明罗马人确实到了中国并被安置在骊轩城中。"

所谓鱼鳞阵,德效骞认为,就是罗马人的龟甲阵。世界军事史的知识告诉我们,龟甲阵是古希腊罗马军队以盾牌护卫战斗队伍的阵法,兵士们先密集作方形或圆形,外围的兵士把长方形的盾一个接一个连接起来,垂直地挡在自己胸前,护住身体。后边的各列士兵把盾像伞一样举在顶上,也一一连接,以防上面落下的矢石。这种阵列往往在被包围时或接近敌人城墙时使用,士兵们还可以在密不通风的盾的掩护下,挖掘敌人的工事,或站在盾上爬上敌人的城墙。因为它形似大龟,故罗马人称之为龟甲阵。

《汉书·陈汤传》中鱼鳞阵一词,肯定是根据甘延寿、陈汤在事后上奏朝廷的战况报告中写的。甘、陈二人为中国将军,并无罗马军事史知识,事实上他们也不知道在西方的尽头有一个名叫罗马的大国,他们只是直观地描述其所见敌方阵法形似鱼鳞罢了。颜师古注:"言其相接次,形若鱼鳞。"就是说,郅支步兵是在城门两边摆成有序的队形,从远处看类似鱼鳞,故称其为鱼鳞阵。《甘延寿陈汤传》描述战况时说,汉军"颇遣吏士射城门骑步兵,骑步兵皆入"。倘若郅支步兵真如罗马龟甲阵那样,以盾牌上下严密护卫,就不会怕汉军的箭矢而退避回城了。显然,陈汤所说的鱼鳞阵,并不是罗马人所谓的龟甲阵。

中国古代有鱼丽阵,1872 年英国人李雅格氏(James Leqqe)就将其翻译为鱼鳞阵(scale-like Array)。[1]《左传》桓公五年(前 707 年)秋,在周郑之战中,"王为中军;虢公林父将右军,蔡人、卫人属焉;周公黑肩将左军,陈人属焉。郑子元请为左拒以当蔡人、卫人,为右拒以当陈人,曰:'陈乱,民莫有斗心,若先犯之,必奔。王卒顾之,必乱。蔡、卫不枝,固将先奔,既而萃于王卒,可以集事。'从之。曼伯为右拒,祭仲足为左拒,原繁、高渠弥以中军奉公,为鱼丽之陈(阵),先偏后伍,伍承弥缝。战于繻葛,命二拒曰:'旝动而鼓。'蔡、卫、陈皆奔,王卒乱,郑师合以攻之,王卒大败。祝聃射王中肩,王亦能军。祝聃请从之。公曰:'君子不欲多上人,况敢陵天子乎!苟自救也,社稷无陨,多矣。'"对文

---

〔1〕杨希枚《评德效骞著〈古中国境内一个罗马人的城市〉》,载台湾《书目季刊》3 卷 4 期,1969 年,第 16 页。

中"为鱼丽之陈,先偏后伍,伍承弥缝"一句,杜预注言:"《司马法》,车战二十五乘为偏,以车居前,以伍次之,承偏之隙而弥缝缺漏也。五人为伍。此盖鱼丽阵法。"明末人宋征璧在其《左氏兵法测要》卷1中说,鱼丽之阵是"弥缝之间,如鱼队之附,故名为鱼丽"。说法尽管有异,但所谓鱼丽之阵,就是将步兵按一定的组合,部署于战车周围,以相护卫的一种阵法。此种战法后代仍多有运用。如《后汉书·盖勋传》载,184年(东汉中平元年),反叛的羌人将护羌校尉夏育包围于畜官。汉阳郡长史盖勋所率援兵在狐槃,被羌人打败。"勋收余众百余人,为鱼丽之阵。"

至于罗马人所用的以盾牌掩蔽步兵队形的阵法,中国古代也并非没有。从考古发掘看,殷商就有盾牌。周武王伐殷前的《牧誓》中要求全军"称尔戈,比尔干",比干就是排列盾牌。《吕氏春秋·贵直篇》言,"赵简子攻卫附郭,自将兵,及战且远立,又居于犀蔽屏橹之下。"所谓屏橹,就是排列于前的大盾牌。《陈汤传》描述战况说,甘延寿、陈汤指挥部队"四面围城,各有所守,穿堑,塞门户,卤盾为前,戟弩为后,仰射楼上人,楼上人下走"。可见,在攻灭郅支的战役中,汉军也是以大盾牌在前掩护其进攻的。由此说来,即使郅支单于的军队真的使用了类似罗马的龟甲阵,也不能证明其队伍中一定有罗马军人。

德效骞说,"排列鱼鳞形这样的战阵需要高度的训练和纪律",不是匈奴人所能做到的。这也是缺乏匈奴史知识的误断。匈奴人与秦汉长期作战,其军队的组织十分严密,战法极其高超。例如《史记·匈奴列传》记载前200年(汉高祖七年)白登山之役道:"高帝自将兵往击之……于是冒顿佯败走,诱汉兵。汉兵逐击冒顿,冒顿匿其精兵,见其羸弱,于是汉悉兵,多步兵,三十二万北逐之。高帝先至平城,步兵未尽到,冒顿纵精兵四十万骑围高帝于白登,七日汉兵中外不得相救饷。匈奴骑,其西方尽白马,东方尽青骓马,北方尽乌骊马,南方尽骍马。"试问,这样的部队,难道是无组织无纪律"混乱一团"的吗?可见,德效骞先生是低估了匈奴人的作战能力了。

关于郅支城的建造。《汉书·甘延寿陈汤传》关于郅支单于城筑城的描述,只有"发民作城,日作 500 人,二岁乃已"13 字。就是至迟于前 38 年开始征发周边的康居等西域国人民来筑城,每天用 500 人做工,花了两年时间终于将城筑成。我们无法判定建筑该城实际用了多长时间,因为郅支城地处北纬 47°,当地冰冻期很长,其间根本无法进行土作施工。至于建筑木城和在城内盖房,需要到山上砍伐林木,冬天因为没有流水也无法将其运出来。加之该城总共只住了 3000 来人,规模不可能太大。因此,说该城大体用了数百天筑成是可信的。

匈奴是游牧民族,以骑兵流动作战为主,但也并非没有城池或不筑城。最早见于记载的是赵信城。赵信本为匈奴小王,降汉,为翕侯,前 123 年(汉武帝元朔六年)任前将军,随大将军卫青与匈奴作战,失败后,重新投降匈奴。"单于既得翕侯,以为自次王,用其姊妻之,与谋汉。"[1] 前 119 年(元狩四年)霍去病所率汉军深入匈奴地两千多里,"北至寘颜山(今蒙古杭爱山)赵信城而还。"孟康注言:"赵信所作,因以名城。"显然这座城是赵信降匈奴后主持建筑的。后来,卫律投降后也为单于谋划"穿井筑城,治楼以藏谷,与秦人守之"。[2] 据考古材料,前苏联乌兰乌德西南伊沃勒加城遗址,蒙古中央省克鲁沦河右岸高瓦——道布城遗址,德尔津台地、布尔黑方台地城址,都是匈奴人所筑城的遗址。[3] 在此背景下,郅支单于到中亚后,与汉皇朝敌对,为了防御汉军的突袭,遂强迫西域诸国为其建筑王城,就不足为奇了。

我国古代的城池,历来都是就地取材建造的。《汉书·匈奴传下》郎中侯应说:"至孝武世,出师征伐,斥夺此地,攘之于幕北。建塞徼,起亭隧,筑外城,设屯戍,以守之。……起塞以来百有余年,非皆以土垣也,或因山岩石,木柴僵落,溪谷水门,稍稍平之,卒徒筑治,功费久远,不可胜计。"[4] 显然,汉长城虽大部分为夯土城墙,却也有石城,有木城,在戈壁上甚至以芦草箔和沙石筑城。凡重要的城池或边塞要地,都

[1]《汉书》卷 94 上《匈奴传上》,第 3768 页。
[2]《汉书》卷 94 上《匈奴传上》,第 3782 页。
[3] 林幹编《匈奴史论文选集》,中华书局,1983 年,第 413 – 429 页。
[4]《汉书》卷 94 下《匈奴传下》,第 3804 页。

是城外有郭的所谓重城。汉字的边塞之塞,其意符为土,而城寨之寨,意符为木,也说明古人筑城有以土,有以木,木城并非只有罗马人有。郅支单于长年在边塞与汉军作战,而且匈奴人自己有至少70年的筑城经验,在此情况下,他们内筑土城外筑木城难道还必须请什么罗马军人来指导吗?

至于郅支城的形状,从《汉书·甘延寿陈汤传》描述战斗场面的文字可知,外围是木城,木城里边是土城,再里边有所谓大内,就是供单于及其家属居住的宫城。泥土夯筑的城墙与城内中央偏北的宫城,虽然有规模大小的不同,但中国明代以前各朝都城的规格大体都是如此,明朝开始才有将夯土城墙外边用砖包起来的例子。郅支城外围木城的结构如何,在《消失的罗马军团:千年的历史回响》中称:"古罗马军队所使用的'重木城'。其主要结构以圆木为主,相互交叉为十字,中间添(应为'填'字——汪注)有土积石块等,十分坚固。一般分为二三城,土木(此'木'字疑为衍字——汪注)城外有'重木城'。这种防御手段是古罗马军队所独有的作战防御方式。"[1]从该页上的图片看,此类木城的结构与文字说明并不相侔。图片中的木城,是以长圆木并排横一层、直一层叠垒起来的,靠圆木本身的长度而形成城墙上下面的宽度,因而中间是无法或不必填塞泥土石块的。倘若在圆木叠垒成的木城中要填充土石,只有里外构筑两道如此厚的叠垒木墙,两者中间留出数米宽的空隙,用以填充土石。这样一来,如果圆木的长度为5米的话,木城的厚度至少在15米以上,其规格是否过于巨大了?如果郅支单于城真的以长度5米的圆木叠垒成木城,其剖面不可能如夯土城墙那样下宽上窄,而应该是上下一样皆宽5米,中间没有空隙,战士只能在城墙上面活动和射击,无法站在木城内从圆木缝隙中外窥或射击。然而从《汉书·甘延寿陈汤传》中所述作战情况看,郅支城木城的结构与此并不相同。文中言:"土城外有重土城,从木城中射,颇杀伤外人。外人

---

〔1〕甘肃省人民政府新闻办公室编,陈正义撰文《消失的罗马军团:千年的历史回响》,第44页。

发薪烧木城。……夜过半,木城穿,中人却入土城,乘城呼。"既然匈奴守城者是从"木城中"即并列大木的缝隙中往外射箭,而不是从木城形成的厚墙顶面上往外射箭,则木城当不很厚,绝不是以多重木头迭垒成的顶上很宽厚可以让人活动的所谓罗马重木城。而且汉军从傍晚到夜半就能将木城烧穿,也说明木城不是很厚。否则用圆木一层层垒起的极厚的木城,而且中间填有泥土和石块,绝不是几个小时可以"烧穿"的。由此看来,重木城之重,是说木城为土城之外的又一重城墙。其结构,并不是厚重重叠反复累积的木头构成的很厚的上边很宽的木城,不过是以一根根木头并排竖立而围成的栅栏而已。德效骞于1940年撰写的《公元前36年中国与罗马间的一次军事接触》[1]正确地认识到这一点,说郅支单于城土城墙之外是重木栅栏(double wooden palisade)。兰州大学刘继华博士著文指出,重木城之"重"字,被许多人误拼为"zhòng",在翻回英文时误译为"heavy",那是错误的。[2] 以直立的木头做成栅栏,在新石器时代就有遗存,汉代长城所谓"木柴僵落"亦为此种用死了的树木构成的栅栏式的防御设施。所以,郅支单于城的木城,决非靠罗马人帮忙才可以构建。郅支单于城在夯土城墙之外又构筑一道栅栏式的木城,当然是为了增强防御功能,但也说明当地或附近有许多森林,盛产木料,如此而已。

郅支单于城的这种内外双重城的建筑形式,不仅罗马、中国有,中亚、西亚、印度城池的建筑样式亦如此。日本学者羽田亨的《西域文化史》说:"……亚历山大进攻马拉坎达时,此城有内城、外城,各围以城墙,外城长70stadia(即13公里)。"[3]亚历山大进攻马拉坎达(即今撒马尔罕)在公元前329年,该城为内外城结构。又,王治来《中亚史纲》一书引考古资料云:"(阿姆河下游及咸海沿岸的)花剌子模在阿赫门王朝后期和贵霜时期,……城市典型的有1938—1939年发掘的詹巴

〔1〕Homer H. Dubs, "A Military Contact between Chinese and Romans in 36 B. C.", *T'oung Pao*, Second Series, Vol. 36, Livr. 1 (1940), p. 64.

〔2〕刘继华《汉学家德效骞与早期中罗关系研究》,见《丝绸之路骊靬文化国际旅游研讨会论文集》,中国金昌,2011年,第104页。

〔3〕〔日〕羽田亨著,耿世民译《西域文化史》,新疆人民出版社,1981年,第14页。

斯·卡拉城,城呈长方形,面积为 200×170 公尺,有双层围墙,墙高 10～11 公尺,每层厚 1～1.3 公尺。外墙有一排密布的箭孔,三孔一组。入城门后,要迂回曲折 5 次始能入城。内层城墙亦有箭孔。"[1]该城年代,引文说得比较笼统。阿赫门王朝的年代为前 550—前 330 年,其"后期"或为前 4 世纪;贵霜建国于公元 1 世纪前,则"前贵霜"的年代在公元 1 世纪之前,则该城的年代跨度为公元前 4 世纪到前 1 世纪。此后,这种内外城结构一直作为中亚城镇之传统而被保留下来。《中亚史纲》在讲到突厥统治下的中亚商人时说:"中亚商人住在城镇中。这种城镇一般由城堡、内城(沙赫里斯坦)和外城(拉巴特)组成。内城有设防的堡垒,当地邦君德赫干们住在里面。拉巴特是由商队的客栈发展而成,为了防御游牧人的进攻,也修筑堡垒。1933 年在塔吉克斯坦发掘的吉瓦什契恰堡,证明内城有发达的手工业。……内城城墙之外分布着许多简陋的住房便是他们(按指手工业者)和奴隶们栖身之所。片治肯特城的规格,也与此相似。"[2]公元前 5 世纪的希罗多德记载,住在伏尔加河流域的布迪诺伊人,"有一座木造的城市,称为盖洛诺斯。它的城墙每一面是三十斯塔迪昂长,城墙很高而且完全是木头修造的。"[3]斯特拉波记载的帕利包特拉(即华氏城)更与重木城相近。作者这样写道:"帕利包特拉位于恒河和另一条河(今之宋河)的汇流处。城市长宽度为 15 斯塔迪昂,呈平行四边形,土墙外环绕着木制城墙,墙上凿有箭眼,可以从这里射箭。"[4]郅支奔康居,"发民作城,日作五百人,二岁乃已。"[5]郅支城内外城之结构并不是"与一般中亚城市不同",而是完全体现了中亚城镇的建筑特点和传统。这种特点兴起于公元前 4 世纪以前,直到公元 7 世纪还存在。重木城可能为康居人的创造,也可能受到西方布迪诺依人或罗马人的某些影响。然而肯定它具有"典型的罗马城堡特征","得到罗马人的工程技术上的帮

〔1〕王治来《中亚史纲》,湖南教育出版社,1986,第 99 页。

〔2〕王治来《中亚史纲》,第 202 页。

〔3〕〔古希腊〕希罗多德《历史》第 4 卷第 108 节,商务印书馆,1985 年,第 307 页。

〔4〕〔古罗马〕斯特拉波《地理学》,15,36。

〔5〕《汉书》卷 70《甘延寿陈汤传》,中华书局,第 3009 页。

助",则未必定然如此。郅支单于在中亚征集当地居民筑城,其形式采纳中亚城池的建筑形式应是顺理成章之事,不必罗马军人参与。

《汉书》所述郅支部下的前后人数,对德效骞的推断也是有力的否定。《汉书·匈奴传下》言:"郅支既杀使者,引兵而西。康居亦遣贵人,橐它驴马数千匹,迎郅支。郅支人众中寒道死,余财三千人到康居。"[1]《陈汤传》言诛灭郅支单于的战果时说:"凡斩阏氏、太子、名王以下千五百一十八级,生虏百四十五人,降虏千余人。"所杀、所虏、所降三者相加,近三千人,与郅支初到康居时的人数相同,其中又怎么会有罗马军团投奔者或雇佣军?

另外,还有德效骞所谓的"图书"问题,据说,这也是郅支城有罗马人的一大证据。其文云:"罗马人东来的另一证据,可见于就这次征讨事宜上奏给朝廷的图书。据班固的《汉书》记载,'四年(前35年)春正月,以诛郅支单于告祠郊庙,赦天下。群臣上寿置酒,以其图书示后宫贵人。'这些图书极可能就是汉军这次大捷的图画,而班固关于这次战役的描述,可能就是据此为蓝本而撰成的。用图画来记载、描绘军事征伐的习俗,常见于罗马的凯旋式而中国却从未有此习俗,此次却构成了西汉军队征讨匈奴奏章的部分内容。这就更有力地证明了在公元前79年至公元5年之间,在中国建立了一座用中国对罗马的称呼来命名的县城——骊靬,这表明居住该城的民众是来自罗马帝国的移民。"

德效骞说:"古代的地图与我们今天的地图不同,他们是画成图画并附上文字说明材料。这种地图需要的是画师而不是绘图员。可以肯定陈汤在去康居的路上带有画师绘制路线图,这种地图需要一幅很长的绢轴(当时纸尚未发明),路线的两边画有沿途的山川景象,在绢画的其他地方留有足够的空间以供绘制其他图形。这些攻陷郅支单于城的图画在汉代绘画中是前所未有的,他们标志着中国艺术中的一种新影响。众所周知,罗马凯旋式也常用图画来反映。在从康居返回中国的漫长旅途之间或在此之前,陈汤肯定与罗马军队首领进行过交谈,他

---

〔1〕《汉书》卷94下《匈奴传下》,第3802页。

肯定会告诉他关于罗马凯旋式的盛况。上述罗马人的这种风俗与陈汤
出征路线图上所绘的图景极为相似,因此班固关于此次远征的描述亦
极为详尽。像陈汤这样极具丰富想象力的人,在听到罗马凯旋式用富
有代表性的图画来描绘成功的战役之后,必定会利用这一特征向朝廷
和天子汇报其赫赫战功。"以上仅是德氏有关文字的节录。他说了这
么多,其实只是想表明,这是一幅描述郅支战役场面的图画,这在以前
的中国没有类似的例子,班固正是根据该图画来撰写《汉书·甘延寿
陈汤传》中有关战争情况的文字的,这幅图肯定是陈汤向罗马人学习
以后才绘制的。

　　元帝向后宫贵人展示的是一幅什么样的图书,服虔注言:"讨郅支
之图书也,或曰单于土地山川之形书也。"[1]东汉人服虔早已为我们解
决了这个问题,元帝向后宫展示的图书,或者是讨伐郅支单于的图画及
其说明,或者是郅支单于所领有的山川土地的图画及其文字说明。以
前者来说,其中可能绘有自西域都护驻所至郅支城路线画,也可能有郅
支单于及其主要部下的画像,也可能有战斗场面的说明等,这些都不必
罗马人指导,而是甘延寿、陈汤为洗刷其矫诏出兵向朝廷报功的必要环
节。与此同时,甘、陈必然有一份很详尽的对这次作战及其取得历史性
胜利的奏书,此奏书长期保存在太史处或皇家图书馆中,班固在东汉明
帝时担任兰台令史,而兰台正是保管皇家档案及历代典籍之所,他撰写
《汉书》正是参考了这些档案和典籍,其中包括甘延寿、陈汤郅支战役
的奏书,所谓"鱼鳞阵",应该也是这份奏书中的用词。德效骞在注中
说:"班固关于罗马龟甲阵的描述可能是以这次战斗场景的图画为蓝
本,而这幅图画是一个亲身目睹了这次战斗的人所画,并且可能经过参
加这次战斗的罗马人所核实,这一详情证实了我们对'鱼鳞阵'(fish—
scale formation)一词的极度关注的正确性。"然而,《汉书·甘延寿陈汤
传》中只有"鱼鳞阵"一词,并没有描述鱼鳞阵的详细情况,凭什么说班
氏写郅支战役情况一定是根据图画来撰写战争过程的文字的呢? 服虔

---

〔1〕《汉书》卷9《元帝纪》,第295页。

还说："或曰单于土地山川之形书"，颜师古对此说予以否定。其实"或曰"一词，就是有人说的意思，并不一定是服虔同意的意见，所以不必遽予否定。

在此我们想到中国古代图书的悠久历史。古代所谓图书，图指图画，包括地图、人像图、事物器物图、过程描绘图、易卦图、图谱等等，而书指书法，即书写出来的文字，也引申为文章、典籍、文字说明等等。《周易·系辞上》："是故天生神物，圣人则之；天地变化，圣人效之；天垂象，见吉凶，圣人象之；河出图，洛出书，圣人则之。《易》有四象，所以示也。系辞焉，所以告也；定之以吉凶，所以断也。"其中的图就是卦象图，而书有人认为是指《尚书》，实际上可能是指系辞。战国时荆轲见秦王时，引诱秦王接见他的则是燕国的地图。秦始皇时，"燕人卢生使入海还，以鬼神事，因奏录图书，曰'亡秦者胡也'。始皇乃使将军蒙恬发兵三十万人北击胡，略取河南地。"[1]此处的图书，过去学者都将其与录字连起来，以为录图书系方士所编绘制作犹如后来道家的图箓图谶符命之书。我以为，录即抄录、记录之意，图书即有图有文的资料。其上书写的"亡秦者胡也"的文字，倘若不是方士所造神示用以转移秦王视线，以免他们的骗局被揭穿，就是秦始皇为了攻击匈奴而指使方士编造的伪书。"沛公至咸阳，诸将皆争走金帛财物之府分之，（萧）何独先入收秦丞相御史律令图书藏之。沛公为汉王，以何为丞相。项王与诸侯屠烧咸阳而去。汉王所以具知天下阨塞，户口多少，彊弱之处，民所疾苦者，以何具得秦图书也。"[2]萧何所收秦宫中的图书，从其后所言，则是记述全国各地山川险要、人户状况、经济发展和民情世俗的档案资料，是有文有图的说明地方情况的方志类资料，分之是各地的地方志雏形，合之是后世全国一统志的雏形。汉武帝时，"汉使穷河源，河源出于阗，其山多玉石，采来，天子案古图书，名河所出山曰昆仑云。"[3]这里所谓的古图书，就是朝廷中收藏的前代所遗留下来的关于

〔1〕《史记》卷6《秦始皇本纪》，第252页。
〔2〕《史记》卷53《萧相国世家》，第2014页。
〔3〕《史记》卷123《大宛列传》，第3173页。

西部地区山川物产的地图及其说明的书籍,其中有大河源自昆仑山的图文。汉武帝时,齐人延年建议朝廷将黄河水引到蒙古高原去,既可彻底解除中原水患,又可有效防止匈奴南侵。他在建议中说:"河出昆仑,经中国,注渤海。是其地势西北高而东南下也。可案图书,观地形,令水工准高下,开大河上领,出之胡中,东注之海。如此,关东长无水灾,北边不忧匈奴,可以省堤防备塞,士卒转输,胡寇侵盗,覆军杀将,暴骨原野之患。天下常备匈奴而不忧百越者,以其水绝壤断也。此功壹成,万世大利。"[1]看来当时就已经有了描述天下地势高低地形地物图,否则一般的山川线条图何能据以观地形准高下? 至于后汉王昭君故事中被杀的毛延寿,是一位宫廷画师,其责任之一就是为宫女们画像,以供皇帝选择御幸。汉代将领出征,使者出使都有责任以有图有文的图书向皇帝报告出征、出使地的地形及作战情况。前 99 年(天汉二年),"(李)陵于是将其步卒五千人出居延,北行三十日,至浚稽山止营,举图所过山川地形,使麾下骑陈步乐还以闻。步乐召见,道陵将率得士死力,上甚说,拜步乐为郎。"[2]李陵向武帝报告的,就是他画出的沿途山川地形图,以及相关的文字说明,武帝大概以前并不掌握这一段的地形情况,所以非常高兴,而赏给回京报告者陈步乐以郎的职务。其后,桑弘羊建议朝廷派士卒到西域轮台屯田,其奏书中说:"臣愚以为可遣屯田卒诣故轮台以东,置校尉三人分护,各举图地形,通利沟渠,务使以时益种五谷。"[3]这里的举图地形是要求屯田者将轮台以西的地形画为地图,且依据地图规划开垦之田和配套的灌溉沟渠。

中国古来就有此传统,注重对各地地图的绘制和掌握,要降服某政权,就必须交出自己境内的地图;要表战功,就要拿出夺得敌方土地的地图。陈汤本人有着很高的文化修养,史书中说:"陈汤字子公,山阳瑕丘人也。少好书,博达善属文。""建昭三年,汤与延寿出西域。汤为

---

〔1〕《汉书》卷 29《沟洫志》,第 1886 页。
〔2〕《汉书》卷 54《李广苏建传附李陵传》,第 2451－2452 页。
〔3〕《汉书》卷 96 下《西域传下》,第 3912 页。

人沉勇有大虑,多策谋,喜奇功,每过城邑山川,常登望。"[1]甘延寿、陈汤在向朝廷上奏战功的同时,上交所绘郅支山川疆域图也是很正常的。陈汤本人就有绘制地图的能力,其手下或许有掌握绘图技能的吏员,都不必请罗马军人才能绘制出来。郅支城在长安万里以外,消灭郅支,皇朝的宿敌匈奴终于完全被控制,元帝怎么能不高兴? 这样的作战图或地图怎么能不引起后宫的极大兴趣? 总之,元帝向后宫展示的这幅图书无论是郅支战役图,还是康居(郅支)疆域图,都不必罗马人指导或参与,因而也不是"罗马人东来的另一证据"。

在《汉书》中,像郅支战役这样详细地记载一次战事过程的篇卷是很少的。这是因为陈汤灭郅支单于不仅是当时的一件大事,而且由此引起的争议一直持续到西汉末年。开始是争论对陈汤这样擅自发兵却取得大胜的人该不该封赏,以后又争论对犯了罪的陈汤应如何处置,王莽执政后又重新追封陈汤。所以有关陈汤的资料一定很多,《汉书》的作者班固离陈汤之死不过数十年,应能了解得相当具体。要是真有罗马的士兵协助郅支单于作战并被俘回汉朝,何至于班固一字未提呢?

---

[1]《汉书》卷70《甘延寿陈汤传》,第3007、3010页。

5　骊轩县诸问题考察

自从古罗马军团安置骊轩县的说法传开以后,汉代河西的这一小县遂成为学界和社会关注的热点。本章在对骊轩县得名及设置年代等假说辨析的基础上,对骊轩县与古罗马降人之间的"纠葛"予以清理。

5.1　骊轩县的建置沿革

骊轩,是汉武帝占领河西走廊以后设置的一个县。骊轩县的建置自西汉、东汉,延至三国、西晋、十六国、北魏、北周,直至隋朝时被撤并,总计存续了700年以上。

各种资料中关于骊轩县的记载不多,谨录载于下,并略加叙说。

《汉书·地理志下》在张掖郡下有关于该县的记载,文为:[1]

张掖郡,故匈奴昆邪王地,武帝太初元年开。莽曰设屏。户二万四千三百五十二,口八万八千七百三十一。县十:

觻得,千金渠西至东涫入泽中。羌谷水出羌中,东北至居延入海,过郡二,行二千一百里。莽曰官式。

昭武,莽曰渠武。

删丹,桑钦以为道弱水自此,西至酒泉合黎。莽曰贯虏。

氐池,莽曰否武。

屋兰,莽曰传武。

日勒,都尉治泽索谷。莽曰勒治。

骊轩,莽曰揭虏。

番和,农都尉治。莽曰罗虏。

---

〔1〕《汉书》卷28下《地理志下》,中华书局,1962年,第1613页。

居延,居延泽在东北,古文以为流沙。都尉治,莽曰居成。

显美。

《汉书·地理志》中最主要的内容,是陈述西汉孝平帝时的 103 个郡国及其所辖县邑道的政区地理情况。介绍郡(国)时的具体写法是,在郡(国)名下,自注其设置时间,汉以来郡(国)名及设废变化,王莽所改郡(国)名;公元 2 年(元始二年)时全郡(国)户数、人口数;所辖县(道)数,各县(道)名,及其设废、历史、山川等。在现存早期有关西汉诸种典籍中,这是关于骊靬县的唯一资料。由以上记载可知,公元 2 年时,汉代河西走廊的张掖郡,下辖有 10 县,其中之一为骊靬县,该县县名在王莽当政时改为揭虏县。当时全郡总户数为 24352,人口为88731,平均每县 2435 户,8873 人。平均每户 3.64 人,与当时内地户均5 人比略少,这大概与河西走廊整个为移民区有关,每户家庭中老人或仍留在原居住区,致户均人口相对偏少。《汉书·地理志》所记仅是编户人口,不记载当地的驻军人数和屯牧者人数。而张掖郡地处西部边防要地,有绵延千百里的北方对匈奴的防线和祁连山一带对羌人的防线,又有牧苑和屯田地(有驻番和县的张掖农都尉),[1]故而当地驻军和屯牧人数相对于编户人口来说肯定更大。太初年间,李广利率大军出征大宛,大败而回,武帝遂为其增兵,同时"益发戍甲卒十八万酒泉、张掖北,置居延、休屠以卫酒泉。"[2]仅这一次往酒泉、张掖增发的戍卒就是公元 2 年张掖郡总人口的一倍以上,增发戍卒加上原有的驻军数量是很大的。

据甘肃省简牍保护研究中心主任张德芳先生的文章公布,在 20 世纪发现的居延肩水金关和敦煌悬泉汉代简牍中,有 15 枚与骊靬有关的简。

其中的一枚纪年简为:"☑和宜便里,年卅三岁,姓吴氏,故骊靬苑

[1]《居延汉简甲乙编》乙 4·1 简:"二月戊寅,张掖太守福、库丞承熹兼行丞事,敢告张掖农都尉、护田校尉,府卒人,谓县律曰:'臧官物非录者,以十月平贾计。'案:戍田卒受官袍、衣物,贪利贵价贳予贫困民,吏不禁止,浸益多,又不以时验问。"

[2]《汉书》卷 61《李广利传》,第 2700 页。

209

斗食啬夫,乃神爵二年三月庚寅,以功次迁为☑"(金关 73EJT4∶98)。神爵二年为公元前 60 年,由此可知,在公元前 60 年已经有骊轩地名存在。"闰月丙申,骊轩长东亡,移书报府所□☑"(金关 73EJT1∶199)。《汉书·百官公卿表》言:"县令、长,皆秦官,掌治其县。万户以上为令,秩千石至六百石。"[1]该简则说明,骊轩县人口不足万户,故有县长之设,这位骊轩长名为东,不知其姓氏。

"☑□□过所遣骊轩尉刘步贤☑"(悬泉 V93DXT1511④∶5)。说明骊轩设有县尉一职,此人名刘步贤。《汉书·百官公卿表》言:县"皆有丞、尉,秩四百石至二百石,是为长吏。"尉为一县之治安官。

"骊轩尉史当利里吕延年,年廿四☑"(金关 73EJT9∶127)简,说明县尉下亦有史之设,为县尉手下的文职吏员,此人系骊轩县当利里人,名吕延年。

"出粟二斗四升,以食骊轩佐单门安,将转从者一人,凡二人,人往来四食,食三升"(悬泉 V92DXT1311③∶226)。骊轩县设有县佐一职,此人名单门安。佐即助理之义,疑或《汉书·百官公卿表》县丞之异名。简文是说,悬泉驿招待率领该县运输人员的骊轩县佐及其一名随从,往来共 4 餐,每餐每人耗用 3 升粮食。

从相关简文可知,县内有万岁里、当利里、武都里、常利里等诸里之设。

骊轩县境设有骊轩苑,即朝廷太仆主管的河西牧师苑之一(张掖郡另有坚年苑)。《汉书·百官公卿表》云"边郡六牧师苑令,各三丞",[2]丞为牧师令的副手。"☑所遣骊轩苑监侍郎古成昌,以诏书送驴、橐他"(悬泉 IV92DXTO317③∶68),轩为軒之别字,简文言指骊轩苑设有苑监,由侍郎充任,此人名古成昌,该员负责牧苑事务。此次是奉诏书护送该苑的驴和骆驼(去某地),经过悬泉驿。

"☑公乘,番和宜便里,年卅三岁,姓吴氏,故骊轩苑斗食啬夫,乃

---

[1]《汉书》卷 19《百官公卿表》,第 742 页。
[2]《汉书》卷 19《百官公卿表》,第 729 页。

神爵二年三月辛□"（金关 73EJH2：2）简文说，骊靬苑设有啬夫，为斗食吏。

"骊靬苑奴牧番和宜道里□□"（金关 73EJT23：193）简，是说骊靬苑专事放牧的人员某"奴"，系番和县宜道里人。

"效谷假苑牛十二，其四在遮要置□"（悬泉 V92DXT712②：79）简，是说骊靬苑不仅养马还养牛，所养牛亦用于出借，此简是说出借给效谷县 12 头牛，其中 4 头在遮要置使用。置，又称传置，邮驿系统中在大道边设置的机构，主要负责车马替换和人员住宿。

东汉学者许慎在《说文解字》"革部"释"靬"字时说："靬，武威有丽靬县。"丽靬即骊靬之异写。《汉书·地理志》与《说文》所述西汉骊靬县隶郡的不同，曾引起清代学者注意。王鸣盛《蛾术编》云："武威有丽靬县，骊靬前后《汉志》皆属张掖，疑许慎时曾改属，史失载。"徐松在钱坫《新斠注地理志集释》卷 12"骊靬"条加按语说："《说文》以县丽靬属武威，或本其未分时言。"姚文田、严可均《说文校议》云："《地理志》、《郡国志》骊靬县属张掖，《晋志》属武威。此云武威者，《武纪》元鼎六年分武威、酒泉地置张掖、敦煌郡，许氏或据未分时图籍。"后两位学者都认为许慎所书系武威郡未分出张掖郡时骊靬县所隶郡。十几年前本人撰写《驳古罗马军团安置骊靬城说》一文时，亦沿着徐松等人的思路，认为："《汉书·地理志》所言，当是张掖郡从武威郡中分出后的情况。班固因事自杀，其书在东汉多以单篇流传。许慎恐未见《汉书》，况且其释字不必拘史家之例，其中说丽靬县属武威郡，则反映了张掖郡未设之前的情况。"问题是，河西走廊诸郡的设置时间，在《史记》、《汉书》各相关篇卷中有许多不同说法，遂致学者议论不断。[1]刘光华先生综合各种文献记载，斟酌近几十年的讨论成果，在《西北通史》第 1 卷中提出了自己的看法，代表了河西四郡设置年代研究的最新成果。认为：酒泉郡、张掖郡始设于元鼎六年（前 111 年），武威郡始设于宣帝元凤元年至地节三年间（前 80—前 67 年），敦煌郡始设于武

---

〔1〕请参考王宗维《汉代河西四郡始设年代问题》，载《西北史地》，1986 年第 3 期。

帝后元元年(前 88 年)。在《史记》中无"武威"地名,所有有明确元凤元年纪年及其以前的汉简资料中皆无"武威"地名,可见,张掖郡设置在前,而武威郡系公元前 80 年—前 67 年间从张掖郡中分出。由此,言《说文》所写系未从武威郡分出张掖郡时的情况是错误的。假设骊轩县系武威郡分出后改属的,就成了《汉志》记载的是前 80 年以前该县的隶属关系,又与《汉志》记事体例相违。王鸣盛"疑许慎时改属"的说法或是解开这一谜底的一种可能,意思是在东汉中,许慎撰《说文解字》时,骊轩县曾经改辖武威郡,其所书系当时情况。由于此说无其他支持的证据,只好存疑于此。《大明一统志》卷 37《陕西行都指挥使司》下有永昌卫,文言:"在都司城东南三百一十里,本汉武威郡地。"[1]或是汉时番和、骊轩诸县曾属武威郡的一条证明。但明朝距汉朝年代较远,难以采信。

《后汉书》志 23《郡国志》载,凉州刺史部下辖十二郡九十八个县、道、候官,其中的张掖郡下有骊轩县。原文为:[2]

> 张掖郡(故匈奴昆邪王地,武帝置。雒阳西四千二百里。献帝分置西郡)八城,户六千五百五十二,口二万六千四十。

> 觻得。昭武。删丹,弱水出。氐池。屋兰。日勒。骊轩。番和。

《郡国志》系晋司马彪著,梁刘昭注其诸志,并将司马彪诸志合入范晔《后汉书》中。该记载言,东汉时,骊轩县仍归张掖郡所辖。140 年(东汉顺帝永和五年)时,张掖全郡人口比起西汉元始二年时减少了约 2/3,同样,每县人口亦是减少极多。

《三国志》没有地理志,但《雍州刺史张既表》称,曹魏时,张掖郡下有番和、骊轩诸县。该表见于《三国志·魏书·毌丘俭传》注引《魏名臣奏》中,《表》曰:"河右遐远,丧乱弥久,武威当诸郡路道喉辖之要,加民夷杂处,数有兵难。领太守毌丘兴到官,内抚吏民,外怀羌、胡,卒使

---

〔1〕《大明一统志》卷 37,三秦出版社,1990 年,第 653 页。
〔2〕《后汉书》志 23《郡国志》,中华书局,1965 年,第 3520 页。

柔附,为官效用。黄华、张进初图逆乱,扇动左右,兴志气忠烈,临难不顾,为将校民夷陈说祸福,言则涕泣。于时男女万口,咸怀感激,形毁发乱,誓心致命。寻率精兵踧胁张掖,济拔领太守杜通、西海太守张睦。张掖番和、骊靬二县吏民及郡杂胡弃恶诣兴,兴皆安恤,使尽力田。兴每所历,尽竭心力,诚国之良吏。"[1]即言曹魏黄初年间(220—226年),武威太守毌丘兴安抚张掖郡之番和、骊靬二县吏民及郡杂胡的事。

《续后汉书》系元郝经重撰的三国纪传体史书。该书卷85《疆理录》的记载,与《雍州刺史张既表》所记有别,言:"武威郡:姑臧、宣威、揖次、苍松、显美、骊靬、番和。原注:汉置县七。"[2]称骊靬县归辖于武威郡。郝经(1223—1275年)的著述理应是据当时尚存于世的三国资料写成。或许曹魏时骊靬县并不隶辖张掖郡,而是改隶武威郡。

《晋书·地理志上》载:[3]

> 凉州。案《禹贡》雍州之西界,周衰,其地为狄。秦兴美阳甘泉官,本匈奴铸金人祭天之处。匈奴既失甘泉,又使休屠、浑邪王等居凉州之地。二王后以地降汉,汉置张掖、酒泉、敦煌、武威郡。其后又置金城郡,谓之河西五郡。汉改周之雍州为凉州,盖以地处西方,常寒凉也。地势西北邪出,在南山之间,南隔西羌,西通西域,于时号为断匈奴右臂。献帝时,凉州数有乱,河西五郡去州隔远,于是乃别以为雍州。末又依古典定九州,乃合关右以为雍州。魏时复分以为凉州,刺史领戊己校尉,护西域,如汉故事,至晋不改。统郡八,县四十六,户三万七百。
>
> 金城郡汉置。统县五,户二千。
>
> 西平郡汉置。统县四,户四千。
>
> 武威郡汉置。统县七,户五千九百。姑臧、宣威、揖次、仓松、显美、骊靬、番禾。

〔1〕《三国志》卷28《魏书·毌丘俭传》,中华书局,1982年,第761–762页。

〔2〕〔元〕郝经《续后汉书》卷85《疆理录》,丛书集成初编,第3754册,第1434页。

〔3〕《晋书》卷14《地理志上》,中华书局,1974年,第432–434页。

张掖郡汉置。统县三,户三千七百。

西郡汉置。统县五,户一千九百。

酒泉郡汉置。统县九,户四千四百。

敦煌郡汉置。统县十二,户六千三百。

西海郡故属张掖,汉献帝兴平二年,武威太守张雅请置。统县一,户二千五百。

由《晋书》的记载可知,西晋时,凉州武威郡辖有骊轩县。武威郡共辖 7 县总计有 5900 户,平均每县 840 户,以每户 5 口计,每县平均为 4214 人。

十六国时,河西地区先后为前凉(都姑臧,345—376 年)、前秦(都长安,351—394 年)、后凉(都姑臧,386—403 年)、后秦〔都常安(长安),386—417 年〕、南凉(都西平、乐都,397—414 年)、西秦(都勇士城、金城、苑川,385—431 年)、西凉(都敦煌、酒泉,400—421 年)、北凉(都张掖,397—439 年)诸国领有其全部或部分。北魏于 439 年灭北凉沮渠氏,统一北方。

《晋书》诸传及《载记》中亦有言及十六国时骊轩者。

《张轨传附张祚传》言:[1]

[和平元年]遣其将和昊率众伐骊轩戎于南山,大败而还。

和平为前凉皇帝张祚年号,和平元年,即东晋永和十年,当公元 354 年。时有骊轩(县),境内有戎人,即少数民族居民,因地名骊轩,人称其为骊轩戎。和昊打败仗的南山,据地方志言,即县南之照面山。

又《秃发乌孤载记附秃发利鹿孤传》载:[2]

[利鹿孤]遣傉檀又攻吕隆昌松太守孟祎于显美,克之……祎曰:"明公开疆河右,声播宇内,文德以绥远人,威武以惩不恪,况祎蔑尔,敢距天命!衅鼓之刑,祎之分也。但忠于彼者,亦忠于此。荷吕氏厚恩,受藩屏之任,明公至而归命,恐获罪于执事,惟公图

---

〔1〕《晋书》卷 86《张轨传附张祚传》,第 2247 页。
〔2〕《晋书》卷 126《秃发乌孤载记附秃发利鹿孤传》,第 3146 – 3147 页。

之。"傉檀大悦,释其缚,待之客礼。徙显美、丽轩二千余户而归。

此事似发生在秃发利鹿孤建和二年,当公元401年。南凉王利鹿孤遣其弟傉檀侵袭后凉吕纂手下的昌松郡,遂将显美、丽轩两千余户居民迁至西平一带。丽轩当为骊靬之别写。当时各国都有将对方居民迁往本国都城附近之事,当因其时人口稀少,缺乏劳动力,此举系为增加其可控制的农业人口,增加农业产量和税赋。昌松郡为后凉所置,治今武威凉州市东南,寻改为东张掖郡。骊靬、显美二县或皆为昌松郡所隶属。

·《魏书·地形志下》凉州(下)无骊靬名,但有番和郡之设。文云:[1]

　　　番和郡,领县二,户一百三十九,彰,燕支。

北魏平北凉后,曾"徙凉州民三万余家于京师"。[2] 此处所言彰县及燕支二县,皆在今永昌县南,番和全郡仅有139户(或史书记载有误),还分设二县。故此时或因人口太少,而将骊靬县裁并。

王仲荦先生新编《北周地理志》卷2《陇右·凉州·番和郡下》有力乾县,文云:[3]

　　　力乾,今甘肃永昌县境。旧置。《隋书地理志》:番和,开皇中为县,又并力乾县地入焉。

《大清一统志》言:"骊靬废县,在永昌县南,汉置县,属张掖郡。后汉因之。晋改属武威郡。永和十年,张祚遣和昊伐骊靬戎于南山,大败而还,即此。后魏省。……按《隋志》,开皇中并力乾县入番和,盖即骊靬之讹也。"[4]此当为确论。依《魏书·地形志下》无骊靬县名,故言后魏省(裁撤)。王仲荦先生言北周力乾县为旧置,误。力乾(骊靬)县建置应系北周时新恢复。

《隋书·地理志上》又有关于骊靬的记载,文云:[5]

〔1〕《魏书》卷106下《地形志下》,中华书局,1974年,第2623页。
〔2〕《魏书》卷4《世祖纪上》,第90页。
〔3〕王仲荦《北周地理志》,中华书局,1980年,第215页。
〔4〕《大清一统志》卷206《凉州府·古迹》,景印文渊阁四库全书本,史部·地理类。
〔5〕《隋书》卷29《地理志上》,中华书局,1973年,第815页。

武威郡（旧置凉州，后周置总管府，大业初府废）统县四，户一万一千七百五。

姑臧（旧置武威郡，开皇初郡废。大业初复置武威郡。又后魏置武安郡、襄武县，并西魏废。又旧有显美县，后周废。有第五山）。

昌松（后魏置昌松郡，后周废郡，以揟次县入。开皇初改县为永世，后改曰昌松。又有后魏魏安郡，后周改置白山县，寻废。有白山）。

番和（后魏置番和郡。后周郡废，置镇。开皇中为县，又并力乾、安宁、广城、障、燕支五县之地入焉。有燕支山）。

允吾（后魏置，曰广武，及置广武郡。开皇初郡废，改县曰邑次，寻改为广武，后又改为邑次。大业初改为允吾。有青岩山）。

既然称隋开皇（581—600年）中裁并力乾县入番和县，则其前必有力乾（骊轩）县之设，故以为系北周恢复力乾建置。

1975年，在武威市北郊金羊乡宋家园村，发现了一块墓志铭，现存武威市博物馆。该铭系《隋故成公府君墓志铭》，铭文记道：[1]

君讳蒙，字永锡，东郡人也。……祖康长，都督州主簿。父□，凉城郡平正。君少而聪敏，禀自生知。……释褐皂服从事，转户曹参军事，复从法曹参军，魁岸雄杰，爰登卿望之官，风力高明，乃践蕃僚之位。俄迁武威郡，寻除大城、力乾二令。恤民以惠，神雀来仪，布政以勤，嘉禾滋蔓。……春秋七十有四，开皇四年岁次甲辰三月五日卒。夫人讳世晖，陇西李氏。祖造，凉州长史；父善，武安军主。夫人克宣令淑，贞质幽闲，德被公官，声流彤管，天道茫昧，与善无征，粤二十年十二月二十四日薨，时年七十。以大隋仁寿元年太岁辛酉三月甲申朔二十六日己酉合葬于姑臧县显美乡之药水里。

〔1〕据刘绍荣《甘肃武威惊现骊轩县令墓碑》（《丝绸之路骊轩文化国际旅游研讨会论文集》，第296-297页）所收碑文，抄录时据所附照片对文字及标点略有改动。

由铭文可知,墓主成蒙,系东郡(治今河南滑县东南城关镇)人,出生于511年,即北魏宣武帝永平四年。其祖父名康长,在都督州任主簿。按北魏有从二品的都督州军事之职,为一州之军政长官。此都督州或指凉州,北魏时,东南至临洮,狄道、河州、金城,南至西平(今青海西宁)、浇河(今青海贵德)、鄯善(今青海乐都)、湟河(今青海尖扎),西至张掖,北至居延泽之北,皆为凉州属地。时,各级衙门皆设主簿一职,主管文案及一般事务。其父亲名某(因字漫漶难释),为凉城(即姑臧)武威郡平正。查诸史《职官志》,郡无平正之官,有中正之官。隋文帝杨坚之父名忠,隋人避讳,故《铭》改中正为平正。郡中正位在郡尹、郡丞之下,但地处清位,系选拔人才之官。三国魏时始设,吴称太公平。晋、北魏、北齐皆有中正或大中正,北魏之州郡县皆有中正之设,隋称州都。唐以后不再设。墓主本人由从事做起,逐渐为诸曹参事,迁至武威郡任某职,最后递任大城和力乾二县县令。584年(开皇四年),成蒙以74岁高龄逝世。按开皇四年为隋建国之第4年,就是说,杨坚夺北周政权建隋时,成蒙已经70岁。按汉唐制度,官吏至70岁致仕,即退休。似乎可以判定,成蒙任力乾县令在北周后期或至周隋替代之际。《隋书·地理志上》"番和,开皇中为县,又并力乾、安宁、广城、障、燕支五县之地入焉。"或许,成蒙系最后一任力乾县令。其夫人李氏死于开皇二十年,次年(仁寿元年,601年)夫妇合葬,刻铭置于墓中。铭文称县名力乾,证明《隋书·地理志上》称县名力乾,系当时该县的正式名称,很可能骊靬之讹称力乾系北周时事,或许北周恢复该县建置时已用此名。

以上我们据诸种资料考述了自西汉至隋的骊靬县的建置沿革。

5.2 骊靬一词语义的探讨

从两汉文献看,骊靬县名之"骊靬"二字,其汉字字面含义难以解释,历代学者对其名称语义有多种猜测。

清王绍兰《汉书地理志校注》卷下说:"张掖郡骊靬。《说文》'靬,干革也,武威有丽轩县',是许所见《汉志》作丽字,盖用丽皮之意,以氏其县。若作骊轩,是以深黑色之干革为县名也,于义无取。"[1]这里其实是提出了两种从字义解释骊轩得名的意见。一是若县名写作骊轩,是深黑色之干革,他认为是说于义无取。二是县名写作丽轩,即为丽皮之义。查丽皮一词,经书多见,如《仪礼·士冠礼》言:"主人酬宾束帛俪皮。"郑注言:"俪皮,两鹿皮也。古文俪为离。"朱起凤《辞通》按:"俪、丽、离三字,古通用。"王氏之论可备一说,但其并未论及因何用丽皮之义名县,且未论其设县时间,难以说通。清吕吴调阳《汉书地理志详释》卷2说:"骊轩,今黑城驿,在山丹县南。骊轩本属酒泉,与删丹人同时徙此。骊,俪也,两也。轩,音扦,射者所以扦臂,即拉也。故骊轩在今玉门县北百余里之华海子侧,有废城二,西有布鲁湖,接华海子,像两轩相俪也。"[2]此说可称为以移民原居处之地形命名说。清黑城驿在今甘肃民乐县东。所谓华海子,即赤金河之所入湖,今湖已涸,但留有地名花海。吕氏所言不知其所据史料在何处,无法令人信服。另外还有深黑色之干革说(清汪远孙),骊山之异译说(蒙文通),祁连之异译说(张维华)等。上述诸说多缺少根据,不必置评。在古罗马军团东归骊轩说盛行以后,姜青青和陈正义都说,骊轩(Legie)是"罗马军团"的意思。[3] 我们在上文中论证,西域国名之黎靬(犁靬)与河西之骊轩县名无关。因而,不能因二者音近而做出骊轩是"罗马军团"的解释。

西汉凉州境内有些原为少数民族或部族居住的地方称县不称道,但地名却有该民族或部族名称。如平襄县,师古注:"阚骃云故襄戎邑也";上邽县,"应劭曰:《史记》故邽戎邑也";大夏县,为大夏人祖居地;罕开县,"师古曰:本破罕开之羌处其人于此,因此为名";枹罕县,"应劭曰:故罕羌侯邑也";临羌县,"师古曰:阚骃云西有卑和羌,即献王莽地为西海郡者也";上郡有匈归都尉,"师古曰:匈归者,言匈奴归附";

〔1〕《二十五史补编》(一),中华书局,1955年,第498页。

〔2〕《二十五史补编》(一),第1226页。

〔3〕见姜青青《"骊轩"意为"罗马军团"》,载《丝绸之路》,1998年第6期,第235页;甘肃省人民政府新闻办公室编,陈正义撰文《消失的罗马军团:千年的历史回响》,第51页。

龟兹县,"师古曰:龟兹国人来降附,处之于此,故以名云"。

查《汉书·地理志》中郡县名称,以非汉语为地名的比比皆是,它表明了中国自古就是一个多民族的国家。汉朝郡县名称,在汉族地区,一般以汉语命名,在原来非汉族的地方,除了用某些以山水河湖等纪实性的词或宣扬皇朝武功的词为地名外,颇多依照名从主人的原则,以地方语或民族语言命名。全国的地名,从总体上说,东北、西北、西南、内蒙古、西藏是主要的少数民族语地名区,其他地方主要为汉语地名区。查西汉凉州地区,武都郡的循成、下辨;陇西郡的上邽、安故、予道;金城郡的允吾、浩亹、令居、枹罕、允街;天水郡的望垣、罕开、绵诸、冀、獂、兰干;武威郡的姑臧、张掖、休屠、揟次、鸾乌、扑剟、媪围;张掖郡的籙得、氏池、屋兰、日勒、骊靬、番和、居延、显美;酒泉郡的禄福、表是、乐涫、天陕、池头、绥弥、乾齐;敦煌郡的敦煌、龙勒;安定郡的复累、安俾、朝那、乌氏、阴密、参峦、阴盘、祖厉、爰得、眴卷、鹑阴、月氏;北地郡的眴衍、鹑孤、回获、略畔、郁郅、义渠、弋居、大要、廉;上郡的肤施、奢延、桢林、雕阴、龟兹、高奴。这些地名,从汉语的字面上都难以解释,很可能是少数民族语的地名,而具体是哪个民族的语言,由于年深日久,有的已经很难说清。有时强加解释,往往可能出错。河西诸郡下,皆无称"道"之地名,有不少地名来自少数民族语,或因浑邪王降汉后,"故浑邪地空无人",[1]除了属国以外,没有少数民族聚居地所设县的缘故。河西走廊明确来自少数民族语言的县名,如武威郡休屠县,原为匈奴休屠王都城;[2]姑臧县名系"故匈奴盖臧城,后人音讹为姑臧焉";[3]籙得,"此地本匈奴籙得王所居,因以名县";居延城,"汉为县,本匈奴中地名也"。[4]匈奴是一个在历史上消失了的民族,其语言至今多不可考。但匈奴语中本来就与当时的某些民族有共享的词语,有一部分又为后来的某些民族所继承。李文实先生指出,语言不仅古今有异,而且有方

〔1〕《史记》卷123《大宛列传》,第3168页。

〔2〕《水经注》卷40《都野泽》,上海古籍出版社,1990年,第765页。

〔3〕《元和郡县图志》卷40《陇右道下》,中华书局,1983年,第1019页。以下凡引此书不再出注。

〔4〕《太平寰宇记》卷153"甘州"第10、11叶,清光绪八年金陵书局刊本。

言和民族语言的差别。中国古籍上很多地名,都是循名从主人之例而加以汉译的。现代藏语来源于古羌语,而李文实自幼就生长于青海省化隆回族自治县的汉藏杂居地区,对藏文颇为通晓。他用藏语(古羌语)试图解释羌语间涉及匈奴语、突厥语的汉译地名。其中对河西走廊某些古语地名含义的解释有:黑水,黑水发源于祁连县的俄博河,入河西走廊经张掖叫张掖河。由张掖经山丹、高台间的合黎山称黑河,突厥语、蒙古语谓黑为喀拉,古译为合黎。令居、龙支、令、龙为谷或沟的意思,居或支都是中的意思,统言沟谷之中的意思。姑臧,其名为羌语,义为黄羊沟。张掖,亦为羌语名,张与庄为古今音异,实皆指野牛;掖义则为处地,亦即所在或出没地。故庄浪为野牛沟之义,而张掖就是野牛出没之地的意思。敦煌,其名亦为羌语,而应劭以汉语作解,谓:"敦大也,煌盛也。"甚无稽。敦煌即藏语的诵经处[1] 莫高,突厥语沙漠沙迹称莫贺、莫何,今或译玛干,沙州以沙漠名,突厥语称慕贺州,即此。莫高窟,是说在沙迹里开凿的洞窟。这些释义,都给人耳目一新之感。李文实先生还说:"张掖郡的骊得、删丹、屋兰、日勒、骊轩,均为羌或匈奴语,尚待详解。"[2]可惜李文实先生已于 2004 年 3 月 8 日作古,我们再也等待不来先生对骊轩等语义的详解了。

　　骊轩一名,肯定是少数民族语地名,很有可能是匈奴语地名。宋《太平寰宇记》"陇右道三·凉州·番和县"下有吐弥千川,疑"吐弥千"或为古"骊轩"之音讹异写。其文云:"土弥千川,即古今匈奴为放牧之地。鲜卑语,髓为吐弥千,言此川土肥美如髓故以名之。"[3]可否说,骊轩一词的含义即川土肥美如髓之义。

5.3　骊轩县、犛轩国及大秦国

　　宋国荣等编《骊轩探丛》第二部分《上下求索》中,录引《汉书集解

---

〔1〕有学者指出,敦煌为吐火罗语"敦薨"的转音,但并未解释其语义。

〔2〕李文实《西陲古地与羌藏文化》,青海人民出版社,2001 年,第 81 - 123 页。

〔3〕《太平寰宇记》卷 152 第 7 叶,清光绪八年金陵书局刊本。

音义》文字:[1]

　　应劭曰:骊靬,大秦也,张掖骊靬县为西域蛮族而置。

　　应劭为著名东汉学者,除撰有 24 卷的《汉书集解音义》外,尚有影响很大的《风俗通义》一书。《汉书集解音义》一书,在《隋书·经籍志》、《旧唐书·艺文志》、《宋史·艺文志》、《通志·艺文略》中都有著录,以后不见著录。很可能因唐颜师古所注 120 卷《汉书》的流行,使该书在宋元时佚失。应劭对《汉书》的注释条文,多被收入颜氏注《汉书》之中,但"为蛮族而设"一条不见该书,又不见唐宋诸类书以及历代学者所著书中。不知《骊靬探丛》该条由何书中引来。我们凭几十年的文献功底,感到其非汉人文字风格。查"蛮族"一词,至宋代典籍中始有使用,宋以前诸书中皆只单用"蛮"字。所谓"应劭曰:骊靬,大秦也,张掖骊靬县为西域蛮族而置"一条,来历不清,不能视为汉朝人文字并作为证据使用。

　　最早将骊靬县名与西域国名联系起来的,是《汉书·张骞传》汉武帝"益发使抵安息、犛靬、条支、身毒国"文下,唐颜师古注:[2]

　　　　犛靬即大秦国也。张掖骊靬县盖取此国为名耳。骊、犛声相近。靬读与轩同。

　　按,《张骞传》原文称该西域国名"犛靬",而颜氏注音时称靬与轩同。查此前古籍中将该地名第二字用"轩"字者只有《史记·大宛列传》,为"黎轩"。颜师古提出,《张骞传》之犛靬即《大宛列传》之黎轩,西汉设骊靬县与西域犛靬国名(大秦)有关。将犛靬、黎轩、骊靬、大秦这四个地名完全等同。《钦定佩文韵府》卷 13 - 6:"靬,居言切,干革,又愿翰韵。《韵藻》增:骊靬,《汉书·地理志》张掖郡骊靬县,犛靬,《汉书·张骞传》'益发使抵安息奄蔡骊靬条支身毒五国',注'骊靬即大秦国'。"[3]已经将骊靬县名与犛靬国名明确区别开了。

　　1749 年(清乾隆十四年)刊刻的《五凉考治六德集全志·永昌县

──────────

〔1〕宋国荣,顾善忠,程硕年主编《骊靬探丛》,陕西旅游出版社,2005 年,第 56 页。
〔2〕《汉书》卷 61《张骞传》,第 2694 页。
〔3〕景印文渊阁四库全书本:子部类书类。

志》"古迹"有"骊轩废县"条,称:[1]

> 骊轩废县,县西,汉置。永和十年,张祚遣和昊伐骊轩戎于南
> 山,大败而还,即此。颜师古曰,取国名为县也。南山即照面山,者
> 来寨是其遗址。

其中"颜师古曰"以上文字,抄自乾隆《甘肃通志》卷23《古迹·凉州府·永昌县》之"骊轩废县"条,但《通志》之"县南"《县志》改为"县西",以者来寨位于县西南论,二者皆可。该条增加了颜师古"取国名为县"之注,可以说是地方人士关注骊轩县名来历的最早表现。

清代考据学兴盛,史地学家对此遂予注意。1794年(乾隆五十九年)成书的钱坫《新斠注地理志集释》卷12言:"骊轩,在今凉州府永昌县南,本以骊轩降人置县。"改"国名"为"降人",正式提出以"骊轩降人"置骊轩县的意见。张澍(1781—1847年)《凉州府志备考》"祥异古迹卷一"言:"骊轩故县,按,盖骊轩国人降,置此县以处之也。"又进一步将二者结合起来,称系"骊轩国人降,置此县以处之"。王筠(1784—1854年)《说文句读》引"石州(张穆1805—1849年)曰:'骊轩本西域国,汉以其降人置县。"回到颜注《张骞传》的立场,称骊轩为西域国,骊轩县系以该国降人置县。清末王先谦(1842—1917年)在其《汉书补注》卷28(下)"骊轩"条下按云:"犁靬即大秦国,盖以其降人置县。"明确将犁靬(大秦)国名与骊轩县名以及大秦国降人联系到一起。当代学者史念海先生在其《河西与敦煌》一文中,也称:"《汉书·地理志》张掖郡有骊轩县。此骊轩当即《史记·大宛传》、《汉书·张骞传·西域传》记载的黎轩。黎轩为西域国名,东汉时称大秦。骊轩为县名,当是因骊轩降人而设置的。然由此亦可以证明河西有骊轩人。"[2]当代辞书如1979年版《辞海》、1996年版《中国历史大辞典·历史地理》皆遵是说。然而却迄无学者对此予以详细论证,尤其是无人从史书中寻找过所谓骊轩降人的史实根据。

---

〔1〕〔清〕张珮美修《五凉考治六德集全志》第3卷《永昌县志·古迹》(沈绍祖,张绍训,谢瑾纂),中国方志丛书·华北地方第560号,台湾成文出版公司,1977年,第377页。

〔2〕史念海《河山集五集》,山西人民出版社,1991年,第323页。

德效骞于上世纪 20—40 年代,以王先谦《汉书补注》为底本,从事《汉书》的英文翻译工作,于 1938、1944 和 1945 年分别出版《汉书译注》第一、第二、第三卷。王先谦关于骊靬县以大秦国降人得名的说法引起了他的注意。他在 1939 年所写《公元前 36 年中国与罗马间的一次军事接触》和于 1957 年出版的《古代中国一座罗马人的城市》中都称:"公元 5 年,在中国的郡县志中记载了一个用中国最早对罗马的称呼来命名的县城,这确实是一件令人瞩目惊叹的事实。然而无论是过去还是现在,中国人都不会用外国国名来称呼自己的城市。在该书中所载的 1587 个城市中,只有西域(原文作 Turkestan,即土耳其斯坦,西方学者对古代中亚地区的泛称——译者。)境内的库车和温宿两地是采用外国名称来命名的。我们知道,这两个城市都是由外来的移民所居住。由此可知,这个城市一定是罗马帝国的民众迁徙到中国后,定居此地而建立的。"并自注道:"王先谦《汉书补注》卷 28 下:16b,'骊靬即大秦国,盖以其降人置县'。"从而作为其古罗马军团战俘东归中国骊靬县的"有力证据"。

其实,颜师古在《汉书》中还有一处关于骊靬的注文,即《地理志》"骊靬县"条下,其文为:"骊音力迟反。靬音虔是也。今其土俗人呼骊靬,疾言之曰力虔。揭音其谒反。"只注释二字的读音,而将"鞬靬即大秦国也。张掖骊靬县盖取此国为名耳"的注文,置于《张骞传》。注文中用一"盖"(大概)字表示其仅为推测,并不很有把握。

在《汉书》之前提到类似骊靬读音的西域地名,是《史记·大宛列传》[1]

(1)(张)骞身所至者大宛、月氏、大夏、康居,而传闻其旁大国五六,具为天子言之。曰:

大宛在匈奴西南,在汉正西,去汉可万里。……其北则康居,西则大月氏,西南则大夏,东北则乌孙,东则扞罙、于阗。……

大月氏在大宛西可二三千里,居妫水北。其南则大夏,西则安

---

[1]《史记》卷 123《大宛列传》,第 3160–3162、3170、3172–3173 页。

息,北则康居。

　　安息在大月氏西可数千里。……其西则条支,北有奄蔡、黎轩。

　　(2)自博望侯骞死后,匈奴闻汉通乌孙,怒,欲击之。……而汉始筑令居以西,初置酒泉郡以通西北国。因益发使抵安息、奄蔡、黎轩、条支、身毒国。

　　(3)初,汉使至安息,安息王令将二万骑迎于东界。东界去王都数千里。行比至,过数十城,人民相属甚多。汉使还,而后发使随汉使来观汉广大,以大鸟卵及黎轩善眩人献于汉。及宛西小国驩潜、大益,宛东姑师、扜罙、苏薤之属,皆随汉使献见天子。天子大悦。

司马迁约死于汉武帝末,所著《史记》仅在《大宛列传》中三见"黎轩"之名,一是张骞去西域后回来向武帝报告文字的节录,称在安息之北有一国名黎轩。二是张骞死后,朝廷派使者出使安息、奄蔡、黎轩、条支、身毒诸国,由于在该书中并无关于黎轩国的土地、人口及其他情况的记载,说明汉武帝时的使者当未曾到过黎轩国。三是安息国以黎轩善眩人献给汉天子,说明其时汉与黎轩没有直接交往。

班固著《汉书》将有关西域的开辟及诸国历史人文的记载,分为两篇,一为《张骞传》,二为《西域传》。在《汉书·张骞传》中有两处提到犛轩事:[1]

　　(1)初,天子发书《易》,曰"神马当从西北来"。得乌孙马好,名曰"天马"。及得宛汗血马,益壮,更名乌孙马曰"西极马",宛马曰"天马"云。而汉始筑令居以西,初置酒泉郡,以通西北国。因益发使抵安息、奄蔡、犛轩、条支、身毒国。

　　(2)而大宛诸国发使随汉使来,观汉广大,以大鸟卵及犛轩眩人献于汉,天子大说。

其所述虽有"黎轩"与"犛轩"之文字不同,但内容显然来自《史

---

〔1〕《汉书》卷61《张骞传》,第2694－2695、2696 页。

记·大宛列传》。当然,班固(32—92年)与司马迁不同,他不仅可以从《史记》和皇家档案中看到西汉时有关西域的记载,而且可以从其弟班超处了解到西域及其以西诸国的真实情况。班超(32—102年)[1]自公元73年(永平十六年)以假司马职跟随窦固出酒泉塞,进袭北匈奴,夺得西域门户伊吾庐(今新疆哈密西)以后,一直在西域任职30年,直至102年(永元十四年)方返回洛阳。在西域期间,他到过鄯善、龟兹、疏勒、康居、于阗、拘弥、姑墨、乌孙、莎车、温宿、焉耆、尉犁诸国,打败大月氏贵霜王朝兵,月氏王降。97年(和帝永元九年),"都护班超遣甘英使大秦,抵条支。临大海欲度,而安息西界船人谓英曰:'海水广大,往来者逢善风三月乃得度,若遇迟风,亦有二岁者,故入海人皆赍三岁粮。海中善使人思土恋慕,数有死亡者。'英闻之乃止。"[2]这是说,到永元九年,班超知道在安息之西有国名大秦,所遣使者甘英因安息人所阻,至大海(今波斯湾)而止,并没有亲自到过大秦。而且,在此之前5年,班固已因事在洛阳狱中去世。故而,虽然"班固记诸国风土人俗,皆已详备《前书》",[3]并不可能了解大秦国之详情,也不知道犁靬与大秦是否有关系。

我们看《汉书·西域传上》的有关描述,就可以证明上述判断。该传中立有颇多西域国家专条,却未立犁靬专条,仅有两处提及该国,[4]一为:

> 乌弋山离国,王去长安万二千二百里。不属都护。户口胜兵,大国也。东北至都护治所六十日行,东与罽宾、北与扑挑、西与犁靬、条支接。

另一在"安息国"条下,为:

> 武帝始遣使至安息,王令将将二万骑迎于东界。东界去王都数千里,行比至,过数十城,人民相属。因发使随汉使者来观汉地,

---

[1] 班固与其弟班超生年相同,既可能是双胞胎,也可能分别出生年初和年尾,还可能非一母所生。此事未见学者讨论,谨将个人长期的思考记于此。

[2]《后汉书》卷88《西域传》,中华书局,1965年,第2918页。

[3]《后汉书》卷88《西域传》,第2912－2913页。

[4]《汉书》卷96《西域传》,第3888、3890页。

以大鸟卵及犁靬眩人献于汉,天子大说。

尽管《汉书》称"犁靬"《史记》称"黎轩",但"犁"与"黎"、"靬"与"轩"音近同,当指一地。其第一条应为班固据所知新增,第二条则来自《史记·大宛列传》。

直至东汉前期,中原人士对西方之犛靬国的了解,仅此而已。

两书所言犛靬(黎轩)国的方位,《史记》言该国在安息国之北,《汉书》言在乌弋山离国以西。安息(Parthia)位于里海东南,其国境相当于今伊朗东北部和土库曼斯坦南部一带,曾统辖波斯全部,兼有亚美尼亚、美索不达米亚等地。乌戈山离系塞人在安息塞斯坦一带建立的政权,《汉书·西域传》言:"自玉门、阳关出南道,历鄯善而南行,至乌弋山离,南道极矣。转北而东得安息。东与乌弋山离、西与条支接。"则乌弋山离国在安息国西南。既然犛靬(黎轩)国在安息以北,乌弋山国以西,这个西就是西北,而与乌弋山离国以西远方地中海中部的大秦(罗马)绝无关系。

100多年来,许多东西方学者对《史记》、《汉书》所言犛靬(黎轩)进行探索。1885年德国人夏德(Friedrich Hirth,1845—1927年)著《大秦国全录》(书名原文 *China and the Roman Orient*,意为"中国与罗马边地")认为,犛靬的原音应为 Reken,系那巴提国之别名。其国在阿拉伯半岛的西北部,今苏伊士运河东岸西奈半岛上。Reken(Petra)的遗址在今约旦首都安曼之南约120公里的瓦迪穆萨村(Wadi-Musa)。汉武帝时,那巴提人、犹太人及拜杜英(Bedouins)皆在亚洲西部希腊塞琉古帝国。其国在古代位于几条商业道路的交汇点上,南有红海,可通航印度和中国,北有地中海,可航往欧洲。陆上大道东起幼发拉底河,西至埃及亚历山大港。由于商业上的有利地位,公元前二三世纪这里曾建立起一个繁荣的、小小的纳巴坦(Nabataean)王国。很可能是当时的大夏人或安息人,把 Reken 当做西方大秦国的代名介绍给了张骞,张骞把这个称呼传回中国,司马迁则译其音为黎轩或犂靬记入了《史记》。[1]另一种说法是日本学者白鸟库吉1904年在《关于大秦国和拂菻国》一文里提出来的。他认为,Reken在那时虽是一个知名的商业城市,而且建立过一个小王国,但它并不足以代表罗马国;而且,张骞第一次出使西域到达大月氏时(约在公元前129—前128年之间),Reken尚未并为罗马国的一省(按,公元前109年Reken才并入罗马国,成为罗马的阿拉伯培特拉省的省会)。那么,不论大夏人或安息人怎么会用它去代表罗马国呢?白鸟认为,大夏或安息人所说的黎轩,指的乃是罗马领土埃及境内尼罗河口上的亚历山大(Alexandria)城。亚历山大在当时已经是驰名于远近的大商港城市,大夏、安息等国人把它作为罗马国的象征、代表,那是很可能的。中国人把听来的这个称呼加以简化,读作(A)lexan(dria),并写成了黎轩或犂靬。[2] 法国汉学家伯希和1915年发布文章认为,犂轩即埃及亚历山大城。[3] 但以上各位所说的那巴提和埃及亚历山大城这两地,皆在安息之西,而不是在北,故而并未妥当地解答有关问题。

杨守敬认为《汉书》所云临西海者非犂轩,而是条支。言:“《汉书》,本作犂轩也。又《张骞传》作犂靬,又《史记》作黎轩,《后汉书》作犂鞬。皆以形声并近错出。《汉书》,乌弋山离国西与犂轩、条支接。行可百余日,乃至条支,国临西海。以下言暑湿田稻及往往有小君长安息役属之,皆叙条支事。是《汉书》所云临西海者,但指条支一国。郦氏连上文加犂轩二字于条支之上,此笔误也。”[4]

波迪埃认为,犂轩是更古老的名称,这个名称显然最早见于《史记》卷123。张骞出使西域各国时,安息(帕提亚)王派遣一个使团到达

〔1〕F. Hirth, *China and the Roman Orient*: *Researches into Their Ancient and Medieval Relations as Represented in Old Chinese Records*, Leipsic & Münich, Shanghai – Hongkong, 1885. (夏德著,朱杰勤译《大秦国全录》,北京:商务印书馆,1964年,第171页)。

〔2〕转引自《王北辰西北历史地理论文集》,学苑出版社,2000年,第256 – 257页。

〔3〕伯希和《黎轩为大秦别名考》(P. Pelliot, *Likan*, *Autre nom de Ta-tsîn*),《通报》卷16,1915年,第690 – 691页。冯承钧译作《黎轩为埃及亚历山大城说》,载《西域南海史地考证译丛》第7编,商务印书馆,1995年,第34 – 35页。

〔4〕杨守敬《水经注校释》卷2。

汉廷,献大鸟蛋(可能是鸵鸟蛋)以及犂轩善眩人。黎轩或犂轩可能指叙利亚地区的塞琉西亚(Seleucidae)帝国,它的征服活动曾一度扩展到阿姆河地区。[1]

王宗维撰文考证,骊轩位置应在条支西北。《大宛列传》安息、条支均有专条,而不列骊轩。《西域传》"乌弋山离国"条记西域犂轩条支接,从乌弋山离"行可百余日,乃至条支国",而不载到犂轩的距离。"安息"条记武帝时安息"发使随汉使者来,观汉地,以大鸟卵及犂轩眩人献于汉",证明骊轩与安息相邻,此时成为安息的属部。证之"条支国"条下记"人众甚多,往往有小君长,安息役属之,以为外国"诸语,可知骊轩是一种民族,以其善于幻术著名,先是臣属条支(塞流息咨王朝),条支衰亡后,其一部分又成为安息的属部。安息极盛时的疆域,西有底格里斯河和幼发拉底河,则骊轩人大概就在此西北。西汉武帝时汉朝使臣所到的骊轩,就在两河流域的西北方。[2]

林梅村说:"公元前 323 年,希腊雄主亚历山大猝死巴比伦,横跨欧、亚、非三洲的希腊化大帝国随即土崩瓦解,并被亚历山大的部将瓜分。埃及总督托勒密和巴比伦总督塞琉古自立为王,希腊本土则在安提帕特之子卡山德控制之下,从而奠定了希腊世界三分天下的局面。托勒密王朝以亚历山大在埃及新建的希腊化城市亚历山大里亚(Alexanderia)为都,汉代史籍译作'黎轩',指埃及的托勒密王朝。巴比伦总督塞琉古将他的领地扩展到地中海东岸,并在叙利亚的奥龙特河上的安蒂奥克(Antioch)建立新都,汉代史籍译作'条支',指西亚塞琉古王朝。"[3]

张绪山在《中国境内罗马战俘城问题检评》一文中,对《史记·大宛列传》、《汉书·西域传》和《魏略·西戎传》中关于黎轩的记载做了比较后认为,中文记载的黎轩国只有塞琉西亚帝国可以当之。作为公

---

〔1〕〔英〕裕尔撰,〔法〕考迪埃修订,张绪山译《东域纪程录丛》,中华书局,2008 年,第 32 页。

〔2〕王宗维《汉朝西域路的开辟和骊轩人来华》,载《西北历史资料》,1985 年第 1 期。

〔3〕林梅村《古道西风——考古新发现所见中西文化交流》,生活·读书·新知三联书店,2000 年,第 176 页。

元前 4 世纪末亚历山大大帝建立的庞大帝国的一部分,分裂后的塞琉西亚帝国的版图包括西亚、伊朗、巴克特里亚——粟特地区直到印度河以西的广大地区。位于帝国东部边陲的巴克特里亚地区(即中国记载中的大夏)在公元前 3 世纪中叶脱离塞琉西亚帝国独立,但仍是希腊化世界的一部分。张骞西域探险到达大夏时,塞琉西亚帝国尚未被罗马帝国灭亡,张骞在大夏获知"塞琉西亚"一名,是很自然的事。"塞琉西亚",希腊文作 Seleνkεia,读音若"塞犁轩",但以中亚地区的读法,则很有可能与汉文一样读作"黎轩"或"犁轩",希腊词的开头音节在中亚语言中被略读是常有的现象,如 Samarkand(撒马耳罕)读作 Maracanda(马拉坎大);Alexandria(亚历山大里亚)读作 Kandahar(坎大哈);而且,中亚名称在中国文献中被略去开头音的也不乏其例,如印度语 agada 作华佗,"阿罗汉"作"罗汉"等等。司马迁《史记·大宛列传》称安息"北有奄蔡、黎轩",可能是因为,张骞最初从大夏人那里听到有关黑海北岸希腊殖民地的情况,当时大夏通过咸海、里海北岸与黑海沿岸地区的希腊殖民地保持着商业往来。由于二者同属一个种族,他将本属于塞琉西亚帝国的"黎轩"一名用到了希腊殖民地上。《汉书·西域传》对黎轩位置做了改正,将它置于乌弋山离之西。《后汉书·西域传》和《魏略·西戎传》成书时,塞琉西亚帝国已为罗马帝国所吞并,所以又有"大秦国一号犁轩"之说。[1]

何立波指出,安息以北的黎轩,中国古代史家是作为西域古国看待的。《史记·大宛列传》中的"黎轩"和《汉书·张骞传》中的"犛轩"、《汉书·西域传》的"犁轩"实际是一个国家,音同字异而已。这里的"黎轩"指的是何国,学界尚有争议。黎轩在安息以北,在"临大泽(里海)"的奄蔡以西,也在乌弋山离国以西相接壤,肯定不是地中海中部的罗马,从当时西亚中亚诸国分布位置来看,笔者认为它应是亚美尼亚王国 Armenia。亚美尼亚位于高加索山以南,里海南部和黑海南部之间,两河流域以北,西边与小亚细亚诸国比邻。亚美尼亚是罗马的友

---

〔1〕张绪山《"中国境内罗马战俘城"问题检评》,载《中国史研究动态》,2002 年第 3 期。

邦,其国王阿塔瓦斯曾亲率六千王家骑兵来到克拉苏大军中助战,并劝说克拉苏取道亚美尼亚进攻安息。克拉苏在战败后曾欲逃往亚美尼亚;而罗马远征军余部在卡西乌斯的带领下,则通过亚美尼亚、西里西亚和叙利亚回到罗马。《史记》、《汉书》中的"黎轩"、"犛轩"、"犁轩"指的是亚美尼亚王国,而不是大秦,它与罗马之间并没有什么直接联系。古汉语中的黎轩、犁轩、犛轩、犂犍,音同或音近而字不同,可以相通。而《汉书·地理志》中有"骊靬",是否与黎轩、犁轩、犛轩、犂犍相同,无法确定;即便取名时源自西域黎轩(犛轩或犁轩)国,也与罗马无关。[1]

总之,根据《史记》、《汉书》对西域国家犛轩(黎轩)方位的记载,该国绝非指在地中海中部北岸的古罗马国,而是指安息之北塞琉西亚或亚美尼亚古国。

《史记·大宛列传》和《汉书·西域传》都称犛轩(黎轩)在安息以北。《后汉书·西域传》载:"自安息西行三千四百里至阿蛮国。从阿蛮西行三千六百里至斯宾国。从斯宾南行渡河,又西南至于罗国九百六十里,安息西界极矣。自此南乘海,乃通大秦。其土多海西珍奇异物焉。"又云"大秦国一名犁犍,以在海西,亦云海西国。地方数千里,有四百余城。"[2]明确称大秦在安息西南。与《史记》、《汉书》所言犛轩在安息北不一致。如果不是犛轩与大秦并非同一个国名,就是《后汉书》称大秦国一名犁犍是错误的。

清朝学者、官员郭嵩焘早在1870年代就发现了《后汉书》的这一错误。郭嵩焘(1818—1891年),湖南湘阴人。1847年进士,1854至1856年佐曾国藩幕。以后历任苏松粮储道、两淮盐运使、广东巡抚等职,1866年罢官回籍,在长沙城南书院及思贤讲舍讲学。1875年经军机大臣文祥举荐进入总理衙门,旋出任驻英公使,1878年兼任驻法使臣,1879年称病辞归,是中国首位驻外使节。在欧洲任公使期间,闲暇

---

〔1〕何立波《中国骊靬古城真与"罗马战俘"有关吗?》,载《河北学刊》,2004年第6期。
〔2〕《后汉书》卷88《西域传》,第2918、2919页。

之余,他对一部《史记》反复揣摩,发现不少问题,有许多创见,终于撰成《史记札记》一书。其中有其依据中西资料对黎轩的考订,言:[1]

案《瀛寰志略》云:"太西人地图,安息即今波斯,条支即今阿刺伯",灼然无可疑者。史公自云"安息北有奄蔡、黎轩",此出张骞在康居所闻,为西域极北地,而于条支国云"国善眩",不云黎轩善眩也。《汉书》于《安息传》云:"武帝遣使至安息因发使随汉使者,以大鸟卵及黎轩眩人献于汉。"于《乌弋山离传》云:"西接黎轩、条支,"按是混黎轩、条枝为一也。《后汉书》作"犁鞬",云:"一名大秦",又并犁鞬、大秦为一。傅会《史记》之文而求得其地以实之,实与《史记》不合也。

在这里,郭氏认为前三史有关记载有两个问题,一是西汉安息所献眩人实际来自于条支,而不是黎轩;二是《后汉书》误将犁鞬与大秦视为一,是一种历史文字的附会。

既然《史记》、《汉书》所言黎轩与《后汉书》所述之大秦并不是一回事,则颜师古在《汉书·张骞传》中注称"大秦一名犁轩"就是错的。考诸史书,颜注的错误当来自于《后汉书·西域传》之文,但《后汉书》之误文并非范晔的首创。原来在三国时人就已有此误说,《三国志注》引鱼豢《魏略·西戎传》称:[2]

大秦国一号犁轩,在安息、条支西大海之西,从安息界安谷城乘船,直截海西,遇风利二月到,风迟或一岁,无风或三岁。其国在海西,故俗谓之海西。有河出其国,西又有大海。海西有迟散城,从国下直北至乌丹城,西南又渡一河,乘船一日乃过。西南又渡一河,一日乃过。凡有大都三,却从安谷城陆道直北行之海北,复直西行之海西,复直南行经之乌迟散城,渡一河,乘船一日乃过。周回绕海,凡当渡大海六日乃到其国。国有小城邑合四百余,东西南北数千里。其王治滨侧河海,以石为城郭。其土地有松、柏、槐、

〔1〕〔清〕郭嵩焘《史记札记》卷5下,商务印书馆,1957年,第430页。
〔2〕《三国志》卷30《魏书·乌丸鲜卑东夷传》注引《魏略·西戎传》,第860－862页。

梓、竹、苇、杨柳、梧桐、百草。民俗，田种五谷，畜乘有马、骡、驴、骆驼。桑蚕。俗多奇幻，口中出火，自缚自解，跳十二丸巧妙。其国无常主，国中有灾异，辄更立贤人以为王，而生放其故王，王亦不敢怨。其俗人长大平正，似中国人而胡服。自云本中国一别也，常欲通使于中国，而安息图其利，不能得过。其俗能胡书。其制度，公私宫室为重屋，旌旗击鼓，白盖小车，邮驿亭置如中国。从安息绕海北到其国，人民相属，十里一亭，三十里一置，终无盗贼。但有猛虎、狮子为害，行道不群则不得过。其国置小王数十，其王所治城周回百余里，有官曹文书。王有五官，一官间相去十里，其王平旦之一官听事，至日暮一宿，明日复至一官，五日一周。置三十六将，每议事，一将不至则不议也。王出行，常使从人持一韦囊自随，有白言者，受其辞投囊中，还宫乃省为决理。以水晶作宫柱及器物。作弓矢。其别枝封小国，曰泽散王，曰驴分王，曰且兰王，曰贤督王，曰汜复王，曰于罗王，其余小王国甚多，不能一一详之也。国出细絺。作金银钱，金钱一当银钱十。有织成细布，言用水羊毳，名曰海西布。此国六畜皆出水，或云非独用羊毛也，亦用木皮或野茧丝作，织成氍毹、毾㲪、罽帐之属皆好，其色又鲜于海东诸国所作也。又常利得中国丝，解以为胡绫，故数与安息诸国交市于海中。海水苦不可食，故往来者希到其国中。山出九色次玉石，一曰青，二曰赤，三曰黄，四曰白，五曰黑，六曰绿，七曰紫，八曰红，九曰绀。今伊吾山中有九色石，即其类。阳嘉三年时，疏勒王臣盘献海西青石、金带各一。又今《西域旧图》云罽宾、条支诸国出琦石，即次玉石也。大秦多金、银、铜、铁、铅、锡、神龟、白马、朱髦、骇鸡犀、玳瑁、玄熊、赤螭、辟毒鼠、大贝、车渠、玛瑙、南金、翠爵、羽翮、象牙、符采玉、明月珠、夜光珠、真白珠、虎珀、珊瑚、赤白黑绿黄青绀缥红紫十种流离、璆琳、琅玕、水精、玫瑰、雄黄、雌黄、碧、五色玉、黄白黑绿紫红绛绀金黄缥留黄十种氍毹、五色毾㲪、五色九色首下毾㲪、金缕绣、杂色绫、金涂布、绯持布、发陆布、绯持渠布、火浣布、阿罗得布、巴则布、度代布、温宿布、五色桃布、绛地金织帐、五色斗

帐、一微木、二苏合、狄提、迷迷、兜纳、白附子、熏陆、郁金、芸胶、熏
草木十二种香。大秦道既从海北陆通，又循海而南，与交趾七郡外
夷比，又有水道通益州、永昌，故永昌出异物。前世但论有水道，不
知有陆道，今其略如此，其民人户数不能备详也。自葱岭西，此国
最大，置诸小王甚多，故录其属大者矣。……

《魏略·西戎传》的这些文字，真伪参半，或系据亲自到过大秦（罗
马）者所述，或听闻大秦人传言。从时间上说，这是中国历代典籍中最
早对大秦国道路、方位、风俗、人情、物产的描述文字。故而其文为后代
直至明清人所袭用。但该文一开始的"大秦国一号犁靬"显然说错了。
中国人总有从历史上找根据的情结，看来这种情结在三国时即已如此。
知道西域有大秦国，就要找出前人著作中对大秦的叙述，予以对号入
座，于是就找到《史记》、《汉书》中的靬轩（黎轩）了。当然，鱼豢此说
是自创还是来自于何人何书，已不可考。但说这是魏晋南北朝至唐初
学界的共识则是可以肯定的，当然这一"共识"是错误的。

原来，三国时，曾有一位名秦论的罗马商人来到吴国都城。史
载:[1]

汉桓帝延熹九年，大秦王安敦遣使自日南徼外来献，汉世唯一
通焉。其国人行贾，往往至扶南、日南、交趾，其南徼诸国人少有到
大秦者。孙权黄武五年，有大秦贾人字秦论来到交趾，交趾太守吴
邈遣送诣权。权问方土谣俗，论具以事对。时诸葛恪讨丹阳，获
黝、歙短人，论见之曰："大秦希见此人。"权以男女各十人，差吏会
稽刘咸送论，咸于道物故，论乃径还本国。

在西晋初陈寿撰《三国志》之前，魏、吴二国都有自己的史书，官修
的有王沈《魏书》和韦昭的《吴书》，私修的有鱼豢的《魏略》，这些都是
陈寿据以参考的主要材料。吴孙权黄武五年，为公元 226 年。大秦贾
人秦论于此时来吴，究竟住了多长时间，史无明文，但他是有名有姓的

---

〔1〕《梁书》卷 54《诸夷列传》，中华书局，1973 年，第 798 页。

来中国的第一位大秦人。[1] 从史文看,他在吴期间,吴人多次向他询问大秦国的有关情况,故而在吴人的著述中就有了关于大秦比较准确的记载。魏人鱼豢所著《魏略》,较准确地撰写大秦的历史与人文,或许就来自吴人的有关记载。魏控制着中国的西北部,而西北是大秦由陆路来华的最主要通道,因而也不排除魏人以自己的渠道了解大秦的情况。甚至可能是东汉"桓帝延熹九年(166年),大秦王安敦遣使自日南徼外献象牙、犀角、玳瑁,始乃一通焉。其所表贡,并无珍异,疑传者过焉"。[2] 朝廷从此人处得以了解到大秦较详细的情况。这里的大秦王安敦就是罗马皇帝马尔库斯·奥勒略·安东尼努斯(Marcus Aurelius Antoninus)(121—180年)。安敦于165年征服波斯,使者到中国在166年,路途遥远,所以至汉土时,要在安敦征服波斯后一年了。也有西方学者认为,"这个使团显然不是由马尔库斯·奥勒略皇帝所派遣,而是由某一位叙利亚商人率领。"[3] 陈寿撰《三国志》因何没有据韦昭《吴书》撰写大秦的历史?或许韦昭之书并没有这一部分历史,或许陈寿因体例所限(蜀、吴二书皆无四夷传),或许蜀人陈寿在撰写《吴书》时,对秦论之事并不相信,或以为无足轻重,因而没有将其写进书中。但是,到南朝时,三国人所撰有关史书陆续传出,《三国志注》的作者裴松之与《后汉书》的作者范晔为同时代人。裴松之于429年(南朝宋文帝元嘉六年)撰成《三国志注》,遂将鱼豢《魏略》有关诸夷的文字全行录入《三国志·魏书·乌丸鲜卑东夷传》的注中。范晔(398—445年)于445年(元嘉二十二年)因事被捕入狱而死,此前《后汉书》纪传大体完成。故而他就可以在其《西域传》中据鱼豢书详述大秦历史与人文。而其首"大秦国一号犁轩"一句,亦照抄出来。以至成为德效骞等人论证骊轩县有罗马军团归降者的第一论据。

通过以上对历史资料的梳理辨析,我们终于理清了有关误解的来

---

〔1〕西方学者称秦论系叙利亚商人,见〔英〕裕尔撰,〔法〕考迪埃修订,张绪山译《东域纪程录丛——古代中国闻见录》,中华书局,2008年,第15页注②。

〔2〕《后汉书》卷88《西域传》,第2920页。

〔3〕〔英〕裕尔撰,〔法〕考迪埃修订,张绪山译《东域纪程录丛——古代中国闻见录》,第39页。

龙去脉。骊靬为西汉张掖郡所属县名,犁靬(黎轩)为《史记》、《汉书》所记西域安息国以北的亚美尼亚或塞琉西亚,[1]大秦为东汉以后的中国典籍对罗马帝国的称谓。三者不应相混。

5.4 骊靬设县时间的争论

《汉书·地理志》以及其他篇章都没有说明骊靬县设置于何时,故学者各有其判断。

德效骞提出"在公元前 79 年至公元 5 年之间,在中国建立了一座用中国对罗马的称呼来命名的县城——骊靬,这表明居住该城的民众是来自罗马帝国的移民"。又在该书首段言:"公元 5 年,在中国的郡县志(原注:该内容已经散入公元 58—84 年间班固所著《汉书》,卷 28 下:16a)[2]中记载了一个用中国最早对罗马的称呼来命名的县城,这确实是一件令人瞩目惊叹的事实。"[3]德氏自己说,罗马军团于公元前 36 年被甘延寿、陈汤所率汉军俘虏,若西汉在此前 40 多年就建立有骊靬县,则绝对与所谓罗马降人无关。至于迟至公元 5 年设骊靬县的说法首先与罗马军制有违。杨希枚先生对德氏的说法批驳道:"德氏所订骊靬县的久远几近一世纪的建置年限又究具何种意义?这一年代的上限公元前七十九年,又何与于公元前五十五年克拉瑟司的东征和公元前三十八年的汉将西征?果骊靬县为克拉瑟司兵团所建,又何为而引述公元前 110 年至 100 年间安息进献黎轩眩人?显然的,纵不言凡此在德氏书中均未见讨论,他的论证也已陷于自相矛盾,或者说,他自己初即怀疑,且难以取决骊靬县究建于某一年代,而又源于某一件事了! 事实上,德氏就自云曾一度拟放弃他的基本看法。"[4]杨共乐在

---

〔1〕因学者意见不一,且非本书所能够定论的问题,故如此说。

〔2〕德效骞书中有大量的注,屈直敏所译该书刊发时因篇幅所限,皆删而未用。本文所引诸注,皆据屈直敏译文原稿。

〔3〕见德效骞《古代中国一座罗马人的城市》。

〔4〕杨希枚《评德效骞著〈古中国境内一个罗马人的城市〉》,刊于台湾《书目季刊》1968 年 3 卷 4 期,又收入作者《先秦文化史论集》,中国社会科学出版社,1995 年。

·欧·亚·历·史·文·化·文·库·

《中国境内哪有罗马城》[1]中指出:"按照罗马兵制,从军服役的最低年龄为 17 周岁。公元前 54 年是 17 岁的青年,到公元 5 年就应该是 70 多岁的老人了。用 70 多岁的老兵来筑城戍边显然是不可能的。"德效骞的悲剧还在于其所言置县下限的公元 5 年的数据,不知从何而来?我们知道,班固乃东汉前期人,所作《汉书·地理志》是其始创的第一部中国正史政区地理志。该篇记载西汉政区状况及人口数,为公元 2 年,即汉平帝元始二年的数据。其"京兆尹"一段言:"元始二年户十九万五千七百二,口六十八万二千四百六十八。"颜师古注言:"汉之户口当元始时最为盛,故《志》举之以为数也。后皆类此。"对中国文化稍有了解的人都知道,每一王朝的政区划分及各自疆域时有变动,各地人口数也随着经济和政治状况在变动之中,诸史《地理志》不可能将所有变动一一写出,故而必须找到一个人口最多而且政区设置最为齐整的年代作为作志的时间准线,公元 2 年就是班固所定《汉书·地理志》政区状况及其人口记载的时间准线,此后的情况除王莽所改郡县名外不再书写。《汉书·地理志》政区及其人口状况书写至公元 2 年,不等于其中所述所有的郡县皆于当年设置,这是一个常识性的问题。德效骞称:"公元 5 年,在中国的郡县志(原注:该内容已经散入公元 58—84 年间班固所著《汉书》,卷 28 下:16a)中记载了一个用中国最早对罗马的称呼来命名的县城,这确实是一件令人瞩目惊叹的事实。"[2]班固明明以公元 2 年为基准记载西汉时的郡县情况,怎么又出来了一个公元 5 年的中国郡县志?即使有此郡县志,其内容又怎么被班固"散入"到《汉书》记公元 2 年郡县情况的篇卷中呢?王莽篡权建新是公元 9 年的事,德氏所言公元 5 年因何而来?真是令人莫名其妙!

法国 L. 布尔努瓦《丝绸之路》一书中的"丝绸之路沿途重大事件年表"就有"公元前 36 年,犁靬的建立"一条。这一说法,大概是从郅支战役发生于公元前 36 年而来的。这位先生没有注意到,郅支战役是

---

〔1〕发表于《光明日报》,1999 年 5 月 24 日"史学"版。
〔2〕见德效骞《古代中国一座罗马人的城市》。

该年冬天进行的,即使战役有所谓的罗马战俘,如何能在战斗一结束就马上"安置"到万里之遥的河西走廊,而且为其通过繁琐的行政程序设置一个县? 要知道,从战役结束到年末最多有两个月,很可能只有数十或十几天。这些人是乘飞机到河西走廊的吗? 汉朝政府"特事特办"在数天之内就将设县的文件以及皇帝的诏书办妥了吗? 明眼人一看就知道这一说法的谬误。

永昌县人民政府碑文言"汉元帝下诏将罗马降人安置于番禾县南照面山下,置县骊靬"。这是一个省事而聪明的说法,因为甘延寿、陈汤消灭郅支单于发生于汉元帝时,既然将罗马军团降人安置骊靬县的说法视为"定论",当然只能由汉元帝下诏了。汉元帝于前48年至前33年在位,甘延寿、陈汤军灭郅支单于在前36年,则此说实指骊靬设县在前36年至前33年间。陈正义在《骊靬绝唱:最后的古罗马人之谜》中更明确判断骊靬设县于公元前35年,文云:"陈汤和甘延寿自郅支城胜利班师,率领4000多名骊靬人,浩浩荡荡向张掖郡进发……罗马王子普利尼告诉陈汤,他们想在番和定居。……陈汤、甘延寿告别番和、张掖诸吏,与罗马王子普利尼等部分骊靬首领急驰长安……甘延寿和陈汤联名上书天子,建议在河西张掖郡番和县南之照面山下设骊靬县,理由充足,计划详尽,元帝连连点头,朱笔一挥,在甘、陈二将的奏章上批上'准奏'二字,交有关官员照办,要赶在冬天到来前,筑成骊靬城。这样,汉元帝建昭四年(公元前35年)在河西张掖郡番和县南的照面山下,者来河畔,出现了一座为骊靬降人而设的新城。"[1]这个年代的拟定,似乎很合于他们为归顺罗马人设县的说法。其实,这一说法也是不能成立的。第一,任何史料都不支持罗马军团被汉军收降之事。第二,所谓将归顺罗马人带回河西,所谓"罗马王子普利尼"及其部属,都与史不合。《汉书·陈汤传》明言,灭郅支单于后,甘延寿等人将所俘降人员全部"赋予城郭诸国所发十五王",即分给了派兵参与消灭郅支战役的西域诸国,并未带回关内,汉元帝怎么可能为并未带回的"罗

〔1〕陈正义《骊靬绝唱:最后的古罗马人之谜》,第157—159页。

· 欧 · 亚 · 历 · 史 · 文 · 化 · 文 · 库 ·

马降人"在河西设县安置呢？第三，汉朝安置少数民族或西域国人的办法绝没有专门为之设县的，要设也只有设属国或设道，不可能特别为所谓归顺罗马人设县。第四，我们遍查《汉书》、《前汉纪》和《全上古三代秦汉三国六朝文》等典籍，没有找到汉元帝设县骊轩安置罗马降人的诏书。依据本人文献学的知识，相信历史上绝不存在上述诏书。

即使真有所谓罗马人归顺，要带上他们长途行军到张掖郡境，再赶到长安上书，再下诏建筑县城，从时间上来说也不可能在次年内即建成骊轩县城，何况是陈书所言"冬天到来之前"。《汉书》卷 96（上）西域传（上）"康居国，王冬治乐越匿地。到卑阗城。去长安万二千三百里。"[1]郅支城在康居国北境，离卑阗城又有数千里，照陈书中所说，这些罗马兵团降人至张掖止，我们姑且将卑阗城至郅支城的路程与张掖至长安的路程相抵。则大体由郅支城到张掖城的路程为 12300 里。《左传》庄公三年言："凡师，一宿为舍，再宿为信，过信为次。"杨伯峻注："一宿为舍者，古代师行一日三十里，三十里为一舍，故一宿亦为舍。"[2]部队行军每天只走 30 里左右。若中间不休息，走完 12300 里需要 410 天。太初年间，李广利率军出敦煌去攻击大宛国，失败而回，"往来二岁，至敦煌，士不过什一二。"[3]《史记·大宛列传》言："大宛在匈奴西南，在汉正西，去汉可万里。"大宛在康居东，"可"是约数，即出玉门关到大宛约 1 万里，来回的路程为两万里。按日行军 30 里算，两万里仅走路需 666 天，不足两年。可见古代军队日行军 30 里的说法是符合实际的。陈书说，"4000 多名骊轩男女老少在罗马王子普利尼率领下，随甘延寿和陈汤向中国内地行进"，[4]其行进速度应该更慢。也就是说，甘延寿、陈汤假如真的带了 4000 罗马男女老少东行，从郅支城至张掖，即使不休息，也需要一年以上。何况据他说到张掖后还在番和县南边的照面山下扎营休息，以后才和虚构的罗马王子一起去长安，

〔1〕《汉书》卷 96 上《西域传上》，第 3891 页。

〔2〕杨伯峻《春秋左传注》，中华书局，1981 年，第 161 页。

〔3〕《汉书》卷 31《李广利传》，第 2699 页。

〔4〕陈正义《骊轩绝唱：最后的古罗马人之谜》，第 158 页。

这三四千里路又要走两个月以上。郅支战役是公元前 36 年冬天进行的,倘若他们于当年十二月离开郅支战场,走到张掖应该是次年十二月以后,其首领随甘延寿、陈汤再走到长安,是第三年即公元前 34 年二月以后。为了尽可能复原甘延寿、陈汤郅支之战后的活动,不妨从《汉书·元帝纪》中摘出有关纪年条文:[1]

> [建昭三年]秋,使护西域骑都尉甘延寿、副校尉陈汤挢发戊己校尉屯田吏士及西域胡兵攻郅支单于。冬,斩其首,传诣京师,县蛮夷邸门。
>
> 四年春正月,以诛郅支单于告祠郊庙。赦天下。群臣上寿置酒,以其图书示后宫贵人。
>
> 五年(无相关内容)
>
> 竟宁元年春正月,匈奴呼韩邪单于来朝。诏曰:"匈奴郅支单于背叛礼义,既伏其辜,呼韩邪单于不忘恩德,乡慕礼义,复修朝贺之礼,愿保塞传之无穷,边陲长无兵革之事。其改元为竟宁,赐单于待诏掖庭王檣为阏氏。"
>
> 夏,封骑都尉甘延寿为列侯。赐副校尉陈汤爵关内侯、黄金百斤。
>
> 五月壬辰,帝崩于未央宫。

《元帝纪》的纪年说,建昭三年(前 36 年)秋,甘延寿、陈汤矫诏发兵去进攻郅支单于,冬天终于杀了郅支,将他的首级通过驿站快速转送到京师长安,被悬挂到蛮夷邸门遍示住在京师的诸蛮夷。接着是建昭四年(前 35 年)的春正月,由于国家终于实现了诛灭郅支单于的殊勋,皇上以此事祭告上天和祖宗之庙,并大赦天下。参加祭祀大典的大臣们向皇上敬酒祝皇上万寿无疆,皇上高兴地拿出甘延寿、陈汤奏报的郅支战役的图书让后宫贵人们传看。竟宁元年(前 33 年)正月,呼韩邪单于来朝,元帝下诏以郅支单于背叛礼义被诛,赞扬呼韩邪的义举,并以宫女王檣赐嫁其为阏氏。夏天,封甘延寿为列侯,赐陈汤爵关内侯、

---

[1]《汉书》卷 9《元帝纪》,第 295、297、298 页。

黄金百斤。五月,43 岁的元帝逝世。

再查阅《汉书·甘延寿陈汤传》,在战后是如何处理俘虏,如何回京师,以及朝臣对甘、陈封赏的争论,言:[1]

诸卤获以畀得者。凡斩阏氏、太子、名王以下千五百一十八级,生虏百四十五人,降虏千余人,赋予城郭诸国所发十五王。

于是延寿、汤上疏曰:"臣闻天下之大义,当混为一,昔有唐、虞,今有强汉。匈奴呼韩邪单于已称北藩,唯郅支单于叛逆,未伏其辜,大夏之西,以为强汉不能臣也。郅支单于惨毒行于民,大恶通于天。臣延寿、臣汤将义兵,行天诛,赖陛下神灵,阴阳并应,天气精明,陷陈克敌,斩郅支首及名王以下。宜县头槁街蛮夷邸间,以示万里,明犯强汉者,虽远必诛。"事下有司。丞相匡衡、御史大夫繁延寿以为:"郅支及名王首更历诸国,蛮夷莫不闻知。《月令》春'掩骼埋胔'之时,宜勿县。"车骑将军许嘉、右将军王商以为:"春秋夹谷之会,优施笑君,孔子诛之,方盛夏,首足异门而出。宜县十日乃埋之。"有诏将军议是。

初,中书令石显尝欲以姊妻延寿,延寿不取。及丞相、御史亦恶其矫制,皆不与汤。汤素贪,所卤获财物入塞多不法。司隶校尉移书道上,系吏士按验之。汤上疏言:"臣与吏士共诛郅支单于,幸得禽灭,万里振旅,宜有使者迎劳道路。今司隶反逆收系按验,是为郅支报仇也!"上立出吏士,令县道具酒食以过军。既至,论功,石显、匡衡以为:"延寿、汤擅兴师矫制,幸得不诛,如复加爵土,则后奉使者争欲乘危徼幸,生事于蛮夷,为国招难,渐不可开。"元帝内嘉延寿、汤功,而重违衡、显之议,议久不决。

上述文字都没有时间的说明,我们仅可以从中分析出,郅支单于的头颅被悬挂蛮夷邸门是建昭四年春天的事。在《资治通鉴》中,将这三段文字分别置于建昭三年末、建昭四年正月、竟宁元年三月。竟宁元年三月肯定不是甘延寿、陈汤到达京师的时间,因为对他俩的封赏朝臣进

---

[1]《汉书》卷 70《甘延寿陈汤传》,第 3014、2016 页。

行过激烈的争论,且"议久不决"。但他俩到京也不会太早,绝不可能如陈正义所说是建昭四年上半年。因为《通鉴》建昭五年最末一条是"匈奴呼韩邪单于闻郅支既诛,且喜且惧;上书,愿入朝见"。次年正月,呼韩邪朝见汉元帝,元帝极为高兴,从而改年号为竟宁。竟,边境之义,新年号意为汉皇朝的边境终于得到安宁了,而这是由于甘延寿、陈汤诛杀郅支才得到的。但权臣揪住甘、陈矫诏一事不放,元帝也无可奈何。直到竟宁元年三月,大概元帝已经病重,不能再等待了,到这时关于甘、陈封赏的事情才最后定调。所以,陈正义书中关于公元前35年(建昭四年)设骊靬县并建骊靬城的说法是没有根据的。

王萌鲜、宋国荣先生等人,还提出了骊靬设县的时间为前53—前36年、前50年—前40年以及前45年左右等等说法。[1] 在《骊靬探丛》一书中这种不断变化的结论还有不少。如果说在确凿的历史根据基础上得出的结论应该是严谨的,这样看来,《骊靬探丛》一书在骊靬设县上的观点是很随意的,每当他们的认识得不到专业的史学工作者认可时,他们就"另辟蹊径"再"自圆其说",这样的研究成果是不能服人的。

大概关意权先生意识到了德效骞说法和永昌县政府、陈正义说法的漏洞,所以又提出公元前20年说。关先生遗作尚未出版,其理由不得而知。宋政厚的报导承其说,言:"一,骊靬城最早在中国西汉版图上出现是公元前20年。"还说:"年逾古稀的原甘肃省文化厅文物处处长钟圣祖还了解到,几年前,研究三国史的专家在翻阅资料时,曾发现一张公元前9年绘制在布绢上的地图,它虽已破损,但所标'骊靬'二字,还清晰可辨,它就在今天的永昌县焦家庄乡者来寨村。"这真是天方夜谭!据笔者所知,在自然裸露状态下,缣帛根本不可能保存2000年。如果宋文所说实有其事,真应该视为传世文物的最重大发现了。不过历史研究是实事求是的学问,所谓"了解到"绝不能作为证据。而且,公元前20年说,与宋政厚先生同文中所说的"汉元帝为此下诏将

---

〔1〕宋国荣,顾善忠,程硕年主编《骊靬探丛》,第216、244、319页。

他们安置在番禾县南的照面山下,并置县骊轩"的说法也是自相矛盾的。因为公元前20年汉元帝已死了13年,此时是元帝子成帝鸿嘉元年。查《汉书·成帝纪》,该年仅有4条记载,皆与此事无关。与事件有关的人物,甘延寿于此前(前25年)已死,陈汤此时正被免官、夺爵家居。不知两位先生有什么凭据证明骊轩设县于公元前20年?

以上诸说,都建立于西汉骊轩县为安置罗马军团降人而设的假说基础上。事实是什么呢?张德芳《汉简确证:汉代骊轩城与罗马战俘无关》[1]为我们提供了科学判断的依据。文章说:

> 骊轩是否真与公元前53年的罗马战俘有关,长期纠缠不清的一个问题就是骊轩设县的具体时间定不下来。金关简中与骊轩有关的神爵二年的纪年简以及大致与此同时的其他简文确凿地证明了"骊轩"一名的出现和设县时间。简一:"☐和宜便里,年卅三岁,姓吴氏,故骊轩苑斗食啬夫,乃神爵二年三月庚寅,以功次迁为☐"(金关73EJT4:98)。简二:"☐公乘,番和宜便里,年卅三岁,姓吴氏,故骊轩苑斗食啬夫,乃神爵二年三月辛☐"(金关73EJH2:2)。两简不是出自同一探方,但所述内容有联系,可能丢弃前已经散乱。记录一位基层小吏除补到任情况,如同现在的"干部档案",当时名之为吏员补除名籍。说的是一位姓吴的人,年三十三岁,爵位是公乘,原籍番和宜便里人,原来做过骊轩苑的斗食啬夫,后在神爵二年(前60年)三月某日以工作成绩和升转次序提拔到了新的岗位上。简中的"斗食啬夫",当为骊轩苑掌管某一事务的基层小吏。"以功次迁为某官",是依照功劳和政绩按官吏升补次序迁升到某一官职的意思,是汉代通行的惯例。
>
> 上述两简关于骊轩苑的记载,说明骊轩作为地名早在神爵二年(公元前60年)以前就已出现。而骊轩苑是设在骊轩县境的,同样的情况可以在悬泉汉简中看到敦煌、效谷县的例子。如简三:"出荄五十五石二钧,以食敦煌苑橐他五十☐"(Ⅱ90D XT0216

---

〔1〕载《光明日报》,2000年5月19日。

②）：145）。简四："效谷假苑牛十二，其四在遮要置☑"
（V92DXT712②：79）。这说明骊靬苑的存在是以骊靬县的设立为
前提的。此外，金关汉简中还有大致与此同时的记载，可以得到证
实。如简五："闰月丙申，骊靬长东亡，移书报府所口☑"（金关
73EJT1：199）。简六："骊轩尉史当利里吕延年，年廿四☑"（金关
73EJT9：127）。简五为削衣，同探方所出318枚简中纪年简13枚，
占4%。其中始元1枚，本始5枚，地节5枚，元康1枚，甘露1枚，
最早为始元二年（前85年），最晚为甘露二年（前52年）。因此，
该简大致可定为昭宣时期遗物，下限在公元前52年以前。

除上引材料外，有关骊靬县的简文还有：简七：☑出钱五十，粟
五斗，骊靬。☑出钱五十，粟米五斗，显美"（金关73EJT37：915）。简
八："□得□□，骊靬常利里冯奉世☑"（金关73EJT24：964）。简九：
"骊靬万岁里公乘儿仓，年卅，长七尺二寸，黑色，剑一，已入，牛车
一两。"（《居延汉简甲乙编》334.33）简十："出粟二斗四升，以食骊
轩佐单门安，将转从者一人，凡二人，人往来四食，食三升"（悬泉
V92DXT1311③：226）。简十一："骊轩武都里户人，大女高者君，
自实占家当乘物。□□，年廿七，□□。次女□□□□□□☑"
（悬泉V92DXT1210：96）。简十二："☑□□□过所遣骊乾尉刘步贤
☑"（悬泉V93DXT1511④：5）。从上述简文中，我们不仅可以看到
骊靬设县的时间早在神爵二年（公元前60年）以前，而且还可看
到骊靬县当时大致的情况。当时的骊靬，不到万人，设长而不设
令。除"骊靬长"外，还有"骊靬尉"、"骊靬尉史"、"骊靬佐"等等。
县下辖乡虽不得而知（一般为2~3个），但简文中记载的里有"宜
道里"、"当利里"、"常利里"、"万岁里"、"武都里"等。

……

经过上述考证，不难看出，早在神爵二年（公元前60年）以
前，骊靬县就已设立。汉朝早先在西北地区实行的牧苑制度也随
之推广到河西乃至骊靬，政治经济已发展到相当规模。它既早于
公元前36年陈汤伐郅支，也早于公元前53年的卡尔莱战役。那

种认为西汉骊靬的设立与卡尔莱战役中的罗马战俘有关的说法纯属子虚乌有。

张德芳的文章在《光明日报》发表后,使许多研究骊靬文化的学者如释重负,因为这位汉简专家公布的材料,是我们从历史文献中万千寻觅都无法见到的有准确纪年的骊靬资料,它为最终解决骊靬历史问题提供了科学的依据。一向持罗马军团归降说的澳大利亚哈里斯先生向《中国社会科学报》记者表示:"根据此后更为深入的综合研究,德效骞的假设是不准确的,因为,骊靬是在陈汤攻打郅支城之前就已经建立了。因此,骊靬'罗马人'可能并不是一个遗失的军团的士兵,而更可能是在许多个世纪中不断移入河西走廊的移民潮中的一支。"〔1〕而其"骊靬是在陈汤攻打郅支城之前就已经建立了"的说法显然是采纳了张德芳的意见。

到目前为止,还没有任何材料可以否定汉简的上述说法,故而我们与张德芳先生的结论一致,在前60年(神爵二年)以前,骊靬县就已设立。汉朝早先在西北地区实行的牧苑制度也随之推广到河西乃至骊靬,政治经济已发展到相当规模。它既早于前36年陈汤伐郅支,也早于前53年的卡尔莱战役。

设置骊靬县的时间上限,实在难以确定,只能说,最早在汉武帝领有河西并向当地移民以后。查《汉书》,武帝时向河西走廊移民较集中的有两次。第一次在占有河西后不久,史言:"其后骠骑将军击破匈奴右地,降浑邪、休屠王,遂空其地,始筑令居以西,初置酒泉郡,后稍发徙民充实之,分置武威、张掖、敦煌,列四郡,据两关焉。"〔2〕霍去病开河西是公元前121年,而令居塞的建立,据《水经注》言:涧水"出令居县西北塞外,南流经其县故城西。汉武帝元鼎二年置,王莽之罕虏也。"元鼎二年当公元前115年,则移民在其时或其后不久;另一次是前110年(元鼎七年)向河西的移民。张骞第二次出使西域想劝说乌孙东归,由

〔1〕曾江《骊靬仍然神秘并充满魅力——访澳大利亚作家大卫·哈里斯》,载《中国社会科学报》,2010年11月30日。

〔2〕《汉书》卷96上《西域传上》,第3873页。

于乌孙国内正因昆莫次子与长孙对立而闹得不可开交,昆莫穷于应付,没有办法答应张骞要其东归故地的要求。元鼎二年张骞使西域还,向武帝报告了出使西域的情况。汉武帝眼看"故浑邪地空无人"[1]已数年,河西人口太少,于是元鼎六年秋汉军又一次发动清除河西等地匈奴残余的军事行动,然后设置张掖、敦煌郡,并向河西移民以实之。史书称:"又遣浮沮将军公孙贺出九原,匈河将军赵破奴出令居,皆二千余里,不见虏而还。乃分武威、酒泉地置张掖、敦煌郡,徙民以实之。"[2]由于清除河西匈奴残余的行动是秋天,设置两郡以及动员和实施移民需要时间,所以我们将移民的时间设定于前110年(元鼎七年)。这次移民的数目,史书上没有记载,但汉朝既然要在河西设置四郡数十县,几万人口是无法"实之的",所以其数量当应在10万以上,是一次大规模的移民。敦煌著名大姓索氏就是在这一次迁到敦煌的。敦煌文书P.2625《敦煌名族志》"索氏"条记载:"汉武帝时,太中大夫索抚、丞相赵周直谏忤旨,徙边,以元鼎六年从巨鹿南和迁于敦煌。"骊靬县辖张掖郡,而张掖郡系元鼎六年设置的,第二年即往河西移民,故而我们以为骊靬设县的时间上限当为前110年,即汉武帝元鼎七年。综合汉简文字和上述考查,我们的意见是骊靬县当设置于公元前110年至前60年之间。

至于骊靬设县的具体时间,我们以为要特别注意匈奴犁汙王入侵永昌等地及属国义渠骑士某因射杀匈奴犁汙王而被封为犁汙王之事。《汉书·匈奴传》载:"明年(前78年)单于使犁汙王窥边,言酒泉、张掖兵益弱,出兵试击,冀可复得其地。时汉先得降者,闻其计,天子诏边警备。后无几,右贤王、犁汙王四千骑分三队,入日勒、屋兰、番和。张掖太守、属国都尉发兵击,大破之,得脱者数百人。属国千长义渠王骑士射杀犁汙王,赐黄金二百斤,马二百匹,因封为犁汙王。属国都尉郭忠封成安侯。自是后,匈奴不敢入张掖。"[3]匈奴犁汙王入侵日勒、屋兰、

---

〔1〕《史记》卷123《大宛列传》,第3168页。
〔2〕《汉书》卷6《武帝纪》,第189页。
〔3〕《汉书》卷94上《匈奴传上》,第3783页。

番和 3 县,却未涉及与番和紧邻的骊轩县,说明至此时尚无骊轩县之设。参加作战的张掖属国之千长义渠王手下一位骑士因射杀了匈奴犁汗王,而被封为犁汗王。既然封王,就应该有相应的名称的县,供其驻食。我们以为或许汉朝因之在原匈奴犁汗王牧地设骊轩县,让这位义渠勇士率众在此驻扎。至于既然封其为犁汗王,却命名其县为同音的骊轩,可能与汉皇朝对少数民族首领既要利用、又要防范的心理有关。骊轩称县而不称骊轩(王)国,意在说明此处并非犁汗王之封国,也就不设王国的一套与中朝相似的官僚机构,朝廷在骊轩县另行任命县令(长)。县令(长)在治民的同时,实际上兼有代表朝廷对犁汗王予以监控的任务。我们注意到,《汉书·地理志下》番和县下有"农都尉治"4字,就是说在番和县有国家的屯田机构,以武官都尉管理。屯田卒在需要时,可以用作军事目的。汉朝在番和县附近设驻扎义渠犁汗王的骊轩县,我们猜想,朝廷在必要时可调动邻近的大量屯田士卒,对犁汗王的部卒进行军事干预,这也是朝廷平衡该地区军事力量的手段。

以上骊轩建县始于公元前 78 年(元凤三年)的意见,聊备一说。

5.5 骊轩县名来历的推测

德效骞说:"中国用外文名字的城市在当时只有新疆的库车和温宿,乃是袭用该城移民的旧称。'骊轩'之名是否也是因外人侨居而得名?"宋政厚的文章则称:"中国古代以外国国名命名的城,当时只有新疆的库车和温宿,它们都是袭用移民的旧称。'骊轩'城的出现,自然会与外国侨民有关。"宋文还说:"《后汉书》载:'汉初设骊轩县,取国名为县'。"

在这里,首先必须指出德氏"外文"和宋氏"外国"的用词不当。龟兹和温宿都是西汉西域国名,归西域都护管辖。《汉书·西域传下》载:"温宿国,王治温宿城,去长安八千三百五十里,户二千二百,口八千四百,胜兵千五百人。""龟兹国,王治延城,去长安七千四百八十里。户六千九百七十,口八万一千三百一十七,胜兵二万一千七十六人。"[1]龟兹,清以后改称"库车",今为新疆县名,位于今阿克苏地区东部。温宿,亦为今新疆县名,地在今阿克苏地区北部。西域都护是汉宣帝神爵二年(前60年)正式设置的地方官职,归都护管辖的西域36国,皆是我国统一多民族国家不可分割的一部分。故而,无论龟兹还是温宿即使称国,都是西汉时中国的地方政权。称其为外国,是对中国历史的歪曲。龟兹国与温宿国在汉代使用的都是自己民族的文字,学者称其为龟兹文或乙种吐火罗文,是波罗蜜文中的一种斜体笈多文。该国人自名龟兹、温宿,张骞通西域时据当地人自称的读音拟定汉字龟兹、温宿。自汉以后龟兹、温宿都是中国的一个地方,龟兹人所用文字是该民族自己的文字,正如藏族用藏文、维吾尔族用维文一样,不是什么外国文字。只能说龟兹文,是中国古代一个少数民族曾经使用的民族文字,绝不是外国文字。

其次,宋文说:"《后汉书》载:'汉初设骊靬县,取国名为县'。"我们查《后汉书》正文及其注文,只在司马彪著《郡国志五》正文中找到张掖郡属县有"骊靬"二字,并未找到宋文所引"取国名为县"的记载。"取(骊靬)国名为县"说,始见于唐颜师古《汉书·张骞传》注。我们在上文中已经考查清楚,颜师古此说系由《后汉书·西域传》"大秦一名犁靬"而来,而范晔此语,又系抄自三国鱼豢的《魏略》。从《史记》、《汉书》所言犁轩(犛轩)的方位看,此说显然是错误的。

德效骞说:"公元5年,汉代史籍首次提到了该城,并且在《汉书》里还记载了该城之名乃由公元9年尊孔的篡位者王莽所定。王莽采纳了儒家的'正名'学说(即事物的名与实相符),将该城更名为'揭虏','揭虏'一词具有两层含意——即'攻城中俘获的敌人'和'夷人聚居生息之所'。"并以此作为骊靬为安置罗马降人所设的根据。此说只能表明德氏对中国文化的无知。我们查考《汉书·地理志》,发现其中共有19个王莽所改有"虏"字的县道名。它们是:东海郡的开阳改为厌虏;临淮郡的富陵改为裸虏;会稽郡的诸暨改为疏虏;丹扬郡的黝县改为愬

---

[1]《汉书》卷96下《西域传下》,第3910、3911页。

虏;桂阳郡的曲江改为除虏;广汉郡的阴平道改为摧虏;武都郡的武都改为循虏;陇西郡的狄道改为操虏;金城郡的令居改为罕虏;武威郡的扑剽改为敷虏;张掖郡的删丹改为贯虏,骊靬改为揭虏,番和改为罗虏;酒泉郡的乾齐改为测虏;西河郡的乐街改为截虏;五原郡的成宜改为艾虏;右北平郡的广成改为平虏;辽西郡的交黎改为禽虏、文成改为言虏。显然,这些地名中的虏,是对少数民族的辱称,为奴仆之义。至于"揭虏"中的揭字,古汉语中只有高举、显露、标帜、掀起衣服诸义项。莫任南在其论文中解释为标帜,说:"揭虏意为有标帜可以识别的奴隶",大体符合王莽更名的政治意图。故而,揭虏一名不能作为骊靬城是为罗马军团降人设置的证明,更不是罗马战俘后裔的住地。

事实上,西汉时确实有以西域国名为内地名的。西汉上郡龟兹县,颜师古注言:"龟兹国人来降附者,处之于此,故以为名云。"[1]查《汉书·地理志下》言,"上郡,县二十三:……雕阴道,龟兹,属国都尉治。有盐官。"按,据《汉书·武帝纪》,前121年(元狩二年)"秋,匈奴昆邪王杀休屠王,并将其众合四万余人来降,置五属国以处之。"[2]龟兹属国即其一。《水经注》河水注:"奢延水又东,径肤施县。帝原水西北出龟兹县,东南流,县因处龟兹降胡著称。"[3]据《汉书·张骞传》,张骞第一次出使西域于前126年只身从匈奴逃回,并未带回龟兹人。张骞第二次出使西域返回于前115年,这次也仅有乌孙派使者随其返汉。故而,武帝设龟兹县,即使是用于收留龟兹降者,也不是自西域龟兹国来降者,只能是流落于匈奴的龟兹人随昆邪王来降者。唐代雍州有温宿岭,《汉书·西域传》"温宿国"下颜师古注:"今雍州醴泉县北有山名温宿岭者,本因汉时得温宿国人令居此地田牧,因以为名。"[4]依此类推,颜师古提出,设骊靬县与骊靬国名有关,钱坫又提出本以骊靬降人置县。其实德氏所举两个以少数民族国名为地名的例子,都无助于其

---

〔1〕《汉书》卷28下《地理志下》,第1617页。

〔2〕《汉书》卷6《武帝纪》,第176页。

〔3〕〔北魏〕郦道元撰,陈桥驿点校《水经注》卷3《河水注》,上海古籍出版社,1990年,第59页。

〔4〕《汉书》卷96下《西域传下》,第3911页。

观点。因为上郡所辖龟兹一名,书中明言,为"属国都尉治"。

　　属国是汉代安置归附民族或部落的一种常用的制度。据《史记·卫将军骠骑列传》记,前121年(元狩二年)匈奴浑邪王部数万来降,汉"乃徙降者边五郡故塞外,而皆在河南,因其故俗,为五属国"。《史记正义》云:"以降来之民徙置五郡,各依本国之俗而属于汉,故言属国也。"[1]颜师古注云:"不改其本国之俗而属于汉,故号属国。"

　　西汉设置属国的具体情况不尽相同。大致来说,从公元前120年(武帝元狩三年),经汉昭帝、汉宣帝总共设置8个属国,有5个属国大体在今甘肃地区。

　　(1)安定属国。安定属国是武帝元狩三年为安置匈奴浑邪王归降部落所设的一个属国。《汉书·地理志》载"安定郡三水(县),属国都尉治",三水县治在今宁夏同心县东北下马关镇北红城水古城。安定郡系前114年(元鼎三年)由北地郡分设,属国设置初此地属北地郡,所以又称北地属国。安定属国所在地为古代义渠戎活动范围,秦灭义渠后,在此设置北地郡。汉初,匈奴多次南下,北地郡人口散亡很多,元狩三年匈奴降众便安置在此。王莽时,三水县人卢芳"诈自称武帝曾孙刘文伯。曾祖母匈奴谷蠡浑邪王之姊为武帝皇后,生三子。遭江充之乱,太子诛,皇后坐死,中子次卿亡之长陵,小子回卿逃于左谷。霍将军立次卿,迎回卿。回卿不出,因居左谷,生子孙卿,孙卿生文伯。常以是言诳惑安定间。王莽末,乃与三水属国羌胡起兵。"[2]卢芳之所以能以诳言获得三水属国羌胡的支持,其中很重要的原因是他编的故事合乎情理。也就是说,浑邪王及其主要亲属的部属都是被安置于安定属国的。安定属国内除匈奴人外,还有羌人。其来源一是匈奴掠夺的羌奴,一是自愿从陇西、天水等地迁来的羌人。

　　(2)天水属国。《汉书·地理志》载"(天水郡)勇士(县),属国都尉治满福。"[3]勇士县治在今定西市安定区巉口镇。属国都尉所驻之

　　[1]《史记》卷111《卫将军骠骑列传》,第2934页。
　　[2]《后汉书》卷12《卢芳传》,第505－506页。
　　[3]《汉书》卷28下《地理志下》,第1612页。

满福城,历代无记载。何钰撰文认为在今巉口镇。[1] 王宗维认为,天水属国的设置是为了安置匈奴统领下的小国折兰王和卢侯王部众。[2] 武沐根据1972年出土的《王真保墓志》的考证,认为天水属国是安置休屠部众的属国之一。[3]

(3)张掖属国。《后汉书·郡国志五》称:"张掖属国,武帝置属国都尉,以主蛮夷降者。"[4]学者对张掖属国的设置时间有多种不同意见,李并成根据居延汉简资料,认为前90年(武帝征和三年)以前已设。[5] 王宗维认为,设置在前103年、前102年(太初二、三年)李广利伐大宛后不久。吴礽骧、余尧认为,至迟在昭帝元凤以前已设置张掖属国。张掖属国置于何处,史无明文。李并成认为,前匈奴西城今民乐县永固乡八卦营古城恰可当之。[6]

(4)金城属国。前60年(汉宣帝神爵二年)五月,"羌虏降服,斩其首恶大豪杨玉、酋非首,置金城属国以处降羌"。[7] 当时归降的羌部主要有罕开、先零、煎巩、黄羝诸部,大约有三四万人。《水经注》卷2有:"(湟水)又东南迳小晋兴城北,故都尉治。阚骃曰:允吾县西四十里,有小晋兴城。"王宗维说,小晋兴城原为金城郡西部都尉治所,后设属国都尉治所于此。[8]

(5)北地属国。《汉书·宣帝纪》五凤二年冬十一月"匈奴呼邀累单于帅众来降,封为列侯。"[9]"三年,置西河、北地属国以处匈奴降者。"则北地属国是宣帝五凤三年(前55年)设置,目的是安置归降的匈奴呼邀累单于之众的一部分。《水经·河水注》"(龟兹)县因处龟兹降胡著称。"则北地属国亦有龟兹国降者。《汉书·地理志下》言:"上

---

〔1〕何钰《汉代天水郡属国都尉治所地望的探讨》,载《陇右文博》,2001年第1期。

〔2〕王宗维《汉代的属国》,载《文史》,第20辑,中华书局,1983年。

〔3〕武沐《匈奴史研究》,民族出版社,2005年,第75页。

〔4〕《后汉书》志第23《郡国志五》,第3521页。

〔5〕李并成《张掖属国考》,载《西北民族研究》,1995年第2期。

〔6〕李并成《河西走廊历史地理》,甘肃人民出版社,1995年,第139-140页。

〔7〕《汉书》卷8《宣帝纪》,第262页。

〔8〕王宗维《汉代的属国》,载《文史》第20辑,中华书局,1983年。

〔9〕《汉书》卷8《宣帝纪》,第266页。

郡,龟兹,属国都尉治。"〔1〕北地属国都尉治龟兹在今陕西榆林市北。

西汉属国的管理体系,史书中有明确记载。《汉书·百官公卿表序》称:"典属国,秦官,掌蛮夷降者。武帝元狩三年,昆邪王降,复增属国,置都尉、丞、候、千人。属官,九译令。成帝河平元年省并大鸿胪。""典客,秦官,掌诸归义蛮夷,有丞。景帝中六年,更名大行令。武帝太初元年,更名大鸿胪。属官有行人、译官、别火三令丞及郡邸长丞。武帝太初元年,更名行人为大行令,初置别火。"〔2〕

管理诸属国的最高长官典属国,是秦朝已设的职官,其职为掌管蛮夷降者。当时另有朝廷礼仪官典客,后更名大鸿胪,其职为"掌诸归义蛮夷"。二者执掌的区别仅在于"归义"或"降"的不同。归义应指其投向汉朝是自愿的,而降指其投向汉朝是在军事行动以后。前28年(成帝河平元年),裁撤典属国之官,将其职守并归大鸿胪。因而,可以说西汉管理诸属国的朝廷中的最高长官,先是典属国,后来是大鸿胪。必须注意,古代所谓蛮夷,并无境内与境外之别。朝廷举行大型典礼时,大鸿胪专门负责引导各国和各民族使臣列班行礼,平时专门管理边境各国及各民族同中央的关系和外交等事务。典属国衙署的官职设置情况,除九译令之外,史无记载。九译令,就是从事翻译工作的长官,其下应该有精通诸国及诸族语言的译官若干名。大鸿胪衙署的职官系统比较明确。大鸿胪之下有丞,是其副手;有行人令及丞,负责与各国及诸少数民族联系,奉朝廷命令出使诸国或诸民族,并且管理诸民族到朝廷朝觐皇帝的事务。可以说,行人就是负责具体与外国和诸民族联络的外交官。译官令及丞,负责在与外国及少数民族人员来往中的语言和文件翻译工作。别火令及丞,掌管法律及刑狱诸事,就是处理违犯汉朝法律的外国及少数民族人员,对其进行监禁或处罚。还有郡邸长及丞,主管各郡国在京师设置的宅第(犹如当今各省区驻京办事处)及各少数民族来京人员集中居住之蛮夷邸的官员。

---

〔1〕《汉书》卷28下《地理志下》,第1617页。
〔2〕《汉书》卷19上《百官公卿表》,第735、730页。

· 欧 · 亚 · 历 · 史 · 文 · 化 · 文 · 库 ·

诸属国长官称属国都尉,由朝廷直接任命,职衔低于郡太守,为比二千石,受典属国的领导。属国都尉既主兵,又主民(属国中安置的少数民族)。属国成年男子被编为军队,称"属国兵",其中骑兵较多。王莽末年,窦融称"张掖属国精兵万骑",[1]不知是夸大之辞或实有其数。属国兵用以守卫边境,威慑属国中怀有异心者及必要时弹压其反叛,并随时接受朝廷调遣,参与作战和军事活动。[2] 属国衙署的属官有丞、候(或称候官)、千人(或千人官、千人长、千长)、百人长。丞为属国都尉的副手,协助都尉处理日常诉讼、文书、财务,必要时代行都尉职权。候,是情报和参谋官员,也是军职,其下有候史、斥候,分布在边塞,侦察动静,担任警戒以保卫属国的安全,同时也处理其他日常事务,有属员、候卒等。千人、百人长,原是匈奴的官职名,汉朝在属国沿其故俗,仍设之用以称呼直接带兵的军官,一方面管理归附民众,另一方面对其进行军事编制的作战与训练。另外,还有司马,如居延汉简53·8简文"张掖属国司马赵繁功一劳三岁十月廿六日"。这样从上到下,就形成了一套完整的军政合一的管理体系。

秦汉还有一种因境内有少数民族居住或以当地原居住的民族名作为地名的大体与县同级的地方政区设置,称"道"。《汉书·高后纪》服虔曰:"县有蛮夷曰道。"[3]西汉凉州自古就是少数民族集中居住的地区,因而所设"道"亦较多。查《汉书·地理志下》,武都郡有武都道,[4]故道、平乐道、嘉陵道、循成道、下辨道。陇西郡有狄道、氐道、予道、羌道。天水郡有戎邑道、绵诸道、略阳道、獂道。北地郡有除道、略畔道、义渠道。上郡有雕阴道。

诸道的命名,不少与道内所居少数民族族名有关。如狄道"其地有狄种";氐道"氐之所居";戎邑道系因境内原有戎人居住;绵诸道系

---

〔1〕《后汉书》卷23《窦融列传》,第796页。

〔2〕陈连庆先生认为,属国兵为匈奴等少数民族士兵,详见《西汉与新莽时期的少数民族士兵》,载《中国古代史研究》,吉林文史出版社,1991年,第285页。

〔3〕《汉书》卷3《高后纪》服虔曰,第97页。

〔4〕《汉书·地理志》未称武都为道,但《高后纪》载,二年春正月乙卯,"地震,羌道、武都道山崩",则武都亦为道。

因有绵诸戎居住；獂道"獂，戎邑也"。[1]

在张掖郡的骊靬县内并无属国都尉之治，这表明了骊靬县既不是属国也未设属国都尉。《汉书·地理志》称骊靬为县而不是道，可见它并不是所谓降附罗马军团人员集中居住的地方。

还有认为西汉骊靬县之设与安息献黎轩眩人有关。张维华先生说："窃意骊靬置县，或与犁靬来华之人有关，而此辈来华之犁靬人，又当是《大宛传》所载安息进献之眩人。然必须证明安息所献眩人，果留华未返，且又确处河西，方能使此说信而有证。"[2] 孙毓棠认为："汉政府所以采取骊靬这西域远方国名作为地当西域交通要道上，新设的张掖郡的县名，有两个可能，一个可能是该地住有犁靬人。但汉代文献中，除安息国曾献黎轩善眩人外，没有见过西汉另有犁靬人来华的记载。因此这种可能性不大。另一可能是汉本来想望与犁靬交往，如今安息既然献来黎轩善眩人，汉武帝为重视此事，遂于西域交通要道上设置此县，以夸耀于从西域来的各国使节商贾们。"[3] 莫任南发展其说，认为，骊靬县名来自于安息使臣给汉武帝献犁靬眩人，故其设县当在张掖设郡之元鼎六年（前111年）至王莽建新（公元8年）间的某一年，其"具体年代无法确指"。[4] 张绪山据《汉书·武帝纪》，元狩二年（前121年）汉武帝令置武威、酒泉两郡，后10年即元鼎六年（前111年）分武威、酒泉置张掖、敦煌两郡。许慎《说文解字》"靬"下曰："武威有丽靬县。""丽靬"同"骊靬"，如此，则骊靬置县应比新发现的汉简所能证明的年代更早，当在元狩二年（前121年）之后的10年中。元鼎六年（前111年）张掖郡建立时可能只是将原属于武威郡的骊靬县划归于其辖下。此一时期与"骊靬"一名有关的因素有两个：一是张骞通西域带回了有关黎轩（犁靬）国的知识，且黎轩善眩人随安息使者到达了中

〔1〕《汉书》卷28下《地理志下》注，第1610、1612页。

〔2〕张维华《汉张掖郡骊靬县得名之由来及犁靬眩人来华之经过》，载《汉史论集》，齐鲁书社，1980年。

〔3〕孙毓棠《汉代的中国与埃及》，载《中国史研究》，1979年第2期。

〔4〕莫任南《汉代有罗马人迁来河西吗——骊靬县的起源问题》，载《中外关系史论丛》第3辑，世界知识出版社，1991年。

国,"天子大说,与俱巡猎"(《汉书·张骞传》)。马端临《文献通考》卷20:"前汉武帝遣使至安息。安息献黎轩幻人二。皆蹙眉峭鼻,乱发拳鬓,长四尺五寸。"黎轩人确已到达中国。二是张掖处于河西走廊、扼东西交通之要冲,于对外信息交流最为便捷。汉朝廷在张掖郡置骊轩县,很有可能是以此炫耀于来往于商道的西方商人,传达与该国交往的愿望,以促使该国向中国遣使,造成汉廷"威德遍于四海"的印象,取得西域各国"重九译,致殊俗"的效果[1]。查《史记·大宛列传》言,"初,汉使至安息,⋯⋯汉使还,而后发使随汉使来观汉广大,以大鸟卵及黎轩善眩人献于汉。"《汉书·张骞传》颜师古注:"眩读与幻同,即今吞刀,吐火,植瓜,种树,屠人,截马之术皆是也。本从西域来。"[2]眩人即今所言魔术师,《资治通鉴》以其事系于前105年(元封五年)。我们以为,这种假设难以成立。因为倘若因黎轩眩者经过此处就以其国名设县,其他西域国家使者、商人或其他人经过此处前往中原的很多,为何河西四郡并没有以其他西域国名作为县名的呢? 如果以设骊轩为县名来炫耀于西域之道以彰显大国威仪,当时西域小国甚多,汉政府岂不用西域国名多设一些县呢?

还有人认为骊轩一县的设立与卢水胡人有关。说,古罗马远征安息的逃亡部队是中国"骊轩戎"的由来,并认为"秦胡"、"卢水胡"、"羯胡"就是那批走进中国的古罗马军人或者他们的后裔。"[3]卢水胡、秦胡到底是哪些人? 早在1985年王宗维就对卢水胡进行了研究。他说,史学界对卢水胡研究有两种主要观点:一种认为卢水胡的族源是小月氏,族名源于卢水;一种认为卢水胡是杂胡,其主要成分是匈奴;卢水胡的发源地就在张掖弱水,即黑河。王宗维利用居延汉简、《后汉书》、《三国志》等史料中有关卢水胡的记载进行分析研究,认为卢水胡和小月氏无承袭关系,更不是匈奴[4]。这之后赵永复根据史籍文献记载,

---

[1]张绪山《中国境内罗马战俘城问题检评》,载《中国史研究动态》,2002年第3期。
[2]《汉书》卷61《张骞传》颜师古注,第2696页。
[3]宋国荣,顾善忠,程硕年主编《骊轩探丛》,第256页。
[4]王宗维《汉代卢水胡的族名与居地问题》,载《西北史地》,1985年第1期。

对卢水的位置、卢水胡的分布、族源、迁移和民族特性等问题，进行了考证和论述，提出了自己的看法：卢水即今平凉泾河北岸支流的大路河与小路河，故卢水胡的原居地当为陇东、陕北。河西的卢水胡即由此迁入，然后由河西再迁入湟中以及蜀西北。对居延汉简记载的"属国秦胡卢水"中的秦胡，学术界亦有不同看法，有的认为是秦和胡，有的认为是秦时，秦地之胡。作者认为秦胡是战国时秦的传统地域内或其附近之胡，是某些少数民族的总称，卢水胡也属于秦胡。属国则是主管少数民族的机构。卢水胡的族源并非匈奴，而是源于春秋战国时居于秦北地郡的义渠族。据《后汉书·西羌传》记，春秋末期，聚居于今甘肃东南部、宁夏南部和陕北一带的少数民族中，以义渠、大荔最强。到战国初，秦厉公灭大荔，唯余义渠，与秦对立相争达170多年，至秦昭王35年（前272年）才消灭义渠。此后义渠成为秦人的一部分，一部分融合于汉族，还有一部分保留着本民族特性。他们与氐、羌人相近，应属氐羌语系。卢水胡则是义渠部落集团中分离出来的一个部族。至于卢水胡迁移到河西，大致在西汉末年以后。[1] 这样解释卢水胡就与罗马降人没有关系了。

刘光华先生《骊靬是西汉安置罗马战俘城商榷》[2]一文对骊靬县名由来进行了研究，结论言："至于骊靬，我们以为与匈奴之犁汗部有关。"

《汉书》中记匈奴族有犁汗王，或写作犁汗王，汙、汗形近而通。其记载如下：

（1）明年（前78年，昭帝元凤三年）单于使犁汗王窥边，言酒泉、张掖兵益弱，出兵试击，冀可复得其地。时汉先得降者，闻其计，天子诏边警备。后无几，右贤王、犁汗王四千骑分三队，入日勒、屋兰、番和。张掖太守、属国都尉发兵击，大破之，得脱者数百人。属国千长义渠王骑士射杀犁汗王，赐黄金二百斤，马二百四，

---

〔1〕赵永复《关于卢水胡的族源及迁移》，载《西北史地》，1986年第4期。
〔2〕载《西北第二民族学院学报》，1999年第2期。

255

·欧·亚·历·史·文·化·文·库·

因封为犁汙王。属国都尉郭忠封成安侯。自是后,匈奴不敢入张掖。(《匈奴传》)

(2)成安严侯郭忠,以张掖属国都尉,匈奴入寇,与战,斩犁汙王,侯,七百二十四户。(《景武昭宣元成功臣表》)

(3)本始二年,汉大发关东轻锐士……凡五将军,兵十余万骑,出塞各二千余里。……校尉常惠与乌孙兵至右谷蠡庭,获单于父行及嫂、居次、名王、犁汙都尉、千长、将以下三万九千余级,虏马、牛、羊、驴、骡、橐驼七十余万。(《匈奴传》)

(4)[宣帝即位],汉兵大发十五万骑,凡五将军分道并出,语在《匈奴传》。遣校尉常惠使持节护乌孙兵,昆弥自将翕侯以下五万骑从西方入,至右谷蠡王庭,获单于父行及嫂、居次、名王、犁汙都尉、千长、骑将以下四万级,马牛羊驴橐驼七十余万头,乌孙皆自取所虏获。还,封惠为长罗侯。是岁,本始三年也。(《西域传》)

(5)始建国元年(公元9年),遣五威将[至匈奴]……将率还到左犁汙王咸所居地,见乌桓民多,以问咸。咸具言状,将率曰:"前封四条,不得受乌桓降者,亟还之。"咸曰:"请密与单于相闻,得语,归之。"单于使咸报曰:"当从塞内还之邪,从塞外还之邪?"将率不敢颛决,以闻。诏报,从塞外还之。(《匈奴传》)

(6)时,戊己校尉史陈良、终带、司马丞韩玄、右曲候任商等见西域颇背叛,闻匈奴欲大侵,恐并死,即谋劫略吏卒数百人,共杀戊己校尉刀护,遣人与匈奴南犁汙王南将军相闻。(《匈奴传》)

(7)莽于是大分匈奴为十五单于,遣中郎将蔺苞、副校尉戴级将兵万骑,多赍珍宝至云中塞下,招诱呼韩邪单于诸子,欲以次拜之。使译出塞诱呼右犁汙王咸、咸子登、助三人,至则胁拜咸为孝单于,赐安车鼓车各一,黄金千斤,杂缯千匹,戏载十;拜助为顺单于,赐黄金五百斤;传送助、登长安。莽封苞为宣威公,拜为虎牙将军;封级为扬威公,拜为虎贲将军。(《匈奴传》)

刘光华先生说:"汉昭帝元凤三年(前78年)春,汉军击败过匈奴右贤王、右犁汙王的入侵,并俘获右犁汙王部众'数百人'。为安置这

'数百'犁汗部众,汉朝遂于张掖郡设骊靬县。这是十分自然的推论,何况靬、汗音同,俱读翰,可通用。因之,骊靬建县年代上限当在元凤三年春或稍迟。骊靬建县的下限,在前53年以前。这个年代早于郅支城战役的建昭三年,于卡尔莱战役的甘露元年略迟。"

据《匈奴传》"属国千长义渠王骑士射杀犁汗王",查义渠本为战国秦穆公时居住于今日甘肃宁县北部一带的戎人部族,后为秦征服,部众多逃向匈奴。汉文帝时,又有"降胡义渠蛮夷之属来归谊者,其众数千",则此处所谓属国千长义渠王,或即为文帝时所归顺的匈奴义渠王的王位继承者,其手下骑士应亦为"胡"人。该骑士射杀了与汉为敌的犁汗王,被封为犁汗王,而以其所领俘获之犁汗王部属居张掖郡原犁汗王驻牧地,且设县以犁汗命名,颇合情理。

现在让我们回到《汉书·匈奴传》中来,寇边之犁汗王应为右犁汗王。右贤王亦是匈奴在其西部所设名王。该传言:"明年(前78年)单于使犁汗王窥边,言酒泉、张掖兵益弱,出兵试击,冀可复得其地。"又说"右贤王、犁汗王四千骑分三队,入日勒、屋兰、番和。"番和在今永昌县焦家庄乡政府驻地水磨关以南1公里处,[1]日勒在今永昌县西北定羌庙(今称绣花庙)东10里处,屋兰在今张掖甘州区东约40里碱滩乡东古城村。显然,这次匈奴军所寇之地在霍去病开河西前是匈奴名王右贤王和犁汗王所领之地,所以单于才派犁汗王前去侦察,二王又选取此三地为入侵点,"冀可复得其地"。西汉在河西所设郡县除部分按汉语义命名(如武威、酒泉、宜和、宣威、福禄)外,多数以当地原有少数民族语名命名,如武威郡之姑臧、休屠、媪围,张掖郡之觻得、删丹、居延,酒泉郡之乐涫,敦煌郡之敦煌、龙勒等。既然开河西前当地有匈奴犁汗王的牧地,则在该地设县以犁汗为名,后讹写为骊靬,也就是当然的了。

刘光华先生之骊靬县名来源于匈奴犁汗王说,颇有新意,当为确论。

对以上义渠王骑士因射杀匈奴犁汗王,而被封为犁汗王,于元凤三

---

〔1〕见永昌县志编纂委员会《永昌县志》,甘肃人民出版社,1995年,第728页。

年(前78年)建骊軒县的意见,宋国荣撰《匈奴犁汙王、犁汗王与骊軒县的设置无关》[1]一文表示反对。所列理由有四:一是河西走廊一带是浑邪王与休屠王的牧地;二是犁汗王及温偶駼王驻牧地均在河西走廊之外的以北地带;三是右犁汗王咸的驻牧地在云中塞外;四是於軒王的驻牧地在今贝加尔湖一带。

首先要指出的是,宋文引文将《汉书》"属国千长义渠王骑士射杀犁汙王"中"骑士"二字佚去,从而通篇都将立功受封主体"骑士"误作"义渠王"。检索《史记》、《汉书》之《匈奴传》,匈奴诸王似乎多系单于诸子的名号,诸王之驻牧地有大有小,或视其势力而定。河西走廊确实是匈奴浑邪王和休屠王的居地,但并不能因此排除有其他匈奴大小王居于河西走廊。霍去病两次奔袭河西走廊,战后汉武帝奖赏诏书中称:"骠骑将军率戎士逾乌盭,讨遬濮,涉狐奴,历五王国,辎重人众慑慴者弗取,冀获单于子。转战六日,过焉支山千有余里,合短兵,杀折兰王,斩卢胡王,诛全甲,执浑邪王子及相国、都尉,首虏八千余级,收休屠祭天金人。""骠骑将军踰居延,遂过小月氏,攻祁连山,得酋涂王,以众降者二千五百人,斩虏三万二百级,获五王,五王母田,单于阏氏、王子五十九人,相国、将军、当户、都尉六十三人,扬武乎觻得,得单于单桓、酋涂王,及相国、都尉以众降下者二千五百人。"[2]其中之"列五王国""获五王",使我们知道河西加上浑邪王和休屠王,至少有7个以上的匈奴王国,即匈奴王驻牧地,加上被杀的折兰王、卢胡王,被俘的酋涂王、单桓王,则更多。况且,居于匈奴西部(包括河西走廊)比浑邪王和休屠王地位更高的是右贤王和右谷蠡王。可见,称河西走廊只是浑邪王和休屠王驻牧地的说法是何等的轻率不经。

至于犁汗王的居地,很难笼统地说。从上列《汉书》中提及犁汗王的7处文字,可以分析出,犁汙王与犁汗王是同名异写或误写,犁汗王系匈奴单于之下的王号,有左、右二犁汗王。按匈奴习惯,"诸左方王

---

〔1〕宋国荣,顾善忠,程硕年主编《骊軒探丛》,陕西旅游出版社,2005年,第306-309页。

〔2〕《史记》卷111《卫将军骠骑列传》,第2929-2930、2931页。

将居东方,直上谷以往者,东接秽貉、朝鲜;右方王将居西方,直上郡以西,接月氏、氐、羌。各有分地,逐水草移徙。"[1]左犁汗王封地在匈奴东部,右犁汗王封地在匈奴西部。犁汗王下尚有犁汗都尉一职,匈奴管理西域者称匈奴西域都尉,犁汗都尉或系犁汗王派往西域管理有关事务的负责人。到王莽时期,匈奴尚有左犁汗王,名咸[见史料(5)],另有称匈奴南犁汗王南将军者,或许此南将军系犁汗王部属驻扎于匈奴南境。兵犯日勒、番和的犁汗王应是右犁汗王的省称。前78年时,(右)犁汗王居地当在酒泉、张掖之边外地,但并不能因此肯定公元前121年以前犁汗王的居地不在河西走廊某地。因为史料(1)"单于使犁汗王窥边,言酒泉、张掖兵益弱,出兵试击,冀可复得其地"中的"复其地"的"其"字,大可以理解为匈奴,小可以理解为犁汗王。宋文称"右犁汗王咸的驻牧地在云中塞外",系据史料(7),但这条材料是有问题的。因为史料(5)称咸为左犁汗王,且其地"乌桓民多",而乌桓系匈奴东边的民族,故其民逃至左犁汗王地是对的,从而可证咸为左犁汗王而非右犁汗王。史料(7)之"右"字系"左"字之误。此条史料与右犁汗王驻地无关。又宋文引《汉书·李陵传》中的"於靬王"驻牧贝加尔湖一带,似乎也与侵犯日勒、番和诸地的犁汗王无关。总之,宋国荣《匈奴犁汗王、犁汗王与骊靬县的设置无关》一文,不能否定义渠王骑士因射杀了匈奴犁汗王,而被封为犁汗王,建骊靬县的意见。

5.6 骊靬县治的地望

西汉所设骊靬县治的地望,是一个必须讨论的问题。

为了搞清西汉骊靬县治的地望,我们不妨寻找出历史文献中有关西汉骊靬县治方位的资料,再予以考订。

《汉书·地理志》张掖郡下辖10县,郡治觻得县城在今甘州区北明水乡黑水国城,居延县在郡之最北,其余各县之名大体按由西向东的

---

〔1〕《史记》卷110《匈奴列传》,中华书局,第2891页。

259

· 欧 · 亚 · 历 · 史 · 文 · 化 · 文 · 库 ·

顺序排列,与骊轩县连写的上有删丹、氏池、屋兰、日勒诸县,下有番和、显美二县。删丹县治在今山丹县城,氏池县治在今民乐县城,屋兰县治在今甘州区东约 40 里碱滩乡东古城村,日勒县治在今永昌县西北定羌庙(今名绣花庙)东 10 里。这几个县城都在今张掖甘州区东,从而说明骊轩县亦在甘州区东,甚至以上诸县中最东边的日勒县东。与骊轩县连写的下两县,番和县治在今永昌县焦家庄乡政府驻地水磨关以南 1 公里,[1]显美县治在永昌县城东南 45 公里水源乡杜家寨西侧的东古城子。郝经所著《续后汉书》言:"武威郡:姑臧、宣威、揖次、苍松、显美、骊轩、番和。"也说明西汉之显美、骊轩、番和 3 县在张掖郡之东部距武威境不远之处。

《三国志·魏书·毌丘俭传》注引《魏名臣奏》言:"张掖番和、骊轩二县吏民及郡杂胡弃恶诣兴",[2]若西汉至三国骊轩县治未曾移动,说明番和县与骊轩县距离较近。

《晋书·地理志上》武威郡下,以显美、骊轩、番禾 3 县之名连写,说明 3 县为左右邻县。《晋书·张轨传附张祚传》言:"[和平元年]遣其将和昊率众伐骊轩戎于南山,大败而还。"[3]前凉都城在今凉州区,凉州之南山,与永昌县之南山皆指祁连山,[4]由此可否说,骊轩县在祁连山北,番禾(今永昌)县南一带。

由以上自汉至晋的历史资料,我们可以划出西汉骊轩县治所在的大致区域,在祁连山北,在西汉日勒与番和或显美诸县之间,即今永昌县城东南 45 公里至永昌县西 20 里焦家庄乡古番和县治,或县西北定羌庙汉日勒县城之东的范围之内。总之,在今永昌县城之周围数十公里内,在武威县西。

历代对今永昌县境西汉骊轩县遗址的方位,有东、南、西、西南诸说。《乾隆府厅州县志》言骊轩故县在永昌县东。《(乾隆)甘肃通

[1]《永昌县志》,第 728 页。
[2]《三国志》卷 28,《毌丘俭传》,第 762 页。
[3]《晋书》卷 86,《张轨传》,第 2247 页。
[4]地方志言和昊吃败仗的南山即照面山,因照面山亦属祁连山系,故在此未详论。

志》、《嘉庆一统志》、钱站、汪士铎、吴卓信等言,骊靬在永昌县南。乾隆十四年《五凉考治六德集全志·永昌县志》"地里志·古迹"言,骊靬废县,县西。南山即照面山,者来寨是其遗址。近人陶葆廉《辛卯侍行记》卷4言:"骊靬在永昌县治西南二十里者来寨。"《中国历史地图集》第二册标西汉骊靬县治于今永昌县西南。查《甘肃省地图册》者来寨村位于永昌县西南20里处,为焦家庄乡所辖。李并成言,西汉骊靬县城在今永昌县城西南18公里焦家庄乡杏树村南的南古城。

当前最流行的说法,是西汉骊靬县治所位于今甘肃永昌县城西南10公里的者来寨。据说这是1989年哈里斯等三国四位学者经过艰难考察研究才最后确定的。

1989年9月30日《参考消息》转载题为《一澳大利亚教师认定中国西部有古罗马城市》的报道,称"哈里斯说,中国学者知道一座被称为'利坚'的城市曾经存在过,但不知道这座城市的确切地点。在一张公元前9世纪绘制的地图的帮助下,哈里斯认为这座城市很可能在中国西部甘肃省的永昌地区。在甘肃省省会兰州市的学者和政府官员的陪同下,哈里斯利用这张古老的地图确定了'利坚'城的废墟所在地。"我们不知道是记者写错或哈里斯先生说错,其中"公元前9世纪绘制的地图"的说法过于离谱,因为中国历史上这时是西周时期,而在河西走廊尚处于大夏人居住时期。在中国地图史上,根本没有一种绘于前9世纪的地图。报道并没有明确西汉骊靬县治具体在永昌县境何处。据李并成说,他从当年陪同哈氏工作过的文物、方志等部门同志中了解到,哈氏所谓基本确定的古骊靬城乃是我国清代县志早就认定的者来寨。[1]

1991年4月终审的《永昌县志》卷22第二章《古城堡寨遗址》收有"骊靬县城遗址"条,写道:"《汉书·地理志》记:'骊靬县汉置,属张掖郡'。《大清一统志》'凉州古迹'条记:'骊靬废县,故址在永昌县城南。'《甘宁青史略》、《五凉志》均记:'骊靬县,即凉州南山戎地,张祚

---

〔1〕李并成《河西走廊历史地理》,第73页。

遣和昊伐之,大败而还,在今永昌县之南。'《五凉志》记:'永昌县南照面山者来寨是其遗址。'有关资料记载:两汉之际大宛、大夏、大秦等国商人,留居骊靬县城的多达千余人。近几年来,国家有关部门和澳大利亚学者哈利斯先生研究的处于中国西部的'利坚'城,正是处于永昌县的这座叫做骊靬的古县城,但骊靬的历史和确址尚需进一步考证研究。"[1]《永昌县志》的撰修者从《大清一统志》、《五凉志》等古籍中查知西汉骊靬城位于今永昌县的者来寨,"与境内的其他汉城不同的是,在这里进行文物普查时,未发现汉代文化层。"[2]所以对该地究竟是否西汉骊靬城址还没有把握,认为其"历史和确址尚需进一步考证研究",其求实的精神,实在可嘉。据北京有关记者报道:"甘肃省考古专家赵之祥曾亲自前往永昌县者来寨进行实地考察,他根据从夯土中找到的明清时期的黑瓷片分析,此城最早也不远于明清。"[3]

　　1993 年 7 月 12 日《新华每日电讯》刊发《甘肃发现"罗马古城"痕迹,两千年前罗马军队消失之谜又有新解》的报道,其中称:"1989 年,中国、澳大利亚和原苏联的一些史学家参考一张公元前 9 年绘制的地图,找到了公元前 36 年西汉政府安置罗马军队残部设置的骊靬古城。这座古城位于甘肃永昌县西南约 10 公里的者来寨子。"对照县志的有关条文,此说似有掠人之功的嫌疑。地方报刊又据关享的说法,称发现者来寨为西汉骊靬城遗址的是关意权先生。[4]

　　永昌县人民政府于 1994 年在者来寨刊石立碑,写道:"此处为骊靬古城遗址,最早为匈奴折兰王府,后称者来寨。此北 20 里处为西汉初所置番禾县。西汉河西农都尉设在番禾县城南。流亡的罗马帝国远征军从西域归降汉王朝后,汉王朝置罗马降人于农都尉之南者来寨,立县骊靬。"由于与所谓罗马降人的关系,该村已成为旅游热点地,并于近

---

　　〔1〕永昌县志编纂委员会《永昌县志》,第 728 页。

　　〔2〕祝巍山,李德元主编《金昌史话》,甘肃文化出版社,2007 年,第 154 页。

　　〔3〕《罗马军队消失在古骊靬城无根据系无稽之谈》,载《北京科技报》,2004 年 11 月 11 日。

　　〔4〕见张本让《解开古罗马军团之谜》,载《兰州晚报》,1999 年 8 月 5 日,及马莲英《公元前五十二年,一支古罗马军队神秘失踪。西北民院关意权——父子两代破解千古之谜》,载《兰州晚报》,1999 年 6 月 21 日。

年更名为骊靬村。

必须指出,《永昌县志》所引古籍中关于者来寨为西汉骊靬县城遗址的内容有些不够准确,况且《甘宁青史略》系上世纪前期慕寿祺先生所撰,不必列出,因为与其相类似的书籍尚伙。现将几种清代重要古籍中有关西汉骊靬县城地望的说法罗列于下:

《大清一统志·凉州府·古迹》[1]言:

> 骊靬废县,在永昌县南,汉置县,属张掖郡。后汉因之,晋改属武威郡。永和十年张祚遣和昊伐骊靬戎于南山,大败而还,即此。后魏省。颜师古曰:骊音力迟反,靬音虔。今其土俗人呼骊靬疾言之曰力虔。

收入《四库全书》的《大清一统志》是乾隆皇帝于 1764 年(乾隆二十九年)下诏在康熙《大清一统志》的基础上续修的,于 1784 年(乾隆四十九年)完成。[2]

在此之前的 1749 年(乾隆十四年)刊刻的《五凉考治六德集全志·永昌县志》"古迹"、"骊靬废县"条,就有相关的内容,称:[3]

> 骊靬废县,县西,汉置。永和十年,张祚遣和昊伐骊靬戎于南山,大败而还,即此。颜师古曰,取国名为县也。南山即照面山,者来寨是其遗址。

然而,《五凉考治六德集全志·永昌县志》中关于骊靬城遗址的文字也有其由来,系抄自乾隆《甘肃通志》。

许容监修、李迪等撰成的《甘肃通志》卷 23《古迹·凉州府·永昌县》[4]称:

> 骊靬废县,在县南。汉置,属张掖郡。晋改属武威郡。永和十年,张祚遣和昊伐骊靬戎于南山,大败而还,即此。颜师古曰:取国

〔1〕《大清一统志》卷 206《凉州府·古迹》,景印文渊阁四库全书本。

〔2〕相关引文在《嘉庆一统志》中全同。

〔3〕张珂美修《五凉考治六德集全志》第 3 卷《永昌县志·古迹》(沈绍祖、张绍训、谢瑾纂),中国方志丛书·华北地方第 560 号,台湾成文出版公司,1977 年,第 377 页。

〔4〕1736 年(乾隆元年)刊刻之许容监修、李迪等撰《甘肃通志》卷 23《古迹·凉州府·永昌县》,景印文渊阁本四库全书,台湾商务印书馆,1984 年,第 557 - 606 页。

·欧·亚·历·史·文·化·文·库·

名为县也。骊力迟反。今土俗人呼骊轩疾言之曰力虔。

查郎阿、刘于义于1736年(乾隆元年)所上《甘肃通志进呈表》称："前于雍正六年奉勅纂修《甘肃通志》，系前任巡抚臣许容专司纂辑等，向在肃州时臣许容已经付梓，今剞劂告竣，共成书五十卷。谨奏。"可知，此书系雍正间撰成。该书最早确定汉代骊轩县遗址的方位，在今甘肃永昌县南。《大清一统志》的相关文字即抄自《甘肃通志》。而《五凉考治六德集全志·永昌县志》相关文字的来源亦系《甘肃通志》，但将《甘肃通志》之"县南"改为"县西"。以方位论，者来寨在永昌县城西南，则二者说法皆可。《五凉考治六德集全志·永昌县志·古迹》实指汉骊轩县遗址在今永昌县西南10公里的者来寨。后来诸西汉骊轩县遗址为者来寨的说法，皆来自此。当代最权威之历史地理工具书，亦皆取此说。谭其骧先生主编的《中国历史地图集》第二册《秦、西汉、东汉时期》之《凉州刺史部》图，将骊轩县画在西汉番和县(今永昌县)南。[1] 史为乐主编《中国历史地名大辞典》言："骊轩县，西汉置，属张掖郡。治所在今甘肃省永昌县西南二十里焦家庄乡者来坝。《汉书·地理志》颜师古注：'骊音力迟反。轩音虔是也。今其土俗人呼骊轩，疾言之曰力虔。'西晋改属武威郡。《晋书·张祚传》：东晋永和十年(354)祚僭称帝，改建兴四十年为和平元年，'遣其将和昊伐骊轩戎于南山，大败而还'。即此。北魏废。"[2]者来坝为者来寨之异名。

李并成对河西地区进行过多次考察研究，他描述者来寨的自然情况、环境并分析道：[3]

> 者来寨，今名者撒寨，地图上又作炸窄寨，位于永昌县城西南10公里处的祁连山北麓，系焦家庄乡所属一座小村。该村处山前台地，海拔2300米许，地势较高，高出永昌县城约500米，高出金昌市区约近700米，气候寒凉，且地表系山麓洪积、坡积物组成，多砾块卵石，粗糙参差，地面坡降又大，从事农耕条件较差。村东仅

〔1〕谭其骧主编：《中国历史地图集》第2册，地图出版社，1982年，第33-34页图。
〔2〕史为乐主编：《中国历史地名大辞典》，中国社会科学出版社，2005年，第2262页。
〔3〕李并成《河西走廊历史地理》，第73-74页。

有一条今名河沟的小河流过,浇灌村中仅有的百余亩土地,今全村人口也仅 60 余人。该村周围十余公里开外,均系山麓洪积戈壁,再无其他居民点存在。并且这里偏离丝路交通大道,又非军事要口。受地形、水源、农业基础、交通等方面限制,其地并不具备设立县城的条件。汉代河西开拓之始,土旷民稀,空无匈奴,水草肥美可供设县之处多矣,武帝还曾设想招回早已离开河西的乌孙重返故地居之。在此种情况下怎可想象似骊靬这样重要的县城不选择平坦膏腴之地,而偏偏设于自然状况和开发条件都差的者来寨?其次,从者来寨留存遗物来看,其地的开发应是元代以后的事,此前当少有人类活动。者来寨村南 0.5 公里处,残存古城址一座,当地俗称"马号",又叫"新圈"。城垣基本完整,南北长 90 米,东西宽 70 米,残高 2~2.5 米,墙体厚仅 1.2~1.5 米。城内尚见房屋遗迹,地面散落黑瓷片、白瓷片、青瓷片等物,系元、明时期遗物,而未见前代的任何遗存。城址附近也未有汉唐时期墓葬。该城保存较好,遗物较晚,规模不大,墙体又薄,应系元明时期等第较低的一座城池,而绝非汉骊靬县城。经访之本村韩建福、李茂华等年长者,都说该城相传为元代蒙古人修的马圈;除此城外,本村再无其他城址,老辈们也未有任何其他城址的传说;寨名"者来"据说也是蒙古人留下的名字。可见者来寨一地与汉骊靬城相去甚远,清代县志记载有误。

李并成对者来寨形势及情况的描述极为精准。他对者来寨非西汉骊靬城遗址的判断,实际上回答了新《永昌县志》所言骊靬县"历史和确址尚需进一步考证研究"的意见。至于者来寨的那一段残存城墙究竟来源如何,从新《永昌县志》所载,东大河下游之九坝,每坝皆有堡城看,[1]者来坝系涧转口渠系统中的渠坝之一,[2]者来寨或即与其他诸坝性质相同的堡城。当然,此说的确定尚需实地考察比对。

〔1〕永昌县志编纂委员会《永昌县志》,第 735-736 页。
〔2〕张珣美修《五凉考治六德集全志》第 3 卷《永昌县志·水利图说》,中国方志丛书·华北地方第 560 号,第 375 页。

本书作者对者来寨为西汉骊轩县城说尚有另外的疑问。其一,地方学者说,者来寨为西汉折兰王府所在地。折兰王在《汉书》中仅一见,文为:"元狩二年春(霍去病)为票骑将军,将万骑出陇西,有功。上曰:'票骑将军率戎士逾乌盭,讨遬濮,涉狐奴,历五王国,辎重人众摄讋者弗取,几获单于子。转战六日,过焉支山千有余里,合短兵,鏖皋兰下,杀折兰王,斩卢侯王,锐悍者诛,全甲获丑,执浑邪王子及相国、都尉,捷首虏八千九百六十级,收休屠祭天金人,师率减什七,益封去病二千二百户。'"颜师古注:"折兰,匈奴中姓也。今鲜卑有是兰姓者,即其种也。折音上列反。"[1]折兰王驻牧地在何处,从史书中不得而知,我们只能从上引文中知道,折兰王是在皋兰山(今合黎山)战役中被霍去病军杀死的,他可能是匈奴河西诸王之一。不知地方学者以者来为折兰的历史文献根据何在。者来确实与折兰二字音近,但该地名这两千多年是如何传承下来的?倘若此地真为折兰王府,又何能在此设骊轩县城?倘若是因折兰城而设,又为何要改县名为骊轩呢?倘若是在此设骊轩县,又为何至今称其为者来,而不称为骊轩呢?这些都是令人生疑的问题。李并成于 20 世纪 80—90 年代调查时,者来寨村民说者来是蒙古人遗留下来的名字,或许更靠谱。其二,该城的夯层厚度及城基宽度皆不似汉城。其三,据说在者来寨发现了不少与古罗马军人或汉代有关的遗物。宋政厚文章中所举遗迹、遗物除古城墙遗迹外尚有该寨出土了古钱币、铁锅、铁鼎、铁砸、瓷壶等,邻近的杏花村民挖出一根一丈多长的圆木。宋文言,乡民说在墙体内发现过一推车铜钱,这倒是可供判定城墙建筑年代的极好证据。然而宋文又说,铜钱都被村里孩子们玩丢了。没有了证明城墙建筑年代的证据,又怎么能肯定其为西汉骊轩城呢?文物部门 1993 年在者来寨发掘出的铁锅、铁鼎等文物,据《人民日报》海外版 1993 年 7 月 12 日报道,"这些文物均出自元代"。请问,一些元代物品与汉代骊轩城何涉?与罗马军团何涉?杏花村村民挖渠时挖到了一根一丈多长的粗大圆木,周体嵌有几根一尺

---

〔1〕《汉书》卷 55《卫青霍去病传》,第 2479 – 2480 页。

多长的木杆。据宋文称,这极有可能是古罗马军队构筑"重木城"的器物。本书前已考释,认为所谓重木城当系由一根根木头并排竖立围于土城外的类似栅栏的东西。古代的城墙一般都很高,以防敌军轻易攀援而上。倘若者来寨古城真为西汉骊靬城,经2000年的风雨融蚀,如宋文所说,在70年代初还有3层楼高,那么该城当初定比5层楼(15米)还高。试想,假如郅支单于城的内(土)城为15米高,而外(木)城不足5米高(因为还有部分木头要埋于地下),高低相差岂不太悬殊了吗?再说,木头的周围嵌几根木杆,在构筑木城时有何作用?即使此圆木真是郅支单于城之木城的构件,请问,"归降的罗马军团"有什么必要将其运至万里之遥的骊靬城来?此外,者来寨村民魏作录收藏一鼓形瓷扁壶。此瓷扁壶带釉色,口沿外翻,四耳缺一。鼓径27厘米,底径18厘米,上下底高17厘米,这是魏作录七八年前从村北头发现的。不过,经过张德智的初步鉴定,这一瓷扁壶是元代商旅或出行者用来盛水的容器。村长张建兴还说在村子的东北头的农田里发现过一个石磉子。但经仔细辨认,认定那是现代的。[1] 显然这些都与骊靬县的考证和罗马降人没有丝毫联系。至于所说:"邻近的河滩村则出土了写有'招安'二字的椭圆形器物,专家认为,这可能是罗马降人军帽上的顶盖。"武威市出土隋朝骊靬县令成蒙的墓志铭,"对于进一步揭秘古罗马军队定居甘肃河西走廊也有其重要作用。""招安"一词五代开始出现,宋元时大量使用。有什么根据说有"招安"二字的器物是汉代归降罗马军人用的?至于隋朝骊靬县令的墓志铭,只能作为古代确实有过骊靬县的实物佐证,与古罗马军团问题没有关系。

李并成经过考察后认为,汉骊靬县城应是位于今永昌县城西南18公里焦家庄乡杏树村南的南古城。他说:[2]

> 南古城位于永昌县城西南18公里,靠近祁连山北麓,城址已很残破,南北320米,东西380米,规模较大,与田野工作所见河西

〔1〕载《新华文摘》,1997年第8期。
〔2〕李并成《河西走廊历史地理》,第74-75页。

地区一般汉代县城的规模相当。现仅存北垣一段,残长12米,残高约4米,夯层厚12厘米,墙体厚4米。城址内外今全为杏树村一社的耕地,平坦开阔,站在墙头,周围农田民舍尽收眼底。城内已无遗物可寻。当地乡亲们言,该城在1958年"公社化"时被拆,原来城中遍布碎陶片、碎砖块,俯拾即是。新编《金昌市志》和《永昌县志》均载,该城内外地表曾发现大量汉代灰陶片,城周原有护城河,宽4米,深1~3米,今被平为农田。1972年该城北侧还发现汉墓群,名杏树庄墓群,出土了汉代陶器、铜器等物。该城南数公里外的祁连山脉北麓浅山,当地俗称古城山,山即因城得名。源自山区的西大河与马营河于该城附近相汇,城周水源萦绕,又多有泉流出露,今名南泉,南古城之名即因处南泉之侧而得。70年代还在城东南约400米处建水库一座,以汇聚泉流,名老人头水库。可知这里自古就为一处水流充盈、土地肥饶的绿洲,具有发展农业生产的良好条件。并且该城亦处丝绸之路东西交通干道,东连番和、武威,西接日勒、张掖,位置显要。其方位又与前引《晋书》等所载相合。由此可以认定,永昌县南古城当为汉骊轩县城故址。

新《永昌县志》称,"南古城故址,位于永昌县城西直距17公里的焦家庄乡杏树村。……1972年文物普查时,在城的北侧,发现了汉代墓葬群,城内外发现了大量的汉代灰陶。经鉴定,为汉代遗址。1981年县政府公布为县级文物保护单位。"[1]李并成所定汉骊轩县城距今永昌县城西南18公里,而西汉番和县城在今永昌县城西10公里,两者仅相距数公里,汉代设县其治不应如此之近,或二县遗址的定位有一为误。

我们注意到,唐宋时在永昌县境有吐弥千川,疑吐弥千或为骊轩之音讹异写。

《太平寰宇记》卷152"番和县"条下有:"土弥千川,即古今匈奴为

---

〔1〕永昌县志编纂委员会《永昌县志》,第733页。

放牧之地。鲜卑语,髓为吐弥千,言此川土肥美如髓故以名之。"[1]

《明史》卷42《地理志三》曰:"凉州卫(元西凉州,属永昌路),洪武九年十月置卫,属陕西都司,后来属(南有天梯山,三岔河出焉。东南有洪池岭。又东北有白亭海,有潴野泽。又西有土弥干川,即五涧水也,亦出天梯山,下流合于三岔河。又东有杂木口关。又有凉州土卫,洪武七年十月置)。西北距行都司五百里。"[2]

乾隆《甘肃通志》卷15"凉州永昌渠"条有:"永昌渠,在武威县西七十里,由天梯白岭山西把截口流出,入于土弥干川,自城西南五十里流入昌隆铺,分为六坝,灌田一千四百余顷。"

《大清一统志》卷106载:"五涧水,在武威县东。十六国春秋秃发傉檀宏昌五年姚兴以凉州授傉檀进次五涧,遂入姑臧。《水经注》武威清涧水,俗谓之五涧水。出姑臧城东,西北流,注马城河。《旧志》、祝穆《方舆胜览》源自番和县界,流入白海。今有杂木涧,在凉州卫东南七十里,源出天梯山,北流径上古城堡西,又东北径大河驿东,又北合黄羊川,折而西北流,入三岔河。其黄羊川在卫东南一百七十里,源出古浪雪山,有灌溉之利,盖即《水经注》五涧水也。按此水本在城东。自《寰宇记》谓出番和县界,《行都司志》遂以土弥干川当之,误。""土弥干川水,在武威县西南五十里。《寰宇记》番和县有土弥干川,古匈奴为放牧之地。鲜卑语髓为土弥干,言此川土肥美如髓,故名。《行都司志》土弥干山涧,在凉州卫西南七十里,即五涧谷水。又有蹇占山口涧,在卫西一百五十里。旧《志》土弥干涧,自卫西南大口子北,流经卫西,又东北流,左合蹇占山涧,入三岔河。其蹇占山涧亦名涧水,源出永昌卫南雪山,东北流经炭山堡,又东经柔远驿,又东北合土弥干涧。"

细心的读者可能会注意到,上述几条资料对关键词条"土弥千川"中"千"字的写法,有的写成"干"字。按篆字"干"字为上∪下十,千字为上人下十,字形差异极小,颇易相混。我们见到的最早的清文渊阁本

[1]《太平寰宇记》卷152第7叶,清光绪八年金陵书局刊本。
[2]《明史》卷42《地理志三》,中华书局,1974年,第1015页。

《四库全书》及清光绪金陵书局本之《太平寰宇记》一书中皆为"土弥千川",但在中华书局点校本《明史》及文渊阁《四库全书》之《甘肃通志》及《大清一统志》中"千"字又都写成了"干"字。此字究竟为"千"或为"干",或仍有待更多的资料才可以做判断。不过汉代之骊轩之轩有千和干两个读音,或亦与之有关。

《太平寰宇记》中的这一段文字,言宋代番和县境有一名土弥千川的河川,且解释吐弥千是鲜卑语中川土肥美如髓之意。凉州卫系明洪武间改西凉州置,治所在今武威凉州区。《明史·地理志三》言,凉州之西有土弥干川,即五涧水,源出天梯山,下流与三岔河合。著名的天梯山石窟在今凉州区南 80 里中路乡境,该处之河,即黄羊河。因其不在番和(永昌)县境内,故似与此不侔。顾炎武《肇域志》永昌卫"东南有土鲁干山、长城山,凡七口"。同书凉州卫"土弥干川山口,在卫南一百里"。[1] 疑土鲁干即土弥干之讹。土鲁干山在永昌东南,土弥干川山之在凉州南,或指一山,《甘肃通志》为地方学者所编,其文字应较为确切。文云永昌渠在武威县西 70 里,由天梯白岭山的西把截口流出,入于土弥千川,从武威县城西南 50 里流入昌隆铺,分为六坝,灌田1400 余顷。312 国道沿线永昌县有六坝乡,乡政府驻地在县城东 45 里,在凉州区西约 50 里。新《永昌县志》云,"六坝乡政府所在地古称通津堡,也叫通津寨。清朝前期,人口密集,与八坝堡、乐丰堡均为丝绸古道旅居集镇。后因同治战乱直到民国近百年间土地荒芜,村寨废墟,人烟稀少,又因地处东大河下游,干旱缺水,土质板瘠,是全县比较贫困的地区。"[2] 若此六坝即《甘肃通志》所言之六坝,则土弥千川即东大河之上游一段,其下止于分为六坝的昌隆铺。

但《大清一统志》辨析上述诸水说法,言五涧水即凉州区东清涧水的俗称,并判断黄羊川即《水经注》中的清涧水,《太平寰宇记》和《行都司志》以番和县的土弥千川当之,误。细玩诸书所述,应特别注意该河

---

〔1〕〔清〕顾炎武撰,谭其骧、王文楚、朱惠荣等点校《肇域志·陕西行都指挥司·永昌卫·凉州卫》,上海古籍出版社,2004,第 1532 页。

〔2〕永昌县志编纂委员会《永昌县志》,第 177 页。

名永昌渠,其当在永昌县境无疑,石羊河自古及今都不在今永昌县的境内。故而武威城东有五涧水或名清涧水,即黄羊川。永昌县有土弥千川(水),在永昌县城东南,即东大河,土弥千川为东大河之上游一段。两者其实并不矛盾。

《五凉考治六德集全志·永昌县志》之《水利图说》言:"涧转口渠,在县东南三十里,一名涧水。涧水源出雪山,东北流经涧转山口出。计灌十四堡寨,共分九坝三沟。盛夏冰消水始足用。"[1]新《永昌县志》称:"东大河原名转涧口,属县境内第一条大河,发源于祁连山冷龙岭北麓。源头有两条主要支流,一是由老虎沟、干树湾沟、金洞沟、铁矿沟、倒腰沟、黑鹰沟、煤洞沟等汇集而成,名为直河,全长 35 公里;二是由二号塔树沟、夹皮河、大小东河、敖包沟、一棵树沟、大小柏沟、柳花沟、法拉沟、石佛崖沟等汇集而成,名为斜河,全长 40 公里。水支流正常来水直河大于斜河,汛期斜河大于直河,二支流于皇城滩铧尖处汇流,始称东大河。主河道因地形制约,宽几十米至千米以上,主流出山口流经东寨、南坝至六坝乡的南庄子附近,分南二岔、北一岔流入清河地区(汇流北沙河),全长 67 公里。"[2]

由东大河的介绍看来,所谓土弥千川,就是今永昌县南界绵延数十公里的南部草原,其中部偏东为东大河自皇城滩流入县境的山口所在地,或因该河川系由土弥千山入境,故古称土弥千川。入今永昌县境后,分为九坝三沟,灌溉十四堡寨。东大河为灌溉所筑的九坝,主要分布于今县六坝、东寨两乡境。上文我们推测,土弥千即古骊靬的音讹,该川南为祁连山,西北为焉支山,符合匈奴"失我祁连山,使我六畜不蕃息。失我焉支山,使我妇女无颜色"之谣的地理条件,故土弥千川(骊靬川)本系匈奴牧地,故西汉骊靬古城遗址或就在该川境。以《甘肃通志》之"永昌渠,在武威县西七十里,自(武威)城西南五十里流入昌隆铺,分为六坝"的限定,则骊靬古城或在今六坝乡一带。在永昌县

〔1〕《五凉考治六德集全志·永昌县志》,成文出版公司"中国地方志丛书"第 560 号,第 374－375 页。
〔2〕永昌县志编纂委员会《永昌县志》,第 128 页。

城东六坝乡政府西南侧,有一名回归城的故城址。新《永昌县志》言,该城"北靠甘新公路,俗呼'回归门'。城呈东西向,向西置门,门宽7米。城为长方形,但东南角收进,如瓦刀形。北边长238米,西边宽118米,南边由西向东长160米,有护城河。北边河长260米,宽12米;南边河长210米,宽11米;东边河长160米,宽12米;西边河长(包括吊桥河)200多米,宽8米。城墙为夯土版筑,残高3.5米,夯层厚14厘米。护城河外沿均用夯土墙筑成,墙宽60厘米。为元代古城遗址。"[1]县志作者推断此城为元代遗址,但当地在新石器时期就有人类活动,而形成北滩马厂型遗址,[2]汉唐又在丝绸之路交通干线之上,则就难以否定当地有汉唐旧城址。李并成对该城考察后说:"城内城周遍布卵石,显然该城曾遭洪水淹没。地表散落遗物较少,见碎砖块、瓦块、黑釉瓷片等,约为夏元时期物品,但亦偶见红陶片、灰陶片等更早期的一些东西。其始建年代似应较夏、元更早。"[3]看来该城的断代尚需更认真的研究。

六坝古城符合古籍中土弥千川的各种条件,位于永昌县东大河灌溉区中间,由六坝古城向南有大片草原,古代土肥草好,极适于畜牧,当为汉匈奴犁汙王的驻牧之地。况且其又位于汉长城以南,古丝绸之路河西走廊段的蜂腰要道之上,今有312国道和甘肃东西高速公路通过,汉代此地南控青海羌族,北控匈奴,东西控扼内地至西域的一线道路,系军事战略要地。当公元前78年"属国千长义渠王骑士射杀犁汙王,赐黄金二百斤,马二百匹,因封为犁汙王"[4]时,以这位勇猛的少数民族骑士率众守卫这一战略要地,从而在此设骊轩县就是自然而然之事了。

本人的一己之见或有一点参考价值。

---

〔1〕永昌县志编纂委员会《永昌县志》,第732页。
〔2〕永昌县志编纂委员会《永昌县志》,第726页。
〔3〕李并成《河西走廊历史地理》,第85页。
〔4〕《汉书》卷94上《匈奴传上》,第3783页。

5.7　骊靬县和骊靬苑

2004 年,王萌鲜、宋国荣先生发表《汉简证明:骊靬县为骊靬降人而设》的文章,对张德芳《汉简确证:汉代骊靬城与罗马战俘无关》的分析结论提出完全不同的意见。题目与张德芳的题目针锋相对,小标题分别是:"第一,扭曲'简一'本意,强说不是为是";"第二,自知难以服人,臆造设苑前提";"第三,扳着指头估算,少数服从多数"。张德芳是永昌县人,相信他不会在意两位乡亲的挖苦,但是学术争论文章不应该用如此的语言。

认真阅读王、宋二位的文章后,必须指出其中历史知识的硬伤太多。比如:

"该文所引用的汉简,统而言之,就是居延汉简。"事实是,张文对所引汉简全部注明了出处和编号,总共 15 枚简中,有 1 枚居延简,7 枚金关简,6 枚悬泉简。金关简可以归入居延简之内,但悬泉在敦煌境,绝不可概入居延简中。

"公乘,说的是可以享受公家配备一辆车的待遇"。《汉书·百官公卿表》颜师古注:"言其得乘公家之车也。"[1]可以乘公车和配备一辆公车难道是一回事吗?

"啬夫,是汉代基层小吏的一种公职名称,相当于现代的保管员、收税员、会计员之类;斗食啬夫,是说啬夫每天挣工资一斗粮食。"啬夫确实是基层小吏的名称,但绝不相当于现代保管员、会计员之类。《汉书·百官公卿表》言:"乡有三老、啬夫、游徼。三老掌教化。啬夫职听讼、收赋税。游徼徼循禁贼盗。"[2]啬夫是乡一级三位负责人员之一,其分管之工作,一为处理诉讼事宜,二为征收赋税。张德芳文章从出土简牍中搜索出大量资料,对啬夫一职作了比较详细的说明,称:"'啬夫',秦汉时除'乡啬夫'外,县以下各基层单位的长官均可称啬夫。秦

---

〔1〕《汉书》卷 19 上《百官公卿表上》颜师古注,第 740 页。
〔2〕《汉书》卷 19 上《百官公卿表上》颜师古注,第 742 页。

汉简牍中常见有：关啬夫、农啬夫、田啬夫、库啬夫、传舍啬夫、都田啬夫、置啬夫、厩啬夫、厨啬夫、仓啬夫、司空啬夫、少内啬夫等等。简中的'斗食啬夫'，当为骊轩苑掌管某一事务的基层小吏。"如此珍贵的研究成果，竟还受此奚落，真叫旁观者都有点儿愤愤了。

"原简文中没有'吴氏原籍番和'的'原籍'之意，《确证》强加'原籍'二字，不对。"古代的籍，是指某人因其从事的职业和社会地位而分隶的某类户籍，如民籍、乐籍、军籍、工籍等，而贯指其户籍编于何县里之意。张文中的原籍，就是其原编户之籍所在地的意思。在居延简中，此类例甚多。如 E·P·S4·T2:7 简："而不更言，诏书律辨告，乃讯，由辞曰，公乘，居延肩水里，年五十五岁，姓李氏，乃永光四年八月丁丑。"其中的居延肩水里，就是言此李氏的民户之籍所在是居延肩水里。汉代牧师苑的放牧人员主要是官奴婢，还有服役农民和刑徒。官奴和刑徒都没有身份自由，不是编户之民。所举故骊轩苑啬夫吴氏不是牧奴，是牧苑的管理者。吴氏原为民籍，其民籍贯于番和宜便里，现在既然担任啬夫，则已入吏籍，非民籍了，所以张文中称"原籍"是对的，不称原籍反而说明他不懂古代籍贯一词与今之籍贯一词的区别。

王、宋文章认为，纪年简说明，"在神爵二年（公元前 60 年）以前，朝廷已在张掖郡番和县内建立了养马场骊轩苑，这是金关汉简向人们提供的最重要、最明确的历史信息。""正因为此时没有骊轩县，所以骊轩苑工作的杂役及其管理小吏，只能从骊轩苑周围即番和县所属的各村庄招雇来，……更证明骊轩苑就在番和境内。很明显，此时没有骊轩县。"其理由主要是简一中言"☐公乘，番和宜便里，年卅三岁，姓吴氏，故骊轩苑斗食啬夫，乃神爵二年三月辛☐"（金关 73EJH2:2），该简中的"番和宜便里"一句就成了王、宋二位最"有力"的证据。其实这是二位对汉代历史、小吏选聘程序误解而形成的误说。汉代各县乡官吏，除县令长为朝廷命官以外，"汉县有丞、尉及诸曹掾，多以本郡人为之，三辅则兼用他郡"[1] 县令长自聘诸吏员，并没有一定成规，可以是本县

---

[1]〔唐〕杜佑《通典》卷 33《职官十五·总论县佐》，中华书局，1984 年，典 191 上栏。

的,也可以是邻县甚至外郡的。如京房为魏郡太守,"自请得除用它郡人,自第吏千石已下,岁竟乘传奏事。天子许焉。"[1]张德芳所公布之金关简中,有"骊靬尉史当利里吕延年,年廿四囗"(金关73EJT9:127),此骊靬县尉史就是自骊靬本县之当利里聘用的,故而不能因为骊靬苑斗啬夫吴氏为番和县人就断定其时没有骊靬县之设。

王、宋的这篇文章告诉我们,必须对汉代的牧师苑制度有个较清晰的交代。

两汉时期,因为战争对马匹的大量需求,使畜牧业在当时的社会经济中占有重要地位。两汉朝廷非常重视畜牧业的发展,采取了一系列政策和措施。作为西部主要地区的凉州,地域辽阔,气候温凉,水草丰美,具有发展畜牧业的得天独厚的自然条件,畜牧业成为凉州最具优势的产业。《史记》、《汉书》中概述凉州畜牧业发展状况时说:

> 天水、陇西、北地、上郡与关中同俗,然西有羌中之利,北有戎翟之畜,畜牧为天下饶。[2]

> 秦地,……地广民稀,水草宜畜牧,故凉州之畜为天下饶。[3]

凉州西部的河西走廊地区,更是我国古代畜牧业集中的地区。

在汉武帝占有河西以前,河西长期是少数民族集中聚居的地方。在河西活动的诸民族主要是以畜牧业为生的。秦汉之际,河西地区有月氏人和乌孙人。史书中说:大月氏"行国也,随畜移徙";[4]乌孙人"随畜逐水草,与匈奴同俗。国多马,富人至四五千匹。"[5]说明当时河西畜牧业很发达。月氏、乌孙所牧养的牲畜以马、牛、羊为主,还有骆驼、驴、骡等。当乌孙人、月氏人陆续西迁后,河西地区便成了匈奴人的游牧场所。匈奴族依靠蒙古高原及河西走廊绿洲的肥美水草,"其畜之所多则马、牛、羊,其奇畜则橐佗(即骆驼)、驴、骡、駃騠、騊駼、驒

---

〔1〕《汉书》卷75《京房传》,第3163页。

〔2〕《史记》卷129《货殖列传》,中华书局,1982年,第3262页。

〔3〕《汉书》卷28下《地理志下》,第1645页。

〔4〕《史记》卷123《大宛列传》,第3161页。

〔5〕《汉书》卷96下《西域传下》,第3901页。

奚"。[1] 衣食住行仰给于牲畜及与之有关的产品,即所谓"食畜肉,衣其皮革,被旃裘"。[2] 以畜肉、乳浆和干酪为食饮,以皮、革、裘为衣,以旃(毡)、裘为铺盖,以毡做帐幕房屋(即"穹庐"),其他如船只、铠甲,也多以皮革制作。在长期从事畜牧业的过程中,匈奴族人积累了丰富的经验,提高了畜牧业水平。前121年(元狩二年)匈奴休屠王太子金日䃅被进击河西的汉军俘获,后来在黄门养马,个个膘肥体壮,受到汉武帝嘉奖,当即拜为马监。汉武帝设置河西四郡,河西农业文化的影响迅速扩展,但不论河西还是整个凉州地区,一业为主,半农半牧的经济大格局并未改变。《汉书·食货志下》载,汉武帝"为伐胡故,盛养马,马之往来食长安者数万匹,卒掌者关中不足,乃调旁近郡";[3]奖励民间养马,恢复养战马一匹复三卒的规定;从民赊马,即若一时政府急需大量马匹,而政府又拿不出钱,就先取民马用,过后付钱;民养官马,即在边疆地区实行由官府借母马予民饲养,3年后归还母马,还息什一,就是交十分之一数量的幼马,以拓宽马源;继续实行"马复令"、"马弩关";强令封君以下至三百石以上的官吏,"以差出牝马天下亭,亭有畜牸马,岁课息";[4]强买民间马匹补充军马等。终西汉之世,马政一直受到高度重视,从不中断。朝廷的马政推动了河西民间畜牧业的发展。

汉代,河西民间大量养育马、牛、羊、骆驼等牲畜。为了保护马牛,甘肃金塔县额济纳河西岸破城子遗址出土的木简,就有禁止屠杀牛马的诏令。汉代,常因军需而征用民间马、牛,或供运输,或充军食。如李广利受命远征大宛,出关边骑携有"牛十万,马三万余匹,驴、骡、橐它以万数。多赍粮",[5]可见当时河西地区畜牧业的兴盛。汉代实行牛马等大家畜登记的管理制度,除为了便于查核,防止窃失以外,更是为了保证饲养水平,并促进繁殖。在居延汉简36·2中,就有"十五日,令

---

〔1〕《汉书》卷94上《匈奴传上》,第3743页。

〔2〕《史记》卷110《匈奴列传》,第2879页。

〔3〕《汉书》卷24下《食货志下》,第1161页。

〔4〕《汉书》卷96下《西域传下》,第3914页;《汉书》卷7《昭帝纪》,第222页;《史记》卷30《平准书》,第1439页。

〔5〕《史记》卷123《大宛列传》,第3176页。

史宫移牛籍太守府"[1]的简文。一般牛籍简,是依照每头牛的毛色、性别、标记、年龄、体尺等要素依次登记建立的。如悬泉简 I0110①:1"亭官牛一,黑,犗,齿八岁,夬(缺)鼻,车一两(辆)……"[2]马籍记载的内容与牛大体相同,如悬泉汉简 V1620②11－20 号简为建始二年三月上报的悬泉驿《传马名籍》底本,原册有散佚,尚存有 10 匹马的名籍,如第 17 简文为:"传马一匹,赤骝,牡,左剽,齿八岁,高五尺八寸,驾,名曰铁柱。"[3]汉简中还有不少养羊的记录。如居延汉简 127·18"☐臣多羊偿卒☐钱"[4]的简文,是一位戍吏以私养的多只羊偿还某卒债务的说明。骆驼,在汉代典籍和出土简牍中亦写作"橐佗"、"橐驼"、"橐它"、"橐驰"等。当时,少数民族及官、私皆有牧养骆驼的。如居延汉简 32·7 有"……为部卒取私橐☐",[5]是指边塞士卒私人喂养的骆驼。而悬泉汉简 IV92DXT0317③:68"所遣骊靬苑监侍郎古成昌,以诏书送驴、橐他。"[6]说明,骊靬苑中亦牧养有骆驼,并按照朝廷要求向他处调送。居延汉简 81·8C"橐马一匹,高六尺八",[7]是官有骆驼的名籍。汉简中记载,河西有虏获匈奴人骆驼的,如敦煌马圈湾出土汉简 111 号"湖部尉得虏橐它……"[8]也有捕获野骆驼牧养的,如居延汉简 229·1 记载,永始二年,大昌里男子张宗到居延甲渠收虏燧探亲,张"宗见塞外有野橐佗☐☐☐☐","☐宗(乘)马出塞逐橐佗,行可卅余里,得橐佗一匹……"[9]还有西域诸国进贡骆驼,留置凉州的。悬泉汉简 Ⅱ0216②:877－883 简《康居王使者册》言:"康居王使者杨伯刀、副肩阗,苏䵣王使者、姑墨副沙困、即贵人为匿等皆叩头自言,前数为王奉献橐佗入敦煌关,县次赎食至酒泉昆归官,太守与杨伯刀等杂平直肥

〔1〕中国社会科学院考古研究所编《居延汉简甲乙编》下册,中华书局,1980 年,第 23 页。
〔2〕胡平生,张德芳《敦煌悬泉汉简释粹》,上海古籍出版社,2001 年,第 85 页。
〔3〕胡平生,张德芳《敦煌悬泉汉简释粹》,第 81 页。
〔4〕中国社会科学院考古研究所编《居延汉简甲乙编》下册,第 89 页。
〔5〕中国社会科学院考古研究所编《居延汉简甲乙编》下册,第 20 页。
〔6〕胡平生,张德芳《敦煌悬泉汉简释粹》,第 61 页。
〔7〕中国社会科学院考古研究所编《居延汉简甲乙编》下册,第 60 页。
〔8〕吴礽骧,李永良,马建华释校《敦煌汉简释文》,甘肃人民出版社,1991 年,第 11 页。
〔9〕中国社会科学院考古研究所编《居延汉简甲乙编》下册,第 158 页。

·欧·亚·历·史·文·化·文·库·

瘦。今杨伯刀等复为王奉献橐佗入关,行直以次食至酒泉,酒泉太守独与吏直畜,杨伯刀等不得见所献橐佗。姑墨为王献白牝橐佗一匹,牝二匹,以为黄,及杨伯刀等献橐佗皆肥,以为瘦,不如实,冤。"[1]可见,河西骆驼是可以买卖的。敦煌汉简1163B简载:"☑□省卖□得骑驼三百二匹",[2]一次骆驼买卖达302匹,可见当时河西牧养骆驼的数量之大。

汉代,出于对马(尤其是战马)的需要,朝廷十分重视官营畜牧业的发展。汉朝官营畜牧业的管理机构比较复杂,主要包括:边郡牧师苑、皇室苑厩、各级政府的官厩。

牧师苑,是朝廷设在边郡的大规模官营牧场,在牧师官管理之下,以养马为主,兼牧牛、羊、骆驼等。《汉书·食货志》称:

> 孝景二年,令民半出田租,三十而税一也。其后,……始造苑马以广用,官室列馆车马益增修矣。(颜师古注:"苑马,谓为苑以牧马。")

由此史料可以推定,西汉皇朝的牧师苑始设于汉景帝时。东汉应劭《汉官仪》言:"牧师苑令三十六所,分置西北边,分养马三十万头。"[3]使我们知道了在西北边郡共设有36个牧师苑。《玉海》卷123《官制·汉牧师苑令》言:"牧师菀令,志主养马,分在河西六郡界中。《汉官仪》三十六所,陇西、天水、安定、上郡、北地、西河。"已明确说明河西六郡之名,并不包括河西走廊诸郡,大约是讲汉开河西之前的情况。汉武帝占有河西走廊以后,由于畜牧业是当地的传统产业,而且当地草软水甘气候凉爽,有着发展畜牧业的优越条件,朝廷肯定会在当地大力发展官营马牧业设立牧师苑。每一牧师令,其下有3位助手,称三丞,管辖有数量不等的牧师苑。

陈直先生曾考证西汉各牧师苑之名,称:[4]

---

〔1〕胡平生,张德芳《敦煌悬泉汉简释粹》,第118页。

〔2〕初师宾总主编,吴礽骧本卷主编《中国简牍集成》第3册《甘肃卷》上,敦煌文艺出版社,2001年,第149页。

〔3〕〔清〕孙星衍等辑,周天游点校《汉官六种》,中华书局,1990年,第133页。

〔4〕陈直《汉书新证》,天津人民出版社,1979年,第215页。

考之《地理志》注苑名者，北地郡灵州县有河奇苑，号非苑，归德县有堵苑，白马苑。西河郡鸿门县有天封苑。又《说文》载有騅苑（《说文》騅，苑名，朱骏声《说文通训定声》谓为西汉三十六苑之一），居延木简载有坚年苑（《居延汉简释文》173 页，有"坚年苑髡钳铁右右止大奴冯宣"之简文，余亦考坚年苑应为三十六苑名之一）。综言之，六郡牧师苑，今可考者仅有两郡，三十六苑之中，今可考者仅有七苑。此外《地理志》注有牧师苑官者，有北地郡郁郅县一处。又辽东襄平县亦有牧师官，疑在六郡之外。牧师令有三丞，今可考者有骑丞，详见太仆条下。

陈直先生考出 8 个牧师苑的名称。《水经注》卷 2 曰："苑川水出勇士县之子城南山，……又北迳牧师苑，故汉牧苑之地也。羌豪迷吾等万余人，到襄武、首阳、平襄、勇士，抄此苑马，焚烧亭驿，即此处也。又曰：苑川水地，为龙马之沃土，故马援请与田户中分以自给也。有东、西二苑城，相去七十里。西城，即乞佛所都也。"杨守敬按："此为西边之苑也。"由此可知，天水郡勇士县境亦有一牧师苑。《后汉书·百官志二》"太仆"条下，本注："又有牧师菀，皆令官，主养马，分在河西六郡界中，中兴皆省，唯汉阳有流马菀，但以羽林郎监领。"[1]此汉阳当为郡名，系东汉永平十七年改天水郡置，治冀县，在今甘肃甘谷县东。这是说，西汉时在天水郡有牧师苑名流马苑。又《汉书·平帝纪》载："元始二年，罢安定呼池苑，以为安民县，起官寺市里，募徙贫民，县次给食。至徙所，赐田宅什器，假与犁、牛、种、食。"[2]可知安定郡有呼池苑。张德芳公布的新简又说明在张掖郡有骊靬苑，从而已经找出西汉 12 个牧师苑的名称，它们是：

北地郡　灵州县河奇苑、号非苑，归德县堵苑、白马苑，郁郅县牧师苑。

西河郡　鸿门县天封苑。

〔1〕《后汉书》，《百官志二》，中华书局，1965 年，第 3582 页。
〔2〕《汉书》卷 12《平帝纪》，第 353 页。

天水郡　勇士县牧师苑,流马苑。

安定郡　呼池苑。

张掖郡　骊軒苑,坚年苑。

某某郡　雗苑。

牧师苑的放牧人员主要是官奴婢,还有服役农民和刑徒。汉武帝实行"告缗"法后,"得民财物以亿计,奴婢以千万数","其没入奴婢,分诸苑养狗马禽兽,及于诸官"[1]《汉官旧仪·补遗》称:"太仆帅诸苑三十六所,分布北边。以郎为苑监,官奴婢三万人,分养马三十万头,择取给六厩,牛羊无数,以给牺牲。"西汉边郡牧师苑使用的官奴婢曾达3万人之多。以诸牧师苑牧人3万养马30万匹计算,每牧师苑平均有牧人833名、养马8333匹,规模很大。

王萌鲜、宋国荣《汉简证明:骊軒县为骊軒降人而设》的文章说:"按西汉立县的准则,在通常情况下,不可能在折兰寨建县,折兰寨当时只有一个养马场骊軒苑。"这是作者认为骊軒苑建于骊軒县之前的一个证据。王、宋说折兰寨当时有一个养马场骊軒苑,是小看西汉牧师苑了。骊軒苑不可能局限于一个折兰寨的地域。西汉平帝时,"罢安定呼池苑,以为安民县"[2] 就是说该苑罢撤后以其地设了一个县。而汉朝"县大率方百里,其民稠则减,稀则旷"[3] 骊軒苑也应该有方百里上下的区域。另外大率方百里是设县的标准,而两县县治的间距不一定是百里,数十里或更近亦可,主要看实际的地势及经济发展情况。当然,西汉骊軒苑肯定在张掖郡骊軒县境,因为《汉书·地理志》明载,骊軒县隶辖张掖郡,而骊軒苑既以骊軒为名,当亦在骊軒县境内。至于骊軒苑与骊軒县何者先设何者后设,我们绝不应该苛求于汉简去解决这一问题。因为现在发现的汉代简牍并不是当时人有意识地保留下来的,[4]多是当时人遗弃于灰坑或废弃的建筑物(南方有废井)中,

---

〔1〕《汉书》卷24《食货志》,第1170、1171页。

〔2〕《汉书》卷12《平帝纪》,第353页。

〔3〕《汉书》卷19上《百官公卿表上》,第742页。

〔4〕有意识保存的只有在窖藏或墓室中,一般资料完整,释读也不太困难,但其数量相对较少,内容涉及面也较窄。

而被现代人发现并发掘出土的。由此造成了这些出土汉简的特点：一是相对于原曾使用过的简牍来说数量极少；二是未曾经过遗弃者整理，资料多数不系统、不完整而杂乱无章；三是出土的简牍多残缺破损，断头少尾，中裂边残，有的有字有的无字；四是纪年简相对很少，而这是判断简牍资料年代的最重要依据。加上简牍所书汉隶的字形字体与今天大不相同，而书写者又较随意，简牍中别字、俗字、因音近形近互相替代的字、当时使用至今早已无人使用的死字等比比皆是。整理简牍是个很艰难的学术工作，整理者必须具有很高的古文水平、丰富的历史文化知识和简牍整理的经验，还要耐得寂寞坐得冷板凳，慢工出细活，才能有所成就。我们不能要求汉简为我们解决汉代历史研究中所有的疑难问题，更不能因为汉简中没有某个事项就说历史上就一定没有某个事项。汉简中有"神爵二年三月"纪年与"骊靬苑"名称书在同一简上，而有"骊靬县"名的简上均无纪年，并不能因此断定神爵二年时仅有牧苑而无县，也不能据此结论说牧苑设在前而县设于后。我们这些两千多年后的人无权要求汉朝人为我们提供一枚有纪年的骊靬县简。张德芳以其几十年整理汉简的知识和经验，在《汉简确证：汉代骊靬城与罗马战俘无关》一文中，以与有"骊靬县"字样的简同时出土的纪年简判定县的设置年代，理由充分，毋庸置疑。

　　每一牧师苑的负责人称苑监。每一苑通常"以郎为苑监"，[1]管理牧场事务。在汉代，郎是一种很重要的官职，在朝廷有郎中令。《汉书·百官公卿表》言："郎中令，秦官，掌宫殿掖门户，有丞。武帝太初元年更名光禄勋。属官有大夫、郎、谒者，皆秦官。……郎掌守门户，出充车骑，有议郎、中郎、侍郎、郎中，皆无员，多至千人。议郎、中郎秩比六百石，侍郎比四百石，郎中比三百石。中郎有五官、左、右三将，秩皆比二千石。郎中有车、户、骑三将，秩皆比千石。"[2]郎是近卫皇帝的武官，牧师苑所育马匹主要供军用，所以其管理者由郎中令所属郎官选

　　〔1〕《汉书》卷5《景帝纪》，如淳注引《汉仪注》，第150页。
　　〔2〕《汉书》卷19上《百官公卿表上》，第727页。

任。能够考定出的 12 个牧师苑，其中在张掖郡的就有骊靬苑、坚年苑。坚年苑在何处，因无其他资料佐证，无法判定，但当在张掖郡境内是毫无问题的。从历史资料中看，骊靬苑与骊靬县的设置二者并不矛盾，苑应该在县境之内或与县紧邻，即县官管百姓，苑官管牧场，县官不能干涉苑的事务，苑监也不能干涉县的地方事务。如《汉书·地理志》言，北地郡境，郁郅县有牧师苑官，弋居县有盐官。是说在这两县因为有牧苑，所以驻有牧师苑官，因为有盐场，所以驻有盐官。犹如今天的天水市境有小陇山林业局，甘南藏族自治州境有洮河林业局一样。

永昌县有大片草原，历代有国家牧马场之设。汉代称"凉州之畜为天下饶"，[1] 其中就包括在永昌县境的牧场。元代永昌路南部为永昌王牧地。梁份《秦边纪略》卷 2 言："黄城儿，元之永昌王牧马地也，其时谓之斡耳朵城。其避暑宫遗址犹有在焉。"明代在永昌一带设永昌苑。史载，1408 年（永乐六年），何福"寻请以布市马，选良者别为群，置官给印，专领之。于是马大蕃息。永昌苑牧马自此始"。[2] 清康熙时，蒙古诸部在昌宁湖至大草滩一带驻牧，引起地方和朝廷的极大关注。梁份言："今大草滩之草，饲马不加豆而肥。戍兵土著赖以资牧。而夷出入数牧，若至无人之境，且今又盘踞于大黄山中矣。""黄城儿，有明置兵，碉磨废堡，至今未湮没也。其地宽衍而善水草，夷人牧马，即麦力干黄台吉及其部落也。……黄城本中国地，麦力干借以耕牧。康熙二十二年，议复取不果。"[3] "边外自黄河入中国处，至河州、西宁、兰州、中卫、宁夏、榆林、庄浪、甘州，其间水草丰美，林麓茂密，乃弃此不守。以致蒙古诸部据大草滩地，以常宁湖为牧厂。以故所在相通，更无阻碍。"[4] 雍正十二年（1734），陕甘总督刘于义曾在甘州大草滩、凉州黄羊川、肃州花海子湃带湖等地设立马厂。[5] 后来，年羹尧用兵青海，

〔1〕《汉书》卷 28 下《地理志下》，第 1645 页。

〔2〕《明史》卷 144《何福传》，第 4073 页。

〔3〕〔清〕梁份《秦边纪略》卷 2，青海人民出版社，1987 年，第 132、123、133 页。

〔4〕《平定准噶尔方略·前编》卷 14，景印文渊阁四库全书，史部记事本末类。

〔5〕〔清〕刘于义《请设马厂疏》，《皇朝经世文统编》卷 73《马政四》，上海慎记书庄石印，光绪二十七年。

曾在永昌大草滩牧养马匹。"再查,解到侍郎臣顾鲁在归化城采买马四千一百余匹,并延属采买马六百余匹,道路遥远,及至赶解甘州,疲瘦甚多。臣咨移甘提派拨弁兵,在甘属之大草滩、黑城有好水草处,加意牧放。"[1]清中后期,永昌一带为绿旗各营马场地。陶保廉言:"雍正初平青海,黄城始无毡帐。今为旗绿(应为绿旗)各营马厂地。当祁连山中,豁然开朗,东西衰百余里,南北广数十里。"[2]新《永昌县志》介绍,永昌县原有草场1039.16万亩。其中天然草场1038.05万亩,分为7个类组,20个类型。从实际利用的部分草场看,面积最大的是荒漠类草场,占40.67%;其次是山地草原类草场,占31.30%,面积最小的是高寒沼泽类草场,占0.04%。从利用结构看,山地草原类草场利用面积最大,占34.85%;荒漠类草场和荒滩化草原草场次之,分别占25.54%和21.72%;面积最小的是高寒沼泽类草场,仅占0.06%;改良草场为2178亩,人工草场为8959亩。[3] 以上介绍的当代永昌县一带草场的情况,两千年前的西汉,自然环境很好,草原更大更优。

永昌县西境的大黄山(古焉支山,又名燕支山、胭脂山、删丹山、青松山),在判定骊靬苑地望时值得注意。《史记·匈奴列传》正义引《括地志》云:"焉支山一名删丹山,在甘州删丹县东南五十里。《西河故事》云,匈奴失祁连、焉支二山,乃歌曰:亡我祁连山,使我六畜不蕃息;失我焉支山,使我妇女无颜色。其愍惜如此。"[4]《元和郡县图志》卷40言:"焉支山,一名删丹山,故以名县。山在县南五十里,东西一百余里,南北二十里,水草丰茂,与祁连山同。匈奴失祁连、焉支二山,乃歌曰……"[5]今名大黄山的焉支山,在永昌县西与民乐县东一带,南为绵延千里的祁连山,北为龙首山。焉支山与祁连山之间,有著名的大草原,今名大马营草滩,历代为国家牧马场,今建为山丹马场。其地域范

〔1〕《世宗宪皇帝朱批谕旨》卷31下,景印文渊阁四库全书,史部诏令奏议类。
〔2〕陶保廉《辛卯侍行记》卷4,甘肃人民出版社,2002年,第270页。
〔3〕永昌县志编纂委员会《永昌县志》,第324页。县内尚有北部草原,由山地荒漠、半荒漠类构成,植被稀疏,似无建大牧场的条件,故未录。
〔4〕《史记》卷110《匈奴列传》,第2909页。
〔5〕〔唐〕李吉甫撰,贺次君点校《元和郡县图志》,中华书局,1983年,第1022页。

283

围,东起永昌红山窑乡高古城,西至民乐永固堡,南屏祁连山。从流传两千年的《焉支歌》可知,匈奴人在河西的主要牧场一在祁连山,二在焉支山。西汉诸资料中无焉支牧苑一词,故对山丹马场在西汉时的历史,尚待新资料的发现。新《永昌县志》介绍,永昌县南部草原,主要分布在祁连山冷龙岭北麓的山地和大马营滩,属草甸草场类。植物种类丰富,覆盖度平均64.7%,年亩产鲜草311.4斤,草群重量结构中,品质优良的禾本科、莎草科牧草占主要地位。南部草原在今永昌县南侧,自西大河东起,南至被划入肃南县的皇城滩,从祁连雪山汇流下来的河流称东大河,是永昌县的母亲河,东大河入县境处及其以下一带,是我们考订的土弥千川。土弥千,在鲜卑语中是髓的意思,而鲜卑语的不少词语来自匈奴语,则土弥千川或即匈奴语川土肥沃如髓之义。土弥千一词或为骊轩一词的讹化,因为当地土地肥沃,牧草优良,而且有甘美的河水可供畜饮,故而在此所设牧苑遂以骊轩(髓)为名,或许西汉骊轩苑就在祁连山北麓、今永昌县境中南部东大河周围的广大草原地带。

我们之所以没有对西汉骊轩苑的地望做肯定的结论,实在是因为资料不足。想诸位学者做学问时也常有这种苦衷。

在写完本章后,我习惯性地翻阅手头的有关资料,以思考已成文字和判断的妥当与否。当翻到张澍《凉州府志备考》卷4《山水卷》时,发现有一条相关录文,为:"土弥干川,《方舆纪要》土弥干川在永昌县西五十里,与县东南百五十里之黄羊川俱分流灌田,民资其利。"[1]当时很为自己发现了新材料而欣喜。在准备据之改写相关文字前,查阅顾祖禹《读史方舆纪要》的原文,令我大吃一惊,原来张澍的这一条引文有很大的问题。顾氏的原文是:"赤弥干川,在(凉州)卫西五十里,与卫东南百五十里之黄羊川俱分流灌田,民资其利。"[2]"赤"似为"土"之讹字。原文和张澍录文最大的差别在于该川置于凉州卫下还是在永昌卫下,若是后者,则本章有关结论就有问题。幸好《读史方舆纪要》

---

〔1〕〔清〕张澍著,周鹏飞,段宪文点校《凉州府志备考》卷4,三秦出版社,1988年,第59页。

〔2〕〔清〕顾祖禹著,贺次君,施和金点校《读史方舆纪要》卷63《陕西十二·甘肃镇·凉州卫》,中华书局,2005年,第2996页。

原文在凉州卫下而非永昌卫下，才免去了一系列麻烦事。本人尽量不用二手文字的学术路子，看来又一次挽救了我。否则跟着前人出错还不自知，岂非太悲惨了！

·欧·亚·历·史·文·化·文·库·

6 骊轩人来源的历史求索

《汉书·地理志下》载,西汉张掖郡下有骊轩县。清雍正许容监修、李迪等撰成的《甘肃通志》和乾隆《五凉志·永昌县志》称,西汉骊轩县遗址在今永昌县西南 10 公里的者来寨。骊轩县在历史上延续了700 余年,于隋初被撤并。

1957 年牛津大学德效骞教授提出,卡尔莱战役被俘失踪的古罗马军人在郅支战役失败后,"自愿选择了跟随甘(延寿)、陈(汤)到中国……并被安置在骊轩城中"的假说。30 年后,澳大利亚作家哈里斯到甘肃考察和研究骊轩文化及其遗迹。1989 年,此事经媒体曝光,引起地方政府、学界和社会的广泛关注。其后,在永昌县者来寨附近的杏树庄、河滩村等处发现数十位"具有欧洲人外貌特征"的居民,人们于是以当地汉隋时的地名命名,称其为骊轩人。

6.1 骊轩人外貌及文献解读证明
其与古罗马军团无关

由于气候、环境的原因,地球上的居民,大约在距今四五万年演进为不同的人种。各个人种的身体内部并没有明显的差别,最主要的是其外部体质,即肤色、眼色、发型和发色、身长、面型、头型、鼻型等。

在永昌县的网络和出版物上,有许多骊轩人的照片。新华社记者王振山报道:"在与骊轩古城相距几公里的杏树庄和河滩村,记者走访了几位具有外国人特征的居民,他们中有老人,也有中青年和儿童。这些人普遍具有高鼻梁、深眼窝,头发自然卷曲,身材魁梧,胡须、汗毛、头发为金黄色等外貌特征,与当地土著居民有明显差异。"[1]宋政厚在报道中描述说:"在骊靬城周围的几个村落,至今还有一二十户人具有典型的地中海人的外貌特征:高鼻梁、深眼窝,蓝眼珠,头发自然卷曲,胡须、头发、汗毛均呈金黄色,身材魁伟粗壮,皮肤白皙。""他们是失踪的古代罗马军团的后裔。"[2]王萌鲜在《骊靬——千古之谜解》中记道:"更多透露骊靬人即古罗马奥秘的地方,是在番和古城遗址周围的村庄。……古罗马人的血缘关系、生活习性及人种特征,只能从这里即古番和城周围的杏树庄、河滩、北泉、梅家寺、水磨关等村找到。这一带地方的男性,基本上有如下特点:身高力大、鼻子高且直、脸形狭长,多褐黄头发、有的眼睛灰蓝,都或多或少地反映了罗马人的血统基因。"[3]

按照人体外部体质特征的近似程度,人类学家将地球人大体分为蒙古人种、欧罗巴人种和尼格罗人种,简称为黄种人、白种人和黑种人。[4] 三大种族内部又可分为各个支和第二列种族分类。欧罗巴人种(又称高加索人种)的体形特征是,浅肤色,软而且通常呈波浪式的发形,狭鼻,男子的脸部和身上的毛发发达。"欧罗巴人种又分为两支——北方浅发色和南方深发色支,两者之间还有一个过渡类型的地带。"北方支欧罗巴人,眼睛为碧蓝或灰棕色,头发柔软多为金黄色。南方支为黑色头发,深褐色眼睛。"属于北方支的有两个类型——北欧和波罗的类型。属于南方支的有五个类型——印度阿富汗、帕米尔费尔干、西亚、地中海、地纳尔类型。欧洲中部地带的各个类型有其混杂的起源和具有处在北方欧罗巴种人和南方欧罗巴种人之间的状态,这里区分成阿尔卑斯、旁廷和中欧类型。"[5]

从王振山、宋政厚和王萌鲜描述的现代骊靬人的外貌特征蓝眼睛、

〔1〕《甘肃发现"罗马古城"痕迹,两千年前罗马军队消失之谜又有新解》,载《新华每日电讯》,1993年7月12日。

〔2〕宋政厚《考古专家揭开尘封2000年迷案——永昌:驻扎过古罗马军团》,载《兰州晚报》,1998年9月25日。

〔3〕宋国荣、顾善忠,程硕年主编《骊靬探丛》,第249页。

〔4〕还有许多其他划分方法,其下所分支系和类型也各有不同,在此不做讨论。

〔5〕〔前苏联〕布鲁克著,金木译《地球上的居民》,世界知识出版社,1964年,第11页。

金黄色须发看,他们可能具有欧罗巴人北方支的遗传。罗马人(现代意大利人)属于欧罗巴人南方支地中海类型,他们是黑色头发,深褐色眼睛。由之也可以说,假使当地居民真是金黄头发,至少从体貌上证明现代骊轩人不是古罗马人后裔。

以上两章的讨论已经证明,西汉骊轩县的设立与所谓古罗马军团失踪军人无关,那么,今天的骊轩人当然与德效骞所言罗马军团无涉。当然,否定骊轩人与罗马军团的关系,并不是我们的最终目的,我们还必须弄清骊轩人究竟来源何时、何人群,这是一项艰巨的长期的工作。

20多年来,各学科的研究者为弄清骊轩人来源问题做了很多有益的探索,在某些方面取得了比较一致的看法。哈里斯先生在2010年年底接受《中国社会科学报》记者采访时表示:"根据此后更为深入的综合研究,德效骞的假设是不准确的,因为,骊轩是在陈汤攻打郅支城之前就已经建立了。因此,骊轩'罗马人'可能并不是一个遗失的军团的士兵,而更可能是在许多个世纪中不断移入河西走廊的移民潮中的一支。当然,他们的来源和身份都还没有得到很精确的确认,因此,骊轩仍然是神秘的,并充满了魅力。"[1]永昌骊轩人群体来源的确定,有着重要的历史和文化价值。看来,骊轩历史文化的研究发展至今,从历史和生物科学两方面弄清这些"骊轩人"的来源和身份是其深入的关键。

6.2　基因比对的结果说明,个别骊轩人具有西亚类型欧罗巴种人的遗传因素

现代基因科学的发展,已经完全可以根据男性全血基因组DNA的Y染色体去追寻其远祖的血缘特征。其科学原理是,每个男性都有着与其父系祖先相同的基因密码,每个族群都可以找到一个独特的SNP(单核苷酸多态)。在人类繁殖过程中,Y染色体永远是父子相传的,子代能完整地继承父代的Y染色体主干而不受混血影响。在父子代

---

〔1〕曾江《骊轩仍然神秘并充满魅力——访澳大利亚作家大卫·哈里斯》,载《中国社会科学报》总第143期,2010年11月30日第4版。

代相承的传递过程中,Y 染色体会慢慢地积累着变化,其突变形成的两大类个体差异之一便是 SNP。但是,SNP 突变的速率极低,每 17 次传代才发生一次,可以在后代中永久地保留。研究表明,每出生一个男子,一个染色体位置上发生 SNP 突变的概率大约为三千万分之一,在同一个点上,再次发生突变的概率为九百万亿分之一,相对人类自古以来的人口,这个概率近乎等于零。因此,只要检测足够多的某个族群男子的 DNA,便可以找到该族群具有的独特 SNP,再与人类基因库中的各相关人群的 Y – DNA 数据比对,就能找出该族群与某一相关人群的血缘关系。这种借助基因技术对人群中父系遗传情况进行种族识别和群体基因遗传结构、分析基因流动辨别,有助于我们更好地解决骊靬人的来源问题。而线粒体 DNA 的母系遗传特性和 Y 染色体非重组区域所确定的遗传标记,已经成为世界公认的解读人群起源、迁徙、演化的"金钥匙"。因此,从群体遗传学角度,利用 DNA 技术,构建骊靬人的单倍型,成了解开这一谜团的有力的工具。因 Y 染色体非重组区域的研究已经完成(Zhou et al 2007)。因此,通过线粒体母系遗传的角度去探究其种族起源显得尤为重要。

据报道,1999 年,中国科学院遗传与生物学研究所马润林研究员主持,采取了散居永昌县境内"骊靬人"的 200 例尿样、75 例血样,拟对其遗传物质进行检测研究。但其检验结论,至今未见公布[1]。

兰州大学遗传研究所的科研团队,自 1990 年代就开始做西北地区和青藏高原地区主要民族的群体遗传研究,包括对永昌骊靬人基因的研究。谢小冬教授还承担了 2005 年国家自然科学基金——河西走廊

[1]据谢小冬教授告知,马润林研究结果至 2012 年年初未见公布。陈正义《骊靬绝唱:最后的古罗马人之谜》(第 183 页)言:"据中科院马润林教授等专家化验,证明这些居民有 46% 的欧洲血统,此消息经媒体披露,已引起越来越多人们的关注。"明江《DNA 追踪民族迁移千年谜案》(载《商报生活》,2002 年 1 月 1 日,收入宋国荣等主编《骊靬探丛》,第 274 页)有对马润林的电话采访记录,马氏言:"1999 年 9 月我们去了甘肃永昌采样,但我们的研究工作现在还在进行之中。到目前为止我们没有向外界任何单位和个人,包括国际国内学术界和新闻媒体报告或公布任何有关的研究结果和进展情况。因为这项研究是高难度的研究,主要难点是目前国际上对人种人群基因型研究的资料积累还很不完备,同时这类研究需要大量的资金投入。通过国际合作,最近的研究进度明显加快。"

骊靬人群体遗传研究项目。他们采集并保存了 87 份骊靬人男性个体的血液样本,用基因技术对他们的 Y 染色体非重组区段相关 SNP 和 STR 多态性进行了研究,获得了一批重要的群体遗传结构数据,先后公布了 3 份研究成果。第一份是周瑞霞、安黎哲、谢小冬等人署名,发表于《人类遗传学杂志》(*Journal of Human Genetics*)第 52 卷第 7 期(2007 年 2 月)第 584 – 591 页上的论文《从 Y 染色体的视角验证中国西北骊靬人是罗马军团后裔的假说》(*Testing the hypothesis of an ancient Roman soldier origin of Liqian people in north west China:A Y-chromosome perspective*)。第二份是由安黎哲教授和谢小冬教授指导的生物学专业 2004 级周瑞霞的博士学位论文《中国甘肃永昌骊靬人的父系遗传多态性研究》(兰州大学,2007)。第三份是谢小冬教授指导的生物学 2006 级马国荣的硕士学位论文《中国西北骊靬人起源的线粒体遗传多态性研究》(兰州大学,2009)。

在 2011 年 8 月金昌市召开的丝绸之路骊靬文化国际旅游研讨会上,兰州大学遗传研究所谢小冬教授发表《中国骊靬人的群体遗传学研究》的讲演,详细说明了他们研究的情况、理论依据和研究结论。[1]

讲演首先将骊靬人定位为:居住在中国永昌县的具有不同于当地汉族和其他少数民族的体貌特征群体,他们自称是罗马军团的后裔。骊靬人目前主要散居在永昌县南至祁连山北麓大约 300 平方公里范围内的几个自然村。

自从德效骞《古代中国的一座罗马人城市》发表以后,尤其是哈里斯、关意权认定罗马军团降人定居永昌县以来,中外学界对此众说纷纭,而且争论主要集中在社科领域。解开历史的谜团,需要直接的证据。在缺乏进一步证据的情况下,以基因组学为基础展开多学科交叉研究就显得尤为重要。

谢小冬教授讨论了 DNA 分析的优势,指出:对于民族的源与流、人

---

[1]谢小冬教授对讲演文进行了认真的修订,并允许我迻录于本书,谨对谢教授表示衷心感谢。原文附有 9 幅图表,为尽可能使一般读者看懂,删去了较专业的 5 幅图表,特此说明。

群间的血缘关系,可以从历史、考古、语言、文化、体质特征、基因频率等各方面进行研究,相互印证补充。可是历史与考古资料往往受条件限制,残缺不全或记载失真;语言与文化则容易受战争征服、同化渗透等影响,以至在一二百年内发生急剧变化;体质特征则在相当大程度上受外界影响,不同源人群在相同环境条件下,可以朝相同方向演化而形成趋同的体质特征。基因是遗传物质 DNA 的核苷酸序列,在自然界以一定的频率发生变异,所产生的变异体大部分是中性的,只有小部分受环境因子影响,有稳定的世代遗传。因此,根据基因频率研究人群间的迁徙与混杂及血缘关系更具有其特殊的重要性。在人类基因组中,如果不同种族的某一基因座等位基因频率不同,其等位基因分布能够代表某一种族或某一群体特征,该遗传标记就可作为人类学、历史学等相关学科进行种族识别和群体基因遗传结构、分析基因流动的新手段。

以 DNA 分析为重要手段的基因组学研究同样也可以与历史学、人类学研究相结合,为历史学、人类学研究提供科学可靠的基因资料。因为历史学、人类学本身就是一门综合性的学科,在对某一人类群体进行研究时,不仅要尽可能的运用考古学、语言学等学科的资料,也同样应该重视群体遗传学的资料和研究成果。基因组学的资料和研究成果可以为民族渊源、民族关系以及民族文化的研究提供科学的佐证。因此,将 DNA 分析引入人类学、历史学领域的研究、分析应是群体遗传学和人类学、历史学在 21 世纪初的相互交叉的又一研究重点。

当前常用的主要 DNA 遗传标记,一是 Y 染色体的非重组区(父系遗传),Y-STR,Y-SNP;二是线粒体 DNA(mtDNA,母系遗传),三是常染色体 SNP 标记。

近几年,随着高效的基因分型技术的开发和应用,Y 染色体非重组区域的多态位点被广泛用于人类起源和进化的研究。分析 Y-DNA 单倍体,已经成为揭示某个民族和某地区人群的父系历史的有效工具。该研究选用 Y 染色体非重组区域相对稳定的 Y-SNPS 和快速进化的 Y-STYS 两套遗传标记,用于骊靬人的遗传变异分析,以期得到更准确的遗传学证据。Y 染色体处于半合子状态,且 Y 特异区在减数分裂过程中不发生重组。因此,Y染色体上的群体特异性标记呈单向的父系遗传。Y染色体非重组区多态标记变异,包括反映进化中稀有事件(甚至是绝无仅有的事件)的双等位基因(SNPS)、反映更快突变的微卫星(也叫短串联重复,Y-STYS)和小卫星(MSY1、MSY2),利用这些多态位点可以构建Y染色体系统发生。Y染色体有效人群很小,这可以导致快速的遗传漂移和Y-DNA单倍体地理分布的差异。Y染色体除突变外,同一父系的所有男性个体都有相同的分型,在所有基因座之间都存在连锁关系。因此多数改变代表了人类进化上独特的一次性改变,同一突变在人类进化史上重复发生的概率几乎为零。

线粒体DNA不发生重组,可以形成完整的单体型,还具有突变率高、容易检测等特点,是在进化研究中使用最广泛的遗传系统。其D环区的高变区成为进化研究的一种经典标志。

线粒体DNA分析:(1)mtDNA高变区(HVSⅠ,HVSⅡ)序列的扩增,纯化,测序;(2)将测序结果借助Sequence软件与CRS序列对比,初步确定被测个体的单倍型;(3)对无法通过高变区序列确定单倍型的个体进行编码区序列的测序最终来确定其单倍型。

数据分析:使用Arlequln2.0计算两两Rst遗传距离及相关的P值,进行遗传距离和地理距离的Manteltest相关性检验,计算人群基于单倍群和单倍型的遗传多样性。使用Spss软件进行主成分分析(PC)和多维尺度分析(MDS)。使用Network4.0软件构建与单倍群相关的单倍型网络图。

骊轩样本的采集原则,是在历史、考古学方面学者和当地知情人士的帮助下,采样地几乎覆盖了全部骊轩人群的居住地。根据"知情同意"的原则,随机选取身体健康、相互之间无亲缘关系,三代以内无外族通婚且居住在当地的个体。

基因分型使用PCR-RFLP,PCR,DHPLC,DNA测序验证。Y染色体结果分析使用了染色体单倍群和主成分(PC)分析、Rst遗传距离及多维尺度(MDS)分析、Mantel检验,并与YHDP数据库比对结果。

Y染色体单倍群,在87个骊轩男性个体中,共筛选出11个Y-SNP

单倍群和 75 个 Y-STR 单倍型,77% 的骊靬 Y 染色体属于东亚特有的单倍群 O-M175。

Y-SNP 单倍群的主成分分析,PC1 包含了 61.15% 的变异率。PC2 包含了 17.83% 的变异率。

与 YHRD 数据库数据的比对,大多数骊靬单倍型与东亚和南亚单倍型同源性较高,共发现 16 个 9 位点组成的骊靬单倍型(minimalhaplotype)在数据库中有相匹配的单倍型。14/16 个单倍型与东亚和南亚人群的单倍型匹配。有两个单倍型同与东亚和欧洲单倍型匹配。

线粒体遗传分析结果:96.6% 骊靬人 mtDNA 单倍群和汉族一样属于 D、M、B、A 及 F。而 80% mtDNA 欧洲人单倍群属 H、I、J、T、U、V、W 及 X。只有检验样本 L11、L76 和 L65 分别属于单倍群 U2e、J1b1 和 HV。单倍群 J1、HV 和 U2e 常见于西亚/欧人群(Comasetal 2004,Yaoetal 2004),其中 U2e 在欧洲人群中出现的频率较低。

线粒体遗传分析结果,在被检测的 87 个个体中,84 个个体的线粒体单倍群属于东亚类型。单倍型 H 和 J 具有相同的起源时期,但是单倍型与他们却不是相同的起源(Torrinetal 1996),这从另一角度说明,这 3 个欧洲单倍型的个体的祖先可能是不同时期来自不同的地区的。

以上分析,可参见表 1、表 2 及图 1、图 2。

综合上述结果,骊靬人的父系遗传结构和母系遗传结构具有相似的趋势。在分析中,使用两套遗传标记得出的结果一致。这排除了双等位遗传标记所造成的偏差。两套变异速率不同的遗传标记相互印证,使得实验结果更具说服力。这也证明本研究选取了无偏的双等位遗传标记。多种生物统计方法得出的结果一致,这排除了统计上造成的误差,进一步肯定我们的结果。

作为一个群体,骊靬人的祖先中确有西亚/欧洲人群的介入,但目前的结果表明西亚/欧洲人群对骊靬人群起源的贡献是有限的。

谢教授最后表示,"骊靬"问题将是多学科交叉研究的大课题,多元思路、多个角度、多个学科、多种方法的介入,必将推动"骊靬"问题研究的深入。

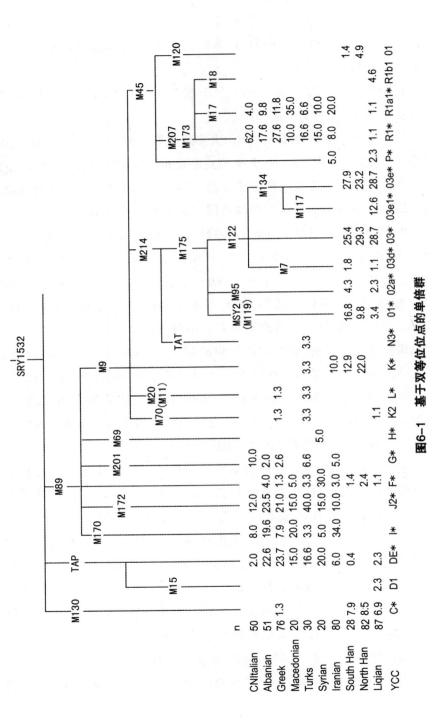

图6-1 基于双等位点的单倍群

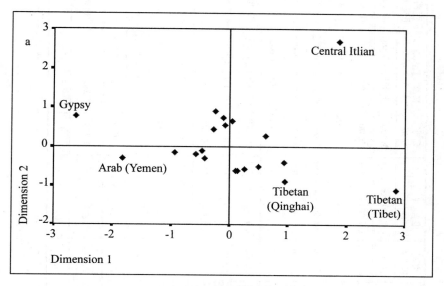

图6-2　欧亚人群两两遗传距离的多维尺度分析图 (A)

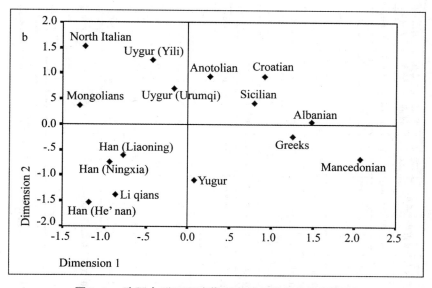

图6-3　欧亚人群两两遗传距离的多维尺度分析图 (B)

表 6 – 1　两两 Rst 遗传距离表*

人群	骊轩人	蒙古族	希腊人	河南汉族	宁夏汉族	马其顿人	闽南汉族	西藏藏族	突尼西亚人	维吾尔族	彝族	辽宁汉族	北意大利人	阿尔巴尼亚人	西西里岛人
骊轩人		<0.001	<0.001	0.136	0.144	<0.001	<0.001	<0.001	<0.001	<0.001	<0.001	0.153	<0.001	<0.001	<0.001
蒙古族	0.078		<0.001	<0.001	0.009	<0.001	<0.001	<0.001	<0.001	<0.001	<0.001	<0.001	<0.001	<0.001	<0.001
希腊人	0.130	0.162		<0.001	<0.001	0.072	<0.001	<0.001	<0.001	<0.001	<0.001	<0.001	<0.001	<0.001	0.036
河南汉族	0.005	0.091	0.165		0.081	<0.001	0.027	<0.001	<0.001	<0.001	<0.001	0.063	<0.001	<0.001	<0.001
宁夏汉族	0.007	0.037	0.117	0.009		<0.001	<0.001	<0.001	<0.001	<0.001	<0.001	0.991	<0.001	<0.001	<0.001
马其顿人	0.198	0.251	0.013	0.244	0.193		0.305	<0.001	<0.001	<0.001	<0.001	<0.001	<0.001	0.063	<0.001
闽南汉族	0.041	0.176	0.228	0.018	0.046	0.305		<0.001	<0.001	<0.001	<0.001	<0.001	<0.001	<0.001	<0.001
西藏藏族	0.863	0.485	0.840	0.969	0.811	1.014	1.338		<0.001	<0.001	<0.001	<0.001	<0.001	<0.001	<0.001
突尼西亚人	0.345	0.304	0.076	0.365	0.324	0.141	0.552	0.882		<0.001	<0.001	<0.001	<0.001	<0.001	<0.001
维吾尔族	0.158	0.043	0.116	0.185	0.099	0.211	0.311	0.479	0.217		<0.001	<0.001	<0.001	<0.001	<0.001
彝族	0.130	0.124	0.039	0.128	0.090	0.074	0.180	0.947	0.160	0.141		<0.001	<0.001	<0.001	<0.001
辽宁汉族	0.004	0.035	0.099	0.008	0.000	0.165	0.046	0.723	0.259	0.088	0.079		<0.001	<0.001	<0.001
北意大利人	0.189	0.035	0.196	0.189	0.110	0.350	0.348	0.512	0.365	0.024	0.190	0.098		<0.001	<0.001
阿尔巴尼亚人	0.201	0.231	0.032	0.232	0.188	0.025	0.263	0.925	0.075	0.205	0.058	0.171	0.287		<0.001
西西里岛人	0.141	0.108	0.014	0.162	0.100	0.066	0.239	0.763	0.075	0.058	0.035	0.088	0.110	0.060	

* Y – STR 两两 Rst 遗传距离（对角线左下）及 p values（显著性水平 = 0.05）（对角线右上）

表 6-2 基于 11 个 Y-STR 数据的两两遗传距离 Rst 值

人群	蒙古族	汉族（宁夏）	汉族（辽宁）	汉族（河南）	骊靬	裕固族	汉族（闽南）
蒙古族		1622.7	866.2	1681.1	1869.2	1939.2	2704.2
汉族（宁夏）	0.035		1506.1	769.4	374.7	580.7	1886.4
汉族（辽宁）	0.035	0.000		1152.6	1860.1	2034.5	1930.1
汉族（河南）	0.086	0.009	0.008		1114.7	1329.5	1192.1
骊靬	0.070	0.007	0.002	0.005		214.9	2155.2
裕固族	0.079	0.024	0.016	0.034	0.007		2358.2
汉族（闽南）	0.171	0.049	0.043	0.018	0.041	0.079	

6.3 从历史资料中探求骊轩人来源的意义

兰州大学遗传研究所谢小冬教授等人从事基因研究的结果说明，被检验的 87 个骊轩人个体中，84 个个体的线粒体单倍群属于东亚类型，亦即汉族类型，另有 3 个个体的单倍群分别属于常见于西亚类型欧罗巴人群的 U2e、J1b1 和 HV。他们分析，这 3 个欧洲单倍型的个体的祖先可能是不同时期来自不同的地区的，从而证明即使极个别具有欧洲人遗传因素的骊轩人，也是属于西亚型的欧洲种人，与属于地中海类型欧洲种人的罗马军团无关。这些生物科学的研究结果，为我们进一步探究这极个别具有西亚/欧洲人种遗传的骊轩人来源提供了科学的依据。

正如通过含碳出土物 C^{14} 衰变情况的测定，可以知道此出土物形成的一定年代范围，从而知道与此出土物同时出土的物品的大致比较准确的时间范围，基因研究的结果也可以确定骊轩人群中白色人种基因来源的一定时间范围。虽然这一成果的获得尚待时日，但是通过历史、考古资料和人类学研究成果的梳理，探求不同时间段内永昌地区古代白种人居民或东西往来的白种人过客，有助于解决骊轩人白种人基因来源的问题，为最终确定骊轩人来源提供历史依据。

欧洲人种又称为雅利安人种。欧洲人种究竟起源于何地，几百年来学术界一直在进行探求。一个半世纪以来，欧洲学术界风行雅利安人起源于中亚说。早在 18 世纪，欧洲各领域的许多学者就致力于古代语言的研究。他们发现，印度古语、波斯古语等东方古语在词汇、音韵及语法结构等方面，与西方古语如希腊语、拉丁语、日耳曼语、凯尔特语之间存在着众多的有明显规律的雷同，从而认为它们原本就出于一个系统，并命名其为印度—欧洲语族。进一步的研究表明，印欧语系的本源母语出自于东方，即亚洲的中部地区。由古语言的研究又引起了对欧洲人种发祥地的探讨。1861 年德国梵语学者马克思·缪勒提出，使用雅利安语的称雅利安人。历史上曾经有过这样的时期，印度人、波斯人、希腊人、罗马人、斯拉夫人、凯尔特人、日耳曼人等族的祖先,曾居住在同一地区——中央亚细亚的最高地,他们就是雅利安人。在他们尚未迁徙之前,操一种包含各种方言因素的共同语言——雅利安语。由此可见,现在分布于亚欧大陆上属同一语系的任何人种,无外乎就是原居于中亚北部草原的某一个地区的雅利安人中一个小民族的后裔。[1]

欧洲学者和中国中亚史学者在对中国历史上的人种史进行研究后认为,在先秦的相当时段,中国北方从山西北部,到陕西北部,到甘肃东北部、中部、西部,一直到新疆、中亚的广大地区,生活着以畜牧为主兼营农业的欧罗巴种草原民族。[2] 考古发现证明了这一看法。1976 年在甘肃灵台白草坡一座西周时期的古墓之中出土了一件青铜"人头銎钩戟",戟上人头像活脱脱勾画出了一位具有白色人种体质特征的游牧民族形象:长颅、深目、高鼻、窄面、薄唇、头戴护耳尖帽。[3] 类似的形象还见于 1980 年在陕西扶风召陈西周宫殿遗址出土的两件蚌雕,两个头像也表现出白色人种的体质特征,戴着尖顶帽子,但是尖顶被锯掉。帽顶锯出的平面上刻着卐字符号。[4] 这种尖顶帽子,曾在塔里木盆地,尤其楼兰尼雅一带大量发现。证明在先秦中国北方曾经有许多白种人居住。

历史和基因学的研究都说明,永昌县具有欧洲人种特征的个别"骊靬人",就是历史上曾经在河西走廊地区生活过的欧洲人种后裔的代表。但骊靬人是如何来到河西走廊的,还需要进行长期的探讨。而这一研究,对推动欧洲人种起源和迁徙问题的最终解决,也有着一定的学术价值。

永昌地区位于陆上丝绸之路的最主要通道——河西走廊的中段,

〔1〕赵汝清《从亚洲腹地到欧洲——丝路西段历史研究》,甘肃人民出版社,2006 年,第 43 - 44 页。

〔2〕参见〔美〕狄宇宙著,贺严,高书文译《古代中国与其强邻——东亚历史上游牧力量的兴起》,中国社会科学出版社,2010 年;余太山《塞种史研究》,社会科学出版社,1992 年。

〔3〕甘肃省博物馆文物队《甘肃灵台白草坡西周墓》,载《考古学报》,1997 年第 2 期,第 99 - 129 页。

〔4〕尹盛平《西周蚌雕人头种族探索》,载《文物》,1986 年第 2 期,第 46 - 49 页。

形如一条腰带束于丝路重镇张掖与武威之间。秦汉以前,河西走廊曾经是大夏、月氏、乌孙等欧罗巴人种的居住地。汉朝占领河西走廊以后,一直到明清,这里有留居或回迁的月氏、乌孙等族宗裔,有归附中央皇朝的属于欧罗巴种的外族或外国人被安置于此,有无数西方来华的君王、商贾、使臣、学人、僧侣、签军等欧罗巴人种的过客或整个部族的留居,还有由东边派来驻守、为仕或迁来居住的欧罗巴种个人或家族。这些人中的家族、群体或个人,都有可能被证明是骊轩人欧罗巴种遗传的祖源。

如今,整个金昌市国土面积 9593 平方千米,约占全国总面积千分之一。由于在中国广大的版图上,永昌是一个相对很小的区域,又由于永昌在历史上大体保持县级建制(除北魏为郡、元代为路外),因而永昌这个节点的历史记载相对贫乏。又由于历史上永昌的疆域曾经比现在的永昌县甚至金昌市的范围还要大,还由于河西历代人口的移动迁徙频繁不定,虽然某些家族谱可能为我们提供该家族在永昌定居或迁徙的轨迹,但是要考察清楚每个有明确证据的欧罗巴种定居家庭的迁徙轨迹十分困难。另外,要从古今中外浩如烟海的资料中搜寻出永昌一带的居民和过客的记录,并进行分析,也不是一个人的能力所能做到的。所以我们不得不放大视野,以武威和张掖作为永昌地区地理范围的东、西节点,以我们手头已有或能够找到的资料为主,运用历史学、文献学的方法并利用已有的考古学成果进行查考勾勒,尽可能梳理出几千年来各个历史时段(从张掖到武威的)永昌地区曾经有过的欧罗巴人的居民和过客的痕迹,从而与基因研究的结果相互发明映证,为最终解决骊轩人来源之谜出力。

6.4　前 3000 年—前 623 年永昌等地的大夏人

永昌县及其所在的河西走廊,从文献记载看,其先秦的居民主要是属于欧罗巴种的大夏人、[1]月氏人、乌孙人。

在《逸周书·王会解》所附《伊尹朝献篇》、《穆天子传》、《山海经·海内东经》等先秦文献中都有关于大夏的记载。《山海经》还具体记载了大夏的方位，称："国在流沙外者大夏、竖沙、居繇、月氏之国。……西湖白玉山在大夏东，苍梧在白玉山西南，皆在流沙西昆仑虚东南。"[2]传说"昔黄帝令伶伦作为律。伶伦自大夏之西，乃之阮隃之阴。"[3]王国维先生考证，阮隃即昆仑。从而我们可以知道，自传说中的黄帝直到春秋时期，大夏人就活动于今青海新疆的昆仑山以东以北，腾格里沙漠以西的大片区域。对大夏居地，学界有塔里木盆地说（王国维）、凉州至河州说（黄文弼）、宁夏平原说（王守春）和由晋西迁徙河西走廊说（余太山）等。黄文弼先生认为："古时之大夏，必分布在凉州、兰州、河州一带。古时疆域广大，北与月氏接，南与崆峒接。故我推测今河州（即临夏）为古大夏之中心区。《汉书·地理志》陇西郡有大夏县。"[4]综合以上诸说，大夏的活动范围，大体东至陇西，西至塔里木盆地，南至大夏河流域，北至宁夏平原。其活动中心在今甘肃临夏至武威一带。

春秋时期，在陇西、河西地区的大夏人两次因外力影响向西迁徙。一次是《管子·小匡篇》称，齐桓公"拘泰（大）夏，西服流沙，西虞而秦戎始从。"[5]这是前651年（齐桓公三十五年）之前的事，此次迫使大夏人由大夏河流域和河西走廊东部向河西走廊西部迁徙。第二次是秦穆公霸西戎。《史记·秦本纪》载："三十七年（前623年）秦用由余谋伐

---

[1]据说，塞人中有一支是居住于敦煌一带的允姓之戎。《左传·襄公十四年》传载："将执戎子驹支。范宣子亲数诸朝，曰：'来！姜戎氏，昔秦人迫逐乃祖吾离于瓜州，乃祖吾离被苫盖，蒙荆棘，以来归我先君。'"杜预集解言："瓜州地在今敦煌。"但许多学者对此有不同看法，故在此不论。

[2]郭璞注《山海经》第1册，中华书局，1985年，第109页。

[3]毕沅辑校《吕氏春秋》第1册，中华书局，1985年，第148－149页。

[4]黄文弼《中国古代大夏位置考》，载《西北史地论丛》，上海人民出版社，1981年，第117－123页。

[5]石一参《管子今诠》下篇第一卷《管子相齐始末》，中国书店影印本，1988年，第480页。

·欧·亚·历·史·文·化·文·库·

戎王,益国十二,开地千里,遂霸西戎。"[1]秦穆公的西扩,迫使秦陇一带的诸戎或降服、或西徙,从而引起了希罗多德记载的欧亚草原上民族大迁徙的多米若骨牌效应。据希罗多德《历史》记载,上古欧亚草原曾发生过一次民族迁徙运动,Arimaspi 人将 Issedones 人逐出故土,Issedones 人败走时冲击了 Massagetae 人,后者则迫使 Scythia 人西迁,侵入了 Cimmeria 人的居地。其中,Issedones 人最后居住在伊犁河、楚河流域,Massagetae 人最后居住在锡尔河北岸。希罗多德记载的主要依据是,前 7 世纪后半叶,Proconnesus 岛出生的希腊诗人 Aristeas 描述其中亚旅行见闻的长诗《独目人》。[2] 希罗多德所说的 Issedones 人就是中文典籍中的大夏人。前 623 年,由于受到秦穆公霸西戎的排挤,大夏人不得不从河西走廊向西迁到了伊犁河、楚河流域。由以上诸说可以这样定位,从传说的黄帝时代到公元前 7 世纪后半叶,永昌县及其所在的河西走廊曾是古大夏人的居住地。

大夏人的人种问题,中外学者有所考订。《新唐书·西域传》指出:"吐火罗,或曰土豁罗,曰覩货逻,元魏谓吐呼罗者。居葱岭西,乌浒河之南,古大夏地。……大月氏为乌孙所夺,西过大宛,击大夏臣之。治蓝氏城。大夏即吐火罗也。"[3] 斯特拉波《地理志》(H·L·Jones. *The Geography of Strabo*,London 1916)记载,"从希腊人手中夺取了巴克特里亚的",是来自锡尔河彼岸的游牧的塞种(Sacae)诸部"Asii、Gasiani、Tochari、Sacarauil"。[4] 余太山先生《塞种史研究》中根据以上资料指出,大夏[dat-hea]是斯特拉波《地理志》中所记载的 Sacae(塞种)四部之一的 Tochari(吐火罗)的对译。当代语言学、考古学、体质人类学乃至遗传学的研究成果表明,吐火罗人属于原始印欧人群

〔1〕《史记》卷 5《秦本纪》,中华书局,1982 年,第 194 页。

〔2〕参阅余太山《塞种史研究》,第 26 页。

〔3〕《新唐书》卷 221《西域传下》,中华书局,1975,第 6252-6253 页。

〔4〕参看 K·Enoki "The Yueh-shih-Scythians, A Hypothesis"(International Symposium on History of Eastern and Western Cultural, Collection of Papers Presented, Compiled by the Japanese National Commission for Unesco,1957,Tokyo,1959,pp. 227-232).

的一支。[1]

永昌西邻的民乐县东灰山遗址,多次发现炭化的人工栽培的小麦,检测年代为前3000—前2500年。专家指出,小麦原产于西亚地区。在我国中原地区,考古发现的小麦实物不早于前2000年,而且十分罕见。"因此,民乐东灰山遗址的炭化小麦很有可能是沿中亚—新疆—甘肃这一贸易通道传播而来。"[2]我们能否据此推测,在前3000年往河西走廊带来人工栽培小麦的就是我们本节所论的河西居民大夏人?因为我们推断,大夏人就是在公元前3000年的黄帝时代迁入河西走廊的。当然,若如是说,我国古文献中大夏人是由东向西迁徙的说法,又不好解释了。不过,同时出土的考古资料证明,遗址所属四坝文化的绝对年代为公元前1820±145年,也就是说,遗址年代与其中采集的炭化小麦的年代有500至千余年的差距。可否推测,大夏人曾先在西亚生活,以后东迁至大夏河流域,再西迁至河西走廊,同时将小麦带去河西。然而,如若不能在大夏河流域发现更早期的炭化小麦,则此说又得另论。无论如何,民乐东灰山的炭化小麦又成了一个历史之谜。

6.5 前623年—前176年永昌等地的月氏人

《汉书·西域传》言:"大月氏本行国也,随畜移徙,与匈奴同俗。控弦十余万,故强,轻匈奴。本居敦煌、祁连间,至冒顿单于攻破月氏,而老上单于杀月氏,以其头为饮器,月氏乃远去,过大宛,西击大夏而臣之,都妫水北为王庭。其余小众不能去者,保南山羌,号小月氏。"[3]揭示出月氏人居住于河西走廊及其西迁的历史。

月氏是我国境内一个古老的民族。据研究,《穆天子传》、《逸周书·王会解》、《山海经》、《管子》等古籍中所载的"禺氏"、"禺知"即是

───────────────

[1]Douglas Q. Adams, "The Position of Tocharian Among the other Indo‐European Languages", *Journal of the American Oriental Society*104.3(1984):pp.395–401.

[2]李水城《从考古发现看公元前二千纪东西方文化的碰撞与交流》,《东风西渐——中国西北史前文化之进程》,文物出版社,2009年,第216页。

[3]《汉书》卷96上《西域传上》,中华书局,1962年,第3890–3891页。

秦汉典籍之中的月氏。翦伯赞指出:"'禺氏'又称'有虞氏',原住在鄂尔多斯一带,以后一支东徙中原,一支西徙甘肃,但仍有一部分残留于原处,故《逸周书·王会解》、《伊尹献令》皆列于正北。……西徙之虞氏,到春秋时,遂以禺氏名闻于中国。到了汉代,更以月氏之名出现于西域。吾人由此又知所谓月氏者,实即虞氏一音之转,其族类之开始西徙,固早在史前时代。"[1]春秋时,秦降服西戎八国。《史记·匈奴列传》称:"秦穆公得由余,西戎八国服于秦,故自陇以西有绵诸、绲戎、翟、獂之戎,岐、梁山、泾、漆之北有义渠、大荔、乌氏、朐衍之戎。而晋北有林胡、楼烦之戎,燕北有东胡、山戎。各分散居溪谷,自有君长。"[2]徐广注"朐衍"言:"在北地。"徐中舒先生说,"朐衍"与"月氏"均应视为"虞氏"之对译,[3]则朐衍即月氏。秦北地郡治今甘肃宁县,则秦穆公时,月氏人居住于今陇东一带。月氏人西迁河西走廊的时间,学者说法不一。我们以为,可能与秦穆公霸西戎有关,而秦穆公霸西戎是公元前623年的事。

月氏人西迁居住于敦煌到祁连之间,也就是唐朝的"凉、甘、肃、瓜、沙等州地"[4]的广大区域。其中心昭武,[5]即今张掖市沙井乡古城村。《括地志》将关于月氏居处的文字置于"凉州姑臧县"下,而非肃

---

〔1〕翦伯赞《论史前羌族与塔里木盆地诸族种族的关系》,载《中国史论集》第2辑,1943年,第130页。

〔2〕《史记》卷110《匈奴列传》,第2883页。

〔3〕月氏的前身即有虞氏之说为徐中舒首倡,参见徐中舒《月氏为虞后及"氏"和"氏"的问题》,载《燕京学报》,1933年第13期,第209-238页。

〔4〕〔唐〕李泰等著,贺次君辑校《括地志辑校》卷4《凉州·姑臧县》,中华书局,1980年,第224页。

〔5〕《北史》卷97《西域列传》载:"康国者,其王本姓温,月氏人也,旧居祁连山北昭武城。"中华书局,1974年,第3233页。

州或甘州下,说明月氏人的活动重心在张掖及其以东(包括永昌)一带。[1] 在大夏人向西域迁徙之前,月氏人与大夏长期共处于张掖、永昌、武威及其南北地区,大体上大夏偏南、月氏偏北,而又相互交错游牧。

月氏人的力量曾很强大,"控弦者可一二十万,故时强,轻匈奴。"[2] 月氏人打败了同在河西走廊游牧的乌孙,杀其王难兜靡,匈奴头曼单于也不得不将其子冒顿送来当人质。匈奴冒顿单于(前208—前175年)终于打败了月氏人,其子老上单于(前174—前162年)还杀了月氏王,以其头骨为饮器,月氏人被迫西迁,臣服了大夏人,在妫水(今阿姆河)以北建立了大月氏国的王庭。西域诸国称其为贵霜王。有部分没有西迁的月氏人,留居于南山(祁连山)一带与羌人杂居,称小月氏。匈奴打败月氏逼其西迁的具体时间,学者多系于公元前209年,我们以为是有问题的。因为该年冒顿刚将其父射死继单于位,他怎么可能紧接着就东征西讨取得那么大的战果呢?更何况此年虽然扶苏、蒙恬已死,秦二世正加紧修筑阿房宫和直道,年底,陈涉等人才起兵,秦朝统治基础尚固,哪来"中国扰乱,诸秦所徙适戍边者皆复去"的边境形势?《史记·匈奴列传》中前176年(文帝前元四年)冒顿单于遗汉书称:"今以小吏之败约故,罚右贤王,使之西求月氏击之。以天之福,吏卒良,马强力,以夷灭月氏,尽斩杀降下之。定楼兰、乌孙、呼揭及其旁二十六国,皆以为匈奴。"余太山先生据之定月氏放弃河西走廊

〔1〕王秉德先生撰《月氏建都昭武城,匈奴驻牧弱水畔》(中国临泽网,2005年),对月氏的情况有所论述,谨录一段于下:战国时期,月氏进一步强盛,赶走了居于今敦煌的乌孙,统一了河西,正式建都昭武城(今张掖市沙井乡古城村)《隋书·西域传》指出这一时期的月氏王姓温,居祁连山之昭武城。西域康国(今乌兹别克斯坦马尔罕)人的商队即常驻昭武城贸易。日本考古学会会长江上波夫称康国人为古代外贸专家。中国丝绸通过昭武城由康国商队转往西域与欧洲,甚至远到非洲(当时希腊人称中国为赛里丝[丝国],欧洲人称中国为支那,支那即"秦"的谐音)。近年奥地利科学家在研究一具3000年前埃及第二十一王朝时期的一名妇女木乃伊时,用电子显微镜分析头发中的异物为蚕丝纤维,断定3000年前中国丝绸已进入非洲。日本江上波夫在其《骑马民族国家》中考证说,当时月氏曾垄断了东西贸易之利(因此可以说,月氏人与康国人是最早将中国物质文明传到中亚甚至欧洲和非洲的古代部族)。

〔2〕《史记》卷123《大宛列传》,第3161页。

故地,西迁伊犁河与楚河流域的年代应为前 177/176 年。[1]

德国学者 W.B.亨宁著《历史上最初的印欧人》主要根据西文资料研究,认为原吐火罗人,最早居住于巴比伦尼亚,他们通过高加索东迁,在公元前 3 世纪离开波斯西部继续东迁,最后建立了一个以甘肃西部为中心的强大帝国,中国史书中称之为禺氏、月氏。公元前 2 世纪上半叶,月氏被匈奴推翻,他们的最后一个王被杀,族人就拔营而去,寻求新的牧地。然而他们留下了几个已在甘肃南缘的山里定居的小的群落。汉人把那些离去的部分叫做大月氏,称留下的为小月氏。[2]

沙井文化遗址发现于永昌、金昌、民勤等地,测定的 7 个 C^{14} 数据,早的距今为 2730 ± 95 年,晚的距今为 2540 ± 80 年,也就是说,沙井人生活于距今 2800—2500 年间,亦即中原地区的西周晚期至春秋晚期。[3] 金昌市西北 15 公里双湾镇三角城村的三角城遗址,是典型的沙井文化遗址,至今尚存比较完整的城墙。在遗址先后清理墓葬 585 座,出土文物两万余件,包括金器、铜器、铁器、石器、陶器,以及卜骨、贝币、毛麻织品、皮革等,尤其是出土的多件铜马饰,充分显示了其草原文化的风格。在沙井文化的墓葬还出土了一种带柄的铜镜,从形制上判断,它不属于我国中原文化的银镜系列范畴,而是西方带柄系列的产物。多年来,在我国西北地区考古工作中,陆续出土了不少这类属于西方系统的带柄铜镜。其中新疆出土的数量最多,如新源巩乃斯,轮台群巴古 I、II 号墓地,和静察吾乎沟口 II 号墓地,吐鲁番艾丁湖,新源铁木里克墓群 M6 等。而中国境外的带柄铜镜多集中于中亚、南亚以及西亚的印度河流域。目前所知出土带柄铜镜年代最早的遗址,是位于美索不达米亚平原的伊拉克基什遗址,其年代在公元前 2900 年到前 2340 年之间。[4] 由此可以得出的结论是,沙井文化带有鲜明的北方草原文化风格,许多学者判断,它应该是月氏人的遗存。

---

〔1〕余太山《大夏和大月氏综考》,载《中亚学刊》第 3 辑,中华书局,1990 年,第 32 页。

〔2〕〔德〕W.B.亨宁著,徐文堪译《历史上最初的印欧人》,载《西北民族研究》,1992 年第 2 期。

〔3〕蒲朝绂《试论沙井文化》,载《西北史地》,1989 年第 4 期。

〔4〕李并成《河西走廊历史地理》,第 168 页。

关于月氏的人种,没有直接的史料记载。但是,我们可以从有关大月氏的史料来分析。大月氏是河西月氏人西徙的一部分,两者在种族上同源是毫无疑问的。《史记·大宛列传》载:"自大宛以西至安息,国虽颇异言,然大同俗,相知言。其人皆深眼,多须髯,善市贾,争分铢。俗贵女子,女子所言而丈夫乃决正。"[1]据传文大月氏在"大宛西可二三千里";安息在"大月氏西可数千里",则大月氏人也是深目多髯的欧罗巴人种。此外同书张守节《正义》引三国万震《南州志》言:大月氏"在天竺北可七千里,地高燥而远。……人民赤白色,便习弓马"[2]"赤白色"是白色人种的肤色。上文中大宛、大月氏诸国"国虽颇异言,然大同俗,相知言"[3]也证明月氏族和这些民族是一样的,说的是一种印欧语。W. B. 亨宁的文章直呼月氏人为"历史上最初的印欧人"。陈健文撰《月氏种属问题再研究》一文,从体质上、语言上、文化上考察,认为"月氏在这三方面均倾向于欧罗巴人种"[4]

总之,不管是从形貌特征上还是从语言文化上,月氏族均可定性为欧罗巴人种。

6.6 前331年—前175年永昌等地的乌孙人

乌孙是曾经与月氏同在敦煌、祁连间游牧的古代民族。

张骞第一次出使西域,于前126年回到长安。前121年,汉领有河西走廊以后,匈奴还控制着西域。张骞认为,可以联络乌孙与其结成抗匈联盟,于是向汉武帝讲述了他在被匈奴扣押期间了解的乌孙历史。张骞说:[5]

臣居匈奴中,闻乌孙王号昆莫。昆莫之父难兜靡本与大月氏

---

〔1〕《史记》卷123《大宛列传》,第3174页。

〔2〕《史记》卷123《大宛列传》,第3162页。

〔3〕《史记》卷123《大宛列传》,第3174页。

〔4〕陈健文《月氏种属问题再研究》,载《学术集林》卷8,上海远东出版社,1996年,第331 - 342页。

〔5〕《汉书》卷61《张骞传》,第2691 - 2692页。

俱在祁连、敦煌间,小国也。大月氏攻杀难兜靡,夺其地,人民亡走匈奴。子昆莫新生,傅父布就翕侯抱亡置草中,为求食,还,见狼乳之,又乌衔肉翔其旁,以为神,遂持归匈奴,单于爱养之。及壮,以其父民众与昆莫,使将兵,数有功。时,月氏已为匈奴所破,西击塞王。塞王南走远徙,月氏居其地。昆莫既健,自请单于报父怨,遂西攻破大月氏。大月氏复西走,徙大夏地。昆莫略其众,因留居,兵稍强,会单于死,不肯复朝事匈奴。匈奴遣兵击之,不胜,益以为神而远之。今单于新困于汉,而昆莫地空,蛮夷恋故地,又贪汉物,诚以此时厚赂乌孙,招以东居故地,汉遣公主为夫人,结昆弟,其势宜听,则是断匈奴右臂也。既连乌孙,自其西大夏之属皆可招来而为外臣。

汉武帝于是派遣张骞第二次出使西域。

前引秦穆公降服西戎八国中的乌氏,就是后来的乌孙。《史记·匈奴列传》徐广注乌氏言:“在安定。”[1]《括地志》云:“乌氏故城,在泾州安定县东三十里。周之故地,后入戎,秦惠王取之,置乌氏县也。”[2]秦时的乌氏县在今宁夏固原东南。乌孙人何时由乌氏一带向河西走廊迁徙,未见学者论说。我们以为,或许就是秦惠文王(前337—前331)夺取其地后,部分乌氏人遂就近西迁河西了。

乌孙人西迁河西后与月氏人一起游牧于祁连、敦煌之间。有学者认为,两族在河西走廊时,月氏人居东,乌孙人居西[3]。我们以为,还是以汉人的述说为准,月氏、乌孙“俱在”或曰“共在”敦煌、祁连之间为当。因为首先,当时的游牧民族,并没有后人的国界的概念,我们后人不必为之人为画线。其次,乌孙人自安定来河西之前,当地已有月氏人。乌孙人若是越过走廊东部的月氏人去西部月氏人地区寻找牧地,

---

[1]《史记》卷110《匈奴列传》,第2882页。

[2]《括地志辑校》卷1《泾州·安定县》,第41页。

[3]如王明哲,王炳华《乌孙研究》(新疆人民出版社,1983年,第1页)说:“乌孙,原本活动于河西走廊西部。”武威县志编委会《武威简史》(武威,1989年重印本,第5页)言,乌孙“秦汉时居于敦煌、祁连间(在今张掖以西,靠近祁连山的地区)。月氏居住在张掖以东,包括武威在内的广大地区”。

再将西部月氏人赶回东部，既无必要，也很困难，应该是在西进的同时寻找可以游牧的地块，二族交叉生活于河西走廊的可能性较大。第三，河西走廊是由许多戈壁和绿洲组成的，人们的生产生活一般只能在绿洲上进行，而游牧民族是逐水草而居的，哪里有草场，他们就活动于哪里。月氏和乌孙都是人数较多的民族，各自都有很多畜群，每一个民族都不可能只在一个绿洲或几个绿洲放牧，而是在不停地转场。故而，你东有我，我东有你的可能性是肯定存在的。第四，游牧民族之间的矛盾和战争，往往是由草场的争夺引起的。月氏人之所以要灭了乌孙，杀其王，很可能也是因草场或放牧的纠纷引起的。如果二者之间一西一东互不交错，月氏有什么必要一定灭了乌孙才甘心？第五，上引《汉书》文字中张骞言"单于新困于汉，而昆莫地空"。在《史记》中说是"故浑邪王地空无人"。[1] 而匈奴浑邪王地指的是已被汉军占有的以今张掖市为中心的浑邪王牧地，亦即原来乌孙人的牧地。而骊轩县在西汉时是张掖郡管下的县，以前也是属于浑邪王或更前属于乌孙的。故而我们以为，月氏、乌孙在河西走廊是交错游牧的，不能说乌孙人在走廊中东部没有牧场，而骊轩县地当时也可能有乌孙游牧的草场。

战国后期，月氏人逐渐强大起来，形成对乌孙的威胁。匈奴冒顿即单于位之后，亲率大军东袭东胡，月氏趁机出兵攻灭乌孙，杀其王难兜靡，兼并其地，乌孙民众多投奔匈奴。难兜靡新出生的儿子昆莫被其傅父布就翕侯抱了躲在草丛中，然后带去投靠匈奴，并且编造了狼哺乳、乌鸦衔肉翔护的神话，博得冒顿单于的喜爱与培养。在昆莫长大以后，单于将逃到匈奴的原乌孙民众全都还给昆莫，并且让他带兵打仗。后来，昆莫带兵向西攻破大月氏，报了杀父之仇，大月氏人又向西走，在大夏地居住。昆莫掳掠了月氏的部众，并且留居于大月氏所在的伊犁河流域。由上述历史的梳理，可以知道，乌孙人最后离开河西走廊的时间，是冒顿单于死的时候，也就是公元前 175 年。

有学者认为，20 世纪 70 年代，甘肃省博物馆文物队在酒泉、玉门

---

〔1〕《史记》卷 123《大宛列传》，第 3168 页。

·欧·亚·历·史·文·化·文·库·

一带发现骟马类型遗址,可能是乌孙在河西走廊活动的文化遗迹。[1]考古学者对其持审慎态度,说:"仅仅凭现有的资料,任何一种对骟马类型族属的指认都还只能是停留在假说层面的附会。"[2]

关于乌孙的种族,唐朝颜师古对《汉书·西域传》"乌孙国"条的注释是经典的。注云:"乌孙于西域诸戎其形最异,今之胡人青眼赤须、状类猕猴者,本其种也。"[3]据此,乌孙为碧眼赤须、深目高鼻的白种人。国内外的学者对乌孙人种分析有多种意见。美国学者麦高文归纳道:一种意见认为乌孙是突厥族,另一种意见认为是印度欧罗巴族,并说持后一种看法的人占多数。[4]前苏联伊凡诺夫斯基等人类学家,对考古发现的许多乌孙人头骨进行了测量分析,证明乌孙人基本是属于欧罗巴人种的古欧洲人类型和中亚两河流域类型,存在轻度蒙古人种特征的混合。[5]20世纪60年代以来,新疆伊犁发掘出一批战国至西汉时期的塞种或乌孙人的大型土墩墓,体质人类学家对其中13具成人头骨进行了检测,有11具、约85%可归入欧洲人种支系,尤其是男性头骨的欧洲人种特征,与中亚其他地区的塞人、乌孙时期的人类学材料对比,他们之间的差异不大。[6]

6.7 秦汉(前221—公元219年)永昌等地的白种人居民和过客

前203年,匈奴冒顿单于率兵打败月氏,夺取河西走廊地区。前121年霍去病出击河西,匈奴浑邪王斩休屠王降汉,汉完全占有河西走廊。这80余年间,河西的主要居民是匈奴人。

---

〔1〕潘策《秦汉时期的月氏、乌孙和匈奴及河西四郡的设置》,载《甘肃师大学报》,1981年第3期,第52页。

〔2〕李水城《公元前1千纪的河西走廊西部》,载《东风西渐——中国西北史前文化之进程》,文物出版社,2009年,第127页。

〔3〕《汉书》卷96下《西域传下》,第3901页。

〔4〕〔美〕麦高文著,章巽译《中亚古国史》,中华书局,2004年,第262页。

〔5〕韩康信《丝绸之路古代居民种族人类学研究》,新疆人民出版社,1993年,第389页。

〔6〕韩康信《丝绸之路古代居民种族人类学研究》。

关于匈奴的人种,古籍中没有记载。现代学者从文献、语言以及考古材料研究的结果,认定"匈奴人种最初应属于北亚蒙古人种或与北亚蒙古人种关系十分密切的人种。其北部和西段,有欧罗巴人种的混合"[1]。其主要原因在匈奴人发展壮大的过程中,有许多欧洲种的戎人(如义渠戎、乌孙人、月氏人)投靠归附,这些人就构成了河西走廊和西域的蒙古人中的欧罗巴人种。我们甚至怀疑河西休屠王就是欧罗巴人种。休屠王太子金日磾被汉俘获后受到汉武帝的青睐,最后成为托孤重臣。《汉书·金日磾传》称:"日磾长八尺二寸,[2]容貌甚严。"当他因善于养马而受到武帝喜爱重用时,"贵戚多窃怨,曰:'陛下妄得一胡儿,反贵重之。'"武帝病甚时,霍光将辅佐幼主之责让于金日磾,金推辞道:"臣外国人,使匈奴轻汉。"[3]霍去病从休屠王处缴获的"祭天金人",许多学者认为是一铜佛,当时佛教仅仅传到西域,而未入内地,铜佛肯定是休屠王自有的。从金日磾的身高、相貌,到人称其"胡儿",自称"外国人",以及独一无二的铜佛,都使人产生匈奴休屠王家族是欧罗巴人种的猜测。而匈奴单于往往有一位西域国的阏氏,其子孙混有欧罗巴人种的血缘也就不足为怪了。

汉领有河西以后,向河西地区大量移民,从此,汉族成为河西最主要的居民。但是河西走廊北境还有匈奴人,河西四郡亦有属国胡人、小月氏人和驻军中的戎人;都可能是欧罗巴种人。同时,匈奴人始终有相当数量的军队游弋在河西走廊长城北线,一有机会就袭击河西郡县,这些人中,也有欧罗巴人种。

汉武帝时开始设属国安置归降或俘获的少数民族人口。史书称浑邪王降附后,"居顷之,乃分徙降者边五郡故塞外,而皆在河南,因其故俗,为属国。"[4]汉朝在边郡先后设立9个属国,其中包括张掖属国。东汉除张掖属国外,另有张掖居延属国。《后汉书·郡国志五》称:"张

---

〔1〕武沐《中国西北少数民族通史·秦西汉卷》,民族出版社,2009年,第56页。
〔2〕汉小尺约当23.1厘米,大尺约当27.7厘米。八尺二寸,则在1.89~2.23米之间。
〔3〕《汉书》卷68《金日磾传》,第2959、2960、2962页。
〔4〕《史记》卷111《卫将军骠骑列传》,第2934页。

311

·欧·亚·历·史·文·化·文·库·

掖属国,武帝置属国都尉,以主蛮夷降者。安帝时别领五城。张掖居延属国,故郡都尉,安帝别领一城。"[1] 王莽末年,窦融曾称"张掖属国精兵万骑"。[2] 以此计算,张掖属国之青壮年男性及老幼妇孺应有 3 万人以上。张掖属国治所遗址是今民乐县永固乡八卦营古城,[3] 此地东距永昌县界仅数十里。张掖属国别领五城,今永昌县境应该也有属国的城池。在张掖属国安置的可能主要是陆续归附、降服的匈奴人或者河西、西域诸部人。这些匈奴或者其他民族的人中当然有一些欧罗巴种人,如前 78 年张掖太守和属国都尉发兵大败入扰"日勒、屋兰、番和"的匈奴右贤王、犁汗王,张掖属国千长义渠王骑士以射杀匈奴犁汗王之功被封王。[4] 此骑士就是属于欧罗巴种的义渠人。而番和在今永昌县焦家庄乡政府驻地水磨关以南 1 公里,日勒在今永昌县西北定羌庙(今称绣花庙)东 10 里,屋兰在今张掖甘州区东约 40 里碱滩乡东古城村。三地皆在今永昌县及其周围。再如,汉简中发现多支有关属国秦胡的记载,如居延新简 EPF22:42、43 简:"建武六年七月戊戌朔乙卯……府书曰:属国秦胡卢水士民从兵起以来……匿之。明告吏民,诸作使秦胡卢水士民畜牧田作不遣有无? 四时言□谨案部吏毋作使属国秦胡卢水士民者,敢言之。"[5] 意思是说,建武六年(30 年)七月戊戌日刺史府文书称,属国原有的秦胡卢水士民自从(王莽末年)兵起以后,四处散匿。现在明确地通告官吏和平民,凡有役使秦胡卢水士民从事畜牧和耕种的,有否没有送回来的,随时报告。"我们"已经向本部属吏通知,不能使役属国秦胡卢水士民,特此报告。关于秦胡的族属,初师宾先生考证后指出:"秦胡,当解作秦时之胡或已汉化之胡。战国秦汉之际,匈奴仅为诸胡之一支,远居北方。中原周围,还有东胡、楼烦、林胡、义渠、大荔、乌氏、月支诸戎胡。居住于卢水的民族,可能是秦诸

---

〔1〕《后汉书》志 23《郡国志五》,中华书局,1965 年,第 3521 页。

〔2〕《后汉书》卷 23《窦融传》,第 796 页。

〔3〕李并成《河西走廊历史地理》,第 139－140 页。

〔4〕《汉书》卷 94 上《匈奴传上》,第 3783 页。

〔5〕甘肃省文物考古研究所、甘肃省博物馆、文化部古文献研究室、中国社会科学院历史研究所编《居延新简——甲渠候官与第四燧》,文物出版社,1990 年,第 479 页。

胡之一,受汉属国管制,因称秦胡,后来才以地域命名,称作卢水胡。"[1]"秦胡卢水士民",指的是一种非匈奴种的属于欧罗巴种的民族。

在两汉河西走廊的历史上,属于欧罗巴人种的月氏一名屡屡出现。河西的月氏人有两类,一类是西迁时留置的小月氏人,另一类是从西域回返的大月氏种人。当初,月氏人受匈奴打击西迁时就有"其余小众不能去者,保南山羌,号小月氏"。[2] 汉武帝表彰霍去病远袭河西的功勋时称:"骠骑将军逾居延,遂过小月氏,攻祁连山,得酋涂王,以众降者二千五百人,斩首虏三万二百级,获五王,五王母,单于阏氏、王子五十九人,相国、将军、当户、都尉六十三人。"[3] 显然,这次汉军的进攻对象是一支居于祁连山的小月氏酋涂王部落。《后汉书·西羌传》记载:"湟中月氏胡,其先大月氏之别也,旧在张掖、酒泉地。月氏王为匈奴冒顿所杀,余种分散,西逾葱领。其羸弱者南入山阻,依诸羌居止,遂与共婚姻。及骠骑将军霍去病破匈奴,取西河地,开湟中,于是月氏来降,与汉人错居。其大种有七,胜兵合九千余人,分在湟中及令居。又数百户在张掖,号曰义从胡。"[4]

有不少居住或路过的欧罗巴人种散处河西走廊各地。《魏略·西戎传》言:"赀虏,本匈奴也,匈奴名奴婢为赀。始建武时,匈奴衰,分去其奴婢,亡匿在金城、武威、酒泉北黑水、西河东西,畜牧逐水草,钞盗凉州,部落稍多,有数万,不与东部鲜卑同也。其种非一,有大胡,有丁令,或颇有羌杂处,由本亡匈奴婢故也。"[5] 其中的大胡、丁令,都是欧罗巴种人。陪同张骞第一次出使西域的奴甘父也值得重视。《史记·大宛列传》言:"骞以郎应募,使月氏,与堂邑氏胡奴甘父俱出陇西。""堂邑父故胡人,善射,穷急射禽兽给食。"[6] 古人注释,服虔曰:"堂邑姓也,

---

〔1〕初师宾《秦人、秦胡蠡测》,载《考古》,1983年第3期,第263页。

〔2〕《汉书》卷96上《西域传》,中华书局,1962年,第3891页。

〔3〕《史记》卷111《卫将军骠骑列传》,中华书局,1982年,第2931页。

〔4〕《后汉书》卷87《西羌传》,中华书局,1965年,第2899页。

〔5〕《三国志》卷30《乌丸鲜卑东夷传》裴注引,中华书局,1982年,第859页。

〔6〕《史记》卷123《大宛列传》,第3157、3159页。

·欧·亚·历·史·文·化·文·库·

汉人。其奴名甘父。"师古曰:"堂邑氏之奴,本胡人,名甘父。下云堂邑父者,盖取主之姓以为氏,而单称其名曰父。"此人既是胡人,又善射,更熟悉自长安往西域的道路,我们怀疑其人或本是西域的欧罗巴种人。张骞第二次出使返汉时,"与乌孙使数十人,马数十匹报谢,因令窥汉知其广大。""后岁余,其(张骞)所遣副使通大夏之属者皆颇与其人俱来,于是西北国始通于汉矣。"[1]这些东西往来的欧洲种的贵宾、使者、商贾和其他人员来往都要经过河西走廊,而经过河西走廊就必须要经过永昌一线。

居延和悬泉置遗址发现了大量接待使节往来及西域使者的简牍。[2] 接待西域使者及其他人员的,如悬泉Ⅰ0309③:97简"客大月氏、大宛、踈(疏)勒、于阗、渠勒、精绝、扜弥王使者十八人,贵人□人……"是接待西域七国使者的。悬泉Ⅰ0116②:15简"以食守属孟敞送自来鄯善王副使者卢匿等,再食,西"。是接送返回的鄯善王使者的。甚至当西域都护杀死危害西域安全的楼兰王时,其头颅也是经由敦煌转送长安的,居延简303·8"诏夷虏候章发卒曰:持楼兰王头诣敦煌,留卒十人,女译二人,留守证"。[3] 由西域各国来汉的人员数量很大,当他们回程时,汉朝往往有相当职级的官员礼送其出境,不少是集体转送。如悬泉Ⅱ0113③:122简"五凤四年(前54)六月丙寅,使主客散骑光禄大夫田扶韦制诏御史曰:使云中太守安国、故□未央仓龙□卫司马苏□武强,使送车师王、乌孙诸国客,与军候周充国载先俱,为驾二封轺传,二人共载。……"客人中最尊贵者是车师国王,故派二千石的云中太守陪送。悬泉Ⅰ0309③:134简"今使者王君将于阗王以下千七十四人,五月丙戌发禄福,度用庚寅到渊泉"。这一批竟然有1074人,其中有西域国王、官员及随从。也有的西域人零星来汉,敦煌边塞698简

---

〔1〕《汉书》卷61《张骞传》,第2688、2692、2693页。

〔2〕下引悬泉简资料,皆出自胡平生、张德芳《敦煌悬泉汉简释粹》,上海古籍出版社,2001年。

〔3〕中国社会科学院考古研究所《居延汉简甲乙编》下册,第211页。

"☐知何国胡一男,取亭东☐☐",[1]就是一位西域人入境的记录。无论以何种方式由悬泉或居延边塞入境到长安,多要经由永昌境。

史书言,安定临泾人李恂"征拜谒者,使持节领西域副校尉。西域殷富,多珍宝,诸国侍子及督使贾胡数遗恂奴婢、宛马、金银香罽之属,一无所受。"[2]历史上像李恂这样廉洁的出使或任职西域的官员并不太多,更多的当会接受西域人的馈赠,并将其带回内地。许多在西域任职期满的官员任职河西,如李恂从西域回来后就担任武威太守,如果此人接受了西域人的赠礼,将其带回河西,就会有在河西的胡人"奴婢"了。

丝绸之路开通后,内地与西域的经济文化交流日益频繁。西域国家和商人与汉朝的贸易,多以向汉朝进贡的名义进行。乌孙一再向汉朝献马,甚至以马为迎娶汉公主的聘礼,"乌孙以千匹马聘汉女"。"(大)宛王蝉封与汉约,岁献天马二匹。"大宛天马就是汗血马。悬泉Ⅱ0115④:37简,是元平元年(前74年)十一月,朝廷派人到敦煌郡迎天马的记录。悬泉简中西域进贡骆驼的记载颇多。如Ⅰ0309③:20简"乌孙、莎车王使者四人,贵人十七,献橐佗六匹……"还有向汉朝献珍稀白骆驼的,而且是公母搭配,以利繁育。悬泉Ⅱ0216②:877-883简《康居王使者册》言:"姑墨为王献白牡橐佗一匹,牝二匹"。安息王"以大鸟卵及犁轩眩人献于汉,天子大说"。[3]大鸟即鸵鸟,眩人是魔术师。《通典》称:"前汉武帝时,遣使至安息,安息献犁轩幻人二,皆蹙眉峭鼻,乱发拳须,长四尺五寸。"[4]都是明显的欧洲人种特征。西域的乐器和乐舞人员也通过丝绸之路传入汉地。《晋书·乐志下》言:"胡角者,本以应胡笳之声,后渐用之横吹,有双角,即胡乐也。张博望入西域,传其法于西京,惟得《摩诃兜勒》一曲。"当横吹胡曲传到长安以后,李延年更造新声二十八解,武帝"以为武乐,盖鼓吹器数繁杂,横

〔1〕甘肃古籍文献整理中心《中国简牍集成》第3册《甘肃卷上》,甘肃文艺出版社,2001年,第89页。

〔2〕《后汉书》卷51《李恂传》,第1683页。

〔3〕《汉书》卷96《西域传》,第3888、3890页。

〔4〕《通典》卷193《边防九·西戎五》,中华书局,1984年,典第1041中栏。

吹简易,故军中行部皆用横吹"。甚至,杂技之中也掺杂着幻术节目。
《史记·大宛列传》载:"是时上方数巡狩海上,乃悉从外国客,大都多
人则过之,散财帛以赏赐,厚具以饶给之,以览示汉富厚焉。于是大觳
抵,出奇戏诸怪物,多聚观者,行赏赐,酒池肉林,令外国客徧观仓库府
藏之积,见汉之广大,倾骇之。及加其眩者之工,而觳抵奇戏岁增变,甚
盛益兴,自此始。"[1]汉武帝既取西域胡乐,复纳奇幻之术,壮异域之观
瞻,扬帝国之威望,而给随行的"外国客"很多赏赐,实际上也是一种与
西域诸国及外商的不等价贸易,所以诸国都乐此不疲。成帝时,罽宾国
声称要派使者来汉献物,杜钦向大将军王凤揭发说:罽宾"今悔过来,
而无亲属贵人,奉献者皆行贾贱人,欲通货市买,以献为名"。"罽宾实
利赏赐贾市,其使数年而壹至云。"[2]康居慢待汉朝使者,却又派王子
入侍并贡献,都护郭舜揭露其实质,说:"何故遣子入侍?其欲贾市,为
好辞之诈也。"[3]

《后汉书·马援传》言:"西域贾胡,到一处辄止。"[4]总结出西域
商人每到一处就停下来做买卖的特点。西域来汉的使节和胡商,不少
在河西及长安定居,并在当地娶妻生子。在长安有专供各国各族来京
人员居住的蛮夷邸。甘延寿、陈汤上疏曰:"斩郅支首及名王以下。宜
县头槁街蛮夷邸间,以示万里,明犯强汉者,虽远必诛。"[5]汉武帝驾崩
之时,长安的"西域贾胡,共起帷帐设祭,[京兆]尹车过帐,贾牵车令
拜"。[6]可见长安西域商人数量之大。东汉洛阳城有不少西来欧罗巴
种人。东汉辛延年《羽林郎》诗云:"昔有霍家奴,姓冯名子都。依倚将
军势,调笑酒家胡。胡姬年十五,春日独当炉。长裾连理枝,广袖合欢
襦。头上蓝田玉,耳后大秦珠。"[7]这位胡姬,15岁就在酒店当家。她

---

〔1〕《史记》卷 123《大宛列传》,第 3173 页。

〔2〕《汉书》卷 96 上《西域传上》,第 3886、3887 页。

〔3〕《汉书》卷 96 上《西域传上》,第 3893 页。

〔4〕《后汉书》卷 24《马援列传》,第 844 页。

〔5〕《汉书》卷 70《甘延寿陈汤传》,第 3015 页。

〔6〕〔东汉〕刘珍等《东观汉记》卷 16《杨正列传》,景印文渊阁四库全书,台湾商务印书馆,
1984 年,第 379 - 170 页。

〔7〕郭茂倩辑《乐府诗集》卷 63《杂曲歌辞》,景印文渊阁四库全书,第 1347 - 554 页。

着汉妇服装,但耳后挂的大秦珠,说明她是从西域来的胡人女子。这些经商的外国人有的就混杂在汉族居民中间。

汉代,各国各族为了表示对汉的忠诚,往往要派王子或至亲来长安为侍子,实际就是质子,朝廷给这些侍子提供很好的生活待遇,对他们进行汉文化的教育,给其任命一定的职务,进行培养。而在皇朝大典时,也邀请他们参与,以示皇朝威臻极远。当其本国王位缺嗣时,朝廷则将他们送回去继承王位,从而保持与汉的友好关系。东汉建武二十一年(45年)冬,车师前王、鄯善、焉耆等西域18国,派遣王子到洛阳作为质子,并贡献本国的珍宝。诸王子见到光武帝,都痛哭流涕,痛斥莎车国在西域的霸道行径,希望朝廷重新设置西域都护,安护诸国。但是,当时中原刚刚安定下来,北部匈奴问题尚未解决,光武帝只得"皆还其侍子,厚赏赐之"。[1] 诸国得知遣往洛阳的侍子要全部返还,就致书敦煌太守,希望将侍子留住敦煌,对外扬言汉廷已留住侍子,并即将派遣都护镇守西域。裴遵上奏此事,得到了光武帝的应允。次年,莎车王贤知道了西域诸国与汉朝廷共同隐瞒实情,遂迁怒于朝廷,发书于鄯善王安"令绝通汉道"。安拒绝了贤的指令,并斩杀来使。贤大怒,发兵进攻鄯善。鄯善大败,其王安逃入山中。紧接着,贤又吞并了龟兹国。鄯善、焉耆诸国侍子久留敦煌,思念家国,纷纷归национ国。东汉一代,西域有50多个国纳质内属,洛阳城内的各国质子长期留居,即使到了东汉后期,汉灵帝"熹平元年正月,车驾上原陵,诸侯王、公主及外戚家妇女、郡国计吏、匈奴单于,西域三十六国侍子皆会焉"。[2] 一些侍子最后定居河西,如河西康氏是康居王子的后代。史载:"康绚字长明,华山蓝田人也。其先出自康居。初,汉置都护,尽臣西域,康居亦遣侍子,待诏河西,因留不去,其后遂氏焉。晋时陇右乱,迁于蓝田。"[3] 再如姑臧安氏,为安息王子的后代。长安出土的《安令节墓志铭》载:"君讳令节,字令节,先武威姑臧人,出自安息国王子,入侍于汉,因而家焉,历后

〔1〕《后汉书》卷88《西域传》,第2924页。
〔2〕〔宋〕徐天麟《东汉会要》卷7《礼七·上陵》,上海古籍出版社,1978年,第107-108页。
〔3〕《南史》卷55《康绚传》,中华书局,1975年,第1373页。

魏、周、隋,仕于京洛。"[1]

　　西域僧人经由河西走廊来华,以摄摩腾和竺法兰为最早。摄摩腾为中天竺人,东汉永平(58—75 年)中接受汉使者蔡愔邀请,"冒涉流沙,至乎雒邑。明帝甚加赏接,于城西门外立精舍以处之,汉地有沙门之始也。"[2]竺法兰也是中天竺僧人,与摄摩腾一起来华,他在洛阳翻译了《十地断结》、《佛本生》、《法海藏》、《佛本行》、《四十二章》等 5 部佛经,"汉地见存诸经,唯此为始也。"[3]桓帝在延熹年间于宫中立浮屠祠,使佛教得到进一步发展,于是,佛经的翻译也更为需要。这时,印度、大月氏、安息、康居等西域高僧相继东来,开始大规模翻译佛经的事业。其中最著名的是安息国王子安世高。史载:"安清,字世高,安息国王正后之太子也……王薨……遂让国与叔,出家修道……以汉桓之初始到中夏……值灵帝之末,关洛扰乱,乃振锡江南……西域宾旅皆呼为安侯。"[4]宾旅皆呼为安侯,说明当时在华的西域人数量不小。另一位是月氏人支楼伽谶,又译作支谶,于桓帝末年到洛阳,在中原居住了约 40 年,在孟福和张莲的协助下,翻译了《般若道行经》、《首楞严经》、《般舟三昧经》等共 14 部 27 卷,是在中国第一个翻译和传布大乘佛教般若学理论的西域僧人。

　　当时皇朝规定,汉人不许出家,只有西域人可以为佛教僧人。[5]这些西域僧人都是通过河西走廊来到中原的,有的后代还辗转回到河西定居。如上述东汉末来华的安世高,其后代就定居武威。《新唐书·宰相世系表》载:"武威李氏,本安氏,出自姬姓。黄帝生昌意,昌意次子安居于西方,自号安息国。后汉末,遣子世高入朝,因居洛阳,晋、魏间,家于安定,后徙辽左,以避乱又徙武威。后魏有难陀孙婆罗,

---

　　[1]《匋斋藏石记》卷 22,周绍良主编《唐代墓志汇编》上册,上海古籍出版社,1992 年,第1045 页。

　　[2]释慧皎《高僧传》卷 1《译经上》,中华书局,1992 年,第 1 页。

　　[3]释慧皎《高僧传》卷 1《译经上》,第 3 页。

　　[4]释慧皎《高僧传》卷 1《译经上》,第 4－5 页。

　　[5]后赵石虎时中书著作郎王度在上疏中说:"往汉明感梦,初传其道,唯听西域人得立寺都邑,以奉其神,其汉人皆不能出家。魏承汉制,亦修前轨。"见释慧皎《高僧传》卷 9《神异上·竺佛图澄传》,中华书局,1992 年,第 352 页。

周隋间居凉州武威为萨宝。生兴贵、修仁。至抱玉赐姓李。"[1]此安世高之后与上述安令节之祖不知是否一系之传。

6.8 魏晋南北朝(220—580年)永昌等地的白种人居民和过客

魏晋南北朝时期,河西地区仍有不少欧罗巴种的居民。如,221年(曹魏黄初二年)"叛胡决水灌显美",魏文帝遂命曹真率兵"讨破叛胡治元多、卢水、封赏等,斩首五万余级,获生口十万,羊一百一十一万口,牛八万"。[2] 其中透露出3个重要信息:一是显美治所在今永昌县东南,二是此所谓胡人,"自然包括大量的月氏胡",[3]三是居住在显美附近的月氏胡人主要是从事畜牧业生产的,否则他们不可能有那么多的牛羊。再如227年(建兴五年)诸葛亮拟联合孙吴和凉州胡人共击曹军时,后主刘禅下诏言:"吴王孙权同恤灾患,潜军合谋,犄角其后。凉州诸国王各遣月支、康居胡侯支富、康植等二十余人诣授节度。"[4]文中之河西胡人,"月支"指的是小月氏人为凉州土著,"康居胡"指东汉以来陆续从西域回河西定居的西迁康居大月氏部族。北凉国君沮渠氏,就是小月氏遗种卢水胡人。《魏书·沮渠蒙逊传》称:"胡沮渠蒙逊,本出临松卢水。"《宋书·氐胡传》称其"世居卢水为酋豪"。卢水,流经张掖临松,后世称为黑水。唐长孺先生分析道:卢水胡,推其由来,很可能与小月氏有关。照《汉书·西域传》,小月氏在西汉时还是居于祁连山麓。以后又深入湟中。这样,从张掖以南直达湟中都有小月氏,从地域上看来,小月氏的分布与沮渠氏及湟中卢水胡之分布相合。《晋书·沮渠蒙逊载记》蒙逊自言:"昔汉祚中微,我之乃祖,翼奖窦融,保宁河右。"证以《后汉书·窦融传》中有小月氏人助窦氏之事,蒙逊所

[1]《新唐书》卷75下《宰相世系表五下》,中华书局,1975年,第3445-3446页。

[2]《三国志》卷2《魏书·文帝纪》裴注引《魏书》,中华书局,1982年,第79页。

[3]陈国灿《河西胡人的聚居与火祆教》,载《西北史研究》第3辑,天津古籍出版社,2005年,第467页。

[4]《三国志》卷33《蜀书·后主传》裴注引《诸葛亮集》,第895页。

言不虚。[1]

魏晋南北朝时期,由于战争和内乱,交通时有断绝,但内地与西域间的关系仍不绝如缕,尤其是河西更因其相对较为安定,其与西域的交流有所发展。

史载:"魏兴,西域虽不能尽至,其大国龟兹、于阗、康居、乌孙、疏勒、月氏、鄯善、车师之属,无岁不奉朝贡,略如汉氏故事。"[2]曹魏明帝太和年间(227—233年)仓慈担任敦煌太守,"常日西域杂胡欲来贡献,而诸豪族多逆断绝;既与贸迁,欺诈侮易,多不得分明。胡常怨望,(仓)慈皆劳之。欲诣洛者,为封过所,欲从郡还者,官为平取,辄以府见物与共交市,使吏民护送道路。"[3]这是说三国时期,西域的商人在河西的贸易方式主要看商人的意愿,可以开给路条(过所)派人护送他们继续向东去贸易,也可以由敦煌官府以平价收购,或以现物与其交换,然后让其回国。西晋对朝贡西域各国赏赐丰厚,并普遍授予诸王官职,鄯善、龟兹甚至大宛等国均表示愿意受晋的官职或册封,并送侍子到洛阳。到内地的西域商人也络绎不绝。新疆民丰尼雅河下游一带出土了西晋发给商人的"过所",其中有两件月氏胡所持过所残简,简文为:"人三百一十九匹,今为住人买采四千三百廿六匹。"文中之"三百一十九匹"可能是指丝绸,也可能是指马、骡等牲畜,"买采四千三百廿六匹"显然是指带颜色的织物。[4]

十六国时,因中原混乱,西域诸国多至河西诸地朝贡、贸易,进行政治经济文化交流。前凉以姑臧(今武威)为都城,先是"有西域献汗血马、火浣布、犎牛、孔雀、巨象及诸珍异二百余品",又有"西域诸国及前部于阗王并遣使诣姑臧奉贡。鄯善王元礼献女姝好,号曰美人,立宾遐观以处之。焉耆、前部于阗王并遣使贡方物。"[5]前秦建元十四年(378年)"朝献者十有余国。大宛献天马千里驹,皆汗血马朱鬣五色,凤膺

---

〔1〕唐长孺《魏晋南北朝史论丛》,生活·读书·新知三联书店,1955年,第412-413页。

〔2〕《三国志》卷30《乌丸鲜卑东夷传》,第840页。

〔3〕《三国志》卷16《魏书·仓慈传》,第512页。

〔4〕杨建新,卢苇《丝绸之路》,甘肃人民出版社,1981年,第29页。

〔5〕《十六国春秋》卷72,景印文渊阁本四库全书,史部载记类。

麟身,及诸珍异五百余种。"[1] "建元十七年(381年)春二月,鄯善王及车师前部王皆来朝(苻)坚,大宛献汗血马,肃慎贡楛矢,天竺献火浣布,羌抑摩献羊六角二口四角八口。康居于阗及海东诸国凡六十有二王皆遣使,贡其方物。是时四夷宾服,凑集关中,四方种人皆奇貌异色。"[2] 北凉"玄始六年(418年)夏四月,西域贡吞刀、吐火秘幻奇术"。玄始九年(420年)"鄯善王比龙入朝,西域三十六国皆诣蒙逊称臣贡献"。[3] 后凉吕光本为前秦将领,奉苻坚之命于383年率军征伐西域,降30余国,"抚宁西域,威恩甚著,桀黠胡王昔所未宾者,不远万里皆来归附,上汉所赐节传,光皆表而易之。"返回姑臧时,他携回"外国珍宝及奇伎异戏、殊禽怪兽千有余品,骏马万余匹。"[4] 其中就包括从西域带回的龟兹艺人所演奏的龟兹乐舞,该乐舞在河西流传,并与中原文化艺术相融合,诞生了新型的音乐艺术——秦汉伎,后来改称西凉乐,在隋唐时名震华夏。而这些奇伎异戏的表演者以及豢养殊禽怪兽的驯鸟兽师,多为欧罗巴人种。后来,这些人除去内地一部分外,不少人会落户于武威一带,而成为当地居民。来河西的西域人,有在五凉政权做官的。如《晋书·吕光载记》有"光西平太守康宁自称匈奴王,阻兵以叛"。此康宁就是西域康国胡人。再如《晋书·秃发乌孤载记》中,其部下有名石真若留、石亦干者,极可能是西域石国的胡人。

西域的商人常到河西经商,且在此长期居住。英人斯坦因1907年于敦煌附近的长城烽燧遗址掘得粟特文书信8件,学者研究认为,信是西晋永嘉乱后的某年十月粟特在河西的商团首领纳奈凡达克写给萨马尔罕纳奈德巴尔爵爷的。其中报告了中亚商人在河西的活动,言"安玛塔萨其在酒泉一切顺利,安萨其在姑臧也好。""有一百名来自萨马尔罕的粟特贵族现居黎阳(日译本为'敦煌'),他们远离家乡,孤独在外。在□城有四十二人。""我们从敦煌前往金城,去销售大麻纺织品、

〔1〕《十六国春秋》卷37。
〔2〕《十六国春秋》卷37。
〔3〕《十六国春秋》卷94。
〔4〕《晋书》卷122《吕光载记》,中华书局,1974年,第3055、3056页。

毛毡……我们希望金城至敦煌间的商业信誉,尽可能长时期得到维持"。"商队从姑臧启程,所以他们在第六个月才到达洛阳。那里的印度人和粟特人后来都破了产,并且全死于饥饿。我又派纳先去敦煌。""我已派范拉兹马克去敦煌取三十二个麝香囊,这是为我自已搞到的,他将把这些麝香囊交给您。"[1]

十六国时,有颇多西域商人在河西尤其是凉州居住。439 年北魏克北凉,在姑臧俘获一批粟特国商人。史言,粟特"国商人先多诣凉土贩货,及克姑臧,悉见虏。高宗初,粟特王遣使请赎之,诏听焉。"[2]在论及粟特商人被掳事时,陈国灿先生征引洛阳出土的《唐康续墓志》中康续先世情况的文字:"东晋失图,康国跨全凉之地。控弦飞镝,屯万骑于金城;月满尘惊,辟千营于沙塞。"论道:"从三国时康植等'愿率兵马,奋戈先驱',到晋末张瑄率胡骑二万勤王,再到北凉末'悉见虏'来看,粟特康居集团在凉州拥有自己的武装,他们在晋末各族混战的形势下,与土著月氏胡武装结合在一起,完全可以'屯万骑于金城'、'辟千营于沙塞'。正是因为有过最后的武装抵抗,所以才有'悉见虏'之举,而且后来还由粟特国王遣使专门交涉将他们赎出。当然,说'康国跨全凉之地',确有夸美之意。如果理解成在十六国期间,康居集团及其武装的足迹遍及五凉政权各地,也无不可。"[3]

北魏与西域交通,多是走河西走廊。太武帝时,"魏每遣使者诣西域,常诏(沮渠)牧犍发导护送出流沙。使者自西域还,至武威"[4]嚈哒与北魏的交往密切。史载:"嚈哒国,大月氏之种类也,亦曰高车之别种,其原出于塞北。自金山而南,在于阗之西,都乌许水南二百余里,去长安一万一百里。"[5]嚈哒,是大月氏的种类,那么当属于印欧语

---

〔1〕王冀青《斯坦因所获粟特文〈二号信札〉译注》,载《西北史地》,1986 年第 1 期,第 67、70、71、72 页。

〔2〕《魏书》卷 102《西域传》,中华书局,1974 年,第 2270 页。

〔3〕陈国灿《河西胡人的聚居与火祆教》,载《西北史研究》第三辑,天津古籍出版社,2005 年,第 473 - 474 页。

〔4〕《资治通鉴》卷 123《宋纪五·文帝元嘉十六年》,中华书局,1956 年,第 3870 页。

〔5〕《魏书》卷 102《西域传》,第 2278 - 2279 页。

系东伊朗支。[1]《魏书·西域传》称自太安二年以后,嚈哒每岁遣使来北魏朝贡,见诸记载者多达十余次。还有粟特人,粟特人原居住在中亚艾萨克马尔罕为中心的阿姆河以东以北地区,史载锡尔河以北有康居国,即以粟特人为主。北魏太延年间,"西域龟兹、疏勒、乌孙、悦般、渴槃陁、鄯善、焉耆、车师、粟特诸国王始遣使来献。"[2] "盘盘国、赵昌国,渡流沙万里,又有粟特国,太祖世,并奉表贡献。粟特,大明中遣使献生师子、火浣布、汗血马,道中遇寇失之。"[3]不少西域人定居于河西。如酒泉安氏,史载:"安吐根,安息胡人,曾祖入魏,家于酒泉。吐根魏末充使蠕蠕,因留塞北。……文襄嗣事,以为假节、凉州刺史、率义侯"。[4] 武威康氏,"西域康国人也。其先盖出自造化之初,藤苗大唐之初,公即皇帝之胄胤也……祖拔达,梁使持节骠骑大将军,开府仪同三司,凉甘瓜三州诸军事,凉州萨保。诏赠武威太守。父莫覃,同葬安乐里。"[5]这位名康莫覃息阿达的唐代仪同,其祖为康国国君,来中国后,其祖父在梁时曾任凉甘瓜三州诸军事,逝后赠武威太守。

北魏都城洛阳成为西域商人的荟萃之地,《洛阳伽蓝记》载:"自葱岭以西,至于大秦,百国千城,莫不款附,商胡贩客,日奔塞下,所谓尽天地之区矣。乐中国土风,因而宅者,不可胜数,是以附化之民,万有余家。"[6]《隋书·食货志》称,北周时"河西诸郡,或用西域金银之钱,而官不禁。"[7]可见河西地区当时的西域商人数量很大,所以地方官府允许外国金银币流通。

西域欧洲诸国,除了从海路、也通过陆路,经由河西走廊去东晋南朝诸政权。如刘宋永初三年(422年),沮渠蒙逊灭前凉王李恂,"于是

〔1〕李树辉《嚈哒史迹钩沉》,载《西北民族大学学报》,2008年第4期,第26页。
〔2〕《魏书》卷102《西域传》,第2259-2260页。
〔3〕《宋书》卷95《索虏传》,中华书局,1974年,第2357-2358页。
〔4〕《北史》卷80《恩幸传》,中华书局,1974年,第3047页。
〔5〕《大唐仪同故康莫覃息阿达墓志铭》,载《武威金石录》,兰州大学出版社,2001年,第62页。
〔6〕〔北魏〕杨衒之《洛阳伽蓝记》卷3《城南》,上海古籍出版社,1958年。
〔7〕《隋书》卷24《食货志》,中华书局,1973年,第691页。

鄯善王比龙入朝,西域三十六国皆称臣贡献"。[1] 位于今阿富汗的滑国,梁"天监十五年,其王厌带夷栗陁始遣使献方物。普通元年,又遣使献黄师子、白貂裘、波斯锦等物。七年又奉表贡献"。滑周围的小国周古柯国、呵跋檀国、胡蜜丹国、白题国也都"使使随滑来献方物"。[2] 史载"是时西北徼外有白题及滑国,遣使由岷山道入贡。"[3] 岷山横亘于陇蜀之间,滑国等西域诸国是由陆路经由河西再转向陇南、蜀、巴到江左去的。

魏晋南北朝时期,许多西域高僧通过河西走廊陆续东来。我们检索,驻锡或经过河西从事传教和佛经翻译的高僧,有西晋长居于敦煌的月支僧人竺法护、前凉时居于凉州的月支僧人支施仑、前秦的罽宾国僧人僧伽跋澄、前秦的吐火罗僧人昙摩难提、后凉时居凉州17年的天竺僧人鸠摩罗什、后凉时来凉州的祖籍天竺的罽宾国僧人佛陀耶舍、后秦时的罽宾国僧人弗若多罗、后秦终于凉州的罽宾国僧人昙摩流支、后秦时经河西到长安的罽宾国僧人卑摩罗叉、北凉时长住张掖的高昌僧人法朗、北凉时长住凉州的西域僧人浮陀跋摩、北凉时先后到敦煌、凉州再至南朝的罽宾国僧人昙摩密多、北凉时经河西到刘宋的天竺国僧人僧伽跋摩、北凉时长住凉州、张掖最后被杀的中天竺僧人昙无谶、北凉时居凉州的罽宾国僧人师贤,后被北魏徙平城为道人统、北魏时由高昌来魏僧人释慧嵩、西魏北周时经高昌、张掖、鄯州(今青海乐都)到长安的印度犍陀罗国僧人阇那崛多[4]等。前秦时在长安译经的竺佛念,史称其为凉州人,但是在翻译《十诵戒本》等三部时,"竺佛念传语,(法)惠笔受",似乎此人梵文水平很高。《安公僧戒序》云:"佛念写其梵文,道贤为译,惠常笔受。"[5]似乎此人汉文水平并不高,或者其梵文水平

---

〔1〕《宋书》卷98《氐胡传》,第2414页。

〔2〕《梁书》卷54《诸夷传》,中华书局,1973年,第812页。

〔3〕《梁书》卷30《裴子野传》,第443页。

〔4〕释慧皎撰、汤用彤校注《高僧传》卷1《译经上》,中华书局,1992年,第23、33、34、41页;《开元释教录》卷4;《高僧传》卷2《译经中》,第45、60、61、63、65、76页;《高僧传》卷10《神异》,第387页;《高僧传》卷3《译经下》,第97、121、118页;《魏书》卷114《释老志》,第3036页;《续高僧传》卷75《义解》;《续高僧传》卷2。

〔5〕释智深《开元释教录》卷3,景印文渊阁本四库全书,子部释家类。

比其汉文水平更高。况且此人以竺为氏,因此我怀疑,此人或本为天竺僧,因长期居于凉州,故称凉州人。

随着佛教的东来,佛教艺术也在河西走廊发展起来。莫高窟、榆林窟、马蹄寺石窟、金塔寺石窟、天梯山石窟等河西地区早期佛教洞窟中的造像带有典型的西方人特征:深目高鼻、薄唇长耳、颐部丰满、头发自然卷曲。说明这些石窟的开凿者很可能是来自犍陀罗的工匠,或者是到印度长期学习过的中国工匠。在一定意义上,河西石窟寺也是河西白种人居停的形象记录。

6.9　隋唐五代(581—959年)永昌等地的白种人居民和过客

隋朝建立之后,采取各种措施鼓励西方商人来华。炀帝即位后,"时西域诸藩,多至张掖,与中国交市。帝令(裴)矩掌其事,矩知帝方勤远略,诸商胡至者,矩诱令言其国俗山川险易,撰《西域图记》三卷,入朝奏之。"《西域图记》中彩绘西域44国国王及庶人的服饰仪形,并绘制地图,第一次披露了从敦煌出发,南道直达吐火罗、北婆罗门,中道直达昭武九姓地及波斯,北路直达拂菻及西海(地中海)沿岸诸国的道路。大业五年(609年)隋炀帝越扁都口亲巡张掖,在燕支山(焉支山),裴矩组织"高昌王、伊吾设等,及西蕃胡二十七国,谒于道左。皆令佩金玉,被锦罽,焚香奏乐,歌儛諠噪。复令武威、张掖士女盛饰纵观,骑乘填咽,周亘数十里,以示中国之盛。"[1]这44国之中,《西域传》记载的20余国,如:高昌、康国、安国、石国、女国、钹汗、吐火罗、米国、曹国、何国、波斯等,绝大部分是属于印欧语系的国家。《隋书·西域传》称波斯国王"字库萨和",库萨和显然是波斯国王库斯老二世(Chosran Ⅱ,290—628年)名字的转音。

唐初,波斯曾多次遣使入朝。高宗龙朔(661—663年)间,唐设波

---

〔1〕《隋书》卷67《裴矩传》,第1578、1580页。

·欧·亚·历·史·文·化·文·库·

斯都督府,以王子卑路斯为都督。咸亨五年(674年),卑路斯亲自来长安朝贡,被授以右武卫将军,最后客死长安。[1] 斯坦因第三次中亚考古所发现的 AS'Ⅲ·4·093 号文书和阿斯塔那 191 号墓所出"唐永隆元年波斯军军团申报样人授勋、签符名籍"中有"波斯军"、"波斯军使"、"波斯道"、"送波斯王"等文字。[2] 由长安归国的卑路斯之子泥涅师统帅的部队有数千人,泥涅师最后也客死长安,波斯王室后裔也逐渐融合在汉族之中。一般波斯商人也有长期留华不归的。这些记载得到了考古资料的证实,1955 年出土于西安城西土门村附近的苏谅妻马氏墓志载明,墓主就是留居长安城的波斯人,墓志以汉文与波斯婆罗钵文合刻,对于波斯文东传和祆教史都有重要的研究价值。[3]《新唐书·西域传》中"开元、天宝间,[波斯]遣使十辈献码碯床、火毛绣舞筵"[4] 的史料,也得到了考古资料的证实。1980 年 1 月,西安西北国棉厂职工子弟学校操场出土《李素墓志》。志称:"字文贞,西国波斯人也……公则本国王之甥也……祖益初,天宝中衔自君命,来国通好,承我帝泽纳充质子……拜银青光禄大夫检校左散骑……特赐姓李,封陇西郡,因以得姓也。"[5] 根据《册府元龟》记载,在 647 年至 762 年的 115 年间,波斯 28 次派使节到唐朝。安史之乱爆发之后,西北陆路断绝,大食统治波斯地区,此后,不见遣使往来。

阿拉伯帝国在唐史中称为大食。史载,651 年至 747 年即怛逻斯战役之前的近一个世纪里,大食 22 次通使唐朝,其原因往往与大食在中亚的扩张有关。如大食入侵波斯时,波斯王向唐朝求援,大食唯恐唐支持波斯,主动遣使入唐,唐遂拒绝出兵,这才了却大食的心事。怛逻斯战役和安史之乱迫使唐朝的势力退出中亚,但是吐蕃的强大拉近了唐朝和大食之间的距离,并且黑衣大食代替白衣大食也是两国关系出现转折的重要原因。黑衣大食的曼苏尔在选巴格达为新都时曾说:

〔1〕《旧唐书》卷 198《西戎传》,中华书局,1975 年,第 5313 页。

〔2〕姜伯勤《吐鲁番文书所见的"波斯军"》,载《中国史研究》,1986 年第 1 期。

〔3〕夏鼐《唐苏谅妻马氏墓志跋》,载《考古》,1964 年第 9 期。

〔4〕《新唐书》卷 221 下《西域传下》,中华书局,1975 年,第 6259 页。

〔5〕陈国英《西安东郊三座唐墓清理记》,载《考古与文物》,1981 年第 2 期。

"这个地方是一个优良的营地,此外这里还有底格里斯河,可以把我们和老远的中国联系起来。"[1]怛逻斯战役之次年,大食重新遣使来唐。根据中文史籍的记载,在752年至798年的40多年间,大食19次遣使唐朝,更为频繁。后来,陆路交通被吐蕃所阻,大食与中国的往来改由海路进行。

随着波斯人的东来,波斯帝国的国教琐罗亚斯德教(Zoroastrianism)自北魏时就传入中国。琐罗亚斯德教是在基督教诞生之前中东、近东,其中包括中亚最有影响的宗教。伊斯兰教徒贬称其为"拜火教",中文典籍中称为祆教或火祆教。河西地区曾有不少火祆教的寺院,而信仰和从事火祆教活动的"祇有胡人,无唐人",[2]即主要是西域波斯等国人。唐《沙州都督府图经》(P. 2005)卷3《四所杂神》有"祆神,右在州东一里,立舍,画神主,总有廿龛。其院周回一百步。"[3]唐张鷟《朝野金载》载:"凉州祆神祠,至祈祷日,祆主以铁钉从额上钉之,直洞腋下,即出门,身轻若飞,须臾数百里。至西祆神前舞一曲即却,至旧祆所乃拔钉,无所损,卧十余日平复如故,莫知其所以然也。"[4]《新唐书·宰相世系表》所言东汉定居武威的安息国王子安世高,其后代"后魏有难陀孙婆罗,周隋间居凉州武威为萨宝。"[5]萨宝又译作萨甫、萨保,是火祆教的长老或者隋朝各州琐罗亚斯德教的管理者,安家人在凉州为萨宝,显见其权势之大。

除了波斯和大食之外,还有昭武九姓与唐的交通。昭武九姓,是中国南北朝、隋、唐时期对西域锡尔河以南至阿姆河流域的粟特民族和国家的统称。《隋书》言:"康国者,康居之后也。……自汉以来相承不绝。其王本姓温,月氏人也。旧居祁连山北昭武城,因被匈奴所破,西逾葱岭,遂有其国。支庶各分王,故康国左右诸国并以昭武为姓,示不

〔1〕〔美〕希提著,马坚译《阿拉伯通史》,商务印书馆,1979年,第340页。

〔2〕陈垣《火祆教入中国考》,载《陈垣学术论文集》,中华书局,1980年,第320页。

〔3〕此件为莫高窟藏经洞发现的唐代卷子,现藏巴黎国家图书馆东方写本部,引文影印件见李正宇《古本敦煌乡土志八种笺证》,甘肃人民出版社,2008年,第28页。

〔4〕〔唐〕张鷟《朝野金载》卷3,《四库全书精品文库》第18册,团结出版社,1997年,第534页。

〔5〕《新唐书》卷75下《宰相世系表五下》,第3445 – 3446页。

忘本也。"[1]该书指称康国、安国、钹汗国、米国、史国、何国、乌那曷国、穆国、漕国共九国的王族皆姓昭武,为昭武九姓。《新唐书》称:"康者……本月氏人,始居祁连北昭武城,为突厥所破,稍南依葱岭,即有其地。枝庶分王,曰安,曰曹,曰石,曰米,曰何,曰火寻,曰戊地,曰史,世谓'九姓',皆氏昭武。"[2]康国在今乌兹别克斯坦撒马尔罕,安国在今乌兹别克斯坦布哈拉,火寻就是花剌子模,其余诸国皆在附近。唐代又称九姓胡。总之,按照史书中的记载,九姓的祖先是月氏人,原居河西昭武城(有学者称"张掖"即"昭武"转音),为匈奴所破,迁居葱岭,分为多个小国,其王均以昭武为姓。但许多学者对此有不同说法,认为昭武九姓和月氏人本非同一民族。《史记》言大月氏,"其南则大夏,西则安息,北则康居"。昭武九姓所在的康居在大月氏北,并非一地。对此,岑仲勉在20世纪二三十年代所作《汉书西域传康居校释》及《汉书西域传地理校释》中已作考证说明;日本东京帝国大学教授白鸟库吉博士在1930年代也认为将大月氏与昭武九姓混为一谈是"全无佐证的空中楼阁之谈"。[3] 20世纪50年代岑仲勉在中山大学所用《隋唐史讲义》稿中进一步考证说,昭武九姓属吐火罗语系,与月氏无关,月氏西迁妫水流域后,当时九姓胡役属于康居,与南方之月氏各别为国。这一论点后为民族史专家翁独健所认定,并在1987年出版的《民族辞典》中分别立条加以阐明。

昭武九姓"人皆深目高鼻,多须髯"。[4] 李白更以诗的语言描述道:"金天之西,白日所没。康老胡雏,生彼月窟。巉岩仪容,戍削风骨。碧玉炅炅双目瞳,黄金拳拳两鬓红。华盖垂下睫,嵩岳临上唇。不睹诙诡貌,岂知造化神。"[5]这些康居佬胡人孩,出生于西方很远的地方,个子又高又瘦,绿色的眼瞳发出如玉的闪光,卷曲的头发金黄色,双鬓颜色泛红,如盖子的头发垂落到眼睫毛上,鼻尖高如嵩山和华岳,都

---

〔1〕《隋书》卷83《西域传》,第1848页。

〔2〕《新唐书》卷221下《西域传下》,第6243页。

〔3〕《塞外史地译丛》二辑。

〔4〕《隋书》卷83《西域传》,第1849页。

〔5〕《全唐诗》卷21《上云乐》,海南国际新闻出版中心,1995年,第89页。

快接到上嘴唇了。这些都是欧罗巴人种的典型特征。陈海涛认为"从种族上来说,粟特人是属于东伊朗部落",[1]昭武九姓为欧罗巴人种南方支西亚型。

昭武九国在南北朝时隶属嚈哒,隋朝时隶属西突厥。唐高宗永徽年间(650—655年)康国遣使内附,唐以其地置康居都督府,归安西都护管辖。康国以外,史为怯沙州、安为安息州、石为大宛都督府、米为安息州、何为南谧州。

唐代在中国的西域商贾,以昭武九姓人最多,其中又以康国人、石国人为主。不少昭武九姓人在河西走廊定居。P.2005《沙州都督府图经》记载,在沙州城西北110里有一处昭武人的聚居地,名兴胡泊,"商胡从玉门关道往还居止,因以为号"。另外有一个地方名典合城,"贞观中,康国大首领康艳典东来居此城,胡人随之,因成聚落,亦曰典合城。"

唐代武威有许多欧罗巴种人定居或做官。《大慈恩寺三藏法师传》叙述唐初玄奘在凉州的情景,言:"凉州为河西都会,襟带西蕃、葱右诸国,商侣往来,无有停绝。时(玄奘)开讲日,盛有其人,皆施珍宝,稽颡赞叹,归还各向其君长称叹法师之美,云欲西来求法于婆罗门国,以是西域诸城无不预发欢心,严洒而待。散会之日,珍施丰厚,金钱、银钱、口马无数。"[2]可见当时凉州城的西域胡人之多。史载,武威大城之中,小城有七,胡占其五。至德二年(757年),河西兵马使盖庭伦联合凉州九姓胡人安门物而聚众6万,杀掉了节度使周泌。当吐蕃攻占河西时,凉州胡人又曾组织九姓胡军自卫。这些都反映出,凉州是昭武胡人的一个居住中心。[3]祝巍山先生据1979年武威出土的唐玄宗天宝元年(742年)的《凉州御山石佛瑞像因缘记》和相关史料言,玄奘去西天取经东归时,曾在番和县感通寺讲经,受到当地胡人的礼敬。[4]

〔1〕陈海涛《昭武九姓族源考》,载《西北民族研究》,2000年第2期,第135页。

〔2〕〔唐〕慧立,彦悰著,贾二强译注《大慈恩寺三藏法师传选译》,巴蜀书社,1988年,第9-10页。

〔3〕陆庆夫《丝绸之路史地研究》,兰州大学出版社,1999年,第137页。

〔4〕祝巍山,李德元主编《金昌史话》,甘肃文化出版社,2007年,第37页。

《资治通鉴》载,唐武德二年(619年)安兴贵回凉州消灭割据者李轨的一段历史描述很有意思。文云:[1]

> 李轨将安修仁兄兴贵,仕长安,表请说轨,谕以祸福。上曰:"轨阻兵恃险,连结吐谷浑、突厥,吾兴兵击之,尚恐不克,岂口舌所能下乎!"兴贵曰:"臣家在凉州,奕世豪望,为民夷所附。弟修仁为轨所信任,子弟在机近者以十数。臣往说之,轨听臣固善,若其不听,图之肘腋,易矣!"上乃遣之。

> 兴贵至武威,轨以为左右卫大将军。兴贵乘间说轨曰:"凉地不过千里,土薄民贫。今唐起太原,取函秦,宰制中原,战必胜,攻必取,此殆天启,非人力也。不若举河西归之,则窦融之功复见于今日矣。"轨曰:"吾据山河之固,彼虽强大,若我何!汝自唐来,为唐游说耳。"兴贵谢曰:"臣闻富贵不归故乡,如衣绣夜行。臣阖门受陛下荣禄,安肯附唐!但欲效其愚虑,可否在陛下耳。"于是退与修仁阴结诸胡起兵击轨,轨出战而败,婴城自守。兴贵徇曰:"大唐遣我来诛李轨,敢助之者夷三族!"城中人争出就兴贵。轨计穷,与妻子登玉女台,置酒为别。庚辰,兴贵执之以闻,河西悉平。

> 轨至长安,并其子弟皆伏诛。以安兴贵为右武侯大将军、上柱国、凉国公,赐帛万段。安修仁为左武侯大将军、申国公。

李轨系武威姑臧人,隋末任鹰扬府司马。当薛举在金城举事后,他以保据河右为名,举兵起事,自称河西大凉王。武德元年冬,更称天子,渐有河西张掖、敦煌、武威、西平、枹罕五郡之地,成为李唐统一的障碍。据《新唐书·宰相世系表》记载,安兴贵是在武威世代定居的安世高的后代。[2] 安兴贵毛遂自荐去劝降或灭掉李轨,就是因为他的家族在凉州的势力很大,许多子侄在李轨手下为官将,所以当李轨拒绝他的游说时,安兴贵就发动家族人员以及他们联系的诸胡,一举消灭了李轨的势

---

[1]《资治通鉴》卷187《唐纪三·高宗武德二年》,中华书局,1956年,第5855页。

[2]《新唐书》卷75下《宰相世系表五下》,第3445–3446页。

力,平了河西。看来,安世高的后代一直到唐代在武威仍然有很大势力。

唐代甘州有自西域迁来的沙陀人定居。沙陀在隋唐之际为西突厥别部处月部。《新唐书·沙陀传》云:"处月居金娑山之阳,蒲类之东,有大碛,名沙陀,故号沙陀突厥云。"[1] 即今新疆吉木萨尔县北庭古城周围。唐高宗时,处月头领沙陀金山因战功被唐廷封为金满洲都督,张掖郡公。玄宗先天年间,为了躲避吐蕃,沙陀迁至北庭、伊州、瓜州一带活动。天宝间,沙陀首领骨咄支参与平定安史之乱,拜特进、骁卫上将军。其子尽忠累官至金五卫大将军、酒泉县公。贞元六年(790 年),"沙陀部七千帐附吐蕃,与共寇北庭,陷之。吐蕃徙其部甘州,以尽忠为军大论。吐蕃寇边,常以沙陀为前锋。"唐代宗永泰元年(765 年)河西节度使杨志烈兵败吐蕃,由凉州逃至甘州,"十月,沙陀杀杨志烈"。[2] 唐宪宗元和三年(808 年),甘州沙陀人东向投靠唐灵州节度使范希朝,被朝廷安置于盐州,后来又迁至太原。在与割据军阀和黄巢起义军作战中,沙陀头领被赐姓李。中和三年,首领李克用为朝廷收复长安,进同中书门下平章事、陇西郡公,成为唐帝国后期依靠的重要力量。最后其子李存勖灭朱梁,建立后唐。宪宗时,甘州沙陀归唐,族人并未全部迁走。元朝时的昔里钤部就是留居甘州沙陀的后裔,其传称"昔里钤部,河西人。自其父答尔沙必吉以上七世相西夏。必吉,译言宰相也。其先本沙陀部长,从唐赐姓为李氏,以别于西夏国姓为小李,后又讹为昔里。答尔沙官肃州钤部。生子以官配姓,名曰昔里钤部,又名益立山,在西夏累官沙州钤部。其兄以肃州钤部来聘,与馆接使察罕深相结纳,输诚内附。及太祖围肃州,射书城外,约以城降。事觉,全家被害。"[3] 沙陀人"深目虬须",[4] 是典型的欧洲种人。

唐岑参的边塞诗中,有许多提及河西尤其是凉州胡人的诗句。如

---

〔1〕《新唐书》卷218《沙陀传》,第6153页。

〔2〕《新唐书》卷6《代宗纪》,第172页。

〔3〕《新元史》卷131《昔里钤部传》。

〔4〕《旧五代史》卷19《氏叔琮传》,第256页。

"君不闻胡笳声,最悲紫髯绿眼胡人吹。""昆仑山南月欲斜,胡人向月吹胡笳。""凉州七里十万家,胡人半解弹琵琶。琵琶一曲肠堪断,风萧萧兮夜漫漫。""琵琶长笛曲相和,羌儿胡雏齐唱歌。"[1]看来不仅在河西居民中,在官府和军中也有许多欧罗巴种人。

景教又称为波斯经教、大秦教,是基督教聂斯脱利派在唐代的称呼。景教诞生于公元5世纪,在唐代传入中国并一度兴盛,在唐武宗会昌灭佛事件中受牵连而遭禁。景教传入中国的最重要的材料是明天启五年(1625年)在西安西郊发掘的《大秦景教流行中国碑》,据碑文可知:大秦国有主教阿罗本于唐贞观九年(635年)来到长安,受到唐太宗的礼遇,不但派宰相房玄龄率领仪仗队去西郊隆重迎接,还让其在皇帝的藏书阁翻译经书。3年后下令准其"传授",并出官帑在长安义宁坊建造"大秦寺"一所。根据唐代有关文献记载,当时的关内道、陇右道、剑南道等曾有景教寺或景教徒活动。[2]此外,敦煌藏经洞中发现的许多景教文献,表明在唐宋间敦煌一直有景教徒活动。

摩尼教也在唐初经由河西走廊传入中国,平定安史之乱后因回鹘对唐朝政府的影响而一度兴盛,在会昌灭佛事件中也遭到取缔。据记载:"武后延载元年(694年),波斯国人拂多诞持《二宗经》伪教来朝。"[3]开元七年(719年),又有"吐火罗国支汗那王帝赊,上表献解天文人大慕阇。……望请令其供奉,并置一法堂依本教供养。"[4]另外,还有伊斯兰教和犹太教的传入。唐代长安等地的伊斯兰教只在侨居的阿拉伯人中流行,保持着"民族性宗教"的特点。宋元之时,才逐渐发展壮大。

大量钱币的发现,是古代中亚、西亚和欧洲人来华的佐证。1897年,俄国人古德弗雷首次在我国新疆和田地区古城废墟上发现了东罗

---

〔1〕《全唐诗》卷199《胡笳歌送颜真卿使赴河陇》、《凉州馆中与诸判官夜集》、《酒泉太守席上醉后作》,海南国际新闻出版中心,1995年,第682-683页。

〔2〕葛承雍《从景教碑试论唐长安景教的兴衰》,载《碑林季刊》第6辑,陕西美术出版社,2000年,第219页。

〔3〕释志盘《佛祖统记》卷39,齐鲁书社,1995年。

〔4〕〔宋〕王钦若《册府元龟》卷971,中华书局,1960年。

马金币。1915 年英国人斯坦因又首次在吐鲁番地区发现波斯萨珊王朝银币。迄今为止,我国发现的东罗马金币及其仿制品有 40 枚左右,绝大多数都是 6 世纪中叶到 8 世纪中叶的随葬品,甘肃武威也是出土地点之一。1978 年河北还发现铸于 727 年的东罗马金币,下距墓主下葬的 750 年更近。由此可见,东罗马通过河西走廊和中国的交往是多么的频繁。

755 年(天宝十四载)安史之乱以后,吐蕃趁机占领了西域、河西和陇右诸州。白居易《西凉伎》诗,借胡人狮子舞形象地表达了凉州胡人因安西路断无法返回故乡的悲伤。诗言:"西凉伎,假面胡人假狮子。刻木为头丝作尾,金镀眼睛银帖齿。奋迅毛衣摆双耳,如从流沙来万里。紫髯深目两胡儿,鼓舞跳梁前致辞。应似凉州未陷日,安西都护进来时。须臾云得新消息,安西路绝归不得。泣向狮子涕双垂,凉州陷没知不知。狮子回头向西望,哀吼一声观者悲。"[1]李端《胡腾儿》诗言:"胡腾身是凉州儿,肌肤如玉鼻如锥。桐布轻衫前后卷,葡萄长带一边垂。帐前跪作本音语,拾襟搅袖为君舞。安西旧牧收泪看,洛下词人抄曲与。扬眉动目踏花毡,红汗交流珠帽偏。醉却东倾又西倒,双靴柔弱满灯前。环行急蹴皆应节,反手叉腰如却月。丝桐忽奏一曲终,呜呜画角城头发。胡腾儿,胡腾儿,故乡路断知不知?"[2]这位凉州舞胡腾者,是真正的西域胡人了,不仅长得"肌肤如玉鼻如锥",而且还"作本音语"说外国话,可惜现在他已经回不去了。敦煌卷子 P·2672 佚名《番禾县》诗,则描绘张掖番禾县(今永昌县)居民在吐蕃统治下的感慨和应对。诗云:"五柳和风多少年,琴堂墌毁旧山川。城依峡口当冲要,地接沙场种水田。经乱不输乡国税,昔时繁盛起狼烟。夷人相勉耕南亩,愿拜乘凫贡上天。"诗的大意是说:和平安定的生活以及优雅的琴房随着旧山河一起被毁了。"我们"这个城池紧挨着大黄山峡口,是西行的冲要,"我们"的水田边就是多次交战的战场。经过战乱,不再向

〔1〕《全唐诗》卷 427,海南国际新闻出版中心,1995 年,第 1577 页。
〔2〕《全唐诗》卷 284,第 1085 页。

乡里交纳国税了,当年的繁盛之地现在到处是狼烟。夷人们相互劝勉下地耕种,大家都祈祷着想乘上飞凫去向上天贡献。诗中提到的所谓夷人从字面说就是执弓之大人,西方人个子高,而定居于永昌一带的西方人又有强大的武装,他们是番禾的重要居民,在吐蕃统治下也不得不改变和平时期的悠闲舒心的绅士生活,为了活下去而到田地里去耕种。

848 年(大中二年)敦煌人张议潮率部先后收复了瓜、沙(敦煌)、肃(今甘肃酒泉)、甘(今甘肃张掖)、伊(今新疆哈密)等州,861 年收复吐蕃在河西走廊的最后一个堡垒凉州。唐皇朝正式敕建归义军,以张议潮为归义军节度使,归义军辖境"西尽伊吾,东接灵武,得地四千余里,户口百万之家"。[1] 在归义军时期,河西的欧罗巴种人数量仍然不少。如敦煌卷子 P·2596《儿郎伟》描述除夕夜敦煌的驱傩活动,竟以粟特人安城大袄作为仪仗部领("今夜驱傩队仗,部领安城大袄"),而且与道教的神仙和三危圣者一起表演。据郑炳林对敦煌卷子相关内容研究的结果,在吐蕃占领敦煌到归义军时期,虽然粟特人聚居的从化乡被取消,但他们并没有因此而完全迁出敦煌。为了生活,他们中的极少部分人成为寺户,更多的变成了敦煌诸部落的编户。如 S.2228《亥年修城夫丁使役簿》记载,丝绵部落 49 人,其中 8 人是粟特人;擘部落 8人,其中两人为粟特人。敦煌粟特人的势力、影响有所加强,特别是安氏、康氏两个具有代表性的粟特姓氏,他们与敦煌大姓通婚,成为敦煌大族豪宗,他们在归义军收复河西诸州及其与周边民族的战争中起了很大作用,他们担任归义军的各级官职。P.4660 号卷子为 10 位归义军前期名人邈真赞,其中两位是粟特人,地位很高。[2] 永昌地区粟特人的情况应该与之类似。

这里有必要提及与河西走廊有重要关系的民族——回鹘(原称回纥,788 年改)。回鹘是长期活动于漠北的丁零铁勒部之一,是现代维吾尔人和裕固族的祖先,属欧罗巴人种。唐武"则天时,突厥强盛,铁

---

〔1〕《敕河西节度兵部尚书张公德政之碑》。
〔2〕郑炳林《唐五代敦煌的粟特人与归义军政权》,载《敦煌归义军史专题研究》,兰州大学出版社,1997 年,第 407、417 页。

勒诸部在漠北者渐为所并。回纥、契苾、思结、浑部徙于甘、凉二州之地",[1]开始与河西走廊发生关系。后来,部分人东移聚居于凉州境内,人称凉州回鹘。727 年(开元十五年),[2]凉州回鹘发生变故。史载:"初,凉州界有回纥、契苾、思结、浑四部落,代为酋长。(王)君㚟(chuò 音"辍")微时往来凉府,为回纥等所轻。及君㚟为河西节度使,回纥等怏怏,耻在其麾下。君㚟以法绳之,回纥等积怨,密使人诣东都自陈枉状。君㚟遽发驿奏'回纥部落难制,潜有叛谋。'上使中使往按问之,回纥等竟不得申。由是瀚海大都督回纥承宗长流瀼州,浑大德长流吉州,贺兰都督契苾承明长流滕州,卢山都督思结归国长流琼州。右散骑常侍李令问、特进契苾嵩以与回纥等结婚,贬令问为抚州别驾,嵩为连州别驾。于是承宗之党瀚海州司马护输纠合党与,谋杀君㚟,以复其怨。会吐蕃使间道往突厥,君㚟率精骑往肃州掩之,还至甘州南巩笔驿,护输伏兵突起,夺君㚟旌节,先杀其左右宋贞,剖其心,云是其始谋也。君㚟从数十人与贼力战,自朝至晡,左右尽死。遂杀君㚟,驮其尸以奔吐蕃。追及之,护输遂弃君㚟尸而走。"[3]事情很简单,铁勒诸部人在甘州、凉州势力很大。瓜州常乐(今甘肃安西西南)人王君㚟年轻时经常往来凉州府,河西铁勒诸部人很看不起他。现在,王担任了河西陇右节度使,成了他们的顶头上司,因而不满,王竟"以法绳之",于是铁勒人赴长安告状,朝廷派人来袒护王,将诸部首领及有关官员流放或降职。诸部群情激愤,回鹘人护输于是找机会杀了王君㚟,然后投靠吐蕃。840 年以后,有大批回鹘人自漠北迁来河西。归义军时期,这些回鹘人归附张义潮,并发展壮大起来,设牙帐于甘州,人称甘州回鹘。其势力一度发展至兰州、河州。1028 年,西夏人攻入甘州,甘州回鹘灭亡。11 世纪,河西回鹘与周围民族形成裕固族先民"黄头回鹘"。13世纪以后,黄头回鹘又称"萨里畏兀儿"。

---

〔1〕《旧唐书》卷 199 下《北狄传》,第 5349 页。

〔2〕两《唐书》对此事时间记载或作十六年。

〔3〕《旧唐书》卷 103《王君㚟传》,第 3192 页。

6.10 宋、西夏时期(960—1227年)永昌等地的
白种人居民和过客

宋、辽、西夏、金时期,是中国历史上又一个大分裂时期。西北地区,各种势力错综复杂,宋与西夏、金长期对峙。

宋朝建立前后,凉州地区居住的主要是吐蕃诸部建立的六谷政权和回鹘人。宋朝因六谷政权军事力量强大,与其结成联盟,并派丁惟清知西凉府,以共同对抗党项人。宋还与甘州回鹘、西州回鹘等保持频繁的通贡往来,同时以这些地方政权为媒介,通过河西走廊和新疆地区,与天竺、大食、拂菻等国交往。斯坦因所获敦煌文书《西天路竟》就记载了五代及北宋初期从东京汴梁到高昌的交通路线:"东京至灵州(今宁夏灵武)四千里地。灵州西行二十日,至甘州,是汗王。又西行五日,至肃州。又西行一日,至玉门关。又西行一百里,至沙州界。又西行二日,至瓜州。又西行三十里,入鬼魅碛。行八日,出碛至伊州(今新疆哈密)。又西行一日,至高昌国。"[1] 11世纪出生于中亚马鲁的马尔瓦在所撰《动物的本性》一书中,记录了一条新疆到内地的交通路线,这条路线西从帕米尔高原东麓的喀什起,经叶尔羌(今莎车)、于阗、古楼兰至敦煌。由敦煌向东分为南北两道,北道穿过阴山山脉和杭爱山山脉,由草原直到辽朝的上京;南道经肃州、甘州、凉州、秦州、西京而抵开封。[2] 大食国使者原来就是经过河西走廊来宋的,史载:"天禧三年,(大食)遣使蒲麻勿陀婆离、副使蒲加心等来贡。先是,其入贡路繇沙州,涉夏国,抵秦州。乾兴初,赵德明请道其国中,不许。至天圣元年来贡,恐为西人钞略,乃诏自今取海路繇广州至京师。"[3]不过,当时大食的成分很复杂,除了黑衣大食王朝的使者之外,还有中亚、西亚地区的萨曼王朝、伽色尼王朝、布韦希王朝等使节,甚至有西域商人冒充

〔1〕〔日〕长泽和俊著,钟美珠译《丝绸之路史研究》,天津古籍出版社,1990年,第288页。
〔2〕周一良《魏晋南北朝史论集》,中华书局,1963年,第410页。
〔3〕《宋史》卷490《外国传六·大食传》,中华书局,1977年,第14121页。

大食名义与宋往来和获取商贸利益。当然,他们冒充的一个基本条件是,他们与大食人一样,属于欧罗巴人种。同时,拂菻也通过河西走廊与宋朝通使。史载:"拂菻国东南至灭力沙,北至海,皆四十程。西至海三十程。东自西大食及于阗、回纥、青唐,乃抵中国。历代未尝朝贡。元丰四年(1081年)十月,其王灭力伊灵改撒始遣大首领你厮都令厮孟判来献鞍马、刀剑、真珠……元祐六年,其使两至。诏别赐其王帛二百匹、白金瓶、袭衣、金束带。"[1]宋代的拂菻已经不是唐代的拜占庭帝国,而是指11世纪中叶以后占领小亚细亚大部的信奉伊斯兰教的塞尔柱帝国。所以《宋史》记载说其"历代未尝朝贡"。在马利克沙苏丹(1072—1092年)死后,诸子纷争,塞尔柱帝国分裂,再未遣使来宋。

1028年党项李德明遣其子元昊攻取甘州,灭甘州回鹘。1030年瓜州王曹延顺降归西夏。1032年,"元昊将兵攻凉州,回鹘势孤不能拒,遂拔其城。"[2]1038年,元昊称帝,建立了以党项族为主体的大夏皇朝,史称西夏。以兴庆府(今宁夏银川)为都城。西夏控制着包括今宁夏、陇东及河西走廊与内蒙古河套至伊金霍洛旗以西的地区,武威、永昌一带仍称凉州。西夏在凉州西北永昌城设右厢朝顺军司,以防范附近的回鹘和吐蕃势力。对西夏统治下的回鹘,宋人洪皓有所描述,言:"回鹘……甘、凉、瓜、沙旧皆有族帐,后悉羁縻于西夏,唯居四郡外地者颇自为国,有君长。其人卷发深目,眉修而浓,自眼睫而下,多虬髯。……善造宾铁刀剑,乌金银器,多为商贾于燕,载以橐它过夏地,夏人率十而指一,必得其最上品者,贾人苦之。后以物美恶杂贮毛连中,然所征亦不赀。其来浸熟,始厚赂税吏,密识其中下品者,俾指之。尤能别珍宝,蕃汉为市者,非其人为侩,则不能售价。奉释氏最甚,共为一堂,塑佛像其中。每斋必刲羊,或酒醋以指染血涂佛口,或捧其足而鸣之,谓为亲敬。诵经则衣袈裟,作西竺语,燕人或俾之祈祷多验。妇人类男子白皙,着青衣,如中国道服,然以薄青纱幂首,而见其面。"[3]河西走

〔1〕《宋史》卷490《外国传六·拂菻》,第14124 - 14125页。
〔2〕《西夏书事校证》卷11,甘肃文化出版社,1995年,第130页。
〔3〕〔宋〕洪皓《松漠纪闻》卷1,景印文渊阁四库全书,史部杂史类。

廊本来是西域往中原地区的主要通道,西夏控制河西后,对过境的西域、中亚商旅征以高额商税,甚至公开抢掠、杀害。西方商人为了自身的利益和安全,于是绕道向南,改走"吐谷浑"道。控制河湟地区的吐蕃唃厮啰政权遂得以发展,而河西地区的商业和经济发展受到影响,原来不断来此经商居住的西域人也基本绝了踪迹。

6.11 蒙元(1226—1368年)永昌等地的 白种人居民和过客

蒙古族于13世纪初在蒙古草原兴起,1206年,成吉思汗建立蒙古国,成吉思汗及其子孙通过一系列的战争,不仅消灭了西辽、西夏、金、大理、南宋而统一中国,蒙古的铁骑还横扫整个亚洲大陆和东欧,从而建立了东起鄂霍次克海、西至多瑙河的横跨亚欧大陆的蒙古帝国。

蒙古民族人口有限,因此,在保证蒙古族最高权力地位的同时,不断增加同盟者,按照民族和被征服的先后,制定了四等人制:蒙古人、色目人、汉人、南人。四等人的地位差距较大。给蒙古人、色目人以特权,以他们担任朝廷和各级政权以及各类机构中的主要官职。这一措施,让出自于西域和西北地区的各民族精英参与政治、经济、文化管理,发挥才干,培养和涌现出一大批少数民族的政治家、军事家、经济管理人才、技术专家和文史学者,提升了各民族的整体素质,也为中华民族文化的大发展做出了特殊的贡献。

蒙古人在西征的过程中,将征服地区大批具有生产、作战能力的工匠、士兵、学者、青年男子和妇女、儿童掳获,迁徙到东方。从青壮年中挑出一些人,编为签军,加入蒙古军队。忽必烈时期,蒙古人仍不断由西域签发军士、工匠东来参与攻宋的战争。如1269年(至元六年),蒙古军久攻襄阳、樊城不下,主帅畏兀儿人阿里海牙建议"遣使征炮匠于波斯"。[1]伊利汗阿八哈遂派名扬西域的亦思马因和阿老瓦丁等一批

---

[1]〔瑞典〕多桑著,冯承钧译述《多桑蒙古史》,中华书局,1962年,第317页。

回回炮手和工匠通过河西走廊的驿道来到中国。拔都在攻入钦察人和阿速人的生活区之后,也曾征招他们的青年壮丁从军,后来这些士兵也被迁入中国。《元史·兵志》记载,元朝有不少由西域人所组成的西域亲军,如由阿速人所组成的左阿速卫和右阿速卫,由康里人所组成的康里卫,由钦察人所组成的左右钦察卫,由斡罗斯人所组成的宣忠斡罗斯扈从亲军都指挥司等。据说,蒙古人总共从中亚掳掠了 100 万左右人口(这是蒙古人西征前军队总数 15 万左右的 7 倍)来到中国,开始了中亚人在中国的民族过程。[1]

　　1226 年蒙古军攻占西凉府(今武威),1227 年灭西夏,河西走廊成为蒙古大汗控制的地区。1229 年成吉思汗之子窝阔台继位为大汗,窝阔台次子阔端封于西凉为中心的西夏故地。1235 年阔端率西路军征讨秦、巩、陇南、四川,后北返,驻西凉府。藏区最有影响的萨迦派大师萨班受邀于 1246 年来凉州与阔端会晤,达成吐蕃归附蒙古的协议,西藏地区正式成为蒙古汗国的一部分,归属中国中央政权统领。1272年,"诸王只必帖木儿筑新城成,赐名永昌府。"[2]"至元十五年(1278年),以永昌王宫殿所在,立永昌路,降西凉府为州隶焉。"[3]永昌路治所在今永昌县城。[4] 永昌县南边的皇城滩为永昌王牧马地,有永昌王避暑宫,蒙古名斡耳朵城。1343 年,阔端后代绝嗣,元设永昌等处宣慰使司都元帅府以治之,阔端家族自此退出历史舞台。阔端的部众之中有许多来自中亚签军,这些属于欧罗巴种的色目人,长期驻扎武威、永昌一带,对当地人的血统当有所影响。

　　蒙元时,高昌王曾长期留居永昌。据对高昌地区语言资料的研究,当地居民有粟特人、吐火罗人、和田塞人和叙利亚人,也有汉人。[5] 唐末回鹘西迁,其中一支定居天山以南地区,建立高昌回鹘。回鹘源于丁

　　〔1〕徐黎丽《蒙元时期中亚诸民族在中国的民族过程》,载《兰州大学学报》,2002 年第 1 期,第 57 页。
　　〔2〕《元史》卷 7《世祖本纪四》,中华书局,1976 年,第 143 页。
　　〔3〕《元史》卷 60《地理志三》,第 1450 页。
　　〔4〕史为乐主编《中国历史地名大辞典》(上),中国社会科学出版社,2005 年,第 864 页。
　　〔5〕〔德〕葛玛丽《高昌回鹘王国(公元 850—1250 年)》,载《新疆大学学报》,1980 年第 2 期。

令,属九姓铁勒之一,迁居天山以南后开始了定居生活,并与当地居民融合,发展成现今的维吾尔族。当代维吾尔族以具有暗色素的短颅型欧罗巴人种因素占优势,比较接近于现代欧罗巴人种的中亚两河流域类型(有的学者别称帕米尔—费尔干纳型)。[1] 高昌回鹘的首领巴而术阿而忒的斤于1209年杀西辽监国,率部归附蒙古后,元设置了北庭都元帅府、别失八里和州等处宣慰司等军政机构管理,同时又任命巴而术阿而忒的斤为畏兀儿亦都护,统领其原有地区及部民,亦都护之职由其子孙世代承袭之。元朝皇室还与畏兀儿亦都户家族频繁联姻,以密切双方关系,加强畏兀儿作为元朝西北屏障的作用和巩固在这一地区的统治。海都以太宗嫡孙不得立而倡乱西北时,都哇起兵响应,1275年都哇率兵12万围攻高昌,亦都护火赤哈尔的斤表示"忠臣不事二主",[2]坚决抵抗。火州被围半年,粮尽士饥。后火赤哈尔应都哇之请,以女儿坠城下嫁之,解围。由于火州残破,高昌人移屯哈密,后都哇兵猝至,围攻哈密,1277年火赤哈尔战死。火赤哈尔之子纽林的斤,诣大都(今北京)请兵北征。忽必烈壮其志,妻以太宗孙女不鲁罕公主,公主薨,又以其妹八卜叉下嫁之。"有旨师出河西,俟北征诸军齐发。"纽林的斤遂率兵东向留居永昌,此当为元世祖削弱阔端系在凉州影响的一大措施。八卜叉公主死后,纽林的斤继尚安西王阿难达女儿兀剌真。纽林的斤定居永昌,除携带家眷之外,还有大量从天山以南带来的高昌回鹘士兵。1316年,纽林的斤被元仁宗封为高昌王。纽林的斤的墓位于永昌县城北10公里的圣容寺旁,其前立有《亦都护高昌王世勋碑》。[3] 1329年(天历二年)纽林的斤子帖睦尔不花任中书左丞相。这些高昌回鹘士兵,属于欧罗巴人种,他们世代在永昌生活,将欧罗巴人种的血脉存留永昌。

---

〔1〕韩康信《新疆古代居民的种族人类学研究和维吾尔族的体质特点》,载《西域研究》,1991年第2期。

〔2〕《元史》卷122《巴尔术阿而忒的斤传》,第3001页。

〔3〕高昌王留居永昌的历史,可参见武威博物馆藏元元统二年(1334年)所立《亦都护高昌王世勋碑》,有卡哈尔·巴拉提、刘迎胜《亦都护高昌王世勋碑回鹘文碑文之校勘与研究》,南京大学历史系元史研究室编《元史及北方民族史研究集刊》(8),第57-106页。

河西走廊是东西方陆路交通的必经之地,得天独厚的区位优势,使以河西及宁夏为主的甘肃行省成为被蒙古军掳掠的中亚人最早的聚散地,同时也是东来中亚人的居留地,仅在"肃州(今酒泉)东关内两条各一里多长的街道上经商者'番回居大半'"。[1] 元代著名文学家余阙,史书记其为"唐兀氏。世家河西武威。父沙剌臧卜,官庐州,遂为庐州人。少丧父,授徒以养母。与吴澄弟子张恒游,文学日进。"[2] 陈垣先生考证,"余阙父名屑耳为,祖及曾祖均名铣节,皆非汉姓,故余阙实为西域人。"[3]

也有元朝色目官员因事被流放到永昌一带的。如著名直臣、《宋史》、《辽史》、《金史》总纂脱脱被陷害后,其子被流放肃州、兰州。史载,惠宗至正"十五年(1455 年)三月,台臣犹以谪轻,列疏其兄弟之罪,于是诏流脱脱于云南大理宣慰司镇西路,流也先帖木儿于四川碉门。脱脱长子哈剌章,肃州安置;次子三宝奴,兰州安置。家产簿录入官。"[4]

甘肃、青海一些特有的少数民族就是元时迁来的中亚人。东乡族群众中广泛传说自己的祖先是由阿拉伯一带来的。"从现在大多数东乡族人的体形看,基本上与操突厥语族语言的诸族相同。而与蒙古人的体形差别较大。这对确定回回人是东乡族族源的主要成分,也是一个重要的依据。"[5] 保安族的族源同样与中亚各族有关。专家探讨道:"保安族所以信仰伊斯兰教,是因为元初驻扎在同仁地区的包括被征的青壮年男子、被俘的妇孺,随军的工匠、商人在内的'探马赤'等西域亲军都信仰伊斯兰教;保安族善于经商,习惯于沿丝绸之路经商,善骑,好打枪,这又与当年信仰伊斯兰教的色目人中的商人、兵士善骑好猎有关;保安族擅长打刀工艺,与元朝蒙古人军队中有关西域回回工匠不无关系;保安族做面食的技术高超,油香、馓子、凉面等,是西域民族的传

〔1〕胡振华《中国回族》,宁夏人民出版社,1992 年,第 74、75 页。
〔2〕《元史》卷 143《余阙传》,第 3426 页。
〔3〕陈垣《元西域人华化考》,上海古籍出版社,2000 年,第 58 页。
〔4〕《元史》卷 138《脱脱传》,第 3348 页。
〔5〕东乡族简史编写组《东乡族简史》,甘肃人民出版社,1984 年,第 17 页。

统美食;保安族体格健壮,多胡须,性格强悍,不畏强暴,这显然是信仰伊斯兰教的色目人的遗传。"[1]青海循化的撒拉族,是元时自中亚撒马尔罕(今土库曼境内)举族迁来的。传说,该族尕勒莽、阿合斯兄弟二人,率领族人,牵了一峰白骆驼,驮着故乡的水、土和《古兰经》,离开故乡,向东进发,经天山北麓,进嘉峪关,过凉州,然后辗转到达循化奥土斯山。夜里,驮经骆驼走失,人们打着火把寻找,天破晓时,在街子泉水边找到的骆驼,已经化为白石静卧泉边,由于这里自然条件优异,而且土壤与其故乡的相同,大家就在这儿定居下来,形成后来的撒拉族。[2]

最值得重视的是河西走廊祁连山北侧的由撒里畏兀儿人和当地原有民族形成的裕固族。自称尧乎尔的裕固人传说,400多年前,尧乎尔人的故乡在阿尔金山南北两侧的草原和沙漠地带。由于战争和疫病,大量人口和牲畜死亡。于是各部落的人到西至哈至召开丘勒干(会议),商量决定迁徙,再经额勒奇(萨满巫师)卜卦,终于向东迁徙到腾格尔乌拉(即祁连山)山麓的八字墩扎下了帐篷,安下了家。从前的尧呼尔可汗和王公的后裔安江氏族"阿勒坦·奥日古"(意为黄金氏族)为尧乎尔人世代的长官。从尧乎尔东迁到祁连山的第一代头目到最后一代头目安官布什加,共经历了十三代头目。[3] 我们知道,永昌县南照面山南侧有肃南裕固族自治县以皇城为中心的一块飞地,而山北边不远处就是现在改名骊轩村的者来寨,二者隔山相望,历史上曾统属一县。我们是否可以怀疑骊轩人或者与裕固族是相近的来源。学界和裕固族人一般认为他们的民族源于古代回鹘,也有的说他们源于古代蒙古。我们想,裕固族的族源可以从甘州、凉州回鹘与元代蒙古东迁驻军中寻求,他们都具有较多的欧罗巴人的血缘关系,但由于长期在河西走廊居住,又混合了部分当地汉族血统。

蒙元时期,中西陆路交通巨大的发展,为西人来华提供了极大的便

---

[1]马少青《保安族》,民族出版社,1989年,第7页。

[2]《撒拉族简史》,青海人民出版社,1982年。

[3]兰·希热布等口述,铁穆尔整理《裕固族东迁的传说》,载甘肃文史资料选辑46《中国裕固族》,甘肃人民出版社,1997年,第29－32页。

利。花剌子模人阿不勒·噶齐称赞道:"在伊朗和都兰之间的一切地方享有这样一种安宁,头顶金盘,自东徂西,不会遭受任何人的侵犯。"[1]蒙元统治者对各种宗教兼容并包,通过提倡宗教和笼络宗教上层,来为自己的统治服务,而西部各族的宗教及宗教上层人物在元朝巩固统治的活动中扮演了重要角色。一些外来宗教在中国社会兴盛起来,如基督教的聂斯托利派(景教)开始从西北边地回传到内地,基督教罗马教廷也派遣方济各会修士从欧洲到中国传教。伊斯兰教也在中国大规模传播,此外,犹太教、印度教、摩尼教、祆教等外来宗教也在元朝局部地区传播。1271年意大利人马可·波罗一行取道伊利汗国东行,循阿姆河上游逾帕米尔,由塔里木盆地南缘进入河西走廊,经过沙州、肃州和甘州,转向东北,经永昌北部,于1275年到达元朝上都。他记述说,沙州城"居民大部分是土库曼族,少部分是聂斯脱利派基督教徒和回教徒"。肃州城"居民大多数是佛教徒,也有少数是信仰基督教的。他们都是大汗管辖下的臣民。""甘州是唐古忒省的首府……人民大多数信奉佛教,也有一部分基督教徒。基督教在该城建筑了三座宏伟壮丽的教堂。""马可·波罗和他的父、叔因事业上的需要,在这个城里居留了将近一年。"[2]从马可波罗的观察可以知道,元朝时河西走廊各地居住了数量颇大的自中亚和欧洲来的白种人,连马可波罗一行也在张掖居住过一年。

西方各国陆续派遣使者经由河西等地来华。伊利汗国与元廷长期保持着良好的朝贡关系,并在元朝与西亚、欧洲的交往中,始终起着桥梁的作用。文宗至顺二年(1331年),"西域诸王卜赛因遣使忽都不丁来朝";[3]至顺三年,"西域诸王不赛因遣哈只怯马丁以七宝水晶等物来贡";[4]宁宗时,"西域诸王不赛因遣使贡塔里牙八十八斤、佩刀八

〔1〕韩儒林《论成吉思汗》,载《历史研究》,1962年第2期。
〔2〕〔意〕马可·波罗口述,鲁思梯谦笔录,陈开俊等合译《马可波罗游记》,福建科学技术出版社,1981年,第49、54、55页。
〔3〕《元史》卷35《文宗本纪》,第789页。
〔4〕《元史》卷36《文宗本纪》,第805页。

十"。[1] 这些波斯使者来华之后,有"居留可汗廷者四年",[2]不少人则从此留居东土不归。如波斯使者哈扎哈律受伊利汗委派出使元朝,由于其"夙慕中土,因絜家行",[3]来华后乃留居不返。伊利汗国频繁遣使,带动波斯商贾来华贸易。元代回回诗人马祖常的《河湟书事》诗形象地反映了在河西古道上中亚商贾往返贸易的情景,诗云:"波斯老贾度流沙,夜听驼铃识路赊。采玉河边青石子,收来东国易桑麻。"[4]

6.12 明清(1368—1911 年)永昌等地的白种人居民和过客

元代后期察合台汗国分裂为东西两部,东察哈台汗国随后又进一步分裂为别失八里、哈密、柳城、火州、于阗等割据政权。明朝建立后,西域地区陷入民族政权割据分裂的局面,洪武、永乐期间,采取积极进取的对外政策促进中西陆路交通的继续繁荣。郑和下西洋之后,海路交通兴盛,中西陆路交流逐渐衰微,但经由河西走廊到内地的西方使者、君王、商贾仍络绎不绝。中亚西亚诸国向明朝进贡,既有由海路经广州入境者,也有由陆路经河西走廊入境的。如撒马尔罕国"[成化]十九年偕亦思罕酋长贡二狮,至肃州,其使者奏请大臣往迎。职方郎中陆容言:'此无用之物,在郊庙不可为牺牲,在乘舆不可被骖服,宜勿受。'礼官周洪谟等亦言往迎非礼,帝卒遣中使迎之。狮日啖生羊二,醋、酏、蜜酪各二瓶。养狮者,光禄日给酒馔。"[5]

明洪武初,朝廷曾派遣回回人士出使中亚各伊斯兰教国家,而将其家眷留在西凉。这些家属"逗留五年不还。"因而朝廷规定:"凡西番回回来互市者止于甘肃城外三十里,不许入城"[6]。永乐间又规定:"凡回回鞑靼来鬻马者,若三五百匹,止令鬻于甘州、凉州,如及千匹,则听

---

〔1〕《元史》卷 37《宁宗本纪》,第 812 页。

〔2〕〔瑞典〕多桑著,冯承钧译述《多桑蒙古史》,中华书局,1962 年,第 319 页。

〔3〕〔元〕许有壬《至正集》,书目文献出版社,2009 年。

〔4〕〔元〕马祖常撰,李叔毅点校《石田先生文集》卷 4,中州古籍出版社,1991 年,第 84 页。

〔5〕《明史》卷 332《西域传四》,中华书局,1974 年,第 8600 页。

〔6〕《明太祖实录》卷 216"洪武二十五年二月癸亥"条,中央研究院历史语言研究所校印,1962 年。

于黄河迤西的兰州、宁夏等处交易,勿令过河。"[1] 史称:"元时回回遍天下,及是(洪武间)居甘肃者尚多,诏守臣悉遣之,于是归撒马儿罕者千二百余人。"[2] 其实,留居当地而未曾回中亚的更多。学者考证,明代来自西域的少数民族约有 20 万左右,其中大部分留居在今甘肃和陕西等地,大体占明初陕西布政使司辖下(含今甘肃)231.7 万人口的 1/10,占万历六年(1578 年)陕西布政使司辖下 450.2 万人口的 1/20。[3] 东西之间来来往往的贡使和客商从嘉峪关入关后,经过河西走廊,往往聚集或留居于走廊各地。武威达氏就是自哈密入关进贡后留住凉州卫而成为武威大姓的。刘敏宽《达氏家谱序》称:"武威达氏始祖,自国初从哈密进贡赴京,忠义恭顺,屡建功绩。成祖文皇帝嘉之,陞试百户,住凉州卫带俸,高曾祖累世相沿承袭。继至少保公讳云……"[4]

除了西方、西域的人员来往于河西外,西域、漠北的部落或人员归附后,也有被安置于河西的。如《明实录》所记:"故元平章把都帖木儿知院笼秃儿、灰纳、纳罕等遣部将哈散赤汝祝儿灰至西凉,言'率领鞑鞑百姓并家属五千余口来降'。上以其道远跋涉艰苦,且令就水草便利之地居住。"[5] 鞑鞑是对蒙古人的称谓,但我们不能说此 5000 余人绝对没有色目人,他们被安置到了凉州一带。嘉靖年间,"吐鲁番占夺哈密,入寇甘肃,议绝其贡。各处夷人随处羁禁。"撒马尔罕贡使本奔遂被监押于永昌卫。"提督尚书王琼议欲兴复哈密,请将见监庄浪卫撒马尔罕贡使土六孙等五人,见监永昌卫撒马尔罕贡使本奔一人,并进贡未回撒马尔罕夷人九十九人,及天方国一十六人,令镇巡官陆续验放出关,遣归本土。其原带方物并随身财物听其领回,不许官司侵克,重

[1]《明太宗实录》卷55"永乐六年三月壬戌"条。
[2]《明史》卷 332《西域传四》,第 8598 页。
[3]武沐《甘肃通史·明清卷》,甘肃人民出版社,2009 年,第 122 页。
[4]〔清〕张澍辑录,周鹏飞段宪文点校《凉州府志备考》艺文卷 9,三秦出版社,1988 年,第 771 – 772 页。
[5]《明太祖实录》卷 199"洪武二十三年正月甲申"条。

失远夷之心。"[1]

明朝初期,永昌所住回鹘头领降明,被安置为永昌卫千户。"永乐八年(1410年)春,凉州卫千户虎保、永昌卫千户亦令真巴等叛,众数千,屯据驿路。新附伯颜帖木儿等应之,西鄙震动。都指挥李智击之不胜,贼声言攻永昌、凉州城。皇太子命(费)瓛往讨。至凉州,智及都指挥陈怀以师会,遂进兵镇番。遇贼于双城,瓛击其左,怀等击其右。贼大败走,斩首三百余级。追奔至黑鱼海,获贼千余,马驼牛羊十二万。虎保等远遁,乃班师。"[2]英宗正统元年(1436年),以永昌卫正千户毛哈喇升为本卫指挥佥事。次年永昌卫土官指挥哈剌卜花,到京朝贡马匹,"自陈欲同土官指挥毛哈喇等居京自效"。英宗拒绝了他的要求,敕谕称,"尔等识知天命,归附朝廷,历年已久。兹已敕总兵、镇守等官加意抚绥,仍于本卫地方居住耕种,尔等宜各守法度,安生乐业,但遇征调,随即从行,不可妄生疑惑。其审思之!"[3]文中软硬兼施,防范之意甚浓。

清康熙中,江西人梁份(字质人)到张掖为张勇属下黄燕赞的幕僚,游历河西各地,撰成《西陲今略》一书。书中对永昌境的情况也有所记述,其水磨川堡下云:"今在南如焉支、黄城之部落,相安无事,则以此为货马市酒之场。北入山谷五十里,则有毛卜喇焉。堡每平明,有大黄山之夷,驱马持酥油各皮来市,或易布、帛、烟、酒而归。山北番族结屋山腰,因其不纳夷人添巴,亦不载于番族之内矣。堡东至永昌二十里。"宁远堡下言:"有昌宁湖,虽旷野平川,而水深草茂。湖侧有破古城,可以栖息,故西若坤都鲁,东若贺兰山诸夷,皆游牧于此。破古城在西北三十里,今罕顿、尔鼎合首气所住牧。贺兰山,今祝囊、克气劳藏等住牧,在昌宁之东。南边之夷麦力干于甲子年(康熙二十三年,1684年),欲住昌宁养病,盖昌宁之水大善,而草甚丰。"[4]看来,清初永昌县

---

〔1〕《殊域周咨录》卷16"撒马尔罕"条,中华书局,2009年。

〔2〕《明史》卷155《费瓛传》,第4253页。

〔3〕《明英宗实录》卷26"正统二年正月丁巳"条。

〔4〕〔清〕梁份撰,赵盛世等校注《秦边纪略》卷2《凉州卫·凉州北边》,青海人民出版社,1987年,第137、140-141页。

南北境都是少数民族游牧之地,其中有藏族,有蒙古族,也有回族。

清代"永昌县所属,西山流水沟寺土千户一人。乾隆元年,授番目地家太为土千户,管理番民五族。"[1]清乾隆间修成的《皇清职贡图》有"永昌县土千户地木切令所辖元旦等族番民"条。文云:"元旦等五族番民,统名西番,凡五十户,旧于永昌县南之横梁山游牧。雍正二年归顺,岁纳马六匹。乾隆二年,始设土千户辖之。男、妇俱毡帽,衣长领褐衣,足履络鞮。妇人或披发,约以红褐。五族互为婚姻,野合育子后,始纳币迎娶。"[2]两处所言土千户,皆管番民五族,当系一事。称其为番,并不一定是藏族,因为同书甘肃多数千户皆称番,如同卷第302页之摆羊戎(今青海省化隆回族自治县)通判所辖番民,实际上是回族;第310页之高台县黄番二族,现代定名裕固族。细察永昌此五族番民番妇之白描图像,似带有回鹘特征,或即为明永昌卫千户亦令真巴之后。

林则徐赴流放地新疆时,于道光二十二年(1842年)八月二十三日经永昌,其日记言,进入永昌县后,行25里为回回堡。[3]以地名论,当为回族聚居之地。陶保廉随侍其父陶模赴新疆巡抚任,于光绪十七年(1891年)十月十九日进入永昌县境后,西行25里的回回堡已不见踪影,只有名宣德堡者,且括注"小寨三"。[4]可知,回回堡当年较大,有3个寨子。而改名宣德堡者,当因咸丰、同治间西北回民反叛后,当地回民亦随同起事,左宗棠带湘军予以镇压,此地回民或逃亡或被迁往他处,故改名宣德以示"皇恩浩荡"。同治十二年(1873年)九月二十三日,左宗棠部下在肃州城,"分屠客回一千五百七十三人,至夜,诸军入城纵火,屠土回五千四百余人",[5]其中或许就有永昌回回堡的回民。

清朝建立之后,陆路衰落的状况依旧没有任何的改观,来华的商人、传教士多是走海路。但仍有欧洲或西域诸国人等自河西走廊西来

〔1〕《钦定大清会典事例》卷586《兵部·土司·土司授职一》。
〔2〕〔清〕傅恒等撰《皇清职贡图》卷5,广陵书社,2008年,第287页。
〔3〕《林则徐日记》,中华书局,1962年,第418页。
〔4〕〔清〕陶保廉撰,刘满点校《辛卯侍行记》,第269页。
〔5〕〔清〕王定安《湘军记》,岳麓书社,1983年,第313页。

者,亦有自中原西来河西者。乾隆九年(1744年)九月,"允准噶尔贡使哈柳等随带牛羊等物在肃州贸易"。[1] 光绪十二年(1886年),"俄莫斯克瓦商人欲携货赴科布多、哈密、肃州、甘州、凉州、兰州等处贸易。中国以科布多、哈密、肃州皆系条约订明通商处所,自可前往;甘州、凉州、兰州系属内地,非条约所载,不许。"[2]光绪二十三年(1897年),哈密回王道经酒泉、张掖、武威、兰州赴京朝觐。清康熙年间,比利时耶稣会士方玉清由汉中到凉州、甘州一带传教。或说,康熙十四年(1657年)皇十四子允禵信奉天主教,即施在凉州建天主教堂。1981年,武威高坝乡发现《凉州公教信友迁葬麦神父并兴修公坟碑记》石碑,言麦公为意大利人,圣方济各会修士,康熙五十七年(1718年)传天主教于兰、凉。曾在今金川区东的永宁堡传教,乾隆二年(1737年)年逝于凉州教堂。康熙皇帝曾下令凡服从教皇命令的教士不得留华,后雍正皇帝亦命令禁止天主教传播。鸦片战争之后,教禁被取消,教产被退还,天主教取得了在内地自由传播的权利。第二次鸦片战争签订的《天津条约》规定了《内地传教法》,《北京条约》规定:"任法国传教士在各省租田地建造自便。"从此,外国传教士可以自由深入内地建立教堂和传教据点。河西走廊地区的天主教也开始传入并发展起来。光绪四年(1878年)罗马教皇派遣比利时韩教主率司铎来甘肃传教,在凉州立教堂。光绪三十一年(1905年)教皇命分甘肃教区为二,凉州为甘北总教堂。[3]《武威金石录》收有武威松树堂天主堂清代传教士墓碑五通,一为法国传教士节□照,光绪八年(1880年)八月到凉州,十月去世,终年28岁;二为比利时传教士安济贫,1859年生,光绪十一年(1885年)来凉州,二十二年(1896年)逝世;三为比利时传教士葛天民,1878年生,光绪二十九年(1904年)到甘肃,三十四年(1908年)逝世于凉州西乡;四为比利时传教士施乐习,1882年生,光绪三十三年(1907年)来凉州,1915年逝世;五为比利时传教士祁进修,1879年生,光绪三十年

---

[1]《清史稿》卷10《高宗本纪一》,中华书局,1977年,第381页。
[2]《清史稿》卷153《邦交志一》,第4504页。
[3]以上数条凉州传教资料见《武威简史》,第158页。

（1905 年）来凉州，1935 年逝于凉州西乡。[1] 除此之外，19 世纪中叶以来，还有一些欧洲国家打着"探险队"、"考察队"的幌子，相继在我国西部和北部进行活动，这种活动在 19 世纪末、20 世纪初达到高潮。据不完全统计，此时期先后来华活动的外国"探险队"、"考察队"不下数十个，有俄国人、英国人、德国人、法国人、瑞典人、美国人、日本人等等。这些人以匈牙利人斯坦因、法国学者伯希和、俄国人鄂登堡、美国人华尔纳等为代表。他们在对新疆和河西等地的考察中，发现了诸多佛教石窟寺遗址、古城遗址，掠去大量古文书、简牍、佛像、壁画等，而为热血的中国人所痛恨。但当时西方国家的社会文化制度与科学技术的进步，又使得被掠去的中国文献文物在西方得到较好的保存。

---

〔1〕王其英《武威金石录》，兰州大学出版社，2001 年，第 205、209、214、218 页。

7　永昌文化习俗无古罗马"遗风"

民间文化习俗,是一定地区的居民在长期的物质和精神生产生活过程中形成并沉淀下来,并对人们的物质和精神生产产生影响的日常生产生活、衣食住行、休闲娱乐、婚葬嫁娶、信仰祭奠等等的相对固化的规范或形态,是民俗文化的最主要内容。自从哈里斯将古罗马军团东归骊轩说导入永昌以后,当地的颇多文化习俗也被赋予罗马文化的外衣,甚至被改造、发挥和曲解,形成所谓的"骊轩文化"。反过来,这些异化的"骊轩文化",又被作为古罗马军团东归的"有力"证据而被大肆宣传,影响海内外。本章就是要通过对永昌和古罗马相关文化习俗的历史追寻和比较研究,揭示所谓"骊轩文化"的真谛。

7.1　永昌斗牛和古罗马角斗士

新华社记者宋政厚发表的长篇报道《考古专家揭开尘封 2000 年谜案——永昌:驻扎过古罗马军团》[1]中说道:"村民们还介绍了这里的一些独有的民俗,可能是当年的罗马降人代代相传下来的。……'抵牛',更是当地群众喜欢的一项活动。每当开展此项活动的时候,村民们便将牛群赶到屠宰过牛的地方,让群牛闻到血腥味后发狂突奔吼叫,而后互相拼死角斗。当地人把这叫做'疯牛扎杠杠'。这一风俗至今还保持着。专家们认为这可能是古罗马人斗牛的遗风。"

斗牛分两种,一种是牛与牛相斗,另一种是人与牛相斗,这些都不是永昌独有的民俗,更与古罗马没有任何关系。

---

〔1〕宋政厚的报道刊于 1998 年 9 月 25 日《兰州晚报》;又见宋政厚,俞铮《寻获古罗马军人后裔——考古学家在甘肃永昌的发现》,刊于 1998 年 10 月 30 日香港《文汇报》;宋政厚《追寻古罗马残军在华足痕》,载《丝绸之路》,1999 年第 3 期。

无论水牛、黄牛都体形健硕,力大凶猛,生性倔犟,见血奋激狂燥,公牛互斗更是极为常见之事。人们发现了牛的这种特性,于是设法挑逗公牛互斗,发展成一种以公牛竞技为主的民间娱乐和评选健壮公牛的活动。而古代以牛作牺牲或食用,都首先要宰杀牛,因为牛的特性,宰杀牛必须首先将其抓住、掼倒,才能动刀,这是非常危险而且需要技巧和经验的专门工作。由此,屠夫杀牛也就成了最早的人与牛相斗的惊险表演,后来就发展为专门的人与牛相斗以供人们观看的娱乐活动。

中国北方人与牛相斗始于战国秦武王(前310—前307年在位)时期。《帝王世纪》云:"秦武王好多力之人,齐孟贲之徒并归焉,孟贲生拔牛角。"[1]《东周列国志》卷92演绎该故事,言:"却说秦武王长大多力,好与勇士角力为戏。乌获、任鄙自先世已为秦将,武王复宠任之,益其禄秩。有齐人孟贲字说,以力闻,水行不避蛟龙,陆行不避虎狼,发怒吐气,声响动天。尝于野外见两牛相斗,孟贲从中以手分之,一牛伏地,一牛犹触不止。贲怒,左手按牛头,以右手拔其角,角出,牛死。人畏其勇,莫敢与抗。"而正式的斗牛活动可能始于蜀地对修建都江堰的蜀郡守李冰的纪念。《太平广记》卷291引《成都志》言:"李冰为蜀郡守,有蛟岁暴,漂垫相望。冰乃入水戮蛟,已为牛形,江神龙跃,冰不胜。及出,选卒之勇者数百,持强弓大箭,约曰:'吾前者为牛,今江神必亦为牛矣。我以太白练自束以辨,汝当杀其无记者。'遂吼呼而入,须臾雷风大起,天地一色,稍定,有二牛斗于上,公练甚长白,武士乃齐射,其神遂毙。从此蜀人不复为水所病,至今大浪冲涛,欲及公之祠,皆弥弥而去。故春冬设有斗牛之戏,未必不由此也。"[2]这是因李冰化身为牛与江神现身之牛相斗遂除水患的故事,蜀民为纪念李冰的功绩,在春冬交替之际有了斗牛的娱乐活动。这种斗牛,可能是以二牛相斗。从滇地出土的青铜器中众多的"斗牛扣饰"、"缚牛扣饰"来看,滇人的斗牛、杀

---

〔1〕《春秋战国异辞》卷24引,景印文渊阁四库全书本。

〔2〕《太平广记》卷291《神一·李冰》,收于《笔记小说大观》第4册,江苏广陵古籍刊行社,1983年,第264页上栏。

牛祭祀的时间最早可以上溯至战国。[1] 汉代北方斗牛盛行。从汉画像石斗牛图案分析,汉代的斗牛分两种情况:一种是牛和牛斗,水牛、黄牛都有。如河南密县打虎亭出土的东汉画像石中有两幅水牛相斗图。[2] 一种是人和牛斗,这一类情况在汉画像砖中数量最多,也最具有代表性,是当时社会尚武尚力风气的反映。如河南郑州出土的汉画像砖中,有两幅斗牛图。其中图84画一人赤膊,其一手捺牛头,一手握拳猛击;图85一人戴帻赤膊,右手执牛角向下捺,左手举一铁锤向牛头砸去,牛弹蹄吼叫。[3] 河南南阳出土的汉画像石中有一幅斗牛图,斗牛者大踏步迎向奔来的牛,手握住牛角。汉代的皇宫里按禽兽种类分别圈养各种动物,如虎圈、狮子圈、彘圈,关养包括水牛黄牛在内的各种动物。皇家常以观看斗兽为乐。每年秋冬之际,西汉皇帝令武士在长扬榭搏射禽兽,天子登此以观焉;有时技痒,便亲自下场。汉武帝就曾"手格熊罴"。[4]《汉书·孝元冯昭仪传》云:"建昭中,上幸虎圈斗兽,后宫皆坐。熊佚出圈,攀槛欲上殿。左右贵人傅昭仪等皆惊走,冯婕妤直前当熊而立,左右格杀熊。上问:'人情惊惧,何故前当熊?'婕妤对曰:'猛兽得人而止,妾恐熊至御坐,故以身当之。'元帝嗟叹,以此倍敬重焉。傅昭仪等皆惭。"[5]《南齐书》卷11《乐志》中《俳歌辞》有"生拔牛角"句,似为配合下段之"角抵"的歌唱。牛相抵斗是公牛的本性所决定的,唐宋以降,颇多以二牛相斗为题材的画作。而人与牛斗,则更多的是人们表现勇武的一种民间活动。这种纯娱乐性的斗牛到宋明以降一直存在,只是已由朝廷转向民间。明沈德符《万历野获编·技艺·斗物》记道:"闻斗牛最为奇观,然未之见……"[6]说明明清上层人士已经很难看到斗牛了。

---

〔1〕樊海涛《从"缚牛扣饰"看滇国的斗牛活动》,载《四川文物》,2007年第3期。

〔2〕河南省考古学会古代艺术研究会编辑《密县汉画像砖》,中州书画出版社,1983年,第115、119页。

〔3〕周到《河南汉代画像砖》,上海人民美术出版社,1985年。

〔4〕《汉书》卷65《东方朔传》,第2847页。

〔5〕《汉书》卷97下《外戚传下》,第4005页。

〔6〕宣炳善《中国斗牛民俗的分类》,载《民间文学论坛》,1997年第4期。

现代中国的斗牛活动,以浙江金华、贵州、云南、广西、宁夏等地最为著名。

苗族斗牛最初是用以祭始祖的,后来渐渐变成祭近祖的仪式,甚至用来作为庆祝活动。1591年(万历十九年),定番州(今贵州惠水县)筑起石城墙,苗族兄弟牵100多头牛,到城内斗牛庆贺城墙竣工。[1]黔东南台江县苗族在敬秧节、龙船节、苗年、客家年举行斗牛。苗族的斗牛从精心挑选斗牛开始。苗族人认为,牛的习性,从各个部位上即可看出是否能斗善斗。挑选斗牛,至少要从牛的前身、后身、四膊、四脚、蹄爪、皮毛、牛旋、头、眼、角、耳、鼻、嘴、舌、牙、腮、颈、肩、脊背、腰、肚、脐、肛门、尾巴等几十个部位去看相。在挑选斗牛时还十分讲究牯牛的"三宽四紧",即:鼻子宽、屁股宽、角门宽;骨骼紧、四蹄紧、口紧、腰紧。[2] 经过精心的挑选,花昂贵的价钱将牯牛买回家进行饲养。由于牛性强烈,斗牛动不动就用尖锐长角撬碰圈柱、圈板。为了安全,斗牛圈一般都设在苗家吊脚木楼的楼脚或木楼附近,圈四周均用粗大的杉木做柱,用比较厚实的杉木板做圈栏板,且为密封式的,不让牛从孔中往外看,让牯牛与世隔绝,逐渐养成独自生活的习性,一旦放出圈门,一见到广阔天地,格外好奇,分外眼红,极其兴奋。斗牛的前一天,牛主们要把牯牛从牛圈里牵出来,用清水将牛身冲洗得一干二净。第二天一早,又舀上自家酿的米酒给斗牛喝几口,以示欢送"英雄壮士"代表全寨男女老少"出征"。同时,还要用菜油和着锅烟将牛身涂得油黑发亮,并用白色颜料在斗牛身上写上"牛王"、"过江龙"、"常胜将军"等字样。如果牛角太短,就给牛的角尖上套上一截铁角,扎上一朵大红花戴在牛头上,牛身上还要罩上一块红缎子,牛腰拴一根红缎带子。苗族牛主牵斗牛"出征"时,全村寨的男女老少,都身着节日盛装,前呼后拥,载歌载舞来到斗牛场。斗牛开战前,由斗牛委员会宣布斗牛有关事宜,同时安排人员逐一检测斗牛的牛角,划分出宽角组、窄角组、老牛

〔1〕唐世林《斗牛探源》,载《贵州民族研究》,1990年第4期。
〔2〕杨光全,杨玉安《浅谈苗族斗牛文化三要素》,载《贵州民族学院学报》,2004年第4期。

·欧·亚·历·史·文·化·文·库·

组、嫩牛组。确保牛与牛之间平等对抗不产生纠纷,牛主按分组进行
"抓阄"来决定比赛对手。放打之前,一方为防御牛,一方为主攻牛。
牛主一松开牛缰绳,主攻牛便似下山的猛虎冲向前,防御牛也挺身出
战。霎时,只听"嘭呼"一声巨响,两头威风凛凛的牛王头对头,角对
角,拼命相抵,死劲碰击,左右进攻,上防下击,左攻右防,东撬西扭,
"嘭呼"作响,你进我退,你退我进,针锋相对,互不相让,各施角技,各
使绝劲。获胜的斗牛,在牛主的牵引之下,在斗牛场绕圈来回走动,继
续示威。男女老少则载歌载舞,给牛敬酒。为了保护牯牛,如果两头牯
牛久斗而难分胜负,或超过规定的时间,就分开正在相斗之牛,宣布为
平局。

贵州黎平、从江等县的侗族以农历的二月或八月的第一个亥日为
斗牛节。届时各队将自己的牛王镶以铁角,头罩红缎,打扮一新,绕场
三圈。铁炮响起,两头牛四蹄腾空,向前冲去,打成一团。得胜的牛王
在芦笙声中绕场示威,披红、放炮。

贵州黔南州水族有斗牛舞,水语称"斗贵"或"兜刀",意为斗牛,在
端午节和丧葬祭祖时跳。在芦笙和莽筒的吹奏和伴舞下,舞者腰系鸡
毛裙,披着彩色绸布的披衣,手里拿着竹篾编的牛头,随着音乐的节拍
边做斗牛状边舞,后边跟着男扮女装的"姑娘"们随行伴舞。

浙江金华的斗牛,可能起源越人之俗。[1] 最初也是一种宗教仪
式,只是到了后来成为娱乐。金华民间现在还流行斗牛的一项老规矩,
即"没有庙是不能斗牛的"。金华的斗牛,从每年春播结束后开角,一
年中第一次斗牛,一直延续到第二年春耕前的封角,除农事大忙稍有间
断外,几乎是一月一大斗,半月一小斗。斗牛赛场占地约四五亩,四邻
八乡的人都来观看。开始时金锣齐鸣,火铳震天。各村的斗牛头戴金
花,身披红绸,由4个身穿彩衣、头扎汗巾、腰系飘带的护牛壮士,举着
绸旗,上写牛名(乌龙、英雄虎、黄龙等),前呼后拥,进入赛场,抓阄决
定斗牛的次序。然后由牛亲家牵牛上场。两牛互相注视,一声令下,就

〔1〕叶大兵《金华的斗牛风俗》,载《民间文学》,1981 年第 10 期。

低头翘尾,死命角斗,互不相让。斗牛不断变换战术,避实就虚,以出奇制胜。胜者横冲直撞,所向披靡;败者鲜血淋漓,奔逃窜遁。直到败者冲出田塍,斗牛才算结束。斗胜的牛被主人洗刷洁净,披戴凤冠彩帔,一路丝竹唢呐,锣鼓鞭炮,前呼后拥地昂然归去。

人与牛相斗的掼牛活动,在回族聚居区比较受重视,这主要与回族爱吃牛肉、经常宰牛有密切关系。传说很久以前有一个回回营,居住着近千户人家,他们每年过宰牲节时,都要宰上百头牛。每次宰牛都要把牛赶在一起,然后由四五个年轻力壮的小伙子拿着绳子和木棍,互相配合把牛捆住摔倒。有一次在捆一头大公牛时,一个小伙子被牛抵伤,不久"无常"[1]了,乡亲们为此很伤心。第二年过宰牲节时,有一个勇敢聪明的年轻人,眼尖手快,不用别人帮忙,一个人用敏捷的动作就把牛掼倒了。乡亲们赞不绝口,广泛传说。在他的影响下,以后每年到了宰牲节,有不少精明能干的小伙子一个个来掼牛。从此以后,掼牛成了回族群众喜爱的一项传统体育活动,每年宰牲节专门进行表演。浙江嘉兴和宁夏回族的掼牛活动十分著名。掼牛没有什么严格规则,主要是根据每个人的力量和技巧,以在一定时间内把牛掼倒为目的。斗牛者机智灵活,面对犄角似剑、暴跳如雷的大公牛,跨步向前,双手紧握两只牛角,全神贯注,用力将牛头拧向一侧,然后马上用右肩扛住牛下巴,把牛脖子使劲一别,大公牛前腿立刻跪下,随即用力压住牛的颈部,通过拧、扛、压等一系列动作将大公牛掼得四脚朝天。

与以上所述贵州、云南、浙江、广西、宁夏等地的斗牛相比,永昌的斗牛既没有固定的日期,形式也极为简单,不过是一种相对常见的民间普通斗牛活动而已,绝不是永昌特有的民俗。至于将永昌的斗牛称为"可能是古罗马人斗牛的遗风",更是夸大其辞了。

国外有起源于爱琴海东部的史前宗教活动,扩展至从巴基斯坦的印度河流域到欧洲东部多瑙河地区的公牛崇拜(bull cult)。公牛神的象征是男性生殖器,在东方,公牛常被描述为伟大生殖女神的伴侣,借

---

〔1〕回族讳言人逝世为"无常"。

·欧·亚·历·史·文·化·文·库·

以表示繁殖后代的男性生殖力原则及其不可战胜的力量。公牛崇拜一直延续到有史时期,而在印度河流域和克里特岛尤为重要。[1] 有被称为西班牙"国术"的骑士斗牛(bull fighting)。唯独古代罗马既没有对牛的崇拜,也没有斗牛之俗,有的只是人斗兽和人斗人的角斗。

西班牙斗牛本来是当地古代宗教的一种祭祀活动,形式比较简单,就是将牛杀死作为贡品奉献给神,没有什么严格的规矩。13 世纪西班牙国王阿方索在世时,这种杀牛祭神的宗教活动演变成赛牛表演。真正的斗牛表演则出现在 16 世纪。1743 年,马德里兴建了第一个永久性的斗牛场。18 世纪中叶,西班牙各地开始兴建正式的斗牛场,使斗牛成为一种竞技运动。清光绪初年,黎庶昌(1937—1898 年)随英法公使郭嵩焘到欧洲,先后任驻英、法、德、日(日斯巴尼亚,西班牙的旧译)参赞,所撰《西洋杂志》有《斗牛之戏》一目,言:"《莼斋杂记》:斗牛之戏,惟日斯巴尼亚有之,为国俗一大端。距马德利二里许,山岗略平处,有房杰然特出,斗牛场也。围墙四周,而空其中央,径八九十丈。外为走廊,内列坐可容一万数千人。下层铁栏外,有走巷一条,再外以木板植立,为大圆围,高可及肩,中铺细沙,为斗牛处。礼拜是其斗牛之日,举国若狂。余买票往观。坐定,兵士奏乐一通,公司二人驻马前行,斗牛之士二十余人,衣五色衣,各随其后,绕行围内一周而出。始开门纵牛入。骑马者二人手持木杆,上安铁锥,先入以待。所踏脚蹬系铁鞋,如斗形,牛不能伤。又有数人,各持黄里红布一幅,长约六尺,宽约四尺,诱张于前。牛望见红布,即追而触之,一彼一此,或先或后,使其眩惑。诱至马前,牛则怒而触马,角入马腹,肚肠立出。若迫近人身,则以铁锥锥之,再诱再触,凡三四触,而人马俱倒于地。马无不死者,而人大率无恙。俟斗伤两马后,即易以他人,诱法如前……是日凡斗七牛,第一牛斗伤两马,一马死于围内,一马骑出死。用剑者六刺,始中脊缝。第二牛……越五日,闻第六牛所伤之马,骑者亦因马鞍筑胸而死。此事

---

[1]《简明不列颠百科全书》,中国大百科全书出版社,第 3 册,第 427 页。

西洋各邦无不讥其残忍,然成为国俗,终不能革。"[1]这大概是中国人观看西班牙斗牛的第一次文字记录。

现代西班牙斗牛表演以斗牛士进场拉开帷幕,两位前导穿着16世纪的装束,骑着马首先上场,他们径直向主席台跑去,请求赐给他牛栏钥匙。尔后,乐队奏起了嘹亮的斗牛进行曲,在乐曲声中3位斗牛士各率自己的一班人马,分3队同时上场,他们摆着特殊的姿势绕场一周,随后到主席台鞠躬致意。斗牛士退场后,号角吹响,牛栏大门敞开,牛飞奔而至,斗牛开始。整个斗牛过程包括:引逗、长矛穿刺、上花镖、正式斗杀四个部分。引逗是整个表演的开锣戏,由于此牛野性始发,所以由3个斗牛士助手负责引逗其全场飞奔,消耗其最初的锐气。几个回合过去,骑马带甲的长矛手出场,他们用长矛头刺扎牛背颈部,将其血管刺破,进行放血,同时为斗牛士开一个下剑的通道。长矛手任务完成后,由花镖手徒步上场,手执一对木制杆、饰以花色羽毛或纸、前端带有金属利钩的花镖,孤身一人站立场中,并引逗公牛向自己发起冲击,待公牛冲上来,便迅捷地将花镖刺入牛颈背上也起放血的作用。最后,手持利刃和红布的主斗牛士上场,开始表演一些显示功力的引逗闪躲动作。最后是刺杀阶段,也是斗牛的高潮。刺杀的动作分为3种:一种是人不动而牛冲来,这时斗牛士在瞄准阶段等都是静态的,有利于准备、瞄准和判断。二种是人动牛不动,即在牛观望的时间内,斗牛士向前冲,边冲边瞄准,直至剑入牛身,这时牛也发力向前顶,借力刺得更深。三种是人动牛也动,斗牛士在运动中判断牛的部位并准确下剑,这是最难把握和境界最高的刺杀动作。斗牛士赢得的奖励有:掌声、绕场一周、单耳奖励、双耳奖励、双耳加牛尾、王子门等等。[2]西班牙斗牛过于血腥,近年又有人大力呼吁停止此项活动。

在年代上,中国的斗牛习俗要远早于西班牙的斗牛。永昌的斗牛习俗是牛斗牛,与西班牙人斗牛的形式根本不同,绝不可同日而语。

〔1〕〔清〕黎庶昌撰,谭用中点校《西洋杂志》,贵州人民出版社,1992年,第184－186页。
〔2〕《西班牙斗牛》,载《中国地名》,2009年第2期。

·欧·亚·历·史·文·化·文·库·

古罗马根本没有斗牛的活动,只有以人与兽斗或人与人斗的角斗表演。竣工于公元82年的意大利科洛塞竞技场(又译罗马斗兽场),是罗马时代最伟大的建筑之一,也是保存最好的一座圆形竞技场。位于威尼斯广场的东南面,是世界八大名胜之一,也是罗马帝国的象征。科洛塞竞技场能够容纳5万名观众,它主要用于斗兽或角斗表演,其他诸如模拟海战、猎杀动物、处决犯人、著名战争重演,以及古典神话戏剧等也在这里进行。据说,古罗马时期,大约有50万人和100多万只动物死于表演之中。一般认为,古罗马的角斗活动源于埃特鲁斯坎人,最初是作为宗教活动出现的。它通常在葬礼之后举行,并在以后的周年和五年祭祀里再度举行。后来,其宗教色彩逐渐变淡而世俗化。最早的角斗表演发生在公元前264年。后来,这种角斗厮杀的娱乐伴随着罗马人的扩张、征服,传播到罗马文化所能波及的地区。角斗比赛的终结与罗马帝国的衰亡相辅相成,最终皈依基督教的君士坦丁大帝于公元325年下令禁止角斗比赛。在罗马,角斗士学校和角斗比赛一直持续到5世纪末。

最初的角斗是人与人之间的搏斗,后来逐渐发展成为人与老虎、狮子、熊、豹、野牛等猛兽的搏斗。再后来,为了寻求更大的刺激,罗马人有了真正的剑斗士:两个斗士手握利剑或三叉戟、盾牌或网套,相互刺杀。角斗士,又译为"剑斗士",是罗马时代经过专门训练的勇士,绝大多数是奴隶、战俘或死囚,也有一些自由民自愿加入,又有一些贵族甚至皇帝也跃跃欲试。凯撒时期,在"市中心广场上的斗剑比武中,出身大法官家族的富里乌斯·列普提努斯和律师与前元老克文图斯·卡尔本努斯都进行了殊死的格斗"。帝国初期卡里古拉当政之时,一个富裕的贵族为了祈祷皇帝能够从一次可怕的病魔中痊愈,表示自己愿意成为角斗士。公元80年可谓是罗马历史上的"角斗年",因为在这一年,罗马的圆形大剧场向公众开放。罗马人为之疯狂,为庆祝这一盛事,人们在那里举行了长达100天的血淋淋的表演:每天有20多名角斗士战死,5000头野兽被击杀。在圆形大剧场举行的角斗比赛遵循着一套固定的模式:早上猎杀动物,中午杀人——处决罪犯,下午进行角斗比赛,亦即角斗士之间的单打独斗,此时角斗场上的气氛达到了高潮。在正式角斗比赛之前,一对对装备不同的即将互相搏杀的角斗士要先饮一杯酒,这自然是组织者激励他们奋勇拼杀的方式,同时也是让角斗士以此互相诀别,因为他们当中的一个肯定会死去。不过据说最初进行角斗的双方都害怕对方在酒杯里放了毒药,所以他们在饮用前都要将各自杯中的酒倒一点儿给对方,以增加相互的信任感。这种习惯后来逐渐变为西方宴会上的碰杯。角斗士的开场白是:"将死的人向您致敬!"然后,角斗士们手持短剑和盾牌,彼此角斗,以决胜负。获胜的角斗士可以拿到一定的酬金。据说在圆形大剧场,每次角斗,有一二百对身体强健的角斗士同时进行惊心动魄的血腥表演,许多角斗士被短剑捅得满身窟窿,当场毙命。一般的角斗士只能活 3 ~ 5 年,如果5 年后身为奴隶、战俘和死囚的角斗士能够幸存下来,就可以获得自由,并且取得无上的荣誉。在古代罗马,这种血腥的表演备受贵族的欢迎,几乎成了那一时代的第一娱乐项目。

总之,古罗马有角斗士斗兽的表演和角斗士互相拼杀的表演,但是没有斗牛的表演。永昌人以牛斗牛的"抵牛"习俗与之毫无相似之处,绝不是罗马军团风俗的遗留。

7.2 牛祭、祭牛和打春

宋政厚在《考古专家揭开尘封 2000 年迷雾——永昌:驻扎过古罗马军团》中说:"村民们还介绍了这里的一些独有的民俗,可能是当年的罗马降人代代相传下来的。最突出的莫过于对牛的崇拜。春节到来,者来寨等村的老住户都爱用发酵的面粉,做成牛头形状的馍馍,俗称'牛鼻子',以作祭祀之用。这一带的村庄,昔日又习惯在村社和主要路口修建牛公庙,以立牛头作为主要象征。每当立春时节来临之前村民们便从河里取来泥土,在牛公庙前塑'春牛'。立春一到,即将春牛抬到庙外打碎,以此祈求吉祥、粮畜丰收。"

前者是说春节用牛鼻子馍馍祭祖,后者是说建牛公庙祭牛以及打

·欧·亚·历·史·文·化·文·库·

春的活动。这些其实是中国古代就有的习俗。中国很可能在伏羲时已经开始将野牛驯养为家牛,用以祭祀(三牲之一)、骑乘、运输和食用,春秋时已经开始用牛耕地,孔子弟子之一司马牛字子耕,就是证明。因而,从那时起就有了与之相关的习俗。

在永昌县者来村的展室里,一个柳编浅筐中,置放着几个这样的牛鼻子馍馍,这些白面馒头的形状与一般的圆形馒头没有多大区别,只是在馒头的圆形顶端两侧各安放一枚红枣,使其如鼻孔形状,再在圆馍上用红绿食色画些图形即可。据永昌人说,牛鼻子馍馍一般春节前家家都做。其做法是,将发酵的面揉成圆形的面团,再把窝窝子揪起来,在上边放两枚大红枣,做成宛如牛鼻的形状,放到蒸笼里蒸熟,即可放置待春节时用于祭祀祖先。

永昌居民春节前做牛鼻子馍馍用作祭祀品,是古代以全牛作祭品的流绪。《周礼·地官司徒》有牛人之职,言:"牛人掌养国之公牛,以待国之政令。凡祭祀,共(供)其享牛、求牛,以授职人而刍之。凡宾客之事,共(供)其牢礼、积膳之牛。飨食、宾射,共(供)其膳羞之牛。军事,共(供)其犒牛。丧事,共(供)其奠牛。凡会同、军旅、行役,共(供)其兵车之牛与其牵傍,以载公任器。凡祭祀,共(供)其牛牲之互与其盆簝,以待事。"[1]自夏周以后,祭祀是王朝和家庭的第一大事。古人言:"凡治人之道,莫急于礼。礼有五经,莫重于祭。"祭祀用品中,最重要的是牺牲,所谓"水草之菹,陆产之醢,小物备矣;三牲之俎,八簋之实,美物备矣;昆虫之异,草木之实,阴阳之物备矣。凡天之所生,地之所长,苟可荐者,莫不咸在,示尽物也。"[2]《尚书·召诰》言:"若翼日乙卯,周公朝至于洛,则达观于新邑营。越三日丁巳,用牲于郊,牛二。越翼日戊午,乃社于新邑,牛一,羊一,豕一。"[3]这是周公以三牲齐备的太牢祭祀洛邑的社神。无论国之大典还是诸侯的祭祀以及贵族重要的祭祀,都应该用太牢,即牛、羊、猪三牲齐备,以示其对天地神灵

〔1〕《周礼·地官司徒》,《十三经注疏》,第723页下栏。

〔2〕《礼记·祭统第二十五》,《十三经注疏》,第1603页上栏。

〔3〕《尚书·周书·召诰》,《十三经注疏》,第211页下栏。

和祖宗的诚敬之心。其他祭祀则用牛、用羊、用豕或多或少或单独使用，都有一定的礼法规定。

西汉武帝时，"亳人谬忌奏祠太一方，曰：'天神贵者太一，太一佐曰五帝。古者天子以春秋祭太一东南郊，用太牢，七日，为坛开八通之鬼道。'于是天子令太祝立其祠长安东南郊，常奉祠如忌方。其后人有上书，言'古者天子三年壹用太牢祠神三一：天一、地一、太一'。天子许之，令太祝领祠之于忌太一坛上，如其方。后人复有上书，言'古者天子常以春解祠，祠黄帝用一枭破镜；冥羊用羊祠；马行用一青牡马；太一、泽山君地长用牛；武夷君用干鱼；阴阳使者以一牛'。令祠官领之如其方，而祠於忌太一坛旁。"[1] 东汉"会稽俗多淫祀，好卜筮，民一以牛祭。巫祝赋敛受谢，民畏其口，惧被祟，不敢拒逆。是以财尽于鬼神，产匮于祭祀。或贫家不能以时祀，至竟言不敢食牛肉，或发病且死，先为牛鸣，其畏惧如此。"[2] 晋时北方的夫余人，"若有军事，杀牛祭天，以其蹄占吉凶，蹄解者为凶，合者为吉。"[3] 古代波斯的祆教也有以牛祭神的习惯。黄遵宪《人境庐诗草》有《锡兰岛卧佛》诗言："外来波斯胡，更立祆神庙。千牛祭火光，万马拜日曜。"

《国语·楚语下》春秋初，楚昭王与其大夫观射父有过一场关于祭祀的对话，文云：[4]

> 子期祀平王，祭以牛俎于王，王问与观射父，曰："祀牲何及？"对曰："祀加于举。天子举以大牢，祀以会；诸侯举以特牛，祀以太牢；卿举以少牢，祀以特牛；大夫举以特牲，祀以少牢；士食鱼炙，祀以特牲；庶人食菜，祀以鱼。上下有序，则民不慢。"
>
> 王曰："其小大何如？"对曰："郊禘不过茧栗，烝尝不过把握。"
> 王曰："何其小也？"对曰："夫神以精明临民者也，故求备物，不求丰大。是以先王之祀也，以一纯、二精、三牲、四时、五色、六律、七

---

〔1〕《史记》卷28《封禅书》，第1386页。

〔2〕〔东汉〕应劭撰，吴树平校释《风俗通义》卷9《怪神》，天津人民出版社，1980年，第339页。

〔3〕《晋书》卷97《四夷列传》，第2532页。

〔4〕《国语》卷18《楚语下》，上海古籍出版社，1978年，第564-571页。

事、八种、九祭、十日、十二辰以致之，百姓、千品、万官、亿丑，兆民经入畡数以奉之，明德以昭之，和声以听之，以告遍至，则无不受休。毛以示物，血以告杀，接诚拔取以献具，为齐敬也。敬不可久，民力不堪，故齐肃以承之。"

王曰："刍豢几何？"对曰："远不过三月，近不过浃日。"王曰："祀不可以已乎？"对曰："祀所以昭孝息民、抚国家、定百姓也，不可以已。夫民气纵则底，底则滞，滞久而不振，生乃不殖。其用不从，其生不殖，不可以封。是以古者先王日祭、月享、时类、岁祀。诸侯舍日，卿、大夫舍月，士、庶人舍时。天子遍祀群神品物，诸侯祀天地、三辰及其土之山川，卿、大夫祀其礼，士、庶人不过其祖。日月会于龙，土气含收，天明昌作，百嘉备舍，群神频行。国于是乎蒸尝，家于是乎尝祀，百姓夫妇择其令辰，奉其牺牲，敬其粢盛，洁其粪除，慎其采服，禋其酒醴，帅其子姓，从其时享，虔其宗祝，道其顺辞，以昭祀其先祖，肃肃济济，如或临之。于是乎合其州乡朋友婚姻，比尔兄弟亲戚。于是乎弭其百苛，殄其谗慝，合其嘉好，结其亲昵，亿其上下，以申固其姓。上所以教民虔也，下所以昭事上也。天子禘郊之事，必自射其牲，王后必自舂其粢；诸侯宗庙之事，必自射牛，刲羊、击豕，夫人必自舂其盛。况其下之人，其谁敢不战战兢兢，以事百神！天子亲舂禘郊之盛，王后亲缫其服，自公以下至于庶人，其谁敢不齐肃恭敬致力于神！民所以摄固者也，若之何其舍之也！"

王曰："所谓一纯、二精、七事者，何也？"对曰："圣王正端冕，以其不违心，帅其群臣精物以临监享祀，无有苛慝于神者，谓之一纯。玉帛为二精。天、地、民及四时之务为七事。"王曰："三事者，何也？"对曰："天事武，地事文，民事忠信。"王曰："所谓百姓、千品、万官、亿丑、兆民经入畡数者，何也？"对曰："民之彻官百。王公之子弟之质能言能听彻其官者，而物赐之姓，以监其官，是为百姓。姓有彻品，十于王谓之千品。五物之官，陪属万为万官。官有十丑，为亿丑。天子之田九畡，以食兆民，王取经入焉，以食万

362

官。"

其总的意思是,天子、诸侯、卿大夫、士人、庶民的祭祀,其对象、次数、祭品都各不相同。对于一般家庭来说,仅需祭其祖,但供品却也要有牺牲和新鲜的当季食品。

至迟到晋时,馒头已被列为春祠的供品。宋高承《事物纪原》言:"晋卢谌《祭法》春祠用馒头,始列于祭祀之品。"[1]这种习俗一直沿用下来。春节是一年中最重大的节日,也是最重要的祭祀。故而过去每个家庭都有年前精心制作动物形状的馒头的习俗,到过春节时用作供品,敬奉天地和祖宗之灵。而在祭供以后,这些动物形状的馒头就成了家人的美食。这种习俗,不仅永昌有,甘肃各地有,全国各地也都有。如敦煌地区"用白面蒸成面牛、面老鼠献供"。[2]庆阳一带还制作各种造型(包括牛形)的面灯。"元宵节前,民间妇女们就开始用白面精心制作各式各样的面灯,用五彩点染,上笼蒸熟,用棉花作芯,添清油点燃,摆置各室庭院,也与邻里互换,竞技斗巧,千姿百态。有按十二属相制的,有按四季十二月制的。旧时宁县一带还蒸'牛头'灯馍,习许互偷,叫'偷牛'。"[3]连不会做馍头的南方各地的许多家庭,也会在春节前请来面食师傅来家帮忙做各种形状的馒头,用作供品,并存放起来,由家人慢慢享用。将此种习俗,说成是者来寨特有的风俗,甚至说是古罗马军团遗留的风俗,年龄稍长的人是不会相信的。

国外古代近东地区有始于公元160年的牛祭。当地崇拜众神之母——赛比利的信使所实行的以公牛为牺牲的祭祀。献祭者卧在坑中,坑口覆以穿孔木棍,在坑口宰杀公牛,牛血流入坑口,献祭者用此血淋浴。这种习俗,可能是在基督教的影响下形成的,逐渐具有净化德操的意义。[4]

古罗马人也有以牛祭祀的习俗。古罗马统治希腊后,将宙斯

〔1〕〔宋〕高承撰、(明)李果订,金圆,许沛点校《事物纪原》卷9,中华书局,1989年,第470页。

〔2〕敦煌市地方志编委会《敦煌志》,中华书局,2007年,第879页。

〔3〕庆阳地区志编纂委员会《庆阳地区志》,兰州大学出版社,1998年,第910页。

〔4〕《简明不列颠百科全书》,中国大百科全书出版社,1985年,第6册,第280页。

(Zeus)之名更改为朱庇特,以朱庇特作为神话中的众神之王,奉为无所不能的天神。传说中的朱庇特以雷电为武器,维持着天地间的秩序,公牛和鹰是他的标志。罗马人每年中两次以牛祭祀朱庇特,一次是(前153年以后)1月1日的罗马新年,人们向朱庇特奉献公牛牺牲,以感谢这位神在过去一年来对他们的保护;另一次是9月13日,在朱庇特的神庙中献祭一头母牛,并在那里举行盛大宴会。[1] 中国古代以牛、羊、猪三牲祭祀天,祭祀地,祭祀土地、山川,祭祀祖宗。这种祭祀显然与古罗马人以公牛或母牛祭祀众神之王朱庇特有着不同的内涵和诉求,不可同日而语,两者之间更没有继承或借鉴的关系。

中国古代对牛的祭祀,至迟在前739年(秦文公二十七年)已经开始。《史记·秦本纪》载,文公"二十七年,伐南山大梓,丰大特"。徐广注:"今武都故道有怒特祠,图大牛,上生树本,有牛从木中出,后见于沣水之中。"正义曰:"《括地志》云:大梓树在岐州陈仓县南十里仓山上。《录异传》云:秦文公时,雍南山有大梓树,文公伐之,辄有大风雨,树生合不断。时有一人病,夜往山中,闻有鬼语树神曰,秦若使人被发,以朱丝缚树伐汝,汝得不困耶?树神无言。明日,病人语闻,公如其言伐树,断,中有一青牛出,走入丰水中,使骑击之,不胜。有骑堕地复上,发解,牛畏之,入不出,故置髦头。汉、魏、晋因之。武都郡立怒特祠,是大梓牛神也。按:今俗画青牛障是。"[2]《史记》正文和两则注,是说怒特牛系南山大梓树神的化身,后来在沣水中出现,于是在当地(后属武都郡道县)立怒特祠对其予以祭祀。祭祀青牛的怒特祠庙里是一幅大牛的图像。后来全国各地有许多祭祀牛的庙。在夷陵有诸葛亮所建黄牛庙,有书言:"八十里至黄牛峡,上有洺川庙,黄牛之神也。亦云,助禹疏川者。庙皆大峰峻壁之上,有黄迹如牛,一黑迹如人牵之,云此其神也。"[3] 孙承泽《春明梦余录》卷66载,元朝大都(今北京)"元铁牛

---

〔1〕〔英〕费欧纳·钱德勒,山姆·塔普林,珍·宾汉姆著,于维雅译《探索·古罗马》,光明日报出版社,2005年,第170—172页。

〔2〕《史记》卷5《秦本纪》,第180—181页。

〔3〕〔宋〕范成大《吴船录》卷下,景印文渊阁四库全书:史部·传记类。

庙，在旧燕城东南，有土埋铁牛露脊，元人立庙祀之。"《明一统志》卷85载，广西浔州府贵县有"石牛庙，在贵县治北，祀石牛神，县人祷之，数着奇应"。[1]《粤西文载》卷39李鳌《贵县北山庙碑》言：广西"贵治之北距百步许，曰北山三侯庙。盖古昔相传，周穆王时，有金牛星降，与北山之神物战，化为石，一坠山之阳，一坠山之阴，一坠于潭。邦人惊异之，立庙以事，曰石牛庙。凡遇疾疫、寇盗、旱涝，祷之皆获感应。唐宋间有司以事闻，累加褒崇。我朝复赐以九月九日之岁祭。"《江西通志》卷9言："金牛山，在万安县南六十里，东瞰大江，有石如牛，建金牛庙。"明徐应秋撰《玉芝堂谈荟》卷24言："延安安塞县，有古城，城有金蹄犊子殿。梵书言，昔有犊子出于石缝中，金蹄银角玻璃王，因此立庙。广德金牛庙，昔有僧骑金牛至此，牛入洞不见，僧化为石立洞外，常见神灯。又金崎江有渔人引钓得金锁，锁尽见一金牛，急引之，牛脱去矣。晋康帝于此立金崎庙。"

经过长期演变，由国家设立的祭祀青牛的怒特祠，演变为各族各地的牛王庙、牛公庙、金牛庙，庙里或图画牛的形象或立牛头作为牛的象征，供人祭拜。其实质是农民对为其耕作、驮运的牛的尊重和爱惜。据清《四库全书》所收诸省《通志》载，山西乡宁县有牛王庙，陕西韩城陶渠村有牛王庙，甘肃靖逆卫（治今安西县西）北门外有牛王庙，四川有"牛王庙，在华阳县治左。康熙七年，牛大疫，巡抚张德地建此弭灾"。敦煌有牛王庙，在县城内火神庙东南侧，雍正年间所建。供奉牛王，农历七月廿五祭祀牛王，演戏三日。[2]宋高文虎《蓼花洲闲录》云："有自中原来者，云：北方有牛王庙，画百牛于壁，而牛王居其中间。牛王为何人，乃冉伯牛也。呜呼，冉伯牛乃为牛王！"[3]冉伯牛是孔子的七十二弟子之一，大约因他名伯牛，故以其为牛的象征，而立庙祀之。

各地还设牛王节，以庆祝牛的生日。多数地方以四月八日为牛王节，也有以七月至十月的牛（丑）日为牛节的。在这些日子里，各地百

---

〔1〕《大明一统志》卷85《浔州府·寺观》，三秦出版社，1990年，第1286页上栏。

〔2〕敦煌市地方志编委会《敦煌志》，中华书局，2007年，第883页。

〔3〕《说郛》卷41下引，景印文渊阁四库全书本。

姓隆重祭祀牛王,举行庙会,并为牛洗浴,喂以美食。北方民间称四月初八为"牛王诞"。养牛的人家,当天都要让耕牛休息一天,喂以好草精料,并祭拜牛神。有的地方还举行庙会,赶集演戏,庆祝牛王诞辰。贵州独山一带的布依族在四月初八牛王节,举行隆重的祭祀和庆典,家家用紫泉酒、五色花糯米饭等食品敬牛王,喂耕牛,挑选最肥壮的牯牛进行角斗。这实际上是备耕大检阅和显示春耕力量的一种方式。南方如浙江宁海,为欢度牛生辰,将耕牛放耕,牵到河边,用毛刷为牛全身刷洗,牵回家后,给牛灌以黄酒,喂以鸡蛋。有的地方还在牛栏门口插上柳枝或枫树枝,并按照自己喂养的耕牛的毛色,分别用枫树叶或黄基子榨汁浸米,煮成黑色或黄色的糯米饭喂牛,在牛栏门口祭拜牛神,祈求耕牛繁衍兴旺。如果家中有身体孱弱的小孩,就给他穿上蓑衣,戴上竹笠,盛一碗色饭,到牛栏与牛一起吃。据说,这样孩子就会长得像牛一样健壮。黎族以每年七月或十月间的牛日为牛节,在亩头(父系家族中的男性长辈)家里敲锣打鼓为牛招魂。亩头夫妇用盆装酒,将宝石在酒中洗过,此酒就是为牛招魂的"牛福酒"。永昌县牛公庙的习俗,是中国传统农耕文化的一大表现,与罗马军团毫无关系。

永昌县的打春活动,又称为迎春会。新《永昌县志》记道:"立春前县城里由米粮、当铺、食店、油行、牙行等行业,招雇贫农男女儿童十余人,叫'春娃娃',装扮成一至数台戏剧人物,即'芯子',安置在方桌上;粮食班雇请泥水匠塑'春牛'、'芒儿'。芒儿身高约一米,春牛大如真牛,腹空,内装无数拳头大小的'小春牛',放在安装着手推车轮的水平台上。立春这天,由军乐队或吹鼓手导前,'春娃娃'、'春牛'、'芒儿',文武官员、士绅学者、兵丁衙役、城乡群众约千余人,依次列队,由东大街过东关到先农坛行叩拜礼,将'春牛'、'芒儿'当场打碎,含义'打春',取出肚里的'小春牛'由衙役存放后送士绅富商领赏钱。民国13年(1924年)以后,再未进行过这样的'打春'活动。农村要在牲畜身上、车上、墙上打上春记,写上春语,以示春天的开始。"[1]

---

〔1〕永昌县志编纂委员会《永昌县志》,第999页。

永昌县立春前造土牛打春的风俗,也是自古就有的礼仪。中国古代以农立国,而立春日则是一年农事之始,故而有许多特别的祭祀活动,以祈求年丰岁登。《礼记·月令》有"季冬之月……出土牛以送寒气"。注疏言:"云出土牛以送寒气者,彼郑注云:出犹作也,作土牛者,丑为牛,牛可牵可止,送犹毕也。故作土牛,以送寒气。"[1]季冬为腊月,下一个节气就是立春。此时要将土牛送出去,寓送寒气出厉鬼之意,以迎接春天的到来。到东汉时已经形成立春日打春牛的习俗。《后汉书·礼仪志上》:"立春之日,夜漏未尽五刻,京师百官皆衣青衣,郡国县道官下至斗食令史皆服青帻,立青幡,施土牛耕人于门外,以示兆民,至立夏。唯武官不。"[2]到北齐时,仍有此种礼仪。《隋书·礼仪志》载:"[后齐]立春前五日,于州大门外之东,造青土牛两头,耕夫犁具。立春,有司迎春于东郊,竖青幡于青牛之傍焉。"[3]看来,汉以后造土牛的习俗已经成为地方官员带动农民开始耕作的一种仪式,与皇帝亲耕籍田为同一寓意。后来,这种官方的礼仪演变成"打春"的活动。唐代已有打春牛之俗,卢肇《谪连州书春牛榜子》诗云:"阳和未解逐民忧,雪满群山对白头。不得职田饥欲死,儿侬何事打春牛。"[4]宋《东京梦华录》卷6"立春"条称:"立春。前一日,开封府进春牛入禁中鞭春。开封、祥符两县,置春牛于府前。至日绝早,府僚打春,如方州仪。府前左右,百姓卖小春牛,往往花装栏坐,上列百戏人物、春幡雪柳,各相献遗。春日宰执亲王百官皆赐金银幡胜,入贺讫,戴归私第。"[5]清官修《月令辑要》卷5有"打春"条,录引《武林旧事》言:"立春日,作土牛迎市,以芒神置前,至暮,以细花杖打牛,谓之打春。"[6]

打春习俗,在甘肃各地民间得到很好的继承。河东一带一般是每

〔1〕《十三经注疏》,中华书局,1980年,第1383页下栏。
〔2〕《后汉书》志第四《礼仪志上》,第3102页。
〔3〕《隋书》卷7《礼仪志二》,第129-130页。
〔4〕《全唐诗》卷551,《传世藏书》集部总集,海南国际新闻出版中心,1995年,第2104页。
〔5〕〔宋〕孟元老撰,张升整理《东京梦华录》卷6《立春》,《四库全书精品文存》第27卷,团结出版社,第161页。
〔6〕《御定月令辑要》,景印文渊阁四库全书:史部时令类。

逢立春的前一日,各界人士及百姓都聚集在一起,到预先选择好的空地上搭起席棚,泥塑或纸糊一个牛的形象,叫"春牛",又在棚里摆上两张八仙桌,点烛烧香,献上全猪、全羊、全鸡等供品。"打春"仪式开始之前,由一人装扮成"勾芒神",用麻鞭抽打"春牛";由知县行香主礼,向"春牛"三跪三拜,祭天、祭地、祭牛,祈求风调雨顺、五谷丰登、六畜兴旺。而河西一带的"打春"习俗又自有特点。以武威为例,据1940年代末刊行的《武威县志·风俗志》载,早年,"立春前一日,邑宰率属,迎春于东郊,邑人装古事,吹篪击鼓,观芒神、春牛色以占水旱丰歉。邑宰祀芒神毕,迎土牛、芒神归之县署,安置大堂。"等到立春时辰一到,"邑宰"便执竹鞭,打碎春牛,"打春"便由此而来。"打春"仪式结束后,庄户人家往往会争先恐后,把做"春牛"的土带一点回家,掺和到泥里,用来抹牲口槽,认为这会使六畜兴旺,平安吉庆。"打春"仪式中,"春牛"是以木为骨架,泥塑而成。"春牛"一般是根据当年"年干"来确定取材范围及方位,在冬至后某一吉日,以一定的规格塑成:身高4尺,象征一年四季;身长3尺6寸,象征一年360日;尾长1尺2寸,象征一天12个时辰。泥塑的"春牛"经过冬天中最寒冷的时节,冻得坚硬似铁,到了立春这天,将其奋力打碎,意喻寒冬腊月已经过去,希望阳和之气使大地复苏,万物滋润。[1]

五代丘光庭撰《兼明书》有"土牛义"目,云:[2]

《礼记·月令》曰:"出土牛以示农耕之早晚",不云其牛别加彩色。今州县所造春牛,或赤或青,或黄或黑,又以杖扣之,而便弃者。明曰:古人尚质,任土所宜,后代重文,更加彩色。而州县不知本意,率意而为。今按《开元礼·新制篇》云:其土牛各随其方。则是王城四门,各出土牛,悉用五行之色。天下州县,即如分土之议。分土者,天子太社之坛,用五色之土。封东方诸侯则割坛东之青土,以白茅包而赐之,令至其国,先立社坛,全用青土;封南方诸

---

〔1〕王仲保,胡国兴《甘肃民俗总览》,民族出版社,2006年,第174页。

〔2〕〔唐〕丘光庭《兼明书》卷1,景印文渊阁四库全书:子部杂家类。

侯则割赤土；西方则割白土；北方则割黑土。今土牛之色，亦宜效彼社坛。或问曰："今地主率官吏以杖打之，曰'打春牛'何也？"答曰："按《月令》只言示农耕之早晚，不言以杖打之。此谓人之妄作耳。"又曰："何谓示农耕之早晚？"答曰："以立春为候也。立春在十二月望，即策牛人近前，示其农早也。立春在十二月晦，及正月朔，即策牛人当中，示其农事也。立春正月望，即策牛人近后，示其农晚也。"又问曰："按《月令》出土牛在十二月，今立春方出，何也？"答曰："季冬之月，二阳已动，土脉已兴，故用土作牛，以彰农事。今立春方出，农已自知，何用策牛之人在前在后也？斯自汉朝之失，积习为常。按《汉书》立春之日，京都百官青衣，立青幡，施土牛耕人于门外。又按营缮令，立春前二日，京城及诸州县门外各立土牛耕人，斯皆失其先书示农之义也。"又问曰："几日而除之？"答曰："七日而除。盖欲农人之遍见也。今人打后便除，又乖其理焉。"

上文对打春牛之俗解释得清清楚楚。永昌县打春牛之俗，与古代和近代其他地方的打春活动并无区别，完全是中国传统文化的表现，哪里有什么"古罗马"的印迹？

7.3 葱油饼、比萨饼和饮食风俗

多年来，媒体不断提到永昌居民爱吃的葱油饼，并言此就是罗马的比萨饼。例如 2006 年 6 月 30 日《中国青年报》刊登《甘肃永昌真有古罗马军团后裔？》的报道，其中记载一位长相特异的名为罗英的当地居民，说"他对自己是古罗马兵团后裔的说法半信半疑，开玩笑说：'我以后有了孩子，孩子可能就长得不像欧洲人了。''比萨是什么我不知道，葱油饼子是常吃的。'"2007 年 3 月 19 日《兰州晨报》文章《央视镜头再次对准甘肃"罗马军团"》中称："采访期间，当地 6 名妇女穿上自己设计制作的罗马军服，给远道而来的客人献上了一段颇具古罗马韵味的骊靬迪斯科。见一村民亲手制作'比萨饼'，摄制组饶有兴趣地用镜头

记录下这个在当地村民看来是'小菜一碟'的制作过程。"2011 年 9 月 1 日中国新闻网有一篇《探寻甘肃古罗马骊轩村村民土法做"比萨"》的报道,也讲到当地村民制作意大利比萨饼的事。

当地人说,葱油饼的做法是,将葱洗干净,沥水,切成葱段,将炒锅里放入素油,用中火烧至油温达到六七成熟时,放入葱段,炸出香味时倒入碗里,制成葱油。将面粉用沸水烫好,和匀揉透,摊开冷却。将已烫制的面团搓成长条,用手按扁,撒上干面粉,擀成长方形薄皮;抹上葱油,撒上适量精盐,由外向里卷起来,摘成 12 个大小均匀的面剂子,按扁,擀成直径约 10 厘米的圆饼,在平锅里放入素油上炉,用中火,待油温烧至六七成熟后放入葱油饼生坯,炸至两面呈金黄色时,捞出沥油,即可装盘食用。有记者报道者来寨村民叶兰香"在厨房里做着一种饼,她将和好的面擀成薄薄的饼子,然后用蔬菜和肉末的馅包裹起来摊平,火炉上用平底锅烤制,饼子有点像意大利比萨饼,吃起来香脆可口。据介绍,骊轩村村民都会做这种饼子。"这个作者还引用了叶兰香的同期录音:"这个打小母亲就教着怎样做着呢,怎样卷着呢,怎样往熟里烙着呢。就是擀开,再把糖放上,再撒个些芝麻,就这样做着呢。"说的和做的其实并不是一种饼子,做的是以菜和肉末为馅的烙饼,嘴里说的是里边卷了糖,外边撒了芝麻的烙饼。

在永昌县者来寨村的展室里,一个长方形木盘中,放了一张圆形大饼,上面置有书为"骊轩比萨饼"的说明纸片。圆形的饼直径约 20 厘米,下平上突,表面划压有一些纹路,圆边有一圈小划点,整个饼的上下面均为煎烙出的油黄色。里边似乎有馅料。但这张所谓"骊轩比萨饼",与上边报道中所说村民自制的葱油饼又有不同。因为烙出的烫面葱油饼上下两边都是平的,上突下平的饼是经过发酵的面用烤箱或青海人的空锅才能烧烤出的。另外,这张"骊轩比萨饼"与意大利的比萨也没有什么共同之处,后者下平上凹、饼上盖菜和奶酪等,这个饼不过是现在西北城市中常见的带馅大饼罢了。

"比萨"(Pizza),是一种由特殊的饼底、乳酪、酱汁和馅料做成的具有意大利风味的食品。其丰厚的乳酪鲜香丰腴,鲜美的馅料风味独特,金黄的面饼酥脆爽口。但是这种美食源于何时何地,现在无从考究,目前关于比萨饼的来源大致有三种说法。其一认为比萨来源于中国。当年意大利旅行家马可·波罗在中国旅行时最喜欢吃一种北方流行的葱油馅饼。回到意大利之后,他一直想能够再次品尝,但是不会烤制。一个星期天,他同朋友们在家聚会,其中有一位来自那不勒斯的厨师,马可·波罗把这位厨师叫到身边,把在中国北方旅行时吃到的葱油馅饼的情况,详细给他描述一遍,那位厨师兴致勃勃地按照马可·波罗所描述的中国北方的葱油馅饼的方法制作起来,但是忙了半天,仍无法将馅料放入面团之中。此时到了下午两点,大家已经饥肠辘辘,于是马可·波罗就带头将馅料放在面饼上吃,大家吃后,都说好。后来这位厨师回到那不勒斯后又做了几次,并配上那不勒斯的乳酪和佐料,大受食客欢迎,从此,"比萨"就开始流行起来。其二说比萨饼来自于古希腊。古希腊人在面包上抹奶酪、食油,再放上洋葱、大蒜、香草、橄榄和各种蔬菜,把它变成了一道主菜。这种比萨饼是平整的圆形,有一圈儿馅饼皮翻边,便于人们用手拿。当希腊人在意大利南部进行殖民统治之时,他们也把这种创意食品带了过去。正宗的比萨饼有西红柿。其三说比萨饼来源于意大利南部的那波里。那波里的下层阶级即农民发明并推广了比萨饼,是他们首先把西红柿加到面包上的。

现代比萨饼名目繁多,类型各一。其制作过程大体是:将称好的面粉加上鸡蛋、酵母粉、橄榄油、白糖和精盐,加水搅拌成面团。加入奶油揉10分钟到表面光滑有弹性,然后放在盆中盖好,经过一定时间的发酵。在面板上撒上干面粉,把发好的面团倒在上面分成需要的份数,再发酵15分钟。将面团用手抛成面皮(美式比萨是用机械加工成型),饼底平整,"翻边"均匀,"翻边"高约2～3厘米,宽2厘米,中间薄边缘厚,形如新疆少数民族做的馕。将圆饼铺在圆形烤盘上边,用叉子在饼皮上刺洞,以免烤时鼓起。在炒锅中加热橄榄油炒香洋葱、蒜末茸,再按口味加上番茄酱、海鲜、五香肉拉、虾仁、鲜贝、蘑菇、菠萝、黑胡椒粉、盐、糖等等,翻炒,加适量的水煮沸,至浓稠即盛起放凉,这就是精美的比萨汁馅料。在饼皮上铺好馅料,加上青椒丝、洋葱丝、火腿丝等,再加

·欧·亚·历·史·文·化·文·库·

上乳酪丝,最后放进比萨炉里进行烘烤,烤至饼面呈金黄色,即可出炉。上等的比萨饼具有4个特质:新鲜饼皮、上等芝士、顶级比萨酱和新鲜馅料。饼底要现做,面粉一般用春冬两季的甲级小麦研磨而成。出售的比萨大体有3种规格,6英寸比萨饼可供两人食用,9英寸比萨饼可供2~3人食用,12英寸比萨饼可供4~5人食用。

比萨饼来源的第一个传说与中国北方的葱油饼有关系,但其顺序是先有中国的葱油饼,后有意大利的比萨饼,而且那是13世纪以后的事,与公元前1世纪的古罗马军团没有关系。第二和第三个传说,与葱油饼毫无关系,而且比萨饼的重要盖料西红柿是公元16世纪才从美洲传到意大利的,它们又与古罗马的习俗有什么关系? 更重要的区别是,比萨饼通常是在发酵的中间凹边缘高的圆面饼上面覆盖番茄酱、奶酪和其他配料,由烤炉烤制而成;葱油饼则是烫出的死面上卷进葱、盐或糖,擀为圆形,在平底锅中煎烙而成;比萨饼用橄榄油、洋葱;葱油饼一般用菜籽油、长杆葱,二者毫无共同之处。把永昌的葱油饼说成"骊轩比萨饼",甚至是意大利的比萨,实在太过牵强。

永昌县民的饮食习俗,与甘肃各地的饮食习俗大体相同,但又有自己的特殊习俗。永昌民间一日三餐,以面食为主,黄、小米次之,洋芋亦粮亦菜。家常饭分饭和馍,饭不是大米饭,而是面饭,即面条、面片或面(米粉)疙瘩等,面饭的做法以擀切与拉揪为主,吃法分干拌和连汤。面饭一般讲究咸、酸、辣适度。馍有蒸、烙、炉、烧、油炸几种,均用发酵面,蒸馍如再加食油等佐料,可以做出各式各样和风味各异的面食。吃馍要喝茶水和汤,如米汤、洋芋丝酸汤,冬天多喝荤油(动物油脂)焙面茶。[1] 在饮食方式上也有很多讲究,如早饭前,必须洗脸洗手;不用重茬锅做饭,不用重茬碗盛饭;吃饭中间忌互相换碗。饭前饭后忌用筷子敲碗碟,俗以为"穷气",因为旧时乞丐要饭时才这样敲的。饭后忌把碗碟倒扣在桌上,以为这样不祥,因为生病的人服药后才将碗倒扣。忌躺着吃东西,认为这样老天会怪罪,将来会饿死。年头时节吃好饭时,

---

〔1〕永昌县志编纂委员会《永昌县志》,第989-990页。

要在大门外撒点,俗叫"泼洒"。一为让先人亡灵分享美食,庇佑子孙;二为施舍鬼神,祈求吉祥。灶前是家中严肃、神圣的地方,最忌不洁和不恭。过去曾忌官入民宅,认为官会冲撞灶爷,使家口不宁。还忌从锅灶上跨过,忌光腚在灶前活动。[1]

　　在节日里,除夕下午吃面条,大年初一下午吃饺子。正月十五日"元宵节",官绅富商吃桂糖作心糯米粉团作的"元宵",并拿元宵馈赠亲友。正月二十日,多数人家吃油饷或煎饼卷凉菜(豆芽、粉条和鸡肉丝调拌)。惊蛰喝酒扑鸡蛋。"二月二,龙抬头",家家户户吃春节时献的"大供仰"。"三月三,家家户户吃枣山"。五月初五端阳节,吃大米、枣糕、粽子和艾卜拉子(嫩艾叶洗净,拌上两倍左右的白面,放在笼布上蒸熟,拌上适量的食油和盐末即可)。"夏至"吃煮豌豆。八月十五日中秋节,熬葫芦汤,吃月饼,邻居间互送月饼。九月九日重阳节,吃牛肉熬萝卜。十月初一,家家吃胡萝卜包子或麻腐包子,并用作供品上坟祭祀祖先。十月十九日太阳爷诞辰,吃香豆叶粉烙油饼,祭祀太阳爷。冬至清晨,家家户户吃羊肉豆腐窝窝面饭。腊月初八,是释迦牟尼成道之日,家家户户吃黄米干饭,叫"腊八粥"。腊月二十三日家家吃"灶干粮"(白面卷油烙饼),祭祀灶爷张魁。[2] 此外还有一些独特的风味小吃,如发面蒸馍,面莲花,灰面,又叫长面,泡儿油糕,油炸糖花子,麦索子等等。

　　平常客人进门后,先让上炕,坐在上首,摆好小炕桌,熬罐罐茶相待。待客食品一般是肉臊子面,或"出汤面",同时摆好4碟或8碟"下菜"。城乡居民办宴席的规格视主人经济状况而定。宴席名目有臕碗子、两道饭、"四盘子"、"四碗一锅子"、"五碗"、"五碗四盘子"、"六君子"、"八大碗"、"九魁"、"十全"、"十三花"、"十八罗汉"等。各种规格的宴席,上菜时都是一齐上桌。吃到最后端上的四菜一汤叫"坐菜",

　　〔1〕王仲保,胡国兴《甘肃民俗总览》,第150页。
　　〔2〕中国人民政治协商会议永昌县委员会文史资料委员会《永昌文史资料选辑》第2辑,1992年,第66－68页。

汤叫"起席汤"。[1]

看了上边所述永昌人的饮食习俗,凡是在甘肃生活时间较长的读者都会觉得特别亲切。从大的方面来说,与本省甚至北方其他地方的饮食习俗基本相似,但也有一些地方的特点,却没有丝毫罗马习俗的影子。

古罗马的饮食文化有一部分来自古希腊的榜样,但更多的是古罗马人自己的经济文化形态决定了其饮食文化的特殊性及其各地区饮食习惯的差异。粮食、橄榄油以及葡萄酒和当地出产的蔬菜,构成了古罗马饮食的基础。面包是用普通小麦或斯佩尔特小麦面粉发酵烤成的,而煮粥主要是用大麦。主食有各个品种的精美的面包以及包(夹)着美味可口馅的意大利面点等。从大约公元前 180 年起,首先在罗马,后来在别的城市,出现了大型面包坊,向民众供应小麦面包。在乡村,粥仍然最为重要。[2] 调味品、上等的葡萄酒和来自黑海南岸古王国本都的樱桃、亚美尼亚的杏、非洲的椰枣等新品种水果逐渐出现。人们普遍喜欢吃鱼,主要是当地捕到的凤尾鱼、沙丁鱼、鲭鱼、海胆、鱿鱼和龙虾,也有美味的鲟鱼和大比目鱼。烹制的方法包括煮、炖、烤 3 种。鱼酱在古希腊时代就已经是最重要的食品,在古罗马时代跟奶酪和咸鱼一样十分普及。罗马人在菜肴中大量使用香料(特别是花椒)和蜂蜜,这表明罗马人喜欢酸甜、辛辣的食物。

通常,古罗马人无论男女,每天都吃 3 顿饭。早餐和午餐都十分简单,大多是面包和蜂蜜或奶酪,并喝水或低度葡萄酒。晚餐是古罗马人一天里唯一重要的一餐,是人们高度重视和极力追求完美的一餐,最后演变为社交宴会。起初是在天井里(即住宅中央的露天场所),然后换成面向露台、与天井和花园里的列柱走廊相通的夹层房间,最后是在装潢得富丽堂皇的被称为特利克里尼乌姆的长方形餐室里。晚宴的菜肴是有定式的:首先是清淡的,通常用鸡蛋来做,随后是主餐,主菜是肉或

---

〔1〕王仲保,胡国兴《甘肃民俗总览》,第 140 页。

〔2〕〔德〕贡特尔·稀施费尔德著,吴裕康译《欧洲饮食文化史——从石器时代至今的营养史》,广西师范大学出版社,2006 年,第 61-62 页。

鱼,最后上辛辣食物或干果。晚餐之后,人们一般都要喝点酒。宴会上的酒,要兑水稀释并调以香料和蜂蜜后才饮用,只有在祭神仪式时才饮用不兑水的醇酒。嗜酒者喝得很多,有的一直要喝到天亮。晚餐间也有音乐、唱歌、舞蹈和各种助兴的娱乐节目。青铜、陶质和玻璃餐具用于一般宴会,银质餐具用于最奢华的宴会。

在古罗马时期,用餐在浓厚的宗教和迷信气氛中进行,现在的人吃饭的环境已经世俗化。在吃饭之前,当父亲的要先做祈祷,然后其他人才能入座吃饭。宾客饭前饭后不仅要洗手,更要沐浴净身。奴隶要为宾客洗手洗脚修指甲,还要喷香水。古罗马人吃饭用手抓(此外就用勺子和刀子),不仅仅是出于卫生考虑,而且是一种净身净心仪式。宾客人数要尽量避免偶数,因为偶数被认为是不吉利的。用餐过程也离不开"3"这个象征数字。一餐必有 3 部分,一冷盘,二主菜,三甜点。如果是盛宴,宾客必须饮 3 杯酒,或者 9 杯酒。同样,吃饭时要用左胳膊撑着身子,用右手取食。左手被视为是不干净的,因为要把它用在特定的身体卫生方面,而当时还没有卫生纸。此外还有不能打翻盐瓶,不能用刀尖扎肉,吃饭时不能谈不愉快的事情,吃完煮鸡蛋或者蜗牛后一定要把蛋壳或蜗牛壳弄碎,等等。古罗马文化中的一些禁忌和迷信一直流传至今。

引人注目的是古罗马的许多菜谱都偏爱甜味。当代大多数欧洲烹饪都是把甜味餐前小吃和咸味的主菜分开,而在古代,这两种口味的食物却常常混合在一起。当时没有白糖,人们就用蜂蜜替代,无论是做鱼做肉,都要放蜂蜜。急于炫耀自己富有的房主人,还会另外赠送礼品作为特别的纪念。这些礼品通常是青铜、象牙或银质的小雕塑,有时是漫画,这些礼品也可能是在晚餐后进行的掷骰子游戏中赢得的。自共和国直至奥古斯都统治时期,元老院都曾签署法令试图限制这种奢靡的宴请,但没有任何作用,到罗马帝国时期这种宴会更加没有节制。[1]

---

〔1〕〔法〕让—诺埃尔·罗伯特著,王长明,田禾,李变香译《古罗马人的欢娱》,广西师范大学出版社,2005 年,第 90 – 101、63 – 68 页。

·欧·亚·历·史·文·化·文·库·

通过以上对永昌和古罗马饮食风俗的分别介绍,可以很清楚地看出,二者之间没有什么相似的地方。甚至吃饭的工具也极不相同,永昌人用筷子和勺子,罗马人用手、汤匙和刀子。

7.4 婚俗和妇女地位

乾隆《永昌县志》载:"冠礼不行久矣,婚尤近古。将议婚,先遣媒请诸女父,既允,则以女庚帖来。越三日具男庚,载币遣媒授女家,谓之押婚。继用束帛簪环酒醴延亲族,备笙乐往送之,谓之送婚。女家酬以笔墨冠履之类。是后遇端阳、中秋、重阳,男家间送布绫并果饼,谓之送节。将娶,择期请媒以告,约日行娉,如送婚仪较丰,届期婿往亲近。及昏而至。夫妇交拜,同牢合卺胥如礼。明日夙同妇礼先拜祖先,继拜舅姑及诸尊长,皆有赘。三日开筵或用二日席馔,厚薄不等。十日妇谒母家,谓之回门。次日入厨,陈酒食。既日,妇家迎女以往,留一日始返,谓之坐对日。"[1]

近代永昌的婚姻嫁娶,与古代没有多大的改变,即男方15岁左右开始议婚订婚,17、18岁即可结婚。求婚须请媒人去女方家"提亲",女方父母同意后,取得女方庚帖,按男女的生辰八字"合婚"后,约定吉日,由媒人带领婿男,持双方庚帖合成的"婚书"一式两份及衣料、首饰、"合久"(方言,重约2~3斤的大馒头)、肉方、钱币等礼物去女方家,叫"押婚"。女方接受礼物,亦赠未婚婿礼物。以后每逢中秋节,男方去女方家送月饼。结婚的当年春节,男方必须去女方家拜年。结婚前,先征得女方同意,再选吉日叫"择令月"。给女方送钱币、衣料、首饰等称"过礼",并正式告知结婚日期。女方的亲戚为即将出嫁的姑娘饯行,女方亲友送礼物贺喜叫"添箱礼"。婚礼日,未婚婿、媒人、男女方各二人去女家娶亲,女方招待后,迎亲至男家,娶亲车来去不走同路。娶亲回来,迎亲的人手端一碗清水,碗里放些硬币,新娘要一次捞出,谓

---

〔1〕〔清〕李登瀛修,南济汉纂《永昌县志》,乾隆五十年刻,1918年(民国7年)石印。

之"捞财"。新娘要跨过事先在门口点燃的火堆,意为避邪。新娘进门,以布袋铺地,辗转更换,从其上走过,谓之传袋,取"传代"之意。由娘家哥将新娘抱到堂前,用米袋铺至花烛前,新娘从米袋上走过,叫步步高、代代好。[1] 与新郎同拜天地、拜双亲。拜堂桌上摆着香烛和插着秤杆的"宝斗",象征着"三媒六证结良缘"。赞礼的道士,用秤杆挑去新娘的"盖头",新婚夫妇第一次见面,新郎端起"宝斗"同怀抱内装核桃、枣儿、口扎筷子红布铜镜"宝瓶"的新娘,依次走过沙毡(山羊毛毡)、红毡,跨过备着马鞍的门槛,扶起倒置的油瓶,步入洞房,同饮"交杯酒",尔后亲友帮忙将插着 3 支箭、画着狮子头的筛子形的"冲天虎",从新娘坐过的轿子上摘下来,再挂到"新房"门上,意为避邪。在迎亲的同时,女方亲戚来做客,男方家设酒席招待一至两天,其间,摆出嫁妆,让亲友们观赏新娘的针艺。初婚的头一、二晚上,村里的男青年齐聚洞房,让新婚夫妇做亲昵的动作,合说诙谐的酒令,叫"闹房"又叫"穰床"。次日清晨,小叔端两杯红枣甜茶,叫开"新房"门,递给新哥嫂,叫做"踩门"。新郎去新娘家回拜,叫"回亲",新娘家用五味水饺招待,让新女婿品尝酸甜苦辣咸各种滋味。新娘拔去面部的汗毛,叫做"开脸",改长辫为发结,梳洗打扮,脱去"花衣",穿上时装,表示已成为媳妇。第四天,新夫妇同去娘家回拜,叫做"回门",当天回来,新娘下厨做长面,叫"试刀面",让公婆品尝。这种习俗,大概唐时就已有了。"三日入厨下,洗手做羹汤。未谙姑食性,先遣小姑尝。"[2]记述的就是新娘下厨的习俗。[3] 结婚满半月,新娘再回娘家住上十余天,叫做"站对月"。次年,新娘必须于正月十五日和五月初五前站娘家,叫"躲灯"和"躲端午"。[4]

古罗马的正式婚姻,分为两种,一种为妇女成为丈夫"所有"(in-manum),另一种是不为丈夫"所有"。这奇特的"所有"二字具有如下

---

〔1〕王仲保,胡国兴《甘肃民俗总览》,第 75 页。
〔2〕〔唐〕王建《新嫁娘词》,《全唐诗》卷 301,海南国际新闻出版中心,1995 年,第 1140 页。
〔3〕王仲保,胡国兴《甘肃民俗总览》,第 73 页。
〔4〕永昌县志编纂委员会《永昌县志》,第 994－995 页。

含义:姑娘未婚时和所有做子女的一样,处于以父亲为家长的权力之下。如果嫁给一个男人,她便为这个男人"所有",脱离了父权,开始接受夫权。如果她结婚而不落夫家,则仍然接受父权或父亲的法定继承人的权力——实际上丈夫不享受她的财产权。古罗马后期由于妇女逐渐从男性家长的控制下解放出来而获得自主权利,在财产权方面独立于丈夫对她们有利,于是她们开始避开接受夫权的婚姻。夫权只有通过民事法庭承认的 3 种婚姻形式,即:麦饼联姻礼婚姻(Confarreatio),买卖婚姻(Coemptio)和习俗婚姻(Usus)才能获得。[1] 最古老最正式的结婚仪式是麦饼联姻礼,相当于现代的教堂礼。这个名称源于婚礼上用的一种麦饼(farreum libum)。狄奥尼西奥斯在《罗马史》(第 2 卷第 25 章)中谈到这种结婚仪式时说:"古代的罗马人习惯于把经过宗教和非宗教的仪式确认的婚礼叫做' Conferreatio',他们用这个词来概括婚礼的性质。它来源于' far',即裂壳小麦的日常用途……正如我们希腊人认为大麦是最古老的谷物,献祭时用它作为第一件供品,叫做' oulai',古罗马人则认为裂壳小麦是所有谷物当中最珍贵最古老的,烧祭品时以它为首。把这种婚礼仪式叫做'共享裂壳小麦',以此表示妻子与丈夫共享最早最神圣的食物,也表示妻子愿意与丈夫同生死共命运。它使双方建立了一种紧密相连稳定持久的关系。这种婚姻是牢不可破的。"[2] 买卖式婚礼,原本是适用于普通百姓之间的结婚形式,因为平民结婚时不能采用贵族的麦饼联姻礼。著名法学权威卡尔洛瓦断言,买卖式婚礼始于公元前 6 世纪罗马王塞维·图利乌时代,作为平民合法婚姻的形式。最初通过买卖式婚礼结成夫妻,妻子(如果是平民)不必进入丈夫的家族(gens),这就激起了平民阶层的仇恨。于是保民官卡努利乌斯制订了一项法律,使买卖婚姻与麦饼联姻礼婚姻具有类似的效力,但是麦饼联姻礼作为贵族阶级的特权留存下来了。习俗婚姻,十二铜表法中规定同居一年未有中断者应视为合法婚姻。习

---

〔1〕〔德〕奥托·基弗著,姜瑞璋译《古罗马风化史》,辽宁教育出版社,2000 年,第 9 - 10 页。
〔2〕〔德〕奥托·基弗著,姜瑞璋译《古罗马风化史》,第 10 - 11 页。

俗婚姻这一形式是为了使外来人与罗马人之间的婚姻合法化,从而使他们在罗马定居下来。只是到了后来才利用它使妇女摆脱从属于丈夫的地位。[1]

在麦饼联姻礼的结婚仪式上,大祭司和朱庇特祭司都要出席,由此可以推断,这神圣的一幕一定发生在神圣的地方,大概就是"Curia",即元老院。另外两种类型的婚姻,其婚礼都在新娘家里举行,不需要特别的地点。结婚前一般都需要订婚,不过解除婚约不会引起违约上诉,至少在古罗马后期是这样。在订婚仪式上新郎送给未来的新娘一笔钱或一枚铁戒指,新娘将它戴在左手的第四根手指上。后来,通常在订婚仪式上签订婚约。订婚仪式一般都有来宾参加,最后宴请宾客。一年有些日子是不能举行婚礼的。五月的整个月,三月和六月的前半月,每个月的第一天、第六天和第十五天,此外还有许许多多的罗马节日,出于宗教原因都应避开。婚礼仪式的前一天,新娘要将自己少女时代穿过的衣服连同小时候的玩具献给神灵,并穿上结婚新装——一件特制的短袖束腰外衣(tunica)和一件羊毛紧身褡,最重要的是一条罩在头上的红色大面纱"flammeum"。新娘头发的梳理受到格外的重视。按照习惯要用一把弯头的铁矛将她的头发梳成6条辫子。据说,后来改用斗士尸体上拔出来的长矛,也许是认为这样的武器有它的神秘力量。面纱下罩着新娘头上的花冠,这是她亲自采摘鲜花编成的。出席婚礼的其他人也头戴花环。据西塞罗说,婚礼从大清早的占卜开始。古代占卜以鸟的飞行为依据,后来改为查看献祭用的牲畜内脏。这时候客人纷纷到达,并及时获悉占卜的结果。在10位证人面前签订婚约的仪式也完成了,不过这并不是婚礼必不可少的程序。婿至后,在女子家里,父率族人举行祭祀。祭后他读祝语,声明将其女嫁与某人。这种声明是婚祀中的最重要部分。女子脱离她的父家,必须是她父亲的命令,她才能与家神脱离,然后才是新娘新郎庄严地声明他们同意结为夫

---

[1]〔德〕奥托·基弗,姜瑞璋译《古罗马风化史》,第11-12页。

379

妻。[1] 在麦饼联姻礼婚姻或买卖婚姻的仪式上,新娘要说:"Quanto tu Caius,ego Caia."这句套语的意思是:"你是一家之主,我将为你生儿育女。"表示妻子完全自愿地嫁到夫家,服从夫权,从而成为丈夫家族的一员。新娘新郎庄严声明之后,主婚人把他们牵到一起,让他们互相握住对方的手。主婚人通常是已婚妇女,代表主司婚姻生育的天后朱诺。此时婚礼仪式达到高潮,新婚夫妇走向祭坛亲手献上第一件供品。在最古老的年代,新婚夫妇的供品是水果,或者是前面提到过的麦饼——名副其实的麦饼联姻礼。后来才以动物为供品,通常是猪或小公牛。献祭时新娘新郎坐在用羊皮绑在一起的两张椅子上。由主婚人(在麦饼联姻婚礼仪式上则由在场的祭司),一面朗诵祷文一面绕着神坛转,新婚夫妇跟着朗诵。此时道喜与祝愿的话不绝于耳,然后大摆酒席宴请宾客。夜晚来临,婚礼的最后一步——送亲开始了,由送亲队伍护送新娘去夫家。按照习俗新娘应该逃到母亲身边寻求保护,然后丈夫从她母亲身边把她夺走。费斯图斯在《论词语的含义》一书中说得很明白:"姑娘被牵走时,大家装作她是从母亲的保护下(如果母亲不在就是从最亲近的亲属保护下)被抢走的。"这显示了原始时期的抢婚习俗。新娘在欢快的队伍护送下去丈夫家,走在队伍最前面的是吹长笛的小乐队和一个举火炬的男孩,火炬后面是载着新婚夫妇的马车,马车周围和马车后面跟随着刚参加过婚礼的客人。附近的人谁都可以加入这个队伍,他们一路唱着费申尼内诗歌。[2] 送亲的队伍到达男方家里时,妻子要按习俗用油脂涂抹门柱子,并且用羊毛线把两侧的门柱连接起来。然后丈夫要抱她过门槛,因为刚过门的媳妇要是碰了门槛,那可是不祥之兆。进屋以后,新媳妇与丈夫共同点燃新生的炉火(火者,家神的表现)。丈夫再往她身上洒水,水者,家中祭祀常用的"洗水"。[3] 这表示丈夫欢迎她共同拥有水与火。引新妇至祭台前,圣火之旁,其家

---

〔1〕〔法〕古郎士著,李玄伯译《希腊罗马古代社会研究》,中国政法大学出版社,2005 年,第 31 页。

〔2〕〔德〕奥托·基弗《古罗马风化史》,第 15 页。

〔3〕〔法〕古郎士著,李玄伯译《希腊罗马古代社会研究》,第 32 页。

神乃祖先的像皆在。新婚夫妇举行祭祀,奠酒祷告,然后分食精面所制的点心,乃使夫妇的结合为神圣的。从此以后,他们共奉同一的祭祀,妇人遂信丈夫家的神,行夫家的礼,诵夫家的祷辞,同时祭享。[1] 新婚第二天新娘开始接待亲属,并向新家的诸神上供。

永昌的婚姻嫁娶习俗与古罗马的婚姻嫁娶习俗最大的不同是:古罗马的婚姻嫁娶,有着很浓厚的宗教祭祀意味,其中最重要的是从"父权"到"夫权"的转变过程,即父率族人举行祭祀,祭后他读一种祝语,声明将其女嫁与某人。若她的父亲未将她与他家的圣火预先声明脱离关系,则她不能崇拜夫家的神。女子必须得到父亲的命令,才能与家神脱离,然后才是新娘新郎庄严地声明他们同意结为夫妻。这种婚前的祭祀活动,是永昌的婚姻嫁娶所没有的。婚姻嫁娶举行的地点也不一样,永昌的婚姻嫁娶活动在男方家里举行,而古罗马的婚姻嫁娶活动在女方家里举行。新娘到新郎家里的一些习俗也有着很大的区别。永昌的习俗是新郎、新娘同拜天地、拜双亲,然后就成为正式的夫妻;而古罗马的习俗是新郎、新娘共同点燃炉火,并且向新娘身上洒水,然后新郎引新娘至祭台前,圣火之旁,向家神乃祖先的像祭祀,奠酒祷告,然后分食精面所制的点心,使夫妇的结合成为神圣的,此后新妇要信丈夫家的神,行她夫家的礼,诵她夫家的祷辞,同时祭享,这时新郎、新娘才开始建立正式的夫妻关系。由此可见,二者之间的婚姻嫁娶习俗没有丝毫的共同之处。

关于解除婚姻关系即离婚,永昌过去叫"休妻"、"散伙"、"拉倒"等,在当时结婚不用到官府去登记,离婚也不经官府判决,男的不要女的了,写一张"休书",打发她走,就算"散伙"了。在男尊女卑的当时,只准男休妻,不准女弃男。[2] 古罗马早期,经过麦饼联姻礼结成的夫妻不能解除婚姻关系。狄奥尼西奥斯在《罗马史》第 2 卷第 25 章中说:"史学权威们一致认为,古罗马经历 520 年之久,未曾有过解除婚姻

〔1〕〔德〕奥托·基弗《古罗马风化史》,第 16 页。
〔2〕王仲保,胡国兴《甘肃民俗总览》,第 56–57 页。

·欧·亚·历·史·文·化·文·库·

关系的事。"[1]在晚期罗马共和国,随着妇女地位提高,离婚变得容易和常见。值得重视的一个问题是,终止婚姻关系只要双方宣布一个协议就行了。不仅男人可以休妻,把妻子从家里撵走,妻子也可以决定,被男人休了以后是留下来,还是回娘家。离婚在那时之所以如此容易,是因为婚姻从此不再具有任何严格契约的意义。[2] 在罗马人的家庭里,妻子的地位并不低,她不受丈夫的感情所束缚,一切服从丈夫的感情不是罗马人的性格。不论是福是祸她都与丈夫共同管理大家庭。[3]古罗马妇女在婚姻上的自由是她们人身自由的一个缩影。

坚持永昌有古罗马军团后裔的学者认为,这里的女子要比当地的女子显得要大方,无论做什么事情似乎都要显得很自信,她们对音乐也情有独钟,与当地另一村庄的女子相比,似乎更有生活品位。并以此来说明她们是古罗马人的后裔。事实是,在中国每个地方的女子都既有羞涩的也有大方的,倘若经济发展,与外人交往很多,当地女子就比较大方,反之,女子就较腼腆。而对音乐的爱好程度,主要与地方经济文化的发展水平有关。比如福建厦门的鼓浪屿就是有名的钢琴岛,在1949年之前,岛上几乎户户都有钢琴,出现了不少钢琴家。其重要原因是当地是富人居住区,有许多由海外回国定居的富人。永昌县没有这样的条件,者来寨更地处僻壤,没有学习音乐的条件,何来对音乐的情有独钟?

中国古代的妇女出嫁后就成为男人的附属品,大门不出、二门不迈,相比之下,古罗马妇女拥有更高的地位,更多的自由。但古罗马妇女的地位也有个演变的过程。她们本来也是生活在统治权掌握在男人手中的社会,男性掌握了全部财产权,结婚时还可以从妻子那里得到一笔嫁妆。但她们有可能拥有父亲的财产继承权,从而为她的权利增添了砝码。古罗马有一座墓碑记载了公元前8年去世的节妇图利娅的嘉言懿行。碑文记载,她丈夫叫吕克奥斯,跟随庞培在伊庇鲁斯和凯撒打

---

〔1〕〔德〕奥托·基弗,姜瑞璋译《古罗马风化史》,第29页。

〔2〕〔法〕让-诺埃尔·罗伯特著,王长明,田禾,李变香译《古罗马人的欢娱》,第145页。

〔3〕〔德〕奥托·基弗,姜瑞璋译《古罗马风化史》,第21页。

内战。在这场战争之中,图利娅的双亲在乡下的家中被杀死。图利娅把她继承的全部财产给了丈夫,还偷偷地给丈夫送粮钱。她拒绝家族废除父亲的遗嘱,即只承认自己是父亲财产的唯一继承人,而将她的丈夫排除在外。经她的坚持,父亲的遗嘱得到尊重。[1] 如果妇女没有地位,那么她就不会成为她父亲财产的继承人;如果妇女没有地位,那么她再怎么坚持,她的意愿也不会得到尊重。第二次布匿战争(前208—前201)后,古罗马社会结束了自耕农国家的时代,向地主、商人、金融家和无产者组成的国家转变,从而妇女的解放也开始了。古罗马的妇女有机会获得更好的教育,发展她们在舞蹈、音乐、演唱和诗歌等方面的才能。[2] 她们开始对社交活动产生了兴趣,喜欢像男人一样,抛头露面于罗马广场,出入于沙龙或剧院。为了彰显魅力,奢华之风高涨,她们开始学打扮,学艺术,学文化,[3] 她们中有的人还刻苦学习希腊文。尤维纳利斯在其《书信集》前言中这样写道:"她们总使用希腊文,好像不懂拉丁文不是什么羞耻的事情。她们的心迹,喜、怒、哀、乐、忧愁、恐惧,都是用希腊语表露出来的。"[4] 随着旧式婚姻逐渐向自由婚姻转变,妇女开始取得经济上的独立。按照自由婚姻,除了给丈夫的嫁妆,妻子保有她的全部财产。古罗马的妇女还获得了一定程度的政治上的解放。"罗马人曰:'希腊之尊贵妇女,尚不及罗马之更为尊贵也,何则?希腊之妻室只勤操作于室中,不令游观于户外。况肆筵设席之余,非属戚族不同饮食。是家中且多所拘束矣。而罗马之妻室则不然。或主中馈,或从外观酬酢之间,言言语语,与男子互相讲论,何其畅适之得自由耶?'"[5] 道德是婚姻的核心,但是由于欢娱之风盛行,爱情的作用没有得到充分的发挥,走出家门,幽会心上人,寻找婚外情使越来越多的人出轨,导致了"只要古罗马的血统保持纯洁,古罗马的道德规范

〔1〕〔法〕让-诺埃尔·罗伯特著,王长明,田禾,李变香译《古罗马人的欢娱》,第144页。
〔2〕〔德〕奥托·基弗著,姜瑞璋译《古罗马风化史》,第45页。
〔3〕〔法〕让-诺埃尔·罗伯特著,王长明,田禾,李变香译《古罗马人的欢娱》,第148页。
〔4〕〔法〕让-诺埃尔·罗伯特著,王长明,田禾,李变香译《古罗马人的欢娱》,第158页。
〔5〕钱钟书编《万国公报文选》,三联书店,1998年,第458页。

可以允许一定的性自由。"[1]这些,都是旧时永昌妇女所无法想像的。在永昌妇女的身上丝毫没有古罗马妇女的影子。

7.5 丧葬习俗与头朝西的尸式

永昌旧时的丧葬习俗是,病人弥留之际,亲友带着食物来看望,临死前,穿上红布里的"老衣"。"老衣"用丝绵布料,忌用皮毛。死后,有钱人家在死者口内放一银质或玉制首饰等物,四肢平展,仰面停放在床板上,用一根线绳绊着双脚,用棉布盖着面孔,尸体下横放三股麻束,以便搬动,头前献一只鸡和顶插红枣的尖碗半生米粥,叫"祷头饭"。请道士来卜算出殡日期,然后念经,叫"开路"。然后将死者移入上房或其他空闲屋里,再准备悼念殡葬。死者的亲生子女叫"孝子",穿白色孝衫,不戴帽,头顶长白布,肩搭长麻辫,手拄"丧杖",去请亲友长辈,叫"报丧"。并出示讣告,告知死者生年、死因、逝时和殡期。黄昏,全家哭啼去门外烧纸钱,叫"烧黄昏纸"。请老舅家人来亲视入殓,钉住棺盖,叫"掩棺"。到追吊的前一日,房院门槛贴白纸对联,挂起五彩纸做的"魂幡"。搬出纸糊的车、马、童男童女、夯夫等纸货,道士设坛念经,替死者忏悔。孝子跪在大门外迎"上奠"的亲友,给甥、婿、侄等晚辈戴孝帽,叫"赐孝"。"上奠"祭品多为面蒸馒头,再加宰杀的羊只和各式各样面做的祭花,叫"全祭"。第三天,亲戚来吊丧,献面蒸"花顶桃",亲友也有送挽幛挽联的。富有的人家请塾师先生作礼宾,吹鼓手作乐师,赞行三献礼,叫"家祭"。午后,全家老少和亲友、乡党依次跪灵堂,将茶、酒、糕点、糖果、饼食等徐徐装入一小口瓷质的"食瓶"内,叫"辞灵"。当天晚上,道士做最后一次道场,叫"放施舍"。焚烧纸质,浇羹汤饭饼食,说是施食孤魂野鬼。次日清晨,便抬起灵柩,有"魂幡"导前,孝子怀抱着上书死者名讳的"神主",肩拖一匹白布于棺后,叫"拖灵",到坟地安葬。墓地请阴阳先生选看,棺材以柏木为上,松木次

---

〔1〕〔法〕让－诺埃尔·罗伯特著,王长有,田禾,李变香译《古罗马人的欢娱》,第181页。

之，贫困人家只能用杨木等，忌用柳木做棺。个别无力置棺者，也有卷草席掩埋的。棺木刷成大红色，士绅家讲究画着龙形虎抓贴金的"鸱虎"棺材。如有子孙先死者，用土块泥锢其棺于墓地附近，待将来老人死后，再同时葬埋，俗叫"寄坟"。第三天，再用土堆好坟丘，叫"撺三"。在"发丧"期间，死者家中不打扫卫生，直到送葬的队伍走后，才由亲友们帮忙彻底清扫并焚烧掉垃圾，送葬的人们返回时，通常不走原路。回来后，大门前煨有一堆火，放着一盆清水，盆上还放着一把刀，送葬的人们要从火堆上迈过，用清水洗手，用刀拭拭手，再进入大门，接受招待。第七天，请道士来做"首七"，念经后，孝子头顶的白布改做孝帽，收起麻辫缠于腰间，叫"成服"。其后"百日"和"头周年"都请道士念经，"百日"和"头周年"释服，也叫"除服"，俗叫"抹孝"。[1]

根据古罗马人的宗教信仰，死去的人并没有消失，墓地成为了他的新家。古罗马人一般生前就给自己选好了墓地，甚至修好坟墓，并且尽可能地把坟墓修造得好一点。罗马人一般是自己为自己立碑，以作纪念（除非是猝死，或是因为年龄太小而无能为力）。碑文也都是自己事先拟好的，目的不在于祭奠，而在于向世人表白和诉说，内容五花八门，有点像"临别赠言"或是"人生感慨"，至于像"醒世恒言"、"座右铭"、"自我介绍"之类的碑文也是屡见不鲜。

古罗马人的死亡意味着一系列仪式的开始。先清洗尸体，然后涂上香膏，穿上生前的衣服，并由家里的女性成员和专门人员检查。之后死者摆放在住宅的庭院中，时间从几小时到一星期不等。每一位与死者道别的客人都能得到鲜花和花冠。穷人和小孩的葬礼比较简单，通常在晚上进行；社会知名人士的葬礼则相当奢华，有庞大的仪仗队，伴随着音乐、火炬以及妇女的哀悼。当时的葬礼有个很特别的要素——对死者进行嘲笑，喜剧演员罗列出死者的缺点并用各种暗示进行嘲笑。还有一种一直流行到公元1世纪中期的做法，为了证明古罗马家庭体

---

〔1〕永昌县志编纂委员会《永昌县志》，第 996 页；王仲保，胡国兴《甘肃民俗总览》，第 112 页。

制的重要性,在葬礼中有人会戴上面具,扮演死者祖先陪伴死者走完最后一程。葬礼那天,送葬队伍把尸体抬到广场,在那里致悼词,追思死者。开头是一群哭丧的妇人、音乐队、跳舞团,一个舞人化妆戴假面具,扮成死者的形状,并且作态表演,使大众宛如再见其所熟识的人。后面跟着就是这典礼中最壮丽最特别的一部分,即"祖宗队"。这班"祖宗"每人穿着其生时最高贵的服饰,如凯旋者穿着他的金边外套,监察官穿他的紫外套,执政官穿他的紫边外套,带着他们的仪仗队和其他表示官职的徽章,都坐在车上为死者做最后的扈从。灵车后面走来一律身穿黑色服装、不戴饰品的送葬人,蒙着头的孝子,不戴面罩的孝女,亲属和同族,契友、门客。[1]

在古罗马,从公元前 4 世纪一直到公元 2 世纪,火葬是主要的安葬方式。土葬从阿德里亚诺时代开始流行,到公元 3 世纪成为了主要的葬礼仪式。火葬由特定人员执行,既可以在葬礼现场,把死者遗体放置在装有荆棘和木头的池子焚烧,以便当场收集骨灰;也可以在叫做火化场的地方进行焚烧,之后把剩余的骨头和骨灰放入骨灰盒中。骨灰盒的原料可以是大理石、石头、陶土或是玻璃,上面刻有死者的名字。人们还把死者生前珍视的物品,以及美食和鲜花一起放入焚烧。收集好骨灰后就可以把骨灰盒下葬,并于其上树立墓碑;更为普遍的是把骨灰盒放入特殊的专门安置处。放置骨灰的地下葬礼纪念堂,通常建在城墙外边,或沿着城市远郊的道路而建。纪念堂有的属于特定的家族,有的属于公共殡葬机构。纪念堂的墙壁上有很多排列整齐、装饰豪华的小壁龛用于存放骨灰盒,有的纪念堂可以容纳上千个骨灰盒。土葬成为主要的安葬方式以后,人们在骨灰放置处的壁龛旁边进行土葬。这种土葬方式与古罗马世界基督教化联系密切。富贵人家开始使用大理石制成的精致石棺,社会地位较低的家庭则用瓦片制作坟墓。对于夭折的孩子,人们使用酒罐的碎片,甚至直接把尸体放到公共墓穴里。[2]

---

〔1〕〔德〕特奥多尔·蒙森著,李稼年译《罗马史》,商务印书馆,2005 年,第 343 – 344 页。
〔2〕〔英〕费欧纳·钱德勒等著,于维雅译《探索·古罗马》,第 64 页。

为葬礼服务的工作人员必须遵守非常严格的法律法规,如果不是工作需要他们不能进城,进城后他们必须戴上特制的帽子以表明身份。古罗马人在特定场合纪念死者,包括个人纪念日,比如诞辰;还有公众纪念日,比如二月份的祖灵节和五月份的大地节。

　　永昌葬礼习俗和古罗马葬礼习俗,首先在墓地的选择上二者有着区别,永昌是请阴阳道士看风水选地方,而古罗马是死人自己生前已经选好(除了一些例外情况,如猝死等)。其埋葬形式也不一样的,前者是以土葬,到了近年才有火葬,而后者从公元前4世纪一直到公元2世纪一直是火葬,以后才流行土葬。如果永昌县真有古罗马军人归附安置于此,那他们的后人就应该实行火葬,而不是土葬。因为在公元前1世纪,罗马还没有实行土葬。

　　有文章道:"据县文化馆同志介绍,在永昌县城西10公里,有个富饶美丽地方叫河滩村,又叫南泉。据说这里有20多户罗马人的后裔。……村里的罗马人也有一些与众不同的习俗,如他们安葬死者时,不论地形如何,一律按照头向西的规矩。"[1]

　　在中国古代,殡葬之礼是所谓的五礼之一,极为讲究。但遍检诸礼书,关于尸体在墓穴中头的朝向的规范,只有唐朝《大唐开元礼》中提及:[2]

　　　　下枢哭序:进辒车(四品以下布席)于枢车之后,张帷下枢于辒。丈夫枢东,妇人枢西,以次进,凭枢哭尽哀,各退复位。内外卑者再拜辞诀。相者引主人以下哭于羡道东西,面北上;妻及女子子以下妇人,皆障以行帷,哭于羡道西东,面北上。

　　　　入墓:施席于圹户内之西(四品以下遂下枢于圹空),执绋者属绋于辒(六品以下无执绋者),遂下枢于圹户内席上,北首,覆以夷衾。

　　要讲清这两段引文的意思,先要说清古代有身份者之墓穴(圹)的

────────────

〔1〕吴国潮《永昌骊靬遗迹与古罗马东征军失踪之谜》,载《甘肃旅游》,1999年第1期。
〔2〕〔唐〕杜佑《通典》卷139《开元礼纂类三十四·凶六·三品以上丧中(四品以下至庶人附)》,中华书局影印商务印书馆万有文库十通本,1984年,典第724页中栏。

形状。古代稍微讲究的墓穴,平面呈凸形。最下边的方形或长方形墓室,底面方正平整,以置放棺枢和陪葬品。上边是斜坡形(或有阶梯形)的墓道(羡道),用以向墓室送入灵枢和其他随葬品等。墓道与墓室之间有墓室门(称户),有石制的,也有以砖封的。辒车,即灵车,是用以运送灵枢的车辆。夷衾,指覆盖尸体的被子。依其中所言方向看,该墓为坐北朝南,即羡道在北,墓室在南。首先按坐北朝南的方向将灵枢用辒车送入墓室,以后,在门内墓室的西侧铺好席子,用绋将灵枢抬放到席子上,尸身的头朝北,再在灵枢上覆盖好专用的被子,灵枢安置于墓室的事就告结束。其后是一系列后续葬礼。

按,这是墓为正北正南方向时的灵枢、尸体方位安排。但古代对墓地的选择,主要不是看方位,而是看风水。墓地风水之说,始于东汉。《后汉书·袁安列传》:"初,安父没,母使安访求葬地,道逢三书生,问安何之,安为言其故,生乃指一处,云'葬此地,当世为上公。'须臾不见,安异之。于是遂葬其所占之地,故累世隆盛焉。"[1]袁安(?—92年)为东汉明、章、和帝时人,这应该是比较早的占卜墓地的活动,否则史书不会特意予以记载。传为东晋郭璞所撰《葬书》,对葬地风水的说法是:"风水之法得水为上,藏风次之。故藏于涸燥者宜深藏,于坦夷者宜浅。山之不可葬者五:气以生和,而童山不可葬也;气因形来,而断山不可葬也;气因土行,而石山不可葬也;气以势止,而过山不可葬也;气以龙会,而独山不可葬也。"意思是说,墓地选择最重要的是有水的高陇之地,还要能藏风。安葬时,若在干燥高陇之地,就应深埋。若在平坦的地方,就应浅葬。五种山不能做墓地,一是童山(秃山),二是断山(悬崖断壁),三是石山,四是过山,五是独山。由此看来,墓地风水与墓之方位没有太大关系。

1978—1979 年笔者曾经进修过考古学,现将当时搜集的有关考古书刊中的古代墓葬发掘或清理的报告中,凡有关墓中葬式有尸体头的朝向的资料,一并按时代先后列出,以便进行分析。因早期资料与本论

---

〔1〕《后汉书》卷 45《袁安列传》,第 1522 页。

题关系不大,故所列资料自春秋战国始,至明朝止。

春秋战国时期:陕西宝鸡茹家庄东周墓,2号墓、5号墓皆为长方形墓穴,东西方向,头朝西。湖北江陵拍马山楚墓,5号墓,长方形南北向,头朝南。湖北江陵太晖观楚墓21号墓,南北向长方形墓室,头朝南。辽宁喀喇沁左翼县南洞沟战国墓,墓室呈圆角长方形,头朝西。

秦朝时期:陕西临潼上焦村秦墓,11号墓,头朝西,18号墓,头朝西。

西汉时期:内蒙古乌兰布和麻弥图庙1号墓,西汉墓,长方形东西向双棺墓室,两尸皆头朝西。天津北郊西汉墓,竖穴土坑汉棺墓,头朝北。甘肃灵台西汉墓,长方形竖穴墓,北偏西方向,棺内尸骨之头朝北偏西。青海互助汪家庄汉墓,3号墓,南北向长方形双棺墓室,头朝北;4号墓,前后室,前室埋有1具人骨架,头朝北,后室埋有2具人骨架,皆头朝南;10号墓,前后室,前室埋葬有6具人骨架,后室埋葬有4具人骨架,皆为头朝南;7号墓埋有2具人骨架,皆头朝西;8号墓埋有2具人骨架,一朝南,一朝北。青海民和中川汉墓,清泉1号墓,墓主为一少年,头朝西。陕西咸阳马泉西汉墓,东西方向二室墓,棺枢置于后室,头朝东。江苏涟水三里墩西汉墓,头朝东。江苏盱眙东阳西汉墓,6号墓东西方向长方形墓穴,头朝西,7号墓双棺南北向长方形墓室,头朝南。广西合浦西汉木椁墓,主墓室西偏南方向,头朝西偏南。

东汉时期:北京顺义临河东汉墓,头朝北。江苏新沂东汉4号墓,长方形墓穴,东西方向,头朝东。安徽天长汉墓,长方形墓穴,东西方向,头朝西。长沙金塘坡东汉墓,能辨明头向的墓7座,头向分别为南、南、东、东、东南、南、南。

魏晋南北朝时期:黑龙江鲜卑早期墓群,完工的竖穴墓头向西北,1号墓骨架头向西,札赉诺尔竖穴27号、19号、25号、24号墓皆为单人葬,头向北仰身直肢。辽宁辽阳棒台子2号墓,为大型墓,坐北朝南略偏东,中部建棺室,四周有回廊,另设有小室、耳室,棺室中所置棺中尸身之头朝北。沈阳伯官屯1号墓为品字形,纵面北偏东方向,品字之东北部的方室置棺,尸身之头为朝北偏东方向。辽宁北票冯素弗墓平面东西向为长方形,内有石砌东西向椁室,尸身之首朝西。新疆吐鲁番阿斯塔那魏晋十六国墓略为长方形的墓室呈南北方向,靠西侧砌有一截砖墙,墙内置尸身平躺,头朝北。甘肃酒泉 1 号、2 号墓皆为多室亚字型墓,后室在南边,置棺,尸身之头朝南。山西大同北魏司马金龙夫妇墓前、后、耳室,皆方形,坐北,羡道在墓室南边,石棺置后室偏西,尸身之头朝正北。河北赞皇东魏李希宗墓,夫妇合葬墓,皆头朝南。河南安阳许家沟北齐墓,方形墓室,头朝西。河南洛阳北魏元邵墓,头朝南。洛阳 51 号长方形无羡道墓坐东朝西,尸之头为朝西方向。洛阳涧西 82 号墓为坐北朝南方向凸型墓,羡道在墓室的南侧,柩中尸首为朝北方向。江苏铜山岗子 1 号墓,两墓室在北,次墓室东西各有一耳室,主墓室棺柩之尸头朝北。江苏铜山双室黄山墓和三室贾汪镇墓,都是坐东朝西,其尸之头为朝西方向。南京象山 7 号墓为倒吕字形双室墓,纵面为南北稍偏西方向,其尸身之头为朝西稍偏南方向。江西清江 11 号墓,为吕字形有前后室,前室头为稍偏东的朝北方向,其柩首应为朝北偏东方向。福建建瓯梁天监五年墓为长方形多室墓,纵面为东西偏南方向,其尸身之头为朝东略偏南方向。广州狮子岗晋墓为双墓联建,单墓呈亚字形,为南北略偏东方向,尸身之头为朝南略偏东方向。贵州平坝马场东晋南朝墓,35 号墓,头朝南,55 号墓,头朝南,42 号墓,头朝南。云南昭通一古字形墓,呈正南北方向,其尸身之头为朝北方向。

隋唐五代时期:河南安阳安丰隋墓,墓室偏西处置棺,头朝南。辽宁朝阳唐韩贞墓,双棺圆形墓室,头皆朝西。江西南昌北郊唐墓,头朝东。苏州七子山五代墓,三室,东西向,后室置棺,头朝东。

宋辽金元时期:内蒙古昭乌达盟解放营子辽墓,八角形墓室,棺柩置于墓室之北,头朝东。河北迁安上芦村辽韩相墓,墓室圆形,双石棺,头皆朝南。

明朝时期:南京明汪兴祖墓,南北向前后墓室,头朝北。江西玉山明夏浚墓，长方形墓室，头朝南。[1]

表7-1　部分墓葬资料中古代葬式头向统计表

时代＼区位	东				西				南				北			
	东北华北	西北	华东华中	华南西南	东北华北	西北	华东华中	华南西南	东北华北	西北	华东华中	华南西南	东北华北	西北	华东华中	华南西南
春秋战国	1				2				2							
秦						1										
西汉		1	1		2	4		1		14			1	4		
东汉	1		4				1				4					
魏晋南北朝		2		1	8		3		3			4	3	2	2	1
隋唐五代					2						1				2	
宋辽金元	1					2										
明											2					
小计	3	3	5	1	12	7	4	1	6	14	8	4	4	6	4	1
统计	12				24				32				15			

　　总计以上自春秋至明朝墓葬中83具尸身之头的朝向，朝东者12人，朝西者24人，朝南者32人，朝北者15人。依地区分，东北、华北、西北，朝东者6人，朝西者19人，朝南者20人，朝北者10人；华东、华中、华南、西南，朝东者6人，朝西者5人，朝南者12人，朝北者5人。

　　宋董楷撰《周易传义附录》卷首言："《洛书》之次：其阳数则首北，次东，次中，次西，次南。其阴数则首西南，次东南，次西北，次东北也。合而言之，则首北，次西南，次东，次东南，次中，次西北，次西，次东北，而究于南也。"[2]阳数以北为首，阴数以西南为首。而以上统计表明，古人葬式中头的朝向，最多者为朝南，占39%，其次为朝西，占29%，再次为朝北，占18%，最次为朝东，占14%。从倾向性看，大体以朝南、朝西为主要的头的朝向，与宋人总结的《周易》阴位尊卑顺序是基本一致

　　〔1〕以上诸墓资料，见1972年第4—6期《考古》、1973年第1—6期《考古》、1977年第6期《考古》、1978年第6期—1979年第1—5期《考古》、1980年第2期《考古与文物》、1981年第2期《文物》、1983年第5期《青海考古学会会刊》，北京大学考古教研室《三国——宋元考古》讲义。
　　〔2〕〔宋〕董楷《周易传义附录》卷首，景印文渊阁四库全书，经部易类。

的。中国人的丧葬观是事死如事生,中国位于北半球,所以中国的房屋多为坐北朝南或坐西朝东,以接受更多的阳光。在房屋之内,当然以坐北或坐西为尊。死后安葬去世者,也应该尽可能将其置于阴数中最尊的位置,以便子孙后代奠祭,这就有了多将死者头朝南或西的习俗。

永昌河滩村南临南干渠,北为西大河,该村地若在两河之间,则棺柩多数只能是东西走向,在传统观念的潜移默化下,以及现代世俗之人死后升入西天观念的影响下,以尸身之头朝西而不朝东应该是较多的选择。其间恐怕难有所谓对两千前"罗马"祖先的记忆。我们知道,河西走廊的汉族,多数是从东部迁徙来的,若按照河滩村人的说法,河西走廊的汉族葬式都应该以头朝东了,显然并非如此。2006年《中国青年报》刊登报道,其中言:"关亨……还说,文章中讲到的当地一些与众不同的民俗,如'安葬死者时,一律头朝西方'也是子虚乌有的事。"[1]倘若研究者之一关亨曾经否定河滩村安葬死者头朝西的事,我们实在不知如何看待永昌县关于古罗马军团东归的一系列说法的真实性了。

7.6　节庆习俗和节子舞

与中国北方的其他地区一样,永昌县广大农民平常面朝黄土背朝天地从事繁重的农业生产和家庭畜牧养殖业,极少有娱乐活动。而在每年四时八节的各种节日中,民间有一定的节庆活动,其中有不少是老百姓自娱自乐的传统文娱表演。尤以每年入冬以后,粮食碾罢入仓,则进入一年的农闲时节,民间的节庆娱乐活动更逐渐展开,春节和正月进入高潮,可谓中国民间的狂欢节。

乾隆《永昌县志·风俗志》载:"岁时:正月元日,五鼓起,陈设果肴香烛,祭神祀祖先。黎明,卑幼以次拜乎尊长,亲友互相贺。三四日后,彼此治馔邀饮,曰吃年酒。立春,前一日,县官率僚属迎春于东郊,街坊扮杂剧,锣鼓喧闹,观者如堵,设春磐卷春饼曰交春。初五日,厨不动刀

---

〔1〕《历史之谜,还是神话?》,载《中国青年报》,2006年11月13日。

曰鼠忌,间有剪纸人抛门外,以送穷者。元宵日市张灯放火炮,乡妇蒸面灯十二,占每月旱涝,以灯湿干及水多少为验。十六日,妇女旅行遍诣寺观,曰游除百病。二十日,以面片或饼掷屋上曰补天穿。二月二日,晨起,汲水曰引龙,悬灯如元宵。三月清明日,具羊酒、纸钱拜墓。四月八日,金川寺开浴佛会。五月五日,食粽饮雄黄酒,门插柳,小儿戴艾叶。六月六日,晒衣虫不蛀;病腰腿者,敷鹿髓晒之,多愈。七月七日,女子献瓜果向月,曰乞巧。十五日,拜墓如清明。八月中秋夜,庭院陈酒饼,切瓜如莲,曰玩月;次晨,亲临,咸以瓜饼相馈。九月九日,登北郊楼阁胜处,饮茱萸酒,食枣糕。十月一日,以纸制裘袄之类,拜焚墓所,曰送寒衣。十一月长至日,闾里相庆,剁肉及腐以食,曰头脑。十二月八日,户藏冰;合米豆为粥食之,曰腊八。二十三日,杀鸡供糖饼祭神。是日至岁除,贫家嫁娶不筮期。三十日换春联门神,携新年食物献诸墓,众相往来曰辞岁,夜坐曰守岁。"[1]可见,永昌的节庆活动具有很强的中国民族传统意味。

永昌民间文娱活动主要是社火表演。新《永昌县志》载:"社火在永昌县民间流传已久,各地表演形式略有不同,各具特色。清河地区的鼓子雄壮热烈;西河地区的节子豪放优美;城郊地区的龙灯小曲豁朗雅素。民国时的社火队多以一沟、一坝、一寨组成。中华人民共和国成立后,则以大队或行政村组成,参加人数不等,少则五六十人,多则一二百人,均自愿参加;表演形式主要是踩高跷、耍狮子、舞龙灯、坐旱船、骑竹马、打鼓子、节子等。表演内容则因不同历史阶段的不同要求而有所变化,如1949至1960年前,以扮工、农、商、学、兵等形象和《兄妹开荒》、《白毛女》、《小二黑结婚》等戏剧角色为主。1966—1975年,以扮装样板戏角色为主。1976年以后,又把《西游记》、《八仙过海》等历史故事中的人物引入社火。闹社火一般在春节期间。闹时,社火队伍每天在指定地点集中,白天串庄子,挨门逐户拜年,各家均备有烟、酒、糖之类食品热情接待。较大村庄的群众还要自动筹集酒菜进行招待,社火队

---

〔1〕〔清〕李登瀛《永昌县志》卷5,乾隆五十年修,1918年(民国7年)石印。

多表演节目,以示谢意。"[1]这些表演形式既有传统特点,又有地方特色。

古罗马初期,人们过着艰苦的农耕生活,长年累月下地劳作,到了祭神节,才可以休工几天。古罗马文明同其他古代文明一样,有圣日(宗教日)和俗日之分。按照古罗马日历规定,一年被分为吉日和凶日。吉日能给人们带来好运,办事会成功,而到了凶日,一切活动都必须停止。共和时期,有固定日期的节日约 120 天,一个节日持续几天,这在当时很常见。在节日期间,人们可以参加许许多多的娱乐活动。后来节日天数有所增加。4 世纪初,节庆日超过了 175 天。随着时代的发展,民众娱乐活动中的宗教因素渐渐淡薄了,但节日依然在宗教日举行,也就是说,有宗教节,世俗节就暂停举行,当世俗节举行期间,宗教节并不受影响,该庆祝人们照样庆祝。

古罗马人崇拜许多神,每一个节都与神有关。其主要节日与庆典是:公元前 153 年以后,1 月 1 日这一天标志罗马新年的开始,人们要向朱庇特奉献公牛牺牲,以感谢这位神在过去一年来对他们的保护。1月初路神节,在乡下,农民们以一只动物为祭品净化他们来年的土地;城里,人们在十字路口献祭,然后享受 3 天的庆祝活动。2 月 13 日—21 日祭祖节,罗马人把鲜花、牛奶和葡萄酒供放在他们已故父母的墓地上,这是为了使死者不再感到饥饿,不会回来侵扰生者。2 月 15 日牧神节,两队青年在罗马帕拉丁山附近穿着献祭山羊的皮赛跑,边跑边用山羊皮鞭碰打围观者。人们相信,妇女被他们碰到很快就会怀孕。2月 22 日欢庆节,家人聚在一起吃顿饭,宣告祭祖节的结束。3 月 1 日最初为罗马一年的开始,在这一天,罗马维斯塔神庙的火由维斯塔圣女重新点燃。这也是祭司们开始舞蹈的第一天。12 名青年祭司手持神圣的盾牌围着罗马城舞蹈,舞蹈持续 19 天,每一晚舞蹈者都在不同的房间宴饮。3 月 15 日人们在第伯河岸边野餐,庆祝掌管年的女神安娜·派伦娜的节日。3 月 23 日号筒节,在一个献给战神马尔斯的仪式

---

[1]永昌县志编纂委员会《永昌县志》,第 773 页。

中净化神圣的战号,它意味着为战斗带来胜利。4月4日—10日是麦加利竞技会,举行运动会赞颂西拜来,她是土耳其的伟大的母神。4月12日—19日,刻瑞斯竞技会,为刻瑞斯——谷物和丰收女神举办的运动会。4月21日帕来斯节,该节开始是一种乡村节日,那时要把所有的羊洗干净。但是后来在罗马被当做该城的生日庆祝。罗马人把祭品扔到火上,然后在火中舞蹈。庆祝活动以一场大型的户外宴会结束。4月28日—5月3日花神节,这一赞颂春天女神弗罗拉的庆典也被称作为弗罗拉竞技会,会桌上高高堆满了鲜花,人们头戴花环,尽情舞蹈。6月9日维斯塔节,在这一天,已婚的妇女们来到罗马的维斯塔神庙,把各种食物送给女神,维斯塔节也是面包师的休息日,因为这一天维斯塔圣女们用加盐的面粉烘烤一种特别的面包。6月24日福尔图那节,早晨,人们排队到第伯河观看向福尔图那女神献祭的场面,这天其余时间就是野餐和饮酒。7月6日—13日是阿波罗竞技赛,在共和时代这一节日与阿波罗神的祭拜仪式相关,但是在帝国时代,它还只是一个戏剧表演、运动会和比赛的借口。8月13日是狩猎女神狄安娜的节日,奴隶们放假一天,按习俗妇女们要在这一天洗头。9月5日—19日为罗马竞技会,在这15天的节日里,举办运动会,比赛和戏剧以赞颂朱庇特。9月13日在朱庇特的神庙中献祭一头母牛,并在那里举行盛大宴会,朱庇特、朱诺和米涅瓦的雕像被打扮一新放在桌子上,以便他们也能享用这个盛宴。11月4日—17日平民竞技会,在这13天的赞颂朱庇特的庆典过程中,人们观看戏剧、运动会和比赛;11月13日,元老们和官员们举行一场宴会。12月初是伯娜·迪亚的典礼,这是赞颂"善良的女神"妇女的保护者伯娜·迪亚的节日。这些神秘的仪式,只有妇女才能参加,仪式可能包括舞蹈、饮酒和崇拜圣物。12月17日,农神节,最初农神节只持续一天,但是后来扩大到一周左右,节日从农业神萨图恩的神庙里献祭开始,人们玩游戏,互赠礼物,主人和他们的奴隶互换一天身份。[1]

---

〔1〕〔英〕费欧纳·钱德勒等著《探索·古罗马》,光明日报出版社,2005年,第170－172页。

永昌的节日庆典习俗,其风俗都可以追溯到中国历史上的一个事件或是一个传说。如:元宵节,汉代初年,汉高祖刘邦死后,吕后及吕氏家族把持朝政,吕后死后,周勃、陈平等人在正月十五这天扫除诸吕势力,汉文帝也就在每年的正月十五这天晚上,出宫与民同乐,以示庆祝;[1]端午节和屈原投江有关;"送寒衣"与孟姜女有关等等。古罗马人的节日绝大部分和他们崇拜的神有关,基本上每一个节日都可以找到一个神与之对应。二者之间庆典的形式也不一样。永昌庆典习俗在每一个节日庆祝的形式是不同的,古罗马除了祭祀他们的不同节日不同神之外,他们的娱乐基本上都是一样的。

综上所述,永昌和古罗马在节日庆典的习俗方面没有丝毫共同之处,何况与永昌的节日来源有关的很多事件都是早于所谓"罗马王子普利尼带着骊轩人及其家属去中国居住"的。[2] 这些节日都是中国的传统节日,没有古罗马的遗风。古罗马的节日庆典是建立在崇拜神的基础之上,假使这些骊轩人是古罗马军团后裔,他们的一些活动应该带有他们所崇拜的神,但是很遗憾没有,这从一个侧面也证明了这些人不是古罗马军团的后裔。

无论汉代或罗马上层社会的宴会都佐以乐舞,汉代有说唱,罗马则有哑剧,双方都有的是杂技和面具戏。古罗马杂技声名远播。汉武帝元鼎五年(前112年)安息使臣来献"黎轩善眩人"。东汉安帝永宁元年(120年)掸国又献幻人,"能变化吐火,自肢解,易牛马头。又善跳丸,数乃至千。自言我海西人,海西即大秦也"。[3] 跳丸即现在所称的抛球,须用双手同时抛接,目前世界杂技界能抛9个球的演员也不多。在古罗马的折合双连画中有抛7个球的演员,他不仅用双手,而且前额、足尖、小腿都参加运作。汉画像石中也有类似表演,他们将球和剑一同抛接,当时叫"飞剑跳丸"。起落纷繁,节奏急促,表演者掷雪回电,观赏者目眩神驰,场面极其热闹。古罗马最早的戏剧是古典希腊戏

---

〔1〕王仲保,胡国兴《甘肃民俗总览》,第183页。

〔2〕陈正义《骊轩绝唱:最后的古罗马人之谜》,第149页。

〔3〕《后汉书》卷86《南蛮西南夷列传》,第2851页。文中"千"字或为"十"字之讹。

剧的翻译,既有悲剧也有喜剧。悲剧是关于希腊的神和英雄,喜剧是关于普通人的故事。罗马戏剧最初在木头剧院里上演,后来这些木头剧院被永久性的石头建筑所取代。通常这些剧院很大,演员都戴着面具,以帮助观众识别不同类型的角色。面具能分别表示喜剧还是悲剧人物,男角儿还是女角儿,少角儿还是老角儿。男角儿都戴棕色面具,女角儿都戴白色面具,但是在面具后面,所有演员都是男性。[1] 中国的面具戏舞,称"傩(nuo)"。据介绍,傩文化是中国传统文化中多元宗教(包括原始自然崇拜和宗教)、多种民俗和多种艺术相融合的文化形态,包括傩仪、傩俗、傩歌、傩舞、傩戏、傩艺等项目。其表层目的是驱鬼逐疫、除灾呈祥,而内涵则是通过各种仪式活动达到阴阳调和、风调雨顺、五谷丰登、人寿年丰、国富民强和天下太平。傩文化在中国历史悠久,据说,商人祖先上甲微为了纪念被有易人杀死的父亲亥,而创建了商祷,就是商傩。敦煌藏经洞中发现有《还京乐》和《儿郎伟》两种傩歌曲词遗文,直接记录了唐宋时期西北边陲丰富多彩的傩事活动。据研究,敦煌傩有对白有歌唱有舞蹈有戏剧,并有伴奏。同时,各傩队有分有合有聚有散,有的还会留在官府中陪官家守岁。目前,傩戏舞仍活跃或残存于汉族和20多个少数民族的广大地区,涉及二十四五个省、自治区。比较著名的傩戏舞,有青海同仁土族的《跳於菟》,四川羌族的释比戏,贵州安顺屯堡的军傩地戏,藏传佛教寺院的《跳布札》,江西南丰的《跳竹马》,青海寺院的傩舞"跳欠",云南彝族傩舞"余莫拉格舍",云南楚雄彝族的"跳虎舞",云南澄江汉族的关索戏,全国各地的钟馗打鬼傩舞,等。傩戏舞的最大特点是舞演者要戴各式各样的面具,从这一点来说,与古罗马戏剧演员戴面具有相同之处。但古罗马戏剧源于古希腊,表现的神话、英雄和人间悲喜故事,而中国的傩戏表现的是纪念死者、驱逐鬼魅、祈求平安丰收。二者差别很大。况且永昌地区似乎未见有傩戏表演,新编《骊靬神韵》音乐舞蹈剧的所有演员都以真

---

〔1〕〔英〕彼得·阿克罗伊德著,冷杉,杨立新译:《古代罗马》,三联书店出版社,2007年,第103页。

面目示人,所以在文娱活动方面,永昌和古罗马之间,亦没有丝毫共同之处。

罗马人的娱乐似乎并不满足于看抛球和看戏,最刺激而且带血腥味的项目是角斗,在罗马的许多城市中都修建了竞技场。战车比赛也比较受欢迎,最初是宗教庆典的一部分,但是很快成为娱乐活动。比赛在专门设计的赛马场进行,叫圆形竞技场。只有罗马公民和他们的家人才能参加和观看比赛,人们在黎明时就来到赛马场,以便占个好座位。在这里,男女可以坐在一起。诗人奥维德写道,赛马场是找女朋友和男朋友的好地方。[1] 比赛从游行开始,乐师引入宣布比赛开始的官员,这位官员可能是一位重要的元老,甚至可能是皇帝本人,他和他的随从后面是歌者和扛着神像的祭司。在一阵喇叭声中,主持比赛的官员举起一块白布并让它落到地上。赛马场一端开启,赛手们驾驶着轻便的战车冲了出来,按照逆时针方向绕着跑。战车一般是由 2~4 匹马拉的,但为了增加兴奋程度,有时会增加到 6 匹或者 8 匹马,马匹越多,控制战车的难度越大。车手们把缰绳系在自己身上,头戴较轻的头盔,挎一把刀,这样在战车倾覆时他们可以用刀把绳子割断。比赛最紧张的部分是车手在每一圈终点时转过一个很陡的弯道。为了争夺位置,他们竭尽全力,尽可能靠近中间屏障,车手常常相撞,激烈程度会随之升级,观众的呐喊声此起彼伏。有的观众为自己喜欢的战车鼓劲加油,有的观众则大骂车夫车技拙劣。每个人都为自己押的赌注捏把冷汗。比赛结束,几家欢乐几家愁,有的赢了一夜暴富,有的输了一贫如洗,而战车的获胜者获得了棕榈奖。[2] 永昌地区没有人与人、人与兽的角斗表演,也没有马拉战车比赛,从这一方面来说,永昌没有古罗马的遗风。

2000 年 6 月 16 日在兰州举行的《中国敦煌百年·甘肃黄河风情旅游节》开幕式文艺演出的方阵中,有一支据称是由古罗马军人打扮的游行队伍,这些古军人打扮的青年人手持盾牌和利剑且歌且舞。报

---

〔1〕〔英〕费欧纳·钱德勒等著《探索·古罗马》,第 103 页。

〔2〕〔法〕让-诺埃尔·罗伯特著,王长明,田禾,李变香译《古罗马人的欢娱》,第 78 页。

导称,大型舞蹈《骊靬古韵》,"以古罗马军人在战争中常用的'夹门鱼鳞阵法'为素材,吸收骊靬古文化中的剑舞和节子舞等形式,以雄奇豪放的艺术特色,再现了历史上古罗马人的勇武精神和西部民族粗犷豪放的性格"。[1] 此舞蹈后来作为大型音乐舞蹈剧《骊靬神韵》中的一幕,多次演出。该舞蹈在剧中称为节子舞,剧情介绍中称:"节子舞,系河西特有的舞蹈,相传是由骊靬人'鱼鳞阵'演化而来,当地谚语称:'古有鱼鳞阵,今有节子舞'。"

2011 年 8 月 19—22 日,金昌市举办丝绸之路骊靬文化国际旅游研讨会。期间笔者有幸在广场观看了《骊靬神韵》的演出。一位同行的朋友说,既然永昌有节子舞这样的古罗马军人舞蹈,此事就值得认真研究了。

回兰州以后,笔者查阅了 1993 年出版的《永昌县志》,找到了其中的"节子舞"介绍,其文如下:[2]

> 节子舞,又名霸王鞭,流传历史悠久。永昌西河地区社火里多有,但以赵定庄、毛卜拉的表演最有名。1954 年,赵定庄的节子舞,曾参加省上调演,评价很高。节子舞由 4 人到几十人表演。节子用长 80 厘米的木棍做成,画成彩色,两端挖空,串以金属钱数枚,舞蹈时嚓嚓作响。表演者手执节子,伴随着鼓点的节奏,由慢到快,舞出"串花子"、"虎抱头"、"打四门"等多种动作。节子舞随着时代的发展,其花样也在不断地翻新。

节子舞之名,来源于舞者手持的节子,即上文中所述之两端挖空中间串以铜钱的木棍,通过舞者的敲打,使木棍发出有节奏的嚓嚓响声。而《汉书·甘延寿陈汤传》中描绘的鱼鳞阵,只有"步兵百余人夹门鱼鳞阵,讲习用兵"共 14 字。既然是匈奴人或(德效骞所说的)罗马步兵摆的阵法,其所持者当为刀剑和盾牌之类的进攻和防御武器,而不是木棍或其象征的钢鞭,节子舞与鱼鳞阵有何关系? 其实舞剧的编导者

---

〔1〕董开炜、宋国荣《骊靬古韵亮相金昌:再现罗马军队勇武精神 展示西部民族豪放性格》,载《河西晨报》,2000 年 6 月 12 日。

〔2〕《永昌县志》,第 774 页。

（据说舞剧中的文字系王萌鲜先生所撰）自己就是自相矛盾的。在该剧第二幕，即为"鱼鳞阵"的舞蹈，其文字说明言："东征的罗马将士们，在卡尔莱誓死拼搏，用鱼鳞阵阵法展开战斗但遭受惨败，仅剩下部分突出重围。"其舞者都是穿着"罗马"军人服装手持利剑和盾牌在舞蹈。到第六幕就是"节子舞"，是穿着中国民族服装的青年手持节子的舞蹈。两出戏中表演者所持道具和舞姿，毫无共同之处，为什么要将节子舞称之为"骊轩人鱼鳞阵"呢？况且，所演出的"节子舞"并非是永昌或河西特有的舞蹈，更不是由"罗马"鱼鳞阵演化而来的，而是在20世纪90年代以后所谓古罗马军团东归骊轩说盛行以后，才由专业人员编导出来的。"古有鱼鳞阵，今有节子舞"的"民谚"，不过是民众"被"谚语的产物罢了。

节子舞，又名霸王鞭，还叫做花舞、英雄鞭、金银鞭、打莲香（厢）等，是广泛流传于全国各地，包括南方一些少数民族地区的一种民间传统舞蹈。该舞蹈的来源，有人说是上古村社祭祀天地神灵时的歌舞，有人追溯到秦汉之际西楚霸王项羽的马鞭，云南白族则将其追述至唐宋时代的南诏政权，还有人说是从乞丐讨饭的打狗棍演变来的。湖北地方传说，从前有一个地主家里收了一个童养媳，名叫莲香。她勤劳善良，却被地主婆毒打而死。群众同情她，就以莲香用过的吹火棍编了这种舞蹈，因此又叫"打莲香"。至迟在清初已经有了关于"霸王鞭"的记述。毛奇龄（1623—1716年）《西河词话》中记道："金作清乐，仿辽时大乐之制，有名连厢词者，带唱带演，以司唱一人，琵琶、笙、笛各一人，列坐唱词，……此人至今谓之连厢，亦曰打连厢。"康熙年间李振声的《百戏竹枝词·霸王鞭》写道："窄样春衫称细腰，蔚蓝首帕髻云飘。霸王鞭舞金钱落，恼乱徐州《叠断桥》。"原注："徐沛伎妇以竹鞭缀金钱，击之节歌。其曲名《叠断桥》，甚动听。行，每覆篮帕作首粧。"清代诗人段位称赞白族霸王鞭舞道："金钱鼓子霸王鞭，双手推敲臂旋转。最是小姑唱白调，声声唱入有情天。"

霸王鞭用竹竿或木棒做成，长为三尺，两端嵌有铜钱，棒上贴饰以彩纹。舞者执鞭的中端，也有双手各执一鞭的，以鞭两端交替敲击臂、腿、肩、腰、背等部位或地面,打出有节奏的响声,同时舞者不断做跳跃、下蹲、转体等舞蹈动作。舞蹈不断,响声不绝,具有较强的技艺性。两人或多人舞时还相互对击。步法有立、跪、蹲、坐、卧、行进、停留、跳跃等各种动作。击打分十二下、十四下、十六下等,使鞭两端交替不断地碰打自己身体各处,也可棍与棍、棍与地碰击。男女对打和集体对打,有"背合背"、"心合心"、"脚勾脚"、"凤穿花"、"五梅花"、"双采花"、"一条街"、"龙吐水"等竞技动作和舞打队形,即兴性较强。各地民间霸王鞭的打法各有自己的风格,并形成许多程式套路,如湖北的"雪花盖顶"、"黄龙缠腰";山西、陕西的"三点头"、"缠腰跪打"等。此外,在白族、彝族、瑶族、布依族、哈尼族、黎族等少数民族中,霸王鞭也有流传。云南白族和河南叶县的霸王鞭还被列入国家非物质文化遗产名录。

永昌节子舞与全国各地的霸王鞭都是历史悠久的民间舞蹈,流传有绪,各有特点,但都是以节子作为舞者的主要道具,与罗马军人的所谓"鱼鳞阵"没有任何共同之处。专业人员创作《骊靬神韵》的舞蹈,以附会所谓古罗马军团东归骊靬说,本无可非议。但可以肯定,《骊靬神韵》对永昌节子舞的阉割,使其远离了中国民间文艺的传统,成为不中不西、非土非洋的奇怪现象了。

8 骊轩研究必须坚持科学精神

8.1 坚持科学精神,参与古罗马军团东归问题研究

50多年前西方汉学家德效骞关于中国和古罗马交往史上的一个学术假说,现今被当做真历史来宣传,确实是一个令人深思的问题。

史学工作是实事求是的学问,有一说一,有二说二,句句有来历、字字有根据。进行学术探讨,提出新的看法,也必须有史料根据,而不能妄加猜测,更不能信口开河,歪曲史实,编造史料,乱下结论。当然,由于史料不足,或前人留下的资料有误,有些历史问题可能难以马上做出肯定的结论,那就应该学习司马迁的精神,"疑以存疑",在摆事实讲道理的基础上,提出自己的看法,同时予以存疑,为后人彻底解决问题提供参考。这些都是史学工作者职业道德的基本要求。许多学者,正是本着对历史学科学精神的维护,陆续自发地加入到对古罗马军团东归伪史批评的行列,以他们的学术批判,正本清源,试图清除对地方百姓造成不良影响。

正如本书第2章所述,德效骞古罗马军团东归中国骊轩说一经提出,就遭到中外学术界的质疑和否定。如果从余英时1967年发表《评德效骞〈古代中国的罗马城〉》一文算起,中国学者对德氏假说的批评已有46年。接着,台湾杨希枚、邢义田也先后发表文章,表示反对的意见。1989年澳大利亚教师戴维·哈里斯在河西走廊寻找骊轩城的报道被《参考消息》转载后,兰州大学刘光华教授当即以郜百施的笔名发表论文予以澄清。此后,湖南师范大学莫任南、复旦大学葛剑雄、北京师范大学杨共乐、清华大学张绪山、兰州大学汪受宽、甘肃省汉简研究

所张德芳等许多学者都发表文章,从各个角度对此问题进行学术研究,指出德效骞的假说不能成立。尤其是张德芳以出土汉简证明骊靬地名始于卡尔莱战役之前,兰州大学遗传所基因研究成果证明,在检测的87个"骊靬人"个体中只有3个人的线粒体单倍群与西亚/欧洲人群有关,但不是相同的起源……总之,学者们通过历史学的探讨、古文献和出土汉简的追寻以及相关人群的基因检测,都证明永昌的"骊靬人"与古罗马军团无关。它表明无论中国还是西方学术界从总体上都是实事求是的,有严谨的科学精神。

本书作者汪受宽,在兰州大学长期进行中国史学史、秦汉史和西北史地的研究。1963年读历史系本科时,著名历史学家李天祜先生讲授世界上古史,使我对希腊罗马历史有了基础的知识。20世纪80年代参与《古代开发西北人物志》[1]写作,撰写了先秦至两汉的全部人物传记,其中就包括古罗马军团东归说中的关键人物甘延寿、陈汤的传记。两位汉朝将领最重要的功绩,就是远征中亚消灭了汉朝宿敌郅支单于,故而本人对郅支城战役的史料和史实有全面而清晰的了解与分析。当看到1989年9月30日《参考消息》转载法新社关于澳大利亚教师戴维·哈里斯在甘肃发现古罗马军团流落地的消息时,个人认为不过是拾人牙慧的新闻炒作而已。不过,出自专业兴趣,本人开始与本系刘光华教授和陈正义讲师交流信息,互通资料,讨论问题。当时,在有关甘肃的电视中有就此问题采访兰州大学历史系杨建新教授的画面,他断然回答:"毫无历史根据。"次年,刘光华先生在《兰州大学学报》上发表《西汉骊靬城与罗马战俘无关》的论文,自己以为对德效骞的误说已经批得体无完肤。然而,情况并没有好转,所谓三国四位学者编造的伪史被越炒越热,报纸上有关罗马军团东归报道或文章的题目也越来越玄乎,如《中外学者联合揭开千古历史谜案,古罗马军人曾在我省河西驻防》(《甘肃日报》1989年11月30日)、《中澳苏史学家联合研究发现

---

〔1〕兰州大学古籍整理研究室、西北民族学院历史系编《古代开发西北人物志》,兰州大学出版社,1990年。

永昌有座西汉安置罗马战俘城,公元前35年一支罗马溃军失踪之谜解开》(《人民日报》1989年12月15日)、《古罗马军队消失之谜有新发现》(《人民日报》海外版1993年7月12日)、《考古专家揭开尘封2000年谜雾——永昌:驻扎过古罗马军团》(《兰州晚报》1998年9月25日)、《二十年追根溯源,千古悬案真相大白》(《兰州晨报》1999年6月19日)、《公元前五十二年,一支古罗马军队神秘失踪;西北民院关意权父子两代破解千古之谜》(《兰州晚报》1999年6月21日)等。2000年6月16日在兰州举办的"中国敦煌百年·甘肃黄河风情旅游节"开幕式上,一队装扮成古罗马军团士兵的年轻人甚至在东方红广场上且歌且舞。历史学界严肃的学术批评,在这种情况下显得颇为无奈。台湾学者邢义田在1997年6月出刊的《汉学研究》第15卷第1期上发表《汉代中国与罗马帝国关系的再检讨》一文,严厉批评了这种胡乱炒作假历史的风气,说:"一般人不明就里,以讹传讹,也就罢了。……海峡两岸都有学者,跟着打转起哄。如果甘肃的学术单位真曾为此动用过联合国的经费,就真是十分遗憾了。"此说对本人刺激极大。虽然邢先生批评的"学者"极为少数,但罗马军团东归说的烽火如此炽烈,确实也使广大甘肃学者蒙羞,不能再等闲视之!于是本人也参阅先贤论说,钩沉中外史料,系统清理所谓古罗马军团东归说的理由,投入对此问题的学术研究和批评中来。

本人先是在《人民政协报》1999年10月27日"学术家园"专栏发表《古罗马军团东归骊轩说的学术检验》一文,此文为人大复印报刊资料《世界史》2000年2月号转载;又于《甘肃社会科学》1999年第6期发表《驳古罗马军团安置骊轩城说》的长文,系统阐明自己的看法;再于《敦煌学辑刊》2000年第1期发表《骊轩县名由来与设置年代检论》的文章。后应中华书局之邀,撰写《古罗马军团到过中国吗?》一文,发表于《文史知识》2008年第2期。在这一系列文章中,本人凭借丰富的史料,严谨的论证,吸收学界已有的研究成果,对古罗马安置骊轩说进行学术检验,进而给予了彻底的否定。

综合德效骞等人古罗马军团东归骊轩说的理由,在《古罗马军团到过中国吗?》一文中,本人归纳为以下9条予以评说。

(1)德效骞说,卡尔莱战役后,克拉苏的小儿子普布利乌斯率领的突围逃亡大军流徙中亚,投奔郅支单于。从罗马史可知,克拉苏有两个儿子。大儿子马古斯(Crassus,Marcus Licinius)公元前53年随凯撒在高卢作战,带兵焚烧门奈比人的村庄、房舍,掳掠其牲畜和人口,迫使其前来求和。随克拉苏作战的其幼子普布利乌斯(Crassus,Publius Licinius),在卡尔莱战役一开始就兵败自杀。逃出的那支骑兵队是由财务官盖乌斯·卡西乌斯·龙吉努斯统率的,公元前51年他们还镇压了耶路撒冷犹太人的起义,并渡过幼发拉底河击败安息人的进攻。3人都不可能率队逃归郅支单于。

(2)德效骞说,作为游牧民族的匈奴人不会筑城,郅支单于的重木城只能是得到了罗马人的技术援助。但《汉书·甘延寿陈汤传》记载郅支筑城过程:"发民作城,日作五百人,二岁乃已。"并没有古罗马军人参与。匈奴人虽然是游牧民族,却很早就会筑城。《汉书·匈奴传》称,公元前123年,汉军将领(匈奴人)赵信投降,匈奴筑赵信城居之。后来卫律投降匈奴后,也建议"穿井筑城,治楼以藏谷,与秦人守之"。20世纪40—50年代,前苏联考古工作者在外蒙古和贝加尔湖地区发现了十多座匈奴人城址。匈奴人有几十年的筑城经验,郅支单于筑城根本不需要请罗马军人指导。《汉书·匈奴传》载郎中侯应说:"至孝武世……起塞以来百有余年,非皆以土垣也,或因山岩石,木柴僵落,溪谷水门,稍稍平之,卒徒筑治,功费久远,不可胜计。"显然,汉时的城墙既有泥土夯筑,也有石城、木城、水城。汉字中边塞的塞、城寨的寨,意符为土、为木,也说明古人筑城或以土、或以木。凡重要的城池或边塞要地,都是城外有郭的所谓重城。可见,重木城并非仅罗马人有。

(3)德效骞说,郅支城战役中,一支百余人的步兵夹门摆成鱼鳞阵,就是古罗马的龟甲阵,肯定是罗马军人。"排列鱼鳞形这样的战阵需要高度的训练和纪律,这不是任何游牧部落如匈奴所能做到的。"但是,郅支单于城外的鱼鳞阵,犹如《左传》中的鱼丽阵,是指步兵摆成了前后交错有序、便于运动的阵法。世界军事史称,龟甲阵是古罗马军用盾牌密集护卫战斗队伍的阵法,"能有效地挡住箭矢"。而《汉书·甘延寿陈汤传》载,摆鱼鳞阵的步兵,一遇汉军射箭就逃进城内,哪里会是龟甲阵呢? 即使鱼鳞阵真的是龟甲阵,也并非仅罗马军人可为,中国古代也有类似阵法。如《吕氏春秋·贵直篇》言:"赵简子攻卫附郭,自将兵,及战,且远立,又居于犀蔽屏橹之下。"所谓犀蔽屏橹,就是密集排列于军队之前以屏蔽箭矢的牛皮盾牌。所以,不能以鱼鳞阵作为这些步兵是古罗马军人的证据。匈奴人与秦汉长期作战,其军队组织严密,战法高超。例如《史记·匈奴列传》记载公元前 200 年白登山之役,道:"高帝[刘邦]自将兵往击之……于是冒顿佯败走,诱汉兵。汉悉兵,多步兵,三十二万北逐之。高帝先至平城,步兵未尽到,冒顿纵精兵四十万骑围高帝于白登,七日,汉兵中外不得相救饷。匈奴骑,其西方尽白马,东方尽青駹马,北方尽乌骊马,南方尽骍马。"试问,匈奴军队在冒顿单于时就训练有素,怎么到郅支单于时反而缺乏训练和纪律了呢?

(4)德效骞说,汉军"生虏"的 145 人,与"在郅支单于城外夹门鱼鳞阵的百余人相比,我们可以肯定这是同一支军队","这些罗马人可能是自愿选择了跟随甘、陈到中国"。生虏是被活捉,降虏是主动投降。德氏将生虏者说成自愿跟随,自相矛盾。再说,将汉军活捉的 145 人说成是开战时在城外摆鱼鳞阵的百余步兵,没有史实根据。即使这 145 人真是罗马军人,也没有将他们带回内地。甘延寿、陈汤战后就将"生虏百四十五人,降虏千余人,赋予城郭诸国所发十五王"。甘延寿、陈汤得胜回朝途中,有人告发陈汤贪占缴获的财物,司隶校尉命令沿途官员"系吏士按验之",陈汤上疏抗议道:"臣与吏士共诛郅支单于,……今司隶反逆收系按验,是为郅支报仇也!"清楚地说明随行入塞的是在西域作战立功的吏士,哪里有什么自愿跟随到中国的罗马军人?

(5)东归说者认为,"到达汉朝的罗马人被安置在一个专门为他们在边境建立的城镇,该城即被冠以罗马之汉名——骊轩。""《后汉书·大秦国传》开头写道'大秦国一名犁鞬',可见这是不容置疑的事实。"其实,西汉元始二年(公元 2 年),张掖郡 10 县共 24352 户 88731 人,每县平均 8000～9000 人。即使真的有这 145 名罗马战俘，汉朝怎么可能为他们专门设县筑城呢？又有报道称，来骊靬的罗马军人为"数千人"，历史难道是可以没有根据随意乱说的吗？20 世纪出土汉简多次提到骊靬县，如"骊靬万岁里公乘儿仓，年卅，长七尺二寸，黑色，剑一，已入，牛车一两"（《居延汉简甲乙编》334·33）。"☐和宜便里，年卅三岁，姓吴氏，故骊靬苑斗食啬夫，乃神爵二年三月庚寅，以功次迁为☐"（金关 73EJT4：98）。纪年简牍说明，公元前 60 年（神爵二年）以前就有骊靬县，该县绝不是为被俘罗马人建立的。《后汉书·西域传》说："安息西界极矣。自此南乘海，乃通大秦。"说大秦国在安息的西南方。而《史记·大宛列传》张骞说："安息……北有奄蔡、黎轩。"黎轩在安息北方，与大秦不在一处，本非一国。清朝学者郭嵩焘在《史记札记》卷 5 下指出：《后汉书》称"大秦国一名犂靬"是错误的。学者研究，张骞所说的黎轩，是亚历山大里亚（Alexandria）的对音，具体指玛尔吉亚那的亚历山大里亚城。当时汉朝与罗马没有使节来往，对其情况一无所知，怎么可能以其作为新置县的名称呢？

（6）东归说者讲，在永昌县者来寨城址曾出土有古代的铜钱、铁锅、铁鼎、铁砸、瓷壶等文物，说明该城与古罗马军人有关。邻近的杏花村挖出一根一丈多长的圆木，可能就是古罗马军人筑重木城用的。"邻近的河滩村则出土了写有'招安'二字的椭圆形器物，专家认为，这可能是罗马降人军帽上的顶盖。"武威市出土隋朝骊靬县令成蒙的墓志铭，"对于进一步揭秘古罗马军队定居甘肃河西走廊也有其重要作用"。然而，出土的铜钱全都不知去向，无法说明问题。出土的铁锅等文物，《人民日报》海外版报道指出"均出自元代"。杏花村的圆木，肯定不是郅支单于重木城的木料。一则，郅支城距永昌近万里，人们有什么必要将其长途运来河西？二则，古代城墙一般高达 15 米以上，其外的木城不可能只高 5～6 米（一丈多长）。"招安"一词五代开始出现，宋元时大量使用。有什么根据说有"招安"二字的器物是汉代归降罗马军人用的？至于隋朝骊靬县令的墓志铭，只能作为古代确实有过骊靬县的实物佐证，与古罗马军团问题有什么关系？

（7）东归说者讲，"在骊轩城周围的几个村落，至今还有一二十户人具有典型的地中海人的外貌特征：高鼻梁、深眼窝，蓝眼珠，头发自然卷曲，胡须、头发、汗毛均呈金黄色，身材魁伟粗壮，皮肤白皙。""他们是失踪的古代罗马军团的后裔。"研究表明，我国西部早期的居民，有高鼻深目的塞种人（Sakā），河西古居民月氏人和乌孙人也是"青眼、赤须，状类猕猴"（《汉书·西域传》颜师古注），汉朝在河西设置的供归附民族居住的属国，其中也不乏欧洲种人。张骞通西域后，河西走廊成为陆上丝绸之路的主要通道，自汉至清无数西方使节、商人、僧侣、学子、游客通过走廊到中原皇朝朝贡、贸易、布教、求学、游历，元朝在永昌一带曾有色目人驻军，其中有些人因故滞留定居，娶妻生子，成为当地居民。因此，此地某些人群具有欧洲人种特征不足为怪。而且，亚平宁半岛的居民是黑头发深褐色眼睛的南欧人，而黄头发蓝眼珠是北欧人的体征，假使当地某些居民真是金黄头发，反而证明他们不是古罗马人后裔。

近年，有学者对永昌所谓古罗马人后裔进行 DNA 技术测量。媒体宣称，"鉴定结果显示，罗马军团后裔聚居的折来寨村民提交的 91 份全血血样，全部为中亚和西亚血统。"古罗马在欧洲亚平宁半岛，与中亚、西亚有什么关系？况且，即使这些人的 DNA 与今天意大利人的完全相同，能测定出他们是 2040 年前来华的古罗马人后裔吗？为什么不能说是唐代、元代或是其他什么时候来的呢？

（8）东归说者讲，当地人有蒸牛头形馒头祭祀的习俗，"可能是古罗马降人代代传下来的"，当地还有"古罗马人斗牛的遗风"。其实，祭牛、斗牛，是农耕民族普遍的风俗。春秋初年，秦文公就建怒特祠，以祀牛神，宋代有牛王庙（宋·何薳《春渚纪闻》卷 3）晚近南北各地颇有祭祀牛的节日。至今浙江金华，以及苗、彝、黎、侗、布依、回族等，都有斗牛活动，多数是以牛与牛相斗。国外，古代近东地区有始于公元 160 年的牛祭；有源于爱琴海东部，扩展至印度河流域到欧洲多瑙河地区的公牛崇拜（bull cult）；有被称为西班牙"国术"的骑士斗牛（bullfighting）。唯独古罗马既没有牛崇拜，也没有斗牛之俗，有的只是人斗兽和人斗人。又有报道说，当地人爱吃的葱油饼，就是罗马比萨饼。比萨饼通常是在发酵的圆面饼上面覆盖番茄酱、奶酪和其他配料由烤炉烤制而成，葱油饼是死面上涂抹葱、盐，在锅中油煎而成，二者毫无共同之处。

（9）东归说者讲，王莽将黎轩县更名揭虏，是"为给骊靬降人正名"。事实是，王莽这个中国历史上最大的巧伪人，以"严夷夏之防"自诩，对少数民族和外国人竭尽侮辱之能事。《汉书·王莽传》中载，他派出的使节，"贬句町王为侯"，"至西域，尽改其王为侯"，"至匈奴庭，授单于印，改汉印文，去玺曰章。单于大怒，而句町、西域卒以此皆畔。"在此情况下，他怎么可能竟出自为降人正名的目的而改骊靬县名呢？德效骞说，"揭虏"意为"在捣毁叛乱城市时俘获的匪徒"，从而证明"罗马人确来到中国，并被安置在那个城市里"。这一释义暴露了德效骞对中国文化的无知。《汉书·地理志》记载了王莽更改的大量地名，仅以虏为名的就有：临淮郡富陵县更名虏，东海郡开阳县更名厌虏，会稽郡诸暨县更名疏虏，广汉郡阴平县更名摧虏，陇西郡狄道县更名操虏，金城郡令居县更名罕虏，武威郡扑㓋县更名敷虏，张掖郡番和县更名罗虏，酒泉郡乾齐县更名测虏，五原郡成宜县更名艾虏，辽西郡黎县更名禽虏。显然，这些地名中的虏字，只能解释成奴仆，是对少数民族的侮辱的称呼。至于"揭虏"中的揭字，古汉语中只有高举、显露、标帜、掀起衣服诸义项，莫任南将其解释为标帜，说："揭虏意为有标帜可以识别的奴隶"，是比较符合王莽更名原意的。故而，揭虏一名，绝不含有王莽为骊靬降人正名的意思，更不能证明骊靬城是为罗马军团降人设置。

总之，罗马军团东归骊靬说充满矛盾，毫无历史根据，是彻头彻尾的伪历史。

2011年2月17日《中国社会科学报》（总第164期）第4版，刊登了记者张平的采访稿。标题为《汪受宽："罗马军团后裔说"缺乏证据》，其〔提要〕言："对骊靬村居民系罗马军团后裔的观点，兰州大学历史学院汪受宽教授持反对意见。汪受宽：从学术研究的角度，我坚持认为，有关骊靬村居民就是罗马军团后裔的说法，无论从历史学还是人类学的角度都拿不出令人信服的证据。"其全文如下：

"罗马军团后裔说"缺乏令人信服的证据

对骊轩村居民系罗马军团后裔的观点，兰州大学历史学院汪受宽教授持反对意见。

《中国社会科学报》：您如何看待有关骊轩村居民就是罗马军团后裔的说法？

汪受宽：从学术研究的角度，我坚持认为，有关骊轩村居民就是罗马军团后裔的说法，无论从历史学还是人类学的角度都拿不出令人信服的证据。

此前，我也在公开发表的文章中提出了多方面的质疑，包括从目前罗马史的研究成果来看，没有证据表明，卡尔莱战役中战败的罗马军团逃归郅支单于。而从国内现有的历史资料来看，也没有确凿的证据证明，汉朝专为罗马军团的俘虏设立了骊轩。郅支单于的重木城是否得到了罗马人的技术援助，郅支城战役中摆成鱼鳞阵的百余名士兵是否就是善用龟甲阵的罗马军团士兵，均没有文献资料支持。现有的出土文物大多为元代物品，也无法证明骊轩为汉代专为罗马军团士兵所设。还有武威市出土的隋朝骊轩县令成蒙墓志铭，它只能作为古代确实有过骊轩县的实物佐证，并不能证明骊轩县设立与古罗马军团有关。至于当地人的体貌特征等判断证据，也已被近年进行的"骊轩人"群体 DNA 检测结果推翻。

实际上，经过多年的论证、争论和跨学科研究，现在再从学术上来解释有关罗马军团后裔之谜，必须尊重两个事实：一是汉简的记载。20 世纪出土的汉简中有多处提到骊轩县，这些汉简的出土表明，骊轩设立在先，卡尔莱战役发生在后。二是 DNA 的检测结果。根据人类群体基因学的研究，者来村村民提供的全血样本有少量中亚和西亚血统。古罗马在欧洲亚平宁半岛，与中亚、西亚有什么关系？况且，即使这些人的 DNA 与今天意大利人的完全相同，就能表明他们是两千多年前来到中国的罗马人的后裔么？为什么不能说是唐代、元代或是其他什么时候来的罗马人的后裔呢？

《中国社会科学报》：您怎么看目前国内的相关热议？

汪受宽：有关罗马军团后裔之谜之所以引起轰动，主要还是因为媒体的介入。

从学术研究的角度看，这个说法一点都不新鲜，最早是由牛津大学教授德效骞（Homer H. Dubs）提出来的。但是，他的观点一经提出立即遭到很多史学家的反对，在很长一段时间内，都没有后续的研究。直到 1989 年，兰州大学历史系教师陈正义与兰州大学的英语外教澳大利亚学者大卫·哈里斯、俄语外教前苏联学者弗·维·瓦谢尼金及西北民族学院（现西北民族大学）的关意权教授联合研究，进一步论证了德效骞的观点。这个事情经过海内外媒体的传播，立即成了一个热门话题，并引起了当地领导的高度重视，立碑、建亭、雕像、圈围残存城墙，将其作为地方旅游资源而大加宣传。十几年来各地报纸发表了百篇以上的通讯报导，拍摄了多部电视专题片，出版了小说和电影剧本。

但是，这四位学者并不是该领域的专家，从未发表过相关学术论文。陈正义过后写过一本书——《骊靬绝唱：最后的古罗马人之谜》（江苏古籍出版社 2002 年版），但也只是一本通俗读物。虽然陈正义在书中宣称"以可靠的史料写成"，却在关键之处率意敷衍连缀、想象，完全不是严肃的历史学论著。

作为一名学者，我很无奈。自上世纪 60 年代以来，杨希枚、邢义田，兰州大学刘光华，湖南师范大学莫任南，复旦大学葛剑雄，北京师范大学杨共乐，甘肃省考古所张德芳，《青年参考》黄章晋，清华大学张绪山等学者，都发表过文章，对古罗马军团东归骊靬城的说法提出质疑。我也曾为此发表多篇文章进行澄清。但是，学术文章的大众影响力非常有限。加之，专家学者也不可能就一个观点反复发表学术文章，所以在媒体的介入下，有关说法大有越炒越热的劲头。更令我担忧的是，如果学术争论受到经济利益的干扰，出现歪曲甚至编造历史的情况，那么无论是专家学者还是媒体都将陷入一场道德危机。

·欧·亚·历·史·文·化·文·库·

8.2 对古罗马军团伪史问题的全面探索

学者的研究早已证明,古罗马军团东归说没有文献和科学的根据,是一个伪历史。但是多年来,一直没有学者对相关问题进行系统研究和探讨。在学者的严肃批评和汉简资料公布以后,肯定论者无视这些中肯的意见和事实,固执己见,坚持误说;或根据需要,不断变换自己的观点和手法,或编造故事甚至借助"神示"、"巫说",扩大影响,以求造成既成的事实。历史学的科学性遭遇到肆无忌惮的挑衅。系统梳理古今中外历史资料,参照古今学者对相关问题的研究成果,进行细致的历史考证,探寻历史的真谛,弄清古罗马军团人员及骊轩县问题的曲曲折折,辨析真真假假的各种说法,做出符合科学要求的研究结论,恢复历史的真实面貌,已经成为学术发展的迫切要求。

正是在这种背景下,2008 年著名中亚史、中外关系史专家余太山先生和兰州大学出版社联合设计的"欧亚历史文化文库",被甘肃省新闻出版局确定为重点出版项目,继而又被列为"十二五"国家重点图书出版规划项目。文库主编余太山先生在立项当年就亲自点名,要本人承担古罗马军团东归伪史批评专著的写作。尽管我多年前就有对古罗马军团东归伪史进行全面检讨的想法,也一直在搜集资料,追踪学术动态,与刘光华、张德芳、杨共乐、陈正义等多次交流,思考相关问题,撰写研究论文,但由于我手头一直有从国家社科基金重点课题到省部级重点项目要做,无法抽出较长时间来专门从事此项研究。接到项目执行人施援平女士对余太山先生意见的传达,我既感动又兴奋。我为余先生的学术眼光所感动,也为个人多年的意愿有望实现而兴奋。于是,我集中时间,勉力于这一课题的学术研究,经过 3 年的艰苦工作,终于撰写出这样一部对古罗马军团东归伪史及与之相关的骊轩问题全面检验和讨究的著作。

自 21 世纪初开始,针对学术违规甚至抄袭成风的问题,葛剑雄等大力倡导重建学术规范。所谓学术规范就是学术研究中历史地形成的研究者应普遍遵守的基本要求,其旨趣在于保证学术的积累和创新,净化学术氛围。就历史研究而言,其学术规范主要包括两个方面,一是把握现有研究状况,使自己的研究在前人的基础上有所创新。因此,论文或专著的作者在论作开始时应该说明所研究的课题在国际和国内学术界已经取得的成就和存在的不足之处,自己在哪些方面有所突破或贡献。二是论著中的注释应规范,特别要注明所引用资料的来源,供学术界监督和评判。遵守学术规范是学术创新的要求,是研究水平的体现,是学术道德的基础。本书一开头专设两章,原原本本地介绍了半个多世纪以来正反双方对古罗马军团东归说学术争论的情况。其目的一是使读者不被一面之词迷惑,知道既有将骊靬问题的假说固化和强化为伪历史的一面,也有中外严肃的历史学家不断质疑和批评,坚持历史学的科学精神的一面。二是表明在相关问题的研究上,以前学者已经做到什么程度,某些史料是谁挖掘出来并予以解读的,各种观点看法是谁先提出的,谁予以纠正或发展的,既不掠人之美,也不自我否定。

坚持古罗马军团东归论的文字,德效骞和常征的两篇文章有自己的创见,可以纳入学术探讨的行列,其他文章多无法从学术规范上去要求。他们总是主题先行,定下"有"的基本观点,然后用各种手段千方百计地证明其存在,而不惜歪曲史料和基本事实。或者根本就不引史料,只声明其都是"根据可靠的史料写成"。或者不加分析地征引前人或现代学者的说法,就作为自己的论据,加以引申,而不去分析该说的历史背景或者追究其有否根据。或者将自己前边说过的某些话,到下文就作为证据,自说自证,不顾历史学的科学要求。更有甚者,一些非专业的作者,缺乏中西历史的基本知识,却多依其对现实社会的理解去分析 2000 年前的历史,学术硬伤和漏洞频出,竟至借助神示和巫术去释读其观点,凭借权力编造历史,还无视学界批评。这些做法,都严重地背离了历史学的科学性原则。

从另一方面的来看,持否定论的学者,多是相关学科(中外关系史、罗马史、秦汉史、简牍学、地方史)有影响的专家,他们出自学者的社会责任和对历史学科学性的追求,写出一篇一又一篇规范的研究文章,探讨相关问题,表示自己的观点和看法。虽然由于种种原因,这些文章中的某些具体见解不一定是完全成熟的,但也是属于正常的学术探讨范畴,不是无中生有的乱说。另外,这些作者分布于中西各国,作为主力的中国学者也散居于大陆南北东西和台湾地区,各篇文章发表的时间跨度逾 50 年,其间难免有意见和观点不完全一致之处,从学术史的角度看,这也是很正常的。正是他们的每次独立探讨,解决了其中的某个或某些问题,为相关问题的进一步深入研究奠定了基础,使古罗马军团东归伪史的批判研究日趋深入。

为了对读者负责,根据本人的学术习惯,在本书撰写过程中不说无根据的话,始终注重史料的搜寻、鉴别、引用和释读,强调引文的准确和注释的完整。注释时,将引文责任者、论著题名、版别和页数,尽可能地写清楚,以方便自己的思考、校改和读者查验。全书列出的参考文献 262 种,包括中文古籍 83 种,现当代学术著作 55 种,学术论文 67 种,新闻报道 15 种,外国人论著 42 种,还有更多阅读和参考过的论著和作品,因为行文时没有征引,而未予列入。书稿撰成后,先后由本人和合作者校对过 6 遍以上。虽然还难免有个别文字的错误、文句的不够顺畅和内容的重复,但已以为已尽了最大的努力。

古罗马军团东归伪史之所以能蒙蔽许多人,与一般读者不太熟悉古罗马史和中国秦汉史有关。为了方便广大读者思考,也为展开进一步的研究论说,书中立专章,简略介绍公元前 1 世纪前后古罗马和中国的历史,从而将古罗马军团东归问题的历史背景展示出来。古罗马和古中国是欧亚两洲各自独立发展起来的两个文明古国,无论其自然环境、社会制度、经济发展模式还是思想习俗,都有着天壤之别,而难以类比。由于地域的遥远以及其间安息等国家的阻拦,两国之间长期没有直接的交往。德效骞提出了卡尔莱战役的逃兵或俘虏参与了公元前 36 年的汉匈郅支城之战,战后投向汉朝,被安置于河西骊轩城,但此说缺乏根据,无法成立。又有学者据《后汉书·和殇帝纪》中"永元十二年……冬十一月,西域蒙奇、兜勒二国遣使内附,赐其王金印紫绶",[1]认为蒙奇、兜勒应连读,即罗马属下马其顿的音译,得出早在公元100年罗马使者或商人冒充的使者来到汉朝的结论,但此说尚未为学界普遍接受。[2] 真正可靠的古罗马人与汉朝来往的最早记载,是《后汉书·西域传》所记:"至桓帝延熹九年(166年),大秦王安敦遣使自日南徼外献象牙、犀角、玳瑁,始乃一通焉。其所表贡,并无珍异,疑传者过焉。"[3]这位使者或商人是经海路来到中国的,从一个侧面证明直至此时安息等国对东西陆路交通封锁之严密。请注意,这个年代比德效骞所宣称的罗马军团东归的年代(前36年)要迟201年。历史不是任人打扮的女孩,其真相要凭借可靠的历史记载,要凭学者的艰苦研究解读,人们不能也无法为了任何目的去改变过往的历史事实。

德效骞等人讨论相关问题都是从公元前53年卡尔莱战役和公元前36年郅支战役开始的。发生在中亚地区的这两次战役究竟如何,其间有否溃败的古罗马军人参与郅支城战役继而投归汉朝的事情,是我们首先要讨究的问题。根据史源学的原则,我们依据古罗马凯撒《高卢战记》、古罗马阿庇安《罗马史》、古罗马狄奥卡西乌斯《罗马史》、古罗马撒路斯提乌斯《喀提林阴谋》、古罗马苏维托尼乌斯《罗马十二帝王传》、古希腊普鲁塔克《希腊罗马名人传》和西汉司马迁《史记》、东汉初班固《汉书》等源文献的历史记载,对卡尔莱战役和郅支战役的前因后果及其历史过程进行了详尽的叙述。以确凿的史料和精细的考证无可辩驳地证明,在卡尔莱战役中,罗马统帅克拉西及其小儿子(小克拉西)战败后被杀和自杀,克拉西的大儿子此时正在遥远的高卢作为财务官跟随罗马执政官之一的凯撒作战。从战场撤出的两批共千余罗马军人下落清楚,财务官卡西乌斯后来成为共和派首领刺杀了凯撒。被安息俘虏的罗马军人,在奥古斯都时归还了罗马,不存在他们逃往郅支

〔1〕《后汉书》卷4《孝和孝殇帝纪》,第188页。

〔2〕杨共乐《中西交往史上的一件大事——罗马商人曾于公元100至101年间到过中国》,载《光明日报》1996年5月14日;邢义田《汉代中国与罗马帝国关系的再检讨(1985—1995)》,载《汉学研究》第15卷第1期,1997年6月。

〔3〕《后汉书》卷88《西域传》,第2920页。

单于城的可能。因此,郅支城有罗马军人的说法毫无历史根据。郅支城的建筑形式是古代中国和中亚城市的普遍风格,不必罗马人参与。战役中摆在城门前的鱼鳞阵,在《左传》中称鱼丽阵,与罗马军队的龟甲阵毫无相似之处。《汉书·甘延寿陈汤传》记载,郅支战役的俘虏和降者全都交给参与作战的西域诸国,并没有带回关内,汉朝不必在河西建县安置子虚乌有的古罗马降人。肯定论者对所谓古罗马军人东归的路径和时间还有多种设想。例如他们说,东汉张掖"义从胡"是由中亚东归的月氏人,其中夹杂了较多的罗马人。我们查考后发现,"义从"一词是东汉时才开始出现的,他们的族属有羌人、月氏人、乌桓人,还有汉族。而张掖月氏胡是秦汉之际被匈奴打败后西迁月氏国遗留的小月氏人,根本不是东归的月氏人。

《汉书·地理志》中张掖郡下有骊轩县,该县存在了数百年,直至隋朝初期被撤并。德效骞等人正是抓住骊轩一名大做文章,称其是为了安置归附的罗马军人,而以当时汉朝对罗马的称呼命名该县。看来骊轩县是解决古罗马军团东归问题的关键。我们依据所有能找到的古代史料包括新出土的汉简,对骊轩的建置沿革第一次进行了梳理考订。北魏时骊轩县因人口太少被裁撤,后周时恢复但县名讹为力乾。武威墓志铭的主人成蒙,很可能是周隋之际最后一任力乾县令。我们对骊轩一词的语义进行了探讨,认定骊轩是一个非汉语的地名,很可能是匈奴语的地名。宋《太平寰宇记》番和县(今永昌县)下有吐弥千川,言"土弥千,即古今匈奴族牧之地。鲜卑语,髓为吐弥千川,言此川土肥美如髓,故以名之"。吐弥千或即骊轩之音讹,则骊轩即川土肥美如髓之义。

为了弄清骊轩县名与《史记》所述的"黎轩"国和《汉书》中的"犛轩"国以及东汉大秦国的关系,我们参考前贤的诸多说法,进行了缜密考证。发现《史记》所述的"黎轩"国和《汉书》中的"犛轩"国或在安息西,或在安息北,都与东汉班超试图交通的大秦国(即罗马)没有关系,也与骊轩县名没有关系。《后汉书》是南朝宋时史家范晔所撰,书中"大秦国一号犁轩"的说法,来自于曹魏鱼豢《魏略·西戎传》之《大秦国传》,东汉时没有此说法。书中考察了各种骊靬设县时间的意见。德效骞提出公元前79年至公元5年间设县,法国L.布尔努瓦声称公元前36年设县,永昌县和陈正义说公元前36年或35年汉元帝下诏设县,关意权认为公元前20年设县,这些说法都建立于没有史料根据的罗马降人说的基础上,无法证实。《汉书·地理志》表明在公元2年时张掖郡辖属有骊靬县。出土汉简证明,在公元前60年已经有骊靬地名,它既早于公元前53年的卡尔莱战役,也早于公元前36年的郅支战役,而设县时间上限应在汉占领河西走廊后第一次向河西移民的公元前110年以后。我们同意刘光华先生的意见,公元前78年张掖属国义渠骑士射杀匈奴犁汗王后被封为犁汗王,汉朝因而设音同字异的骊靬县令其居住。骊靬县名的来历,肯定论者引用最多的据称是《后汉书》"取国名为县"的文字,其实这是唐颜师古注所说。而颜氏又是误用范晔"大秦一名犁靬"一语而来。东汉西域犁靬国并非指大秦(罗马),故而此说不能成立。《汉书·地理志》称骊靬为县,而非少数民族居住区的"道"或为降附少数民族特设的"属国",可见它是以汉人为主要居民的地方,不是安置罗马降人的地方。有说骊靬系因西域献犁靬幻人(即魔术师)设县,然而,经过河西走廊的各国各族人很多,为何河西诸郡仅有用此一国名设的县?有人称因卢水胡设县,我们考察,卢水胡人系西汉末迁来河西的,与古罗马军团也没有关系。清朝雍正间修成的《甘肃通志》最早提出永昌县南10公里的者来寨为西汉骊靬县治故地,现在者来寨已被更名为骊靬村。由于该城夯土层较薄,村内仅发现过一些元明瓷片,而没有前代的遗存,所以李并成等人认为该地绝非汉骊靬县城。本书通过对历史文献、地方志的过细研究和实地考察,认为,者来寨系明代祁连山北沿线的许多堡寨之一,永昌县六坝乡回归城遗址或许才是真正的汉骊靬县故地。回归城址合乎古籍中土弥千川的各种条件,土弥千或许本来是匈奴犁汗王驻牧之地,汉朝在此设县安排新封为犁汗王的属国千长义渠王骑士驻守。书中还探讨了骊靬县与骊靬苑的关系问题,借以回答王萌鲜、宋国荣提出的苑之设立在先县之设立在后的意见。汉简的断代有严格的科学方法,除了 C^{14} 的测定以外,

417

·欧·亚·历·史·文·化·文·库·

同地层出土的纪年简更是无可辩驳的。西汉骊轩苑或设于东大河周围的广大草原地带。

据称,永昌县者来寨附近的杏树庄、河滩村等处发现数十位"具有欧洲人外貌特征"的居民,他们是古罗马军人的后裔。这一说法,颇具迷惑力。人种学的知识告诉我们,欧洲人种又分为北方浅发色和南方深发色两支。罗马人(现代意大利人)属于南方支地中海类型,是黑色头发、深褐色眼睛。所谓的骊轩人"胡须、汗毛、头发为金黄色",从体貌上说,也与罗马人不合。兰州大学遗传研究所谢小冬教授授权作者在本书中公布他们的 DNA 测定结果:在他们采集的 87 个"骊轩人"个体的血样中,只有 3 个个体的线粒体单倍群属于西亚类型欧洲人,而这 3 个欧洲单倍体个体的祖先还可能是不同时期、来自不同的地区,他们肯定不是什么古罗马军团的后裔。永昌县地处古丝绸之路东线要冲之地,公元前 121 年汉占有河西之前,当地生活过大夏、月氏、乌孙等欧洲种人,后来的匈奴人也有部分欧洲人种成分,汉武帝以后当地居民和过客的人种状况也十分复杂,虽然主要为汉族人,但还有颇多的欧洲种人,甚至一定数量的黑种人。[1] 所以,永昌县有一些西方人长相的居民毫不奇怪。书中对公元前 3000 年起直到清朝末年永昌一带欧洲人种居民和过客的历史资料分时代进行了钩稽考察,以便为永昌"骊轩人"来源的进一步探讨提供历史依据。

永昌县的许多习俗被视为古罗马军人东归遗留的证据,书中一一进行了考辨。他们说,永昌县的斗牛"是古罗马人斗牛的遗风"。其实,无论以牛与牛相斗还是以人与牛相斗,都是古已有之的活动。北方人与牛相斗始于公元前 4 世纪末的秦武王时,以牛与牛相斗则是战国时蜀人为纪念李冰修都江堰之功而创设的。现代斗牛活动在浙江金华、贵州、广西、宁夏等地都很普遍。比较而言,永昌县的斗牛简单而且没有固定日期,属民间自发的活动,毫无特色。古罗马只有人斗兽和人

---

〔1〕本书中对河西黑种人问题未曾阐说,相关见解请参阅本人撰写的《元以前来华黑人考》和《狮子和狮子舞》二文,分别发表于《社会科学战线》2001 年第 1 期和台湾《历史月刊》2002 年第 4 期,收入本人论文集《西北史札》,甘肃文化出版社,2008 年。

斗人,没有斗牛的活动。西班牙中世纪形成的骑士斗牛活动与中国的人斗牛、永昌的牛斗牛也毫无共同之处。永昌人做牛头馍馍进行牛祭、以牛头祭祀牛王以及立春时打春(牛)的活动,是中国自古就有、到近代仍风行于南北各地的习俗。中国古代用三牲(牛羊猪)或其象征物祭天地祖宗,罗马人以牛祭众神之王朱庇特,两者之间没有继承或借鉴关系。中国古代自公元前739年开始了设怒特祠祭祀牛神,后来演变为各地的牛王庙、牛公庙,是中国传统农耕文化的表现,与罗马军团毫无关系。《周礼》中季冬之月"出土牛以送寒气"的仪典,后来演变为立春日打春(土)牛的习俗。永昌打春的活动是中国传统文化的表现,没有古罗马的印迹。永昌民间的葱油饼从原料、制法和外形上都与意大利的比萨饼迥异。永昌的婚俗和妇女地位与古罗马差距极大,总体上说,永昌是保守的,罗马是开放的。中国人实行土葬,古罗马人长期实行火葬,公元3世纪才流行土葬。永昌的丧葬习俗与古罗马人毫无共同之处。在中国古文献中,从来没有尸体头向的规定。检索各种考古报告中83具死尸头向的资料,也是东西南北都有,朝南朝西者较多。永昌即使存在头向西的尸式,也不能证明这是古罗马人的遗俗。永昌传统的节庆多来自于历史故事,古罗马的节庆多与神祇有关,二者没有共同之处。永昌将历史悠久、全国各地都有的民间舞蹈节子舞(又名霸王鞭、打莲香),说成是古罗马军的鱼鳞阵,更是张冠李戴,毫无根据。

总而言之,本书通过对大量中外历史文献、民俗、考古资料的钩稽、梳理和考证,充分吸收学术界研究成果,摆史实、讲道理、详考证,驳斥了古罗马军团东归说的诸多"理由",揭露了古罗马军团东归说的伪造和欺骗,以恢复历史的真实,维护学术的尊严,为跨世纪的一桩影响甚大的学术公案做历史的总结。

参考文献

一、古籍

史记. 北京: 中华书局, 1959.

汉书. 北京: 中华书局, 1962.

后汉书. 北京: 中华书局, 1965.

三国志. 北京: 中华书局, 1959.

晋书. 北京: 中华书局, 1974.

魏书. 北京: 中华书局, 1974.

宋书. 北京: 中华书局, 1974.

梁书. 北京: 中华书局, 1973.

北史. 北京: 中华书局, 1974.

南史. 北京: 中华书局, 1975.

隋书. 北京: 中华书局, 1973.

旧唐书. 北京: 中华书局, 1975.

新唐书. 北京: 中华书局, 1975.

宋史. 北京: 中华书局, 1977.

元史. 北京: 中华书局, 1976.

明史. 北京: 中华书局, 1974.

清史稿. 北京: 中华书局, 1977.

资治通鉴. 北京: 中华书局, 1956.

十三经注疏. 北京: 中华书局, 1980.

杨伯峻. 春秋左传注. 北京: 中华书局, 1981.

国语. 上海: 上海古籍出版社, 1978.

石一参. 管子今诠. 北京: 中国书店影印本, 1988.

〔晋〕郭璞, 注. 山海经. 北京: 中华书局, 1985.

〔清〕毕沅,辑校.吕氏春秋.北京:中华书局,1985.

〔清〕孙星衍,等辑,周天游,点校.汉官六种.北京:中华书局,1990.

〔东汉〕应劭,撰,吴树平,校释.风俗通义.天津:天津人民出版社,1980.

〔东汉〕刘珍,等.东观汉记.景印文渊阁四库全书.台北:商务印书馆,1984.

〔东汉〕许慎.说文解字.北京:中华书局,1963.

〔东汉〕刘熙,撰,〔清〕王先谦,疏证补.释名疏证补.上海:上海古籍出版社,1984.

〔宋〕徐天麟.东汉会要.上海:上海古籍出版社,1978.

〔宋〕郭茂倩,辑.乐府诗集.景印文渊阁四库全书.台北:商务印书馆,1984.

十六国春秋.景印文渊阁四库全书.台北:商务印书馆,1984.

〔北魏〕郦道元,撰,陈桥驿,点校.水经注.上海:上海古籍出版社,1990.

〔北魏〕杨衒之.洛阳伽蓝记.上海:上海古籍出版社,1958.

〔梁〕释慧皎,撰,汤用彤,校注.高僧传.北京:中华书局,1992.

〔唐〕释智深.开元释教录.景印文渊阁四库全书.台北:商务印书馆,1984.

〔唐〕慧立,彦悰,著,贾二强,译注.大慈恩寺三藏法师传选译.成都:巴蜀书社,1988.

〔唐〕李泰,等著,贺次君,辑校.括地志辑校.北京:中华书局,1980.

〔唐〕李吉甫,撰,贺次君,点校.元和郡县图志.北京:中华书局,1983.

〔唐〕杜佑.通典.北京:中华书局影印,商务印书馆万有文库十通本,1984.

开元天宝遗事十种.上海:上海古籍出版社,1985.

〔唐〕丘光庭.兼明书.景印文渊阁四库全书.台北:商务印书馆,1984.

韩昌黎全集.北京:中国书店出版社,1991.

〔唐〕刘知几.史通.上海:上海古籍出版社,1978.

〔唐〕张鷟.朝野佥载.北京:团结出版社,1997.

全唐诗.海口:海南国际新闻出版中心,1995.

周绍良.唐代墓志汇编.上海:上海古籍出版社,1992.

〔宋〕释志盘.佛祖统记.济南:齐鲁书社,1995.

太平寰宇记.金陵书局刊本,1882(清光绪八年).

太平广记.笔记小说大观:第4册.扬州:江苏广陵古籍刊行社,1983.

〔宋〕王钦若.册府元龟.北京:中华书局,1960.

〔宋〕洪皓.松漠纪闻.景印文渊阁四库全书.台北:商务印书馆,1984.

〔宋〕范成大.吴船录.景印文渊阁四库全书.台北:商务印书馆,1984.

〔宋〕孟元老,撰,张升,整理.东京梦华录.四库全书精品文存:第27卷.北京:团结出版社,1997.

〔宋〕董楷.周易传义附录.景印文渊阁四库全书.台北:商务印书馆,1984.

〔宋〕史炤.通鉴释文辨误:卷3.景印文渊阁四库全书.台北:商务印书馆,1984.

〔清〕吴广成.西夏书事校证.兰州:甘肃文化出版社,1995.

〔宋〕高承,撰,〔明〕李果,订,金圆,许沛,点校.事物纪原.北京:中华书局,1989.

〔金〕元好问全集.太原:山西人民出版社,1990.

〔元〕郝经.续后汉书.丛书集成初编本.上海:商务印书馆,1937.

〔元〕许有壬.至正集.北京:书目文献出版社,2009.

〔元〕马祖常,撰,李叔毅,点校.石田先生文集.郑州:中州古籍出版社,1991.

李时珍.本草纲目.北京:中国书店出版社,1988.

明实录.台北:"中央研究院"历史语言研究所校印,1962.

大明一统志.西安:三秦出版社,1990.

〔明〕严从简.殊域周咨录.北京:中华书局,2009.

说郛.景印文渊阁四库全书本.台北:商务印书馆,1984.

〔清〕顾炎武,撰,谭其骧,王文楚,朱惠荣,等点校.肇域志.上海:上海古籍出版社,2004.

〔清〕梁份,撰,赵盛世,等校注.秦边纪略.西宁:青海人民出版社,1987.

〔清〕顾祖禹,著,贺次君,施和金,点校.读史方舆纪要.北京:中华书局,2005.

世宗宪皇帝朱批谕旨.景印文渊阁四库全书.台北:商务印书馆,1984.

大清一统志.景印文渊阁四库全书.台北:商务印书馆,1984.

平定准噶尔方略.景印文渊阁四库全书.台北:商务印书馆,1984.

钦定大清会典事例.台北:商务印书馆,1984.

御定月令辑要.景印文渊阁四库全书.台北:商务印书馆,1984.

〔清〕傅恒,等撰.皇清职贡图.扬州:广陵书社,2008.

〔清〕许容,监修,李迪,等撰.甘肃通志.景印文渊阁四库全书.台北:商务印书馆,1984.

〔清〕张珏美,修.五凉考治六德集全志:第3卷.永昌县志(沈绍祖,张绍训,谢瑾纂),中国方志丛书:华北地方第560号.台北:成文出版公司,1977.

〔清〕李登瀛,修,南济汉,纂.永昌县志.乾隆五十年刻,1918(民国7年)石印.

〔清〕张澍,著,周鹏飞,段宪文,点校.凉州府志备考.西安:三秦出版社,1988.

〔清〕林则徐.林则徐日记.北京:中华书局,1962年.

〔清〕郭嵩焘. 史记札记. 北京：商务印书馆，1957.

〔清〕黎庶昌，撰，谭用中，点校. 西洋杂志. 贵阳：贵州人民出版社，1992.

〔清〕王定安. 湘军记. 长沙：岳麓书社，1983.

陶保廉，撰，刘满，点校. 辛卯侍行记. 兰州：甘肃人民出版社，2002.

二、著作

向达. 中外交通小史. 上海：商务印书馆万有文库本，1930.

唐长孺. 魏晋南北朝史论丛. 北京：生活·读书·新知三联书店，1955.

周一良. 魏晋南北朝史论集. 北京：中华书局，1963.

陈直. 汉书新证. 天津：天津人民出版社，1979.

陈垣. 陈垣学术论文集. 北京：中华书局，1980.

中国社会科学院考古研究所编. 居延汉简甲乙编. 北京：中华书局，1980.

张维华. 汉史论集. 济南：齐鲁书社，1980.

王仲荦. 北周地理志. 北京：中华书局，1980.

杨建新，卢苇. 丝绸之路. 兰州：甘肃人民出版社，1981.

谭其骧. 中国历史地图集：第 2 册. 北京：中国地图出版社，1982.

撒拉族简史. 西宁：青海人民出版社，1982.

王明哲，王炳华. 乌孙研究. 乌鲁木齐：新疆人民出版社，1983.

林幹. 匈奴史论文选集. 北京：中华书局，1983.

河南省考古学会古代艺术研究会编. 密县汉画像砖. 郑州：中州书画出版社，1983.

东乡族简史. 兰州：甘肃人民出版社，1984.

周到. 河南汉代画像砖. 上海：上海人民美术出版社，1985.

王治来. 中亚史纲. 长沙：湖南教育出版社，1986.

马少青. 保安族. 北京：民族出版社，1989.

武威县志编委会. 武威简史. 重印本. 武威：武威县志编委会，1989.

甘肃省文物考古研究所,甘肃省博物馆,文化部古文献研究室,中国社会科学院历史研究所编.居延新简——甲渠候官与第四燧.北京:文物出版社,1990.

兰州大学古籍整理研究室,西北民族学院历史系编.古代开发西北人物志.兰州:兰州大学出版社,1990.

吴礽骧,李永良,马建华,释校.敦煌汉简释文.兰州:甘肃人民出版社,1991.

史念海.河山集五集.太原:山西人民出版社,1991.

陈连庆.中国古代史研究.长春:吉林文史出版社,1991.

余太山.塞种史研究.北京:社会科学出版社,1992.

胡振华.中国回族.银川:宁夏人民出版社,1992.

中国人民政治协商会议永昌县委员会文史资料委员会编.永昌文史资料选辑:第2辑.永昌:永昌县文史资料委员会,1992.

永昌县志编纂委员会.永昌县志.兰州:甘肃人民出版社,1993.

韩康信.丝绸之路古代居民种族人类学研究.乌鲁木齐:新疆人民出版社,1993.

杨共乐.罗马史纲要.北京:东方出版社,1994.

李并成.河西走廊历史地理.兰州:甘肃人民出版社,1995.

庆阳地区志编纂委员会.庆阳地区志.兰州:兰州大学出版社,1998.

陆庆夫.丝绸之路史地研究.兰州:兰州大学出版社,1999.

白寿彝.中国史学史论集.北京:中华书局,1999.

王北辰.西北历史地理论文集.北京:学苑出版社,2000.

林梅村.古道西风——考古新发现所见中西文化交流.北京:生活·读书·新知三联书店,2000.

陈垣.元西域人华化考.上海:上海古籍出版社,2000.

王其英.武威金石录.兰州:兰州大学出版社,2001.

李文实.西陲古地与羌藏文化.西宁:青海人民出版社,2001.

胡平生,张德芳.敦煌悬泉汉简释粹.上海:上海古籍出版社,2001.

初师宾总主编,吴礽骧本卷主编.中国简牍集成:甘肃卷.兰州:敦煌文艺出版社,2001.

陈正义.骊轩绝唱:最后的古罗马人之谜.南京:江苏古籍出版社,2002.

武沐.匈奴史研究.北京:民族出版社,2005.

史为乐.中国历史地名大辞典.北京:中国社会科学出版社,2005.

宋国荣,顾善忠,程硕年.骊轩探丛.西安:陕西旅游出版社,2005.

王仲保,胡国兴.甘肃民俗总览.北京:民族出版社,2006.

赵汝清.从亚洲腹地到欧洲——丝路西段历史研究.兰州:甘肃人民出版社,2006.

敦煌市地方志编委会.敦煌志.北京:中华书局,2007.

甘肃省人民政府新闻办公室编,陈正义,撰文.消失的罗马军团:千年的历史回响.北京:五洲传播出版社,2007.

祝巍山,李德元,主编.金昌史话.兰州:甘肃文化出版社,2007.

李正宇.古本敦煌乡土志八种笺证.兰州:甘肃人民出版社,2008.

郝树声,张德芳.悬泉汉简研究.兰州:甘肃文化出版社,2009.

李水城.东风西渐——中国西北史前文化之进程.北京:文物出版社,2009.

武沐.甘肃通史:明清卷.兰州:甘肃人民出版社,2009.

武沐.中国西北少数民族通史:秦西汉卷.北京:民族出版社,2009.

三、论文

王国维.鬼方昆夷猃狁考//观堂集林:卷13.北京:中华书局,1959.

徐中舒.月氏为虞后及"氏"和"氏"的问题.燕京学报,1933(13).

翦伯赞.论史前羌族与塔里木盆地诸族种族的关系//中国史论集:第2辑.上海:文风书局,1943.

韩儒林.论成吉思汗.历史研究,1962(2).

夏鼐.唐苏谅妻马氏墓志跋.考古,1964(9).

余英时.评德效骞〔H·H·Dubs〕<古代中国的罗马城>//汉代中外经济交通:附录.加利福尼亚大学出版社,1967.(本书中文译本,更名为:汉代贸易与扩张:汉胡经济关系结构研究.上海:上海古籍出版社,2005.)

杨希枚.评德效骞著〈古中国境内一个罗马人的城市〉——兼论所谓罗马人的几种文化成分.书目季刊,1969,3(4).

齐思和.匈奴西迁及其在欧洲的活动.历史研究,1977(3).

孙毓棠.汉代的中国与埃及.中国史研究,1979(2).

黄文弼.中国古代大夏位置考//西北史地论丛.上海:上海人民出版社,1981.

陈国英.西安东郊三座唐墓清理记.考古与文物,1981(2).

叶大兵.金华的斗牛风俗.民间文学,1981(10).

丹仲其.方国瑜教授访问记.史学史研究,1983(1).

王宗维.汉代的属国//文史:第20辑.北京:中华书局,1983.

初师宾.秦人、秦胡蠡测.考古,1983(3).

王宗维.汉朝西域路的开辟和骊靬人来华.西北历史资料,1985(1).

王宗维.汉代卢水胡的族名与居地问题.西北史地,1985(1).

王冀青.斯坦因所获粟特文〈二号信札〉译注.西北史地,1986(1).

尹盛平.西周蚌雕人头种族探索.文物,1986(2).

王宗维.汉代河西四郡始设年代问题.西北史地,1986(3).

赵永复.关于卢水胡的族源及迁移.西北史地,1986(4).

姜伯勤.吐鲁番文书所见的"波斯军".中国史研究,1986(1).

蒲朝绂.试论沙井文化.西北史地,1989(4).

郗百施(刘光华).西汉骊靬城与罗马战俘无关.兰州大学学报,1990(4).

余太山.大夏和大月氏综考//中亚学刊:第3辑.北京:中华书局,1990.

唐世林.斗牛探源.贵州民族研究,1990(4).

韩康信.新疆古代居民的种族人类学研究和维吾尔族的体质特点.西域研究,1991(2).

莫任南.汉代有罗马人迁来河西吗——骊轩县的起源问题//中外关系史论丛:第3辑.北京:世界知识出版社,1991.

常征.中西关系史上失记的一桩大事——数千罗马兵归化中国.北京社会科学,1992(1).

葛剑雄.天涯何处罗马城.读书,1994(2).

李并成.张掖属国考.西北民族研究,1995(2).

陈健文.月氏种属问题再研究//学术集林:卷8.上海:上海远东出版社,1996.

宣炳善.中国斗牛民俗的分类.民间文学论坛,1997(4).

甘肃省博物馆文物队.甘肃灵台白草坡西周墓.考古学报,1997(2).

郑炳林.唐五代敦煌的粟特人与归义军政权//敦煌归义军史专题研究.兰州:兰州大学出版社,1997.

邢义田.汉代中国与罗马帝国关系的再检讨.汉学研究,1997,15(1).

姜青青."骊轩"意为"罗马军团".丝绸之路,1998(6).

许文郁.深度的魅力.飞天,1998(6).

葛剑雄,曹树基.是学术创新,还是低水平的资料编纂?.历史研究,1998(1).

汪受宽.驳古罗马军团安置骊轩城说.甘肃社会科学,1999(6).

吴国潮.永昌骊轩遗迹与古罗马东征军失踪之谜.甘肃旅游,1999(1).

刘光华,谢玉杰.骊轩是西汉安置罗马战俘城商榷.西北第二民族学院学报,1999(2).

汪受宽.骊轩县名由来与设置年代检论.敦煌学辑刊,2000(1).

张德芳.汉简确证:汉代骊轩城与罗马战俘无关.光明日报,2000-05-19.

葛承雍.从景教碑试论唐长安景教的兴衰//碑林季刊:第6辑.西

安:陕西美术出版社,2000.

何钰.汉代天水郡属国都尉治所地望的探讨.陇右文博,2001(1).

徐黎丽.蒙元时期中亚诸民族在中国的民族过程.兰州大学学报,2002（1）.

张绪山."中国境内罗马战俘城"问题检评.中国史研究动态,2002(3).

葛兆光.大胆想像终究还得小心求证——关于文史研究的学术规范.文汇报,2003-06-19.

何立波.中国骊靬古城真与"罗马战俘"有关吗?.河北学刊,2004(6).

杨光全,杨玉安.浅谈苗族斗牛文化三要素.贵州民族学院学报,2004(4).

邢义田.从金关、悬泉置汉简和罗马史料再探所谓罗马人建骊靬城的问题//长沙三国吴简暨百年来简帛发现与研究国际学术研讨会论文集.北京:中华书局,2005.

陈国灿.河西胡人的聚居与火袄教//西北史研究:第3辑.天津:天津古籍出版社,2005.

骊靬:中国的"罗马城".新西部,2005(7).

周瑞霞,安黎哲,谢小冬,等."Testing the hypothesis of an ancient Roman soldier origin of Liqian people in northwest China：A Y - chromosome perspective", Journal of Human Genetics.人类遗传学杂志,2007,52(7).

樊海涛.从"缚牛扣饰"看滇国的斗牛活动.四川文物,2007(3).

陈启云.汉儒与王莽:评述西方汉学界的几项研究.史学集刊,2007(1).

汪受宽.古罗马军团到过中国吗?.文史知识,2008(2).

李树辉.嚈哒史迹钩沉.西北民族大学学报,2008(4).

李秀英.华兹生的汉学研究与译介.国外社会科学,2008(4).

施爱东.骊靬传说:竞择生存的历史叙事//历史学家茶座:总第12

辑.济南:山东人民出版社,2008.

西班牙斗牛.中国地名,2009(2).

谢小冬.中国骊轩人的群体遗传学研究//丝绸之路骊轩文化国际旅游研讨会论文集.金昌,2011.

刘继华.汉学家德效骞与早期中罗关系研究//丝绸之路骊轩文化国际旅游研讨会论文集.金昌,2011.

王萌鲜,宋国荣.古罗马人在中国河西的来龙去脉//丝绸之路骊轩文化国际旅游研讨会论文集.金昌,2011.

刘绍荣.甘肃武威惊现骊轩县令墓碑//丝绸之路骊轩文化国际旅游研讨会论文集.金昌,2011.

贾笑天.骊轩文化研究对地区经济、文化、旅游事业发展的推动作用//丝绸之路骊轩文化国际旅游研讨会论文集.金昌,2011.

四、新闻报道

一澳大利亚教师认定中国西部有古罗马城市.参考消息,1989-09-30.

甘肃发现"罗马古城"痕迹,两千年前罗马军队消失之谜又有新解.新华每日电讯,1993-07-12.

宋政厚.考古专家揭开尘封2000年迷雾——永昌:驻扎过古罗马军团.兰州晚报,1998-09-25.

二十年追根溯源,千古悬案真相大白.兰州晨报,1999-06-19.

马莲英.公元前五十二年,一支古罗马军队神秘失踪;西北民院关意权——父子两代破解千古之谜.兰州晚报,1999-06-21.

张本让.解开古罗马军团之谜.兰州晚报,1999-08-5.

吴国潮.永昌骊轩遗迹与古罗马东征军失踪之谜.甘肃旅游,1999(1).

董开炜,宋国荣.骊轩古韵亮相金昌:再现罗马军队勇武精神 展示西部民族豪放性格.河西晨报,2000-06-12.

陈宗立.汉简专家研究确认——中国西部罗马城根本不存在.光明日报,2000-09-6.

骊轩:中国的"罗马城".新西部,2005(7).

历史之谜,还是神话?.中国青年报,2006 – 11 – 13.

徐波.汉与罗马间的四大谜案.北京青年报,2009 – 08 – 26.

骊轩,罗马迷踪带来的文化之兴.兰州晨报,2010 – 12 – 16.

曾江.骊轩仍然神秘并充满魅力——访澳大利亚作家大卫·哈里斯.中国社会科学报,2010(143).

曾江.骊轩:西汉安置罗马战俘的"罗马城".中国社会科学报,2011(164).

五、外国人论著

〔美〕德效骞.古代中国的一座罗马人城市//中外关系史译丛:第4辑.丘进,译.上海:上海译文出版社,1988.

〔美〕德效骞.古代中国一座罗马人的城市.屈直敏,译.敦煌学辑刊,2001(2).

H. H. Dubs, "A Military Contact between Chinese and Romans in 36 B. C. ", T'oung Pao, Second Series, Vol. 36, Livr. 1 (1940).

H. H. Dubs, "An Ancient Military Contact between Romans And Chinese", The American Journal of Philology, Vol. 62, No. 3 (1941).

H. H. Dubs, "A Roman Influence upon Chinese Painting", Classical Philology, Vol. 38, No. 1 (Jan., 1943).

H. H. Dubs, *Hsüntze*: The Moulder of Ancient Confucianism, 2 vols, London: Arthur Probsthain, 1927. reprinted, Taipei : Ch'eng – Wen Pub. Co., 1966. ?

L. Carrington Goodrich, "Homer Dubs (1892 – 1969)", The Journal of Asian Studies, Vol. 29, No. 4 (Aug., 1970).

K·Enoki "The Yueh – shih – Scythians, A Hypothesis. International Symposium on History of Eastern and Western Cultural", Collection of Papers Presented, Compiled by the Japanese National Commission for Unesco, 1957, (Tokyo, 1959), pp. 227 – 232.

Douglas Q. Adams, "The Position of Tocharian Among the other Indo - European Languages", Journal of the American Oriental Society104. 3 (1984): pp. 395 - 401.

〔古希腊〕希罗多德. 历史. 北京:商务印书馆,1985.

〔古罗马〕凯撒. 高卢战记. 任炳湘,译. 北京:商务印书馆,1979.

〔古罗马〕阿庇安. 罗马史. 谢德风,译. 北京:商务印书馆,1976.

〔古希腊〕普鲁塔克. 希腊罗马名人传:克拉苏传. 陆永庭,吴彭鹏,译. 北京:商务印书馆,1990.

〔古罗马〕苏维托尼乌斯, 罗马十二帝王传. 田丽娟,邹恺莉,译. 上海:上海三联书店,2010.

〔古罗马〕撒路斯提乌斯. 喀提林阴谋 朱古达战争. 王以铸,崔妙因,译. 北京:商务印书馆,1995.

〔英〕崔瑞德,鲁惟一. 剑桥中国秦汉史. 北京:中国社会科学出版社,1994.

〔英〕裕尔撰,〔法〕考迪埃修订. 东域纪程录丛. 张绪山,译. 北京:中华书局,2008.

〔英〕费欧纳·钱德勒,山姆·塔普林,珍·宾汉姆. 探索·古罗马. 于维雅,译. 北京:光明日报出版社,2005.

〔英〕彼得·阿克罗伊德. 古代罗马. 冷杉,杨立新,译. 北京:三联书店出版社,2007.

简明不列颠百科全书. 北京:中国大百科全书出版社,1985.

〔美〕狄宇宙. 古代中国与其强邻——东亚历史上游牧力量的兴起. 贺严,高书文,译. 北京:中国社会科学出版社,2010.

〔美〕麦高文. 中亚古国史. 章巽,译. 北京:中华书局,2004.

〔美〕希提. 阿拉伯通史. 马坚,译. 北京:商务印书馆,1979.

〔美〕威尔·杜兰. 世界文明史之八——凯撒时代. 台湾幼狮文化事业公司,1979.

〔法〕戈岱司. 希腊拉丁作家远东古文献辑录. 耿昇,译. 北京:中华书局,1987.

〔法〕伯希和. 大秦之名. 通报(P. Pelliot, Autre nom de Ta – chin, T'oung Pao),1915.

〔法〕让—诺埃尔·罗伯特. 古罗马人的欢娱. 王长明,田禾,李变香,译. 桂林:广西师范大学出版社,2005.

〔法〕古郎士. 希腊罗马古代社会研究. 李玄伯,译. 北京:中国政法大学出版社,2005.

〔法〕布尔努瓦. 丝绸之路. 耿昇,译. 济南:山东画报出版社,2001.

〔德〕贡特尔·稀施费尔德. 欧洲饮食文化史——从石器时代至今的营养史. 吴裕康,译. 桂林:广西师范大学出版社,2006.

〔德〕夏德. 大秦国全录. 朱杰勤,译. 北京:商务印书馆,1964.

〔德〕奥托·基弗. 古罗马风化史. 姜瑞璋,译. 沈阳:辽宁教育出版社,2000.

〔德〕W. B. 亨宁. 历史上最初的印欧人. 徐文堪,译. 西北民族研究,1992(2).

〔德〕葛玛丽. 高昌回鹘王国(公元850—1250年). 新疆大学学报,1980(2).

〔奥地利〕奥·弗洛伊德. 释梦. 北京:商务印书馆,1996.

〔意大利〕马可·波罗口述,鲁思梯谦笔录. 马可波罗游记. 陈开俊,等合译. 福州:福建科学技术出版社,1981.

〔瑞典〕多桑. 多桑蒙古史. 冯承钧,译述. 北京:中华书局,1962.

〔前苏联〕科瓦略夫. 古代罗马史. 王以铸,译. 北京:商务印书馆,1957.

〔前苏联〕布鲁克. 地球上的居民. 金木,译. 北京:世界知识出版社,1964.

〔日〕白鸟库吉. 西域地理//东洋文库. 东京,1950.

〔日本〕羽田亨. 西域文化史. 耿世民,译. 乌鲁木齐:新疆人民出版社,1981.

〔日〕长泽和俊. 丝绸之路史研究. 钟美珠,译. 天津:天津古籍出版社,1990.

·欧·亚·历·史·文·化·文·库·

后 记

我从 1997 年参与古罗马军团东归说的研究和批评,至今已经 15 年。撰写一部对古罗马军团东归问题进行全面检讨的书,在心头长期萦绕,也是我作为中国史学史和西北地方史研究者义不容辞的责任。虽然多年来一直在不厌其烦地搜罗资料和思考问题,但由于诸事繁锉,文债累筑,加以生性钝拙,笔头枯秃,一直未能如愿。是欧亚历史文化文库主编余太山先生于 2008 年亲自点题点将,委以重任,才促使我下决心集中全力从事本书的写作。

这部书的写作,还是采取团队协作的形式。先是由本人拟定大纲、提供基本资料和已有研究成果,安学勇、张瑞芬、徐亮三位合作者在继续广泛搜集资料的基础上,按照我们讨论的意见,分别撰写了第 1、2 章,第 4、5 章,第 6、7 章的草稿,接着由本人进行修改、重写、补充而成初稿;他们三位再对初稿进行了校订,核对引文,提出意见;本人再斟酌、校订,最后定稿。

在写作中,参考了数以百计的中外古籍、学术论著,阅读了很多媒体报道、相关文学作品和电视专题片,接触和考察了永昌县的相关人、地和物,特别是为了弥补本人学识的局限,在书中全文录引了甘肃省汉简研究所所长张德芳研究员《汉简确证:汉代骊轩城与罗马战俘无关》的文字、兰州大学遗传研究所谢小冬教授《中国骊轩人的群体遗传学研究》的文字图表和中国社会科学院宗教研究所刘国鹏研究员《意大利学者对骊轩人来源的看法》一文。谨对张德芳、谢小冬、刘国鹏三位先生,以及所有参考文献的作者表示诚挚的谢意。

经过 3 年的努力,《骊轩梦断——古罗马军团东归伪史说辨识》终于付梓。在这里,我要感谢我的老师刘光华先生。我在近 50 年前读大学历史系时,是刘先生对中国古代史第一段的讲授,引导我进入史学之门。研究生毕业 31 年来,他一贯提携和帮助我,容忍我的粗疏甚至无知,引领我在学术上一步步前行。特别是在古罗马军团东归问题的研究上,他无私地给我提供资料,与我交流心得、切磋问题,给予鼓励和支持。感谢余太山先生,是他提供了选题和出版平台,为我免除了诸多烦恼,能专心致志于学术探讨和文字撰述。感谢文库项目执行人施援平和责任编辑高燕平。施女士统筹规划,细心料理,对书稿提出了许多有价值的建议,为书稿的出版排解了诸多障碍。高女士认真审读,精心阅改,使本书的质量得以提高。感谢王冀青教授十几年前从英国复制回来德效骞《古代中国一座罗马人的城市》原书,使我得以见到德氏书全貌。感谢一位姓雷的铁路退休职工,他为我提供过几种报刊资料。感谢屈直敏教授,翻译了德效骞的含注文章,在《敦煌学辑刊》上发表其正文,从美国密西根大学搜集来不少在国内无法见到的西文文献,校订了本书稿中的所有英文注释。研究生关楠楠、杨睿、冯毅、张京丹、陈彦超、姜雪、万俐帮助校对了书稿,亦在此一并致谢。

汪受宽

2012 年 6 月于兰州大学寓所

索引表

A

安世高　318,319,327,330,331

安息

2,3,9,10,14,18,21 - 23,26,
34,36 - 38,44,45,48,51,52,
56,59,61,63,68 - 70,73,74,
79,84,86 - 89,92 - 94,103,
106,122,138,139,146 - 150,
152 - 161,166,180 - 188,190,
194 - 196,221,223 - 232,235,
253,254,307,315,317,318,
323,327 - 329,396,405,407,
414 - 416

安兴贵　330

奥古斯都　187

B

霸王鞭　399 - 401,419

白佐良（Giuliano Bertuccioli）

76 - 78,109

比萨（Pizza）

50,369 - 372,409,419

波斯

21,38,52,71,86,89,106,121,
146,191,225,226,231,234,
298,306,324 - 327,332,333,
338,343,344,361,427

伯颜帖木儿　346

布尔努瓦

13,14,28,33,236,417,433

C

参考消息

3,13,28,51,60,85,111,180,
261,402,403,430

常征

35,62,124,180,189 - 194,413,
428

陈汤

3,7,10,12,14,15,17,19,23 -
25,30,34 - 37,43 - 45,52,57,
62,64,66 - 68,70 - 73,75,79,
80,84,93,94,106,107,109,
110,138,175 - 177,179,180,
195 - 198,200,202 - 204,206,
207,235,237 - 244,288,316,

436

·欧·亚·历·史·文·化·文·库·

Z

欧亚历史文化文库

已经出版

林悟殊著:《中古夷教华化丛考》	定价:66.00 元
赵俪生著:《弇兹集》	定价:69.00 元
华喆著:《阴山鸣镝——匈奴在北方草原上的兴衰》	定价:48.00 元
杨军编著:《走向陌生的地方——内陆欧亚移民史话》	定价:38.00 元
贺菊莲著:《天山家宴——西域饮食文化纵横谈》	定价:64.00 元
陈鹏著:《路途漫漫丝貂情——明清东北亚丝绸之路研究》	
	定价:62.00 元
王颋著:《内陆亚洲史地求索》	定价:83.00 元
〔日〕堀敏一著,韩昇、刘建英编译:《隋唐帝国与东亚》	定价:38.00 元
〔印度〕艾哈默得·辛哈著,周翔翼译,徐百永校:《入藏四年》	
	定价:35.00 元
〔意〕伯戴克著,张云译:《中部西藏与蒙古人	
——元代西藏历史》(增订本)	定价:38.00 元
陈高华著:《元朝史事新证》	定价:74.00 元
王永兴著:《唐代经营西北研究》	定价:94.00 元
王炳华著:《西域考古文存》	定价:108.00 元
李健才著:《东北亚史地论集》	定价:73.00 元
孟凡人著:《新疆考古论集》	定价:98.00 元
周伟洲著:《藏史论考》	定价:55.00 元
刘文锁著:《丝绸之路——内陆欧亚考古与历史》	定价:88.00 元
张博泉著:《甫白文存》	定价:62.00 元
孙玉良著:《史林遗痕》	定价:85.00 元
马健著:《匈奴葬仪的考古学探索》	定价:76.00 元
〔俄〕柯兹洛夫著,王希隆、丁淑琴译:	
《蒙古、安多和死城哈喇浩特》(完整版)	定价:82.00 元
乌云高娃著:《元朝与高丽关系研究》	定价:67.00 元
杨军著:《夫余史研究》	定价:40.00 元

梁俊艳著:《英国与中国西藏(1774—1904)》　　　　　　　　定价:88.00 元

〔乌兹别克斯坦〕艾哈迈多夫著,陈远光译:

　《16—18 世纪中亚历史地理文献》(修订版)　　　　　定价:85.00 元

成一农著:《空间与形态——三至七世纪中国历史城市地理研究》

　　　　　　　　　　　　　　　　　　　　　　　　　定价:76.00 元

杨铭著:《唐代吐蕃与西北民族关系史研究》　　　　　　　定价:86.00 元

殷小平著:《元代也里可温考述》　　　　　　　　　　　　定价:50.00 元

耿世民著:《西域文史论稿》　　　　　　　　　　　　　　定价:100.00 元

殷晴著:《丝绸之路经济史研究》　　　　　　　定价:135.00 元(上、下册)

余大钧译:《北方民族史与蒙古史译文集》　　　定价:160.00 元(上、下册)

韩儒林著:《蒙元史与内陆亚洲史研究》　　　　　　　　　定价:58.00 元

〔美〕查尔斯·林霍尔姆著,张士东、杨军译:

　《伊斯兰中东——传统与变迁》　　　　　　　　　　　定价:88.00 元

〔美〕J. G. 马勒著,王欣译:《唐代塑像中的西域人》　　　定价:58.00 元

顾世宝著:《蒙元时代的蒙古族文学家》　　　　　　　　　定价:42.00 元

杨铭编:《国外敦煌学、藏学研究——翻译与评述》　　　　定价:78.00 元

牛汝极等著:《新疆文化的现代化转向》　　　　　　　　　定价:76.00 元

周伟洲著:《西域史地论集》　　　　　　　　　　　　　　定价:82.00 元

周晶著:《纷扰的雪山——20 世纪前半叶西藏社会生活研究》

　　　　　　　　　　　　　　　　　　　　　　　　　定价:75.00 元

蓝琪著:《16—19 世纪中亚各国与俄国关系论述》　　　　　定价:58.00 元

许序雅著:《唐朝与中亚九姓胡关系史研究》》　　　　　　　定价:65.00 元

汪受宽著:《骊靬梦断——古罗马军团东归伪史辨识》　　　定价:96.00 元

敬请期待

〔俄〕Т. Б. 巴尔采娃著,张良仁、李明华译:

　《斯基泰时期的有色金属加工业——第聂伯河左岸森林草原带》

李鸣飞著:《玄风庆会——蒙古国早期的宗教变迁》

马小鹤著:《光明的使者》

许全胜著:《黑鞑事略汇校集注》

张文德著:《朝贡与入附——明代西域人来华研究》

尚永琪著:《胡僧东来——汉唐时期的佛经翻译家和传播人》

欧·亚·历·史·文·化·文·库·

篠原典生著:《西天伽蓝记》

桂宝丽著:《可萨突厥》

张小贵著:《祆教史考论与述评》

贾丛江著:《汉代西域汉人和汉文化》

王冀青著:《斯坦因的中亚考察》

王冀青著:《斯坦因研究论集》

王永兴著:《敦煌吐鲁番出土唐代军事文书考释》

薛宗正著:《汉唐西域史汇考》

李映洲著:《敦煌艺术论》

叶德荣著:《汉晋胡汉佛教论集》

〔俄〕波塔宁著,〔俄〕奥布鲁切夫编,吴吉康译:《蒙古纪行》

王颋著:《内陆亚洲史地求索》(续)

〔德〕施林洛甫著,刘震译校:《叙事和图画
　　——欧洲和印度艺术中的情节展现》

王冀青著:《斯坦因档案研究指南》

刘雪飞著:《上古欧洲斯基泰文化巡礼》

〔前苏联〕巴托尔德著,张丽译:《中亚历史》

徐文堪编:《梅维恒内陆欧亚研究文选》

〔前苏联〕К.А.阿奇舍夫、Г.А.库沙耶夫著,孙危译:
　　《伊犁河流域塞人和乌孙的古代文明》

徐文堪著:《古代内陆欧亚的语言和有关研究》

刘迎胜著:《小儿锦文字释读与研究》

李锦绣编:《20世纪内陆欧亚历史文化研究论文选粹》

李锦绣、余太山编:《古代内陆欧亚史纲》

郑炳林著:《敦煌占卜文献叙录》

陈明著:《出土文献与早期佛经词汇研究》

李锦绣著:《裴矩〈西域图记〉辑考》

王冀青著:《犍陀罗佛教艺术》

王冀青著:《敦煌西域研究论集》

李艳玲著:《公元前2世纪至公元7世纪前期西域绿洲农业研究》

许全胜、刘震编:《内陆欧亚历史语言论集——徐文堪先生古稀纪念》

张小贵编:《三夷教论集——林悟殊先生古稀纪念》

李鸣飞著:《横跨欧亚——马可波罗的足迹》

杨林坤著:《西风万里交河道——明代西域丝路上的使者与商旅》

杜斗诚著:《杜撰集》

林悟殊著:《华化摩尼教补说》

王媛媛著:《摩尼教艺术及其华化考述》

〔日〕渡边哲信著,尹红丹、王冀青译:《西域旅行日记》

李花子著:《长白山踏查记》

王冀青著:《佛光西照——欧美佛教研究史》

王冀青著:《霍恩勒与鲍威尔写本》

王冀青著:《清朝政府与斯坦因第二次中国考古》

芮传明著:《摩尼教东方文书校注与译释》

马小鹤著:《摩尼教东方文书研究》

段海蓉著:《萨都剌传》

〔德〕梅塔著,刘震译:《从弃绝到解脱》

郭物著:《欧亚游牧社会的重器——镂》

王邦维著:《玄奘》

冯天亮著:《词从外来——唐代外来语研究》

芮传明著:《内陆欧亚中古风云录》

王冀青著:《伯希和敦煌考古档案研究》

王冀青著:《伯希和中亚考察研究》

李锦绣著:《北阿富汗的巴克特里亚文献》

〔日〕荒川正晴著,冯培红译:《欧亚的交通贸易与唐帝国》

孙昊著:《辽代女真社会研究》

赵现海著:《明长城的兴起
　　——"长城社会史"视野下明中期榆林长城修筑研究》

华喆著:《帝国的背影——公元14世纪以后的蒙古》

〔前苏联〕伊·亚·兹拉特金著,马曼丽译:《准葛尔汗国史》(修订版)

杨建新著:《民族边疆论集》

〔美〕白卖克著,马娟译:《大蒙古国的畏吾儿人》

余太山著:《内陆欧亚史研究自选论集》

欧·亚·历·史·文·化·文·库·